交通科技译丛

Public Infrastructure
Asset Management

公共基础设施资产管理

Second Edition 第2版

[美] Waheed Uddin | [美] W. Ronald Hudson | [加] Ralph Haas 著
陈斌 | 何天涛 译

人民交通出版社股份有限公司
北京

图书在版编目(CIP)数据

公共基础设施资产管理/(美)乌丁·W,(美)赫德森·W.R,(加)哈斯·R.著；陈斌,何天涛译. —2版. —北京：人民交通出版社股份有限公司,2022.1
ISBN 978-7-114-18580-9

Ⅰ.①公… Ⅱ.①乌…②赫…③哈…④陈…⑤何… Ⅲ.①城市公用设施—资产管理 Ⅳ.①F294

中国版本图书馆CIP数据核字(2022)第256294号

Waheed Uddin, W. Ronald Hudson, Ralph Haas
Public infrastructure asset management 2nd ed
ISBN 978-0-07-182011-0
Copyright © 2018 by McGraw-Hill Education.

All Rights reserved. No part of this publication may be reproduced or transmitted in any form or by any means, electronic or mechanical, including without limitation photocopying, recording, taping, or any database, information or retrieval system, without the prior written permission of the publisher.

This authorized Chinese translation edition is jointly published by McGraw-Hill Education and China Communications Press Co., Ltd.. This edition is authorized for sale in the People's Republic of China only, excluding Hong Kong, Macao SAR and Taiwan.

Copyright © 2018 by McGraw-Hill Education and China Communications Press Co., Ltd..

版权所有。未经出版人事先书面许可,对本出版物的任何部分不得以任何方式或途径复制传播,包括但不限于复印、录制、录音,或通过任何数据库、信息或可检索的系统。

本授权中文简体字翻译版由麦格劳—希尔(亚洲)教育出版公司和人民交通出版社股份有限公司合作出版。此版本经授权仅限在中华人民共和国境内(不包括香港特别行政区、澳门特别行政区和台湾)销售。

版权© 2018 由麦格劳—希尔(亚洲)教育出版公司与人民交通出版社股份有限公司所有。

本书封面贴有McGraw-Hill Education公司防伪标签,无标签者不得销售。
北京市版权局著作权合同登记号：01-2018-8385

关 于 作 者

　　Waheed Uddin　密西西比大学土木工程专业教授、前沿基础设施基础中心主任。联合国原路面专家,曾为美国和许多其他国家的公路和机场基础设施管理项目做出贡献。Uddin博士是一位空降激光地图和卫星图像在交通运输和灾害影响评估中应用的引领者。

　　W. Ronald Hudson　得克萨斯大学奥斯汀分校交通工程系的 Dewitt C. Greer 百年名誉教授,Agile Assets 公司的高级顾问,是人行道、桥梁和其他民用基础设施资产开发和应用管理系统的先驱。

　　Ralph Haas　加拿大安大略省滑铁卢大学土木工程系的 Norman W. McLeod 工程教授和杰出名誉教授。他拥有加拿大最高的土木工程荣誉、加拿大勋章和加拿大皇家学会会员最高的学术荣誉。Haas 博士是路面设计和民用基础设施管理系统的创新者。

序 言

直到现在,仍很少听到或写到"基础设施"这个词。通过公共部门候选人的政治对话和媒体评论,我们对"基础设施恶化"的认识有显著的变化。

《公共基础设施资产管理(第2版)》很好地表达了涉及生活质量的民间基础设施的作用和重要性,包括清洁和充足的供水、能源需求和消费以及多种交通工具。随着美国面临巨大的资源分配挑战,倡导公众关注这一关键议题在全球范围内变得越来越重要。如果我们要继续作为一个强国,就不能推迟基础设施的改善。

Waheed Uddin 教授、Ronald Hudson 教授和 Ralph Haas 教授表现出色,为专业工程师和社会做了一套组织良好、周到的指导,解决了影响所有人的迫切需求并继续前行。

Robert C. Khayat[1]
密西西比大学名誉校长

---

[1] Robert C. Khayat 博士自 1995 年起担任密西西比大学第 15 任校长,直到 2009 年退休。在耶鲁大学和密西西比大学任教时,他曾是一名美式橄榄球和棒球运动员,获得了 NFL(National Football League,职业橄榄球大联盟)终身成就奖和美国国家橄榄球基金会杰出奖。在他杰出的领导下,密西西比大学发生了巨大的变化,入学率提高,校园基础设施得以改造并且增加了新设施。密西西比大学主持了贝拉克·奥巴马和约翰·麦凯恩的第一次总统竞选辩论。

第2版前言

因为我们认为第1版前言正确地表达了1997年的技术状况,所以保留了本书第1版前言以供您了解,但仍需要在第2版前言里来表达随后的快速变化。我们最初通常采用"资产管理"这一术语而不是"设施管理",我们现在服从于这种常见用法,在第2版中广泛使用"资产管理"一词。因为在公共设施中广泛使用资产管理、设施管理,清楚起见,我们将本书的书名更改为"公共基础设施资产管理"。这些概念同样适用于私有资产,例如铁路、公交车队、购物中心、医院等。您将在书中看到"设施管理""资产管理"和"设施资产管理",它们几乎可互换使用,因为这是当今世界的一个生活事实。

自1997年本书第1版出版以来,计算和数据存储技术已经取得了巨大的进步,这些技术的运用拓宽了用户进行资产管理的广度和深度。本书第2版中介绍的基础和原理与第1版保持一致。由于许多现有的资产管理系统是专有的,我们在第17章仍描述了如何贯彻执行资产管理原则。我们还增加了第18章,提供了2013年使用的专有系统及其详细的指导信息,使读者可以在供应商的任何特定系统上获得更完整的信息和演示。我们还提供了一个建议程序,用于评估和获得最适合您需求的系统。实践表明,尝试在内部开发自己的系统与尝试构建自己的计算机一样昂贵和耗时。资产管理的未来只受人们想象力的限制。1997年本书第1版出版时,当时主要的资产管理系统是人行道和桥梁管理系统。从那时起,这个概念逐渐被放大,拓展到路面、桥梁、安全、船队、设施、交通拥堵等其他领域。许多公共机构将其资源与两个或更多的系统相结合,成为一个真正的资产管理系统,使用自下而上的数据,创建有效的自上而下的财务决策。

现在很多较小的公共机构、城市和国家也将资产管理用于其公共设施。我们在第16章中的一节描述了市、县、大都会交通局等机构的资产管理系统的实施情况。我们很感谢Alerc Kercher(民用/市政工程师和测量师),他在发表的文章中详细介绍了小型机构实施资产管理的方式。

我们在本书中的表达可能看起来像是在说教,但我们的目的是鼓励您进行资产管理,并指导您了解许多必要的基本原则。我们可能在某些因素上忽略了重点,所以您可以关注其他参考。许多人鼓励我们更新第 1 版,似乎也没有其他综合的书本,所以我们出版了本书的第 2 版。与任何一本书一样,本书也可能存在一些缺陷和错误,我们将对此负全责。

有许多关于资产管理的出版物,包括美国联邦公路管理局(FHWA)最近的一份出版物,重点阐述了"资产管理"的概念,并概述了"蓝图"[FHWA IF-10-009][FHWA 发布的文件编号]。这很重要,但只是一个起点。要实现目标,需要详细的规划、具体的技术和模型,如数学技术、优化方法等。正如肯尼迪总统在一次演讲中提出的将人送上月球的目标,这需要资金、火箭、宇航员、月球车设计、地球轨道计算,并通过系统工程进行大量协调。同样地,本书中描述的细节(系统)要求细化资产管理理念的骨架。虽然我们在可持续性和环境管理方面取得的进展值得欣喜,但很多仍处于概念阶段,充分纳入这些重要因素来扩大资产管理可能需要十年时间。

特别感谢许多帮助准备、编辑和校对本书的人,包括 Rukhsana(Juhee) Uddin 博士和 Asad Uddin 先生,他们对主要作者的帮助、理解和鼓励是无价的。此外,也特别感谢 Agile Assets 公司的 Jan Zeybel 女士和滑铁卢大学的 Shelley Bacik 女士的努力工作。我们也很感谢得克萨斯农工大学的 Roger Smith 博士及其在 MTC 的同事,他们在本书第 16 章中提供了关于 Street Saver ® 的详细信息,作为一项长期成功实施的 IAMS 以供参考。最后,我们感谢多年来为我们的工作做出很大贡献的许多研究生,我们尽量在参考文献中答谢他们。

Waheed Uddin

W. Ronald Hudson

Ralph Haas

第1版前言

关于本书的书名,考虑了好多种选择,诸如"公共设施资产管理""资产管理""设施管理"等,因为这本书的内容常会用到这些术语。值得注意的是,这些术语具有相近的意义,通常可以互换使用,以描述寿命周期成本整合的过程,即综合考虑设计、施工、维护、修复及更新等过程,以使用户获得的效益最大,投入的成本最小。

正是上述这些术语之间的微小差别,决定着本书书名的最终取舍。"资产管理"这个术语最初来自社会经济的私营部分,盈利性行业的私营公司去管理他们的所谓"资产",包括实体性基础设施以及资本、人力、技术和技术建议。

"设施管理"最常用于实体性设施,而今扩展到运营和装备的管理。事实上,设施管理一般是描述对某种设施的使用和运营,诸如对于旅馆这样的设施,包括其基础设施或建筑物本身以及家具、舞厅、宴会厅、碗碟、桌布等等。那么管理活动就包括在一个宴会厅里安排、布置家宴使用的家具,以及其他一些类似的操作。

"公共设施资产管理"这个词已经被认为是描述涵盖路面管理、桥梁管理及建筑物管理综合概念的术语,并且常常用于土木类公共基础设施,如给水、排水、桥梁、机场、公园、路面等。

用于上述三个方面的主要方法都是相同的,即可靠的数据输入、经济模型及其分析、效益成本研究、良好的养护和修复,这些都是恰当地保护投资所必需的。虽然它们有相似之处,但也要在清楚这三个术语间微小差异的前提下,选用"基础设施管理系统(IMS)"这个词。我们觉得,"公共设施资产管理系统"要比"资产管理"和"设施管理"更能准确地描述公共基础设施资产和设施,我们将在整本书中使用"公共设施资产管理"这个术语。读者也不会因其他人使用"资产"和"设施"而觉得含糊不清,其实这也不是什么"新奇和异样"的东西。故此,不管选用什么词,这些概念都是适用的。

本书试图为那些对土木类基础设施各个方面感兴趣的人们提供全方位的介绍,尤其是那些有兴趣学习如何高效、经济地获得并维护这些设施的人们。本书可作为学生和一线工程师们学习 IMS 知识的启蒙教材。本书的每个部分都是相互独立的,对于那些在某个领域(如设计)中的某个部分有专长而又想多学一些该领域的其他部分知识的人来说,可以逐个部分去阅读和学习本书。有一些人在基础设施领域的外围(次要部门)工作,像小镇或机场管理部门,他们并不需要掌握大型公共设施资产管理手段,但也可以通过阅读本书,激发其在自己工作岗位上接受新生事物、谋求新发展的兴趣。

更为重要的是,作者期望本书能为设置这门课程提供素材,并且促进该课程的发展,期望高等学校的课程设置有所改变,特别是要教授给学生,让他们将维护和修复概念运用到未来的工作中。目前的课程设置过于强调设计和施工,而实际上,在未来的 20 年里,绝大部分的工程项目将涉及大量的维护、保养、修复工作,以及对现有基础设施的改善和利用工作。

谨以此书献给我们的夫人 Martha Hudson、Rose Haas 和 Rukhsana(Juhee)Uddin,献给那些我们认识和不认识的同仁。30 年来,是他们帮助我们推动了这项事业的发展,并且在土木类基础设施的各个阶段实践着一些先进的管理理念。感谢张占民博士、Omar Uddin 博士和 Usman Uddin 博士为本书手稿所做的工作。Julie Wickham、Jan Zeybel 和 Loretta McFadden 认真地打印出本书书稿,Betty Brown 进行了审校。在此,特别感谢他们。

我们十分感谢张占民博士编写了本书的第 17 章,他是开发实用 IMS 计算机程序的先驱者,目前在得克萨斯大学奥斯汀分校担任教授。

可以说 IMS 是基于路面管理系统的。事实表明,这些理念早已在公路、桥梁、给水、排水等设施中应用。读者的想象力和能力会帮助本书中所呈现的理念发扬光大。

W. Ronald Hudson

Ralph Haas

Waheed Uddin

目 录

第1部分 公共设施资产管理的挑战

第1章 综述 ... 3
1.1 基础设施与社会发展 ... 3
1.2 基础设施的定义 ... 7
1.3 基础设施发展的历史回顾 ... 8
1.4 公共设施资产 ... 12
1.5 规划和设计阶段的寿命周期分析 ... 16
1.6 基础设施的"危机" ... 18
1.7 维护、保护及更新方面的挑战 ... 20
1.8 基础设施资产管理——一种整合途径 ... 22
参考文献 ... 24

第2章 公共设施资产管理的构成 ... 28
2.1 背景 ... 28
2.2 基础设施资产管理的关键议题 ... 30
2.3 系统方法论的应用 ... 32
2.4 基础设施资产管理系统的建立 ... 35
2.5 寿命周期分析概念 ... 38
参考文献 ... 42

第3章 规划、需求评价及性能指标 ... 44
3.1 基础设施规划 ... 44
3.2 规划研究实例 ... 48
3.3 寿命周期管理 ... 51
3.4 基础设施的使用寿命 ... 51

3.5 基础设施需求评估 … 54
3.6 基础设施性能 … 55
参考文献 … 58

第2部分　信息管理及决策支持系统

第4章　数据库管理、数据需求与分析 … 63
4.1 信息管理回顾 … 63
4.2 数据库的发展和管理 … 66
4.3 数据需求 … 72
4.4 分析及建模技术 … 74
4.5 数据库安全 … 77
4.6 数据质量控制和质量保证问题 … 77
参考文献 … 78

第5章　技术档案数据、历史及环境资料 … 80
5.1 公共设施资产管理的数据需求 … 80
5.2 技术档案数据的各个方面 … 82
5.3 技术档案及历史数据的采集方法 … 90
5.4 技术档案数据的采集和处理 … 93
5.5 制度问题 … 94
5.6 运输资产档案数据系统范例 … 94
5.7 运输安全资产范例 … 97
5.8 建筑物技术档案数据范例 … 97
参考文献 … 98

第6章　使用期监测和评价数据 … 102
6.1 使用期评价的数据需求 … 102
6.2 实物资产的使用期评价 … 107
6.3 使用期监测和评价技术 … 108
6.4 检查、摄影及光学评价 … 112
6.5 无损和非接触式结构评价 … 113
6.6 综合评价数据 … 119
6.7 体制问题 … 121
参考文献 … 121

第7章 监测数据的应用及使用期评价实例 ························· 126
7.1 路面与机场道面的使用期评价 ······························· 126
7.2 铁路轨道的使用期评价 ··································· 131
7.3 地下管线的使用期评价 ··································· 132
7.4 桥梁的使用期评价 ····································· 132
7.5 给水管道的使用期评价 ··································· 136
7.6 供气管道的使用期评价 ··································· 138
7.7 建筑物的使用期评价 ···································· 138
7.8 对存在热岛效应和洪水风险的土地的使用期评价 ················· 142
参考文献 ··· 142

第8章 性能建模与破损分析 ································· 145
8.1 性能评价 ·· 145
8.2 性能建模 ·· 149
8.3 损毁分析 ·· 152
8.4 本章小结 ·· 155
参考文献 ··· 156

第3部分 全面质量管理概念

第9章 基础设施使用寿命设计 ······························· 161
9.1 引言 ·· 161
9.2 设计目标及约束 ······································ 163
9.3 设计框架及其组成部分 ·································· 166
9.4 设计效果 ·· 168
9.5 价值工程在设计中的应用 ································· 172
9.6 本章小结 ·· 174
参考文献 ··· 174

第10章 施工 ·· 176
10.1 引言 ·· 176
10.2 与其他管理阶段有关的施工 ······························· 177
10.3 可施工性 ·· 180
10.4 施工质量控制和质量保证 ································ 185
10.5 施工管理的新技术 ···································· 191

10.6 本章小结 191

参考文献 192

第11章 维护、修复和重建(MRR)战略(包含运营) 194

11.1 引言 194

11.2 定义 195

11.3 可养护性 198

11.4 与养护有关的设计目标权衡法 200

11.5 修复 201

11.6 以可靠度为中心的养护 202

11.7 养护管理 204

11.8 公共设施资产管理的运营 206

参考文献 211

第12章 新材料或替代品 214

12.1 引言 214

12.2 应用新材料的实例 216

12.3 应对资源减少 221

12.4 新方法和新材料在基础设施中的应用的思考 223

12.5 应对天然集料资源的减少 224

12.6 与能源有关的问题 227

12.7 本章小结 228

参考文献 228

第4部分 经济分析、寿命周期分析及MRR规划

第13章 维护、修复及重建(MRR)政策和备选处理方案 233

13.1 引言 233

13.2 维护管理系统 233

13.3 私人维护合约 234

13.4 确定MRR替代处理策略 235

13.5 MRR备选处理方案在道路方面的应用实例 236

13.6 供水主管道的MRR备选方案实例 237

13.7 下水主管道的MRR备选方案实例 238

13.8 建筑物的MRR备选方案实例 239

13.9	MRR备选方案效果的评估	239
13.10	MRR数据的采集和报告	240
13.11	对环境影响的意识和政策	240
13.12	本章小结	241
参考文献		241

第14章 寿命周期成本和效益分析 243

14.1	引言	243
14.2	基本原理	243
14.3	成本与效益因子	244
14.4	分析期或寿命周期	246
14.5	折现率、利率和通货膨胀率	246
14.6	残值	247
14.7	经济分析方法	247
14.8	如何选择一个合适的经济分析方法	252
14.9	折现率的作用	252
14.10	在公路上的应用	253
14.11	在供水管和下水道主管系统中的应用	254
14.12	在建筑物上的应用	256
14.13	本章小结	259
参考文献		259

第15章 优先级排序、优化和工作计划 262

15.1	引言	262
15.2	优先级排序的框架：从简单排序到多因子优化	262
15.3	优先级分析方法	264
15.4	编制预算和财务计划问题	267
15.5	预算分配问题	268
15.6	金融模型	269
15.7	工作计划	269
15.8	制度问题	270
参考文献		270

第 5 部分　基础设施资产管理系统的开发、实施和实例

第 16 章　集成基础设施资产管理系统(IIAMS)的概念 … 275
16.1　背景 … 275
16.2　集成系统的框架 … 276
16.3　管理系统中的共同方面 … 276
16.4　PMS 与 BMS 的共同点 … 278
16.5　州级管理系统 … 278
16.6　市政基础设施资产管理系统 … 280
16.7　成套设施管理系统 … 283
16.8　实施和制度议题 … 284
16.9　综合 IIAMS 概述 … 285
16.10　规模较小的机构案例研究 … 287
16.11　本章小结 … 292
参考文献 … 292

第 17 章　可视化 IMS：一套可实施的公共设施资产管理系统及应用 … 294
17.1　引言 … 294
17.2　可视化 IMS 的总体描述 … 294
17.3　可视化 IMS 的分析运算功能 … 295
17.4　可视化 IMS 的操作与绘图操作 … 300
17.5　硬件、操作系统和存储器 … 302
17.6　用户培训 … 303
17.7　IMS 的应用 … 303
参考文献 … 306

第 18 章　可用的资产管理系统和商用现货供应商 … 307
18.1　概述 … 307
18.2　COTS 资产管理软件回顾 … 307
参考文献 … 320

第 19 章　实施 AMS 的益处 … 322
19.1　介绍 … 322
19.2　质疑公共设施资产管理的缘由 … 322
19.3　与 AMS 相关的成本 … 324

19.4	与 AMS 相关的效益	325
19.5	评估方法	328
19.6	本章小结	332
参考文献		332

第 20 章　可持续发展、环境管理与资产管理　334

20.1	介绍	334
20.2	与气候变化适应相关的可持续发展	335
20.3	环境管理工作	336
20.4	将可持续发展和环境问题纳入资产管理	337
20.5	本章小结	340
参考文献		340

第 21 章　基础设施资产管理的展望　342

21.1	简介	342
21.2	先进技术对 AMS 过程的支持	342
21.3	持续使用下的 AMS 改善	343
21.4	广泛使用 AMS 取得的进步	344
21.5	针对 AMS 技术的良好教育、实施和应用	345
21.6	技术进步	345
21.7	本章小结	346

首字母缩略语　347

第1部分

公共设施资产管理的挑战

第1章 综述

1.1 基础设施与社会发展

人类社会的繁荣和进步依赖于配置公共资源及基本服务的实体基础设施。这些基础设施的质量和效率会影响人们的生活质量、社会制度的健康发展,以及经济和商业活动的持续发展。历史上有许多例子可以印证,一个国家的经济实力可以通过其基础设施资产(公共资产)反映出来。罗马人通过建造贯穿欧洲、北非及中东的全天候道路和桥梁来运送人员及物资,从而建立起强大的罗马帝国。在16—19世纪的殖民时代,欧洲一些国家成为造船强国并涌现出众多探险家,伴随而来的是工业革命产品的生产和应用,最具代表性的是广泛用于船舶和火车的蒸汽机。因为城市和都市地区具有高等教育资源、多样化的就业机会、完善的基础设施和更好的生活质量,所以农村人口向城市和都市地区的迁移一直在持续[Uddin 12a]。目前,工业化国家80%的人口居住在城市和大都市地区。城市人口也容易遭受自然灾害,特别是在有约60%的美国人口生活的沿海地区[Uddin 12b]。

在美国及世界其他地方,经济和社会制度的发展几乎与基础设施的发展是同步的。人们对基础设施的需求随着其对较高生活质量和公共服务水准期望的增加而增加。更为重要的是,良好的基础设施让人们获得了较高的生活质量。

1.1.1 能源基础设施和经济发展

与发展中国家相比,工业化国家中城市和地区的能源需求大幅增加。一个国家的国内生产总值(Gross Domestic Product,GDP)与能源消耗高度相关。图1.1用美国能源信息署(Energy Information Administration,EIA)数据[EIA 11],比较了高GDP国家(美国)、中等GDP国家(中国)和低GDP国家(埃塞俄比亚)同期的国内人均生产总值与人均能耗(kW·h)。

1.1.2 交通基础设施和经济发展

1.1.2.1 道路基础设施与经济发展

Queiroz在世界银行研究报告中阐明了基础设施和经济发展之间的关系[Queiroz 92],以

3

人均国民生产总值来表示经济发展,它与道路基础设施之间有非常好的相关性。国民生产总值(Gross National Product,GNP)是一个国家在一定时期内(按年计)所有部门生产的以货币表现的全部最终产品和劳务的总量,人均国民生产总值是一个国家的国民生产总值除以人口数。道路基础设施可以用道路密度(一个国家国土面积上的道路长度)和人均道路占有量(人均拥有的道路长度)来衡量。道路运输在经济活动中是相当重要的,尤其是在发展中国家,道路运输在为农产品开发市场和为人们的健康、教育及其他服务提供便利等方面都发挥着极其重要的作用。所以说良好的道路系统会使一个国家在高效、经济地运输货物方面具有竞争优势。

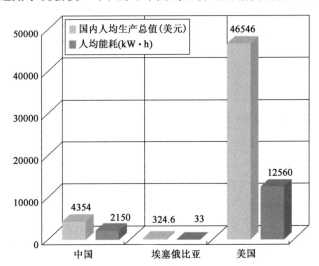

图 1.1　高、中、低 GDP 国家的国内人均生产总值与人均能耗比较

把美国作为一个高度发达国家的典型,其在路网与经济发展关系方面有大量历史数据可供参考[FHWA 91,Abstract 91],将 1950—1988 年的数据按时间序列分析发现,人均国民生产总值(PGNP,单位:千美元/人,按 1982 年的美元不变价格)与人均道路占有量(每 1000 个居民占有的铺面道路千米数,LPR,单位:km/千人)之间存在非常好的相关性:

$$PGNP_{82} = -3.39 + 1.24 LPR \tag{1.1}$$

Queiroz 和 Gautam 两人还对 98 个发展中国家进行了类似的分析,得出以下关系式:

$$PGNP_{82} = 1.39 LPR \tag{1.2}$$

图 1.2 所示为上述关系的曲线图及其相关性判定系数。以 1988 年美元不变价格为基数,与 98 个发展中国家比较,并用 1982—1988 年的 GNP 综合价格换算系数转换后,有关美国的时间序列回归方程式为[Queiroz 92]:

$$PGNP_{88} = -4.1 + 1.50 LPR \tag{1.3}$$

按照类似的方法,对加拿大 1950—1988 年的数据[Queiroz 94]进行分析,回归方程如下:

$$PGNP_{88} = 0.86 + 1.33 LPR \tag{1.4}$$

该方程的曲线也绘于图 1.2 中。根据各式的推演范围,将式(1.4)与式(1.2)、式(1.3)进行比较后发现,加拿大和 98 个发展中国家的关系式具有较好的相容性。在 PGNP 值相同的条件下,美国的人均道路占有量要比其他国家高出约 13%。

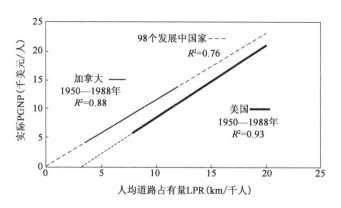

图1.2 美国、加拿大及98个发展中国家的数据比较(参照[Queiroz 94])

通过一个有趣的时滞分析发现,某个已知年份的PGNP值与其四年前的LPR值有最好的相关性。也就是说,今天在铺面道路上的投资大约在四年后才会使GNP获得增长,这种所谓的"四年时滞"现象与Aschauer[Aschauer 89]观察到的"半个年代滞后期"有着广泛的一致性。

接着将98个发展中国家和发达国家的铺面道路网的保有量及其状况进行比较,如图1.3所示[Queiroz 92],高收入型国家的良好铺面道路设施的保有量要比中、低收入型国家高出很多。世界银行将这些发展中国家划分为三类[World 90]:

低收入型经济,1988年的PGNP值小于或等于545美元的国家(42个);
中等收入型经济,1988年545美元<PGNP值<6000美元的国家(43个);
高收入型经济,1988年的PGNP值大于或等于6000美元的国家(13个)。

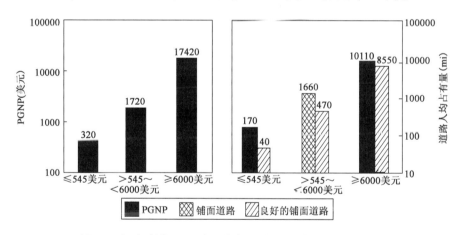

图1.3 高、中、低收入型国家的道路人均占有量(参照[Queiroz 92])

根据2006年的数据,对全球173个国家路面人均占有量的分析显示,PGNP与道路人均占有量的相关系数高达0.76 [CIA 09, World 09]。

在养护和改善方面的投资下滑会显著影响基础设施的状况并导致总量不足。科罗拉多大学博尔德分校在《艰难抉择:关于美国基础设施的需求与其支付能力间的差距不断增大的报告》[Colrado 84]中详细考察了美国23个州的情况,得出上述结论。报告显示,州和地方在基础设施方面的支出,从1961年占GNP的2.2%下滑到1982年的1.9%,而且整个美国都出现了下滑。分析认为,从美国整体上考虑,未来基础设施的资金需求和可供资金量之间的差额约为4500亿美元(按1982年的美元不变价格),主导性的需求还是公路和桥梁基础设施。1998年6月9日颁布《1998—2004年美国21世纪交通权益法案》(TEA-21)、2005年8月10日签订了《2005—2009年安全、负责、灵活、高效的交通运输权益法》(SAFETEA-LU),美国国会为维护和改善国家道路、桥梁和过境设施的这些联邦运输法案提供了资金。1997—2004年,美国公路和桥梁基础设施资产投资总额为1457亿美元,年增长率为44.7%。基础设施修复支出占主要投资的51.8%[DOT 07]。

1.1.2.2 航空运输与经济指标

美国的航空运输业和机场基础设施已经与国民经济、工业及社会的发展形成同步态势。美国拥有1.6万座机场[DOT 94],比世界其他国家的机场数量总和还多。近几年,世界各国机场基础设施及航空运输系统仍在持续增长,以满足日益增长的客货运输需求。1979—1988年间,世界航空运输业的旅客周转量年增长率为5.5%,货物周转量年增长率为7.5%。相比之下,经济合作与发展组织(Organization for Economic Cooperation and Development,OECD)成员国的GNP年增长率为2.5%,国际贸易年增长率为4%[Veldhuis 92]。2006年,全球航空公司航班客运量为21亿人次,美国航空公司航空客运量为7.347亿人次,预计2023年将达到10亿人次[Uddin 09]。根据国际航空运输协会(International Air Transport Association,IATA)的统计,2011年联邦快递是排名第一的货运航空公司,年均货运量为15.939亿吨·公里,其次是UPS、国泰航空、韩国航空、阿联酋航空和汉莎航空[IATA 12]。这表明了全球经济航空运输量呈现增长的趋势。

1.1.2.3 港口基础设施、全球供应链和经济

海运港口基础设施是通过集装箱船进口和出口的国家之间散货运输的组成部分。2008—2012年,由于世界贸易放缓,欧洲货运量的增长有所下滑,但海运货运市场在全球航运业务中仍稳步增长。远东和中东在集装箱运输方面增长最快,北欧市场已经缩减,欧盟(European Union,EU)到亚洲的海运量继续增加[IATA 12]。随着越来越多的公司(如波音公司、汽车厂和电脑制造商)从世界各地获得设备和零件,预计许多美国港口的集装箱货运量将有前所未有的增长。

2010年,美国海岸中排名前50的港口共处理了32.4亿吨(DWT)的货物[DOT 12]。以下九个港口均处理了超过1亿吨载质量的货物:休斯敦,得克萨斯州;洛杉矶/长滩,加利福尼亚州;新奥尔良,洛杉矶;纽约州/新泽西州,纽约州和新泽西州;旧金山,加利福尼亚州;弗吉尼亚州港口,佐治亚州萨凡纳,哥伦比亚河,俄勒冈州;费城,宾夕法尼亚州。美国许多港口正在努力改善其航海渠道和港口设施,以容纳能通过巴拿马运河的超大型集装箱船。这显然增加了对基础设施资产管理系统(Infrastructure Asset Management System,IAMS)的需求。

1.1.3 城市基础设施和经济增长

商业社区、商业企业和行业认识到了将基础设施系统维护好、服务好的益处。根据《财富》杂志[Perry 89],在1988年的一份高纬环球房地产公司进行的一项有关250家公司的Lou Harris调查中,大多数受访者认为"轻松接近国内市场、顾客或客户"是选择一个办公地点最重

要的因素。该调查将拥有一系列令人印象深刻的高速公路、公共交通和空中交通设施的亚特兰大列为最适合创业的城市。时任佐治亚州工业贸易署局长乔治·贝瑞说:"交通运输服务之于亚特兰大,就相当于赌场之于拉斯维加斯"[Perry 89]。大多数城市地区容易遭受交通拥堵和相关联的空气质量恶化,美国城市地区的运营交通量从1997年每天交通拥堵时段6.2小时恶化到2004年的6.6小时[DOT 07]。这些问题影响生产力、经济发展、碳排放和公共卫生[Uddin 06]。

一项针对英国各类企业568名受访者的调查显示,基础设施影响着商业投资决策[CBI 12]:(1)超过80%的公司将运输基础设施的质量和可靠性视为投资决策中的重要考虑因素;(2)超过90%的制造企业将能源成本视为重要考虑因素;(3)65%的公司将当地恶化的道路网络状况、交通堵塞和投资不足等作为主要考虑因素。

1.2 基础设施的定义

已经在很多方面对基础设施进行了定义,例如"有时被称为公共工程的实体设施"[Grigg 88]。美国公共工程协会(American Public Works Association, APWA)对公共工程作了如下定义[Stone 74]:

> 公共工程是公共机构开发或获得的物业结构和设施,用于发挥政府职能,提供水、电、废物处理,运输和类似服务,以促进实现共同的社会和经济目标。

美国国家科学基金会关于民用基础设施制度的报告[NSF 94]提出:

> 一个文明的兴衰与其供养、庇护人民和保卫自己能力的大小有关。这些能力取决于基础设施——一个社会的财富和生活质量的基础,通常是隐藏的基础。一个忽视基础设施建设的社会将失去运输人员和粮食、提供清洁空气和水、控制疾病和开展商业活动的能力。

美国联合总承包商(Associated General Contractors of American, AGCA)给出了以下基础设施定义,用于由当地、州和联邦政府以及企业拥有的公用事业的所有长期资产[Kwiatkowski 86]:

> 国家的基础设施是公共设施,也是公共和私人资金系统,用于提供基本服务和保持持续的生活水准。这种相互依存但又独立的结构体系提供了活动、住房、服务等公用设施。它是国家高速公路、桥梁、铁路和公共交通系统,是我们的下水道、污水处理厂、供水系统和水库;是我们的水坝、水闸、水路和港口;是我们的电力、燃气和发电厂;是我们的法院、监狱、消防局、派出所、学校、邮局和政府大楼。基础设施是社会所依赖的基础,它的状况影响着我们的生活方式和安全,每一种基础设施都面临着衰退的威胁[AGCA 82]。

1980年,美国政府会计报表认为,基础设施是政府的固定资产,包括道路、桥梁、街道和人行道、排水系统、照明系统和类似的资产,这些资产是政府部门的不可移动和有价值的资产[Kwiatkowski 86]。这种定义虽然对会计有用,却忽视了这些资产对公民的价值。

1999年6月15日,美国政府会计准则委员会(Governmental Accounting Standards Board, GASB)颁布了GASB 34声明(GASB 34),由美国交通运输部(United States Department of Transportation,DOT)执行,从 2001 年 6 月 15 日开始实行,用于报告基础设施资产评估和状况［DOT 00］。GASB 34 建立了主要资产的财务和状况的报告方法,要求政府机构对债券市场分析师、立法者、公民、媒体以及可能对公共财政和基础设施业绩感兴趣的其他人透明。GASB 34 将长期资产的基础设施支出视为投资并对基础设施资产作如下定义［NCHRP 08］:"基础设施资产是长期存在的资本资产,通常可以比大多数资本资产保持更长的时间且是固定的。比如基础设施资产包括道路、桥梁、隧道、排水系统、污水系统、水坝和照明系统。"实质上,GASB 34 的定义仅限于由政府机构建立和拥有的公共基础设施资产。其他类似的资产评估标准包括加拿大的 PSAB 3150 和澳大利亚的类似标准。

在本书中,公共基础设施是指提供能源、交通、道路、机场、供水、固体废物处理、公园、运动场、娱乐设施和住房等基本公共服务的所有综合设施。基础设施还包括以经济和社会行动向公众提供其他服务的物理系统。这些基础设施和服务由公共机构和私营企业提供。公共事业的功能是为社区和企业服务,例如为企业提供重要基建资产,用于电力和可再生能源、固体废物处理、废水处理、供水以及无线和电信网络供应。

1.3 基础设施发展的历史回顾

在工业化国家,基础设施特别是道路、桥梁建设的发展开始于 18 世纪。到 19 世纪,主要的基础设施建设已与经济发展同步。街道的修建技术由于使用了沥青和混凝土而得以改良,使得机动车交通更加便捷。大部分现代道路都是从 1900 年起建设的,整个 19 世纪和 20 世纪初,主要的地面长途运输方式都是铁路。费城于 1798 年开创了建设大规模市政供水系统的城市之先河,随后在 19 世纪中叶,纽约和波士顿相继开展了这方面的建设［Grigg 88］。

基于发表的文献［Infra 92,Horonjeff 94］和网络资源,下面将 20 世纪美国具有里程碑意义的事件或基础设施建设项目按照年代列出:

1900—1909 年:
- ◆ 密歇根州建设公共厕所和行船运河,即巴拿马运河工程的开始;
- ◆ 建设 320km(200mi)长的欧文斯河引水渠引水入洛杉矶市;
- ◆ 将汽油和柴油发动机用于压路机和挖掘机;
- ◆ 莱特兄弟的飞机首次飞行;
- ◆ 纽约市地铁系统投入运营;
- ◆ 在密歇根州韦恩县铺设第一条水泥混凝土公路;
- ◆ 1906 年大地震摧毁了旧金山。

1910—1919 年:
- ◆ 在亚利桑那州凤凰城附近修建罗斯福大坝;
- ◆ 修建第一条穿越美国大陆的公路(美国 30 号林肯公路);
- ◆ 使用有起动机的平地机;
- ◆ 1914 年第一次世界大战开始,1918 年结束;
- ◆ 1916 年第一个联邦资助公路计划立法,联邦政府参与份额达 50%;
- ◆ 征收道路汽油税;

◆ 道路后建设潮兴起,乡间公路网总长度增加到400万km(250万mi),其中有10%为铺面道路,包括16800km(1.05万mi)沥青路面、3680km(2300mi)水泥路面、2560km(1600mi)砖块路面;
◆ 1918年在华盛顿特区与纽约州间开通第一条航空邮路;
◆ 1914年完成巴拿马运河工程。

1920—1929年:
◆ 使用充气橡胶轮胎;
◆ 900万辆汽车和卡车的行驶使得松散路面破损;
◆ 使用铲运机、移动式吊车和拖拉机;
◆ 编制国家道路编码系统(偶数代表东西向,奇数代表南北向,穿越大陆的主干道以10的倍数编号);
◆ 开辟跨越大陆的航空旅行线;
◆ 建成纽华克国际机场;
◆ 1928年航空贸易法立法;
◆ 1929年股票市场崩溃,进入经济大萧条。

1930—1939年:
◆ 罗斯福总统的国家复兴法(National Recovery Act,NRA)包括一个大规模公共工程建设计划,将4亿美元用于各州公路建设;
◆ 底特律至温莎的隧道建成,纽约市乔治·华盛顿桥、胡佛大坝、伯尼威尔大坝及俄勒冈州的水力发电站、旧金山海湾大桥建成;
◆ 金门悬索大桥建成;
◆ 蓝领公园大道建成;
◆ 田纳西河流域管理局(Tennessee Valley Authority,TNA)成立;
◆ 1938年民用航空法否定了联邦政府在航空运输中的作用。

1940—1949年:
◆ 五角大楼建成;
◆ 修建军用机场;
◆ 建成2270km(1420mi)长的阿拉斯加公路、宾夕法尼亚州收费公路、科勒大坝(水泥混凝土修建)及水力发电站;
◆ 核研究引致原子弹爆炸,开始用核能发电;
◆ 使用滑模摊铺水泥混凝土路面;
◆ 1944年联邦资助公路法授权三年以上超过16亿美元的资金用于国家公路建设,并且命名国家州际公路主干网;
◆ 1945年第二次世界大战结束;
◆ 1946年联邦机场法立法;
◆ 战后缅因州收费公路开始建设及500座军用机场转为民用。

1950—1959年:
◆ 随着189km(118mi)长、造价2.25亿美元的新泽西收费公路建成,开始了大规模收费道路建设；
- 建成第一座预应力混凝土桥（费城的胡桃路大桥）及第一座分段拼装式混凝土桥（纽约州的葛里菲兹路大桥）；
- 开始用火车平板车箱运送大拖车；
- 在宾夕法尼亚州建成美国第一座商用核电站；
- 第一条跨越大陆的电话电缆投入使用；
- 1956年联邦资助公路法授权修筑6.56万km(4.1万mi)长的国家州际公路主干线以及造价约410亿美元的国防公路，并建立公路信用基金；
- 建设2700万美元的美国国有公路管理员协会（American Association of State Highway Officials, AASHO）实验路并进行试验，为改善公路设计方法提供数据；
- 1958年联邦航空法规定设立联邦航空机构。

1960—1969年：
- 随着1962年第一个美国人进入地球轨道，1969年人类完成首次登月，人类开启了宇航时代，建成美国国家航空航天局（National Aeronautics and Space Administration, NASA）设施；
- 建成28km(17.6mi)长、耗资2亿美元的切萨皮克海湾桥梁及隧道；
- 在加利福尼亚州建成奥罗维尔大坝（填土坝）；
- 开始26座核电站的建设；
- 美国国会在1965年通过水质量法，1969年通过了国家环境保护法，1967年设立国务院内阁级运输部，包括联邦公路局、城市公共交通局、联邦航空局、联邦铁路局及维护局；
- 俄亥俄河上39年的银桥倒塌，因此制定国家桥梁检测标准，并构想桥梁更换计划。

1970—1979年：
- 国会拨款2.5亿美元开始实施桥梁更换计划；
- 成立职业安全和卫生局（Occupational Safety and Health Administration, OSHA）、美国环境保护局（Environmental Protection Agency, EPA）；
- 1970年的机场和航空公司法、1978年的航线管制法、1979年航空安全和降低噪声法颁布；
- 美国国会通过《清洁空气法》；
- 联邦水污染法授权拨款180亿美元建设废水处理厂；
- 美国国会授权修建1280km(800mi)长的阿拉斯加输油管及储油站；
- 在库帕斯科里斯蒂城建设JFK大堤道、阿拉斯加斜拉桥；
- 在圣地亚哥附近建成第一座现浇分段拼装式的松林山谷大桥；
- 距离科罗拉多州丹佛西部约80km(50mi)的四车道70号州际公路艾森豪威尔-约翰逊纪念隧道，是当时世界上最高海拔的隧道，于1973年开放时最高海拔达11158ft(3401m)；
- 旧金山海湾地区快速交通系统（Bay Area Rapid Transit System, BART）开通；
- 联邦资助公路法许可有限度使用联邦资金建设市政公共交通项目；

- 第一条沥青再生实验路建成；
- 1970年第一个地球日诞生。

1980—1989年：
- 在不中断交通的情况下重建公路；
- 国会在联邦配套90%资金的条件下扩展4R（回收、再利用、再循环、减少浪费）计划；
- 1982年水陆运输援助法将汽油的燃油税从每加仑*4%提高到9%，其中1%专用于公共交通；
- 7.2万km（4.5万mi）长的州际公路系统即将建成；
- 1982年机场和航空公司改善法颁布；
- 在俄勒冈州建设第一条碾压式的威洛克里克大坝；
- 地震给墨西哥州和加利福尼亚州造成严重危害。

1990—1999年：
- 1990年对空气洁净法进行修订，更加严格限制尾气排放；
- 经济萧条使得建设项目缩减；
- 1990年航空公司安全和扩展法颁布；
- 1991年《联运地面运输效率法》（Intermodal Surface Transportation Efficiency Act，ISTEA）授权6年以上共1550亿美元用于加强养护、使用寿命分析及管理系统；
- 1992年芝加哥发生洪灾及南佛罗里达州发生安德鲁飓风灾害；
- 1991年海湾战争后科威特基础设施重建，吸引了美国及其他国际承包商；
- 其他重要的全球变化，包括拆除柏林墙、西欧向东欧开放、苏联解体成独联体国家，冷战结束；
- 1992年以后，美国及世界经济萧条；
- 持续开展公路修复工程项目并建立由25.6万km（16万mi）长的公路组成的高质量国家公路系统（National Highway System，NHS）；
- 新丹佛国际机场投入运营；
- 亚特兰大建设奥林匹克设施；
- 1994年美国中南部地区的暴风雨对电厂和供水系统造成损害；
- 1994年美国洛杉矶大地震造成大量基础设施损毁；
- 1999年9月，美国一家私营公司通过IKONOS卫星任务发现1m高分辨率卫星图像，这标志着地球上第一个重要的商业空间图像诞生。

2000—2009年：
- 2001年10月18日美国成功发射QuickBird 2卫星，获得高分辨率61cm商业卫星图像；
- 为2002年冬季奥运会盐湖城的建设公开投资27亿美元；

---

* 注：书中单位换算成中国国家法定单位的换算关系如下，后文不再标出：
1lb=0.454kg；1gal=4.546L；1ft=0.305m；1mi=1.61km；1mi²=2.59km²；1hm²=0.01km²。

2009年以后：
- ◆ 在运输上的持续投资包括第一座混凝土和钢铁复合拱桥——克·奥卡拉汉·帕特·蒂尔曼纪念桥和在美国的2.4亿美元胡佛水坝绕道的一部分。
- ◆ 巴拿马运河的扩建。

1.4 公共设施资产

1.4.1 公共设施分类

按照基本功能及其服务，实体公共设施及相关服务可以分成七大类，如表1.1所示。

基础设施资产的分类　　　　　　　　　　表1.1

分　类	图　例
1. 交通运输	
2. 供水和废水	
3. 废弃物管理	
4. 能源生产与分配	
5. 建筑物	
6. 娱乐设施	
7. 通信和信息技术资产	

在美国,大部分道路、机场、市政公共交通设施、供水及废水处理设施、废弃物管理设施都是由公共部门建设和管理的。但现在有一种公共和私人合作的趋势,尤其是国际上,在金融、建设、维护和运营这些设施方面,以及能源生产和分配、建筑物及娱乐设施等领域,公共和私人部门都有参与。铁路和通信基础设施历史上都是由私人部门建设和管理的。

下面是公共基础设施资产的分类,包括大部分由公共或私人拥有和管理的设施,都是为人们提供基本服务的,以支撑并维持一个国家人民的生产和生活。

1.4.1.1 交通运输

- 陆上运输(道路、桥梁、隧道、铁路);
- 航空运输(机场、直升机场、地勤设施、空中交通管制);
- 水路和港口(货运水道、主枢纽码头、干船坞);
- 联运设施(铁路、航空终端、卡车、公路、港口终端);
- 公共交通(公共汽车、轻轨、单轨铁路、站台/车站);
- 管道运输(天然气、原油)。

1.4.1.2 供水和废水

- 供水(泵站、处理厂、供水主管线、水井、机电设备);
- 构造物(水坝、分水工程、建筑物、隧道、渡槽);
- 农业灌溉(运河、河流、堰、闸、堤);
- 下水道(下水主干线、化粪池、处理厂);
- 雨水排放(路边排水沟和沟渠、溪流、堤坝)。

1.4.1.3 废弃物管理

- 固体废弃物(运输、垃圾填埋场、处理厂、再生设施);
- 危险废弃物(运输、储存设施、处理厂、安全处理);
- 核废料(运输、储存设施、安全处理)。

1.4.1.4 能源生产与分配

- 电力生产(水电站,气、油、煤等火力发电站);
- 电力分配(高压输电线、变电站、供电系统、能源控制中心、服务和维护设施);
- 供气管道(燃气生产、管道、计算机站和控制中心、储气罐、服务和维护设施);
- 石油/油料生产(泵站、油/气分离厂、道路);
- 石油/油料分配(海底及地面储存终端、管道、泵站、储油罐、服务和维护设施);
- 核电站(核反应堆、发电站、核废料排放设施、紧急设备和设施);
- 可再生能源和非化石燃料(太阳能发电、风力发电、水力发电、生物燃料发电的基础设施)。

1.4.1.5 建筑物

- 公共建筑(学校、医院、政府办公楼、警察局、消防局、邮局、监狱、停车设施);
- 其他建筑物和设施——公共设施、住宅、商业、办公室(公共场所、住房、基础设施、公用事业、游泳池、安全设施、地面通道、停车场）；
- 多功能综合建筑和运动场（体育馆、露天剧场、会议中心）；
- 居住设施（公共、私人）；
- 工业、制造/仓库设施、供应链设施（私人）。

1.4.1.6 健康基础设施

- 医院和公共卫生设施（公共、私人）；
- 退伍军人医院（公共）；
- 大学教学研究医院和医疗中心（公共、私人）；
- 疗养院和辅助生活设施（私人）。

1.4.1.7 娱乐设施

- 公园和游乐场（道路、停车场、娱乐设施、办公楼、休息室、观赏喷泉、游泳池、野餐区）；
- 湖及水上运动（道路、停车场、野餐区、游船码头）；
- 主题公园/赌场（通道、建筑物、饭店、保安设施、构筑物）。

1.4.1.8 通信和信息技术资产

- 电信网络（陆地电话/光纤网络、电话交换站、电缆分线、供电、交换和数据处理中心、建筑物、输电塔、中继站）；
- 有线电视网（摄制组、传送设施、分线、供电、建筑物）；
- 无线卫星网络（卫星、地面站、无线电塔、通信系统、接收站、服务和维护设施）；
- 信息技术（Information Technology,IT）基础设施和信息高速公路网（计算机网络、分线、数据处理系统、在线和离线系统、信息源、备份和记录媒介）。

1.4.2 公共设施资产举例

2006年美国的道路网总里程已经超过600万km（390万mi），按功能的分类如图1.4所示[BTS 12]。相较于1992年,2006年美国每一类道路里程都有微量增长[Abstract 94],如干线道路里程增加9.1%,因为相较于其他大多数国家,美国的道路网已经发展良好。虽然州际公路系统只占道路总里程的1%,但它负担了20%的重型货车交通量[Choate 81]。1995年,国会将大约25.6万km（16万mi）长的道路划入国家公路系统,作为ISTEA的一部分。虽然NHS只占美国国家道路总量的4%,但它负担了40%的汽车交通量、75%的货车交通量,并且联系了95%的商业活动及90%的住户[FHWA 96,DOT 07]。美国57.7万座桥梁中,有70%是在1935年之前修建的,大部分都有超过50年的桥龄,其中40%按照其状况或评估鉴定已经符合修复或更换的条件[Golabi 92]。截至2007年9月11日,DOT报告指出597876座桥梁中有25%具有结构损伤和功能缺失[DOT 07]。在2012年,许多桥梁都有超过70年的桥龄。道路和公路网络是美国最大的公共基础设施资产,造价超过175万亿美元。

一份世界银行研究报告[Faiz 87]对85个发展中国家的主要道路状况进行了总结,这些国家在1974—1985年从世界银行道路援助基金中获得了94亿美元的资金,这些主要道路系统的总里程约为 180 万 km,其中 100 多万 km 是铺面道路,承担了城市间 70%~80% 的交通量。

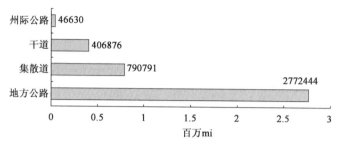

图 1.4 2006 年美国国家道路网按功能的分类[BTS 12]

自 1992 年以来,美国运输系统的覆盖面扩大,容量和使用量都在平稳上升[Abstract 94]。TEA-21 运输法案提供了 2002 年联邦投资记录,达到 284 亿美元,比 1997 年的 175 亿美元增长了 62.3%[DOT 07]。以下是 2004 年美国国家运输模式的转变:

- ◆ 在向市区提供服务的 640 个交通机构中,有 600 个是公共机构。其中,有 1215 个运输商在农村地区。
- ◆ 运输机构库存车辆有 120659 辆(比 1997 年多 18%),其中 92520 辆(76.7%)属于城市和大都市的 100 多万人。2000 年,农村地区总共运营了 19185 辆运输车。2002 年调查显示,有 37720 辆专业运输车用于服务老年人和残疾人。
- ◆ 运输机构新增 794 个公交和铁路维修设施,比 1997 年增加 8.8%。
- ◆ 铁路系统运行着 10892mi(约 17528.97km)的铁路和 2961 个火车站。铁路里程比 1997 年的 9992mi(约 16080.57km)增加了 9.0%,车站数量增加了 10.4%。
- ◆ 2004 年,铁路运输能力有所增强,承担了 24 亿 mi 的运输能力,非轨道运输承担了 21 亿 mi。
- ◆ 客运里程比 1997 年上升了 15.8%,达到 465 亿 mi(其中,摩托车占 41%,通勤铁路占 21%,轻轨占 3%,其他占 4%)。

历史上,机场一直以来都是可靠的、稳定的,而且与航空控制系统及飞行器的技术同步发展。图 1.5 是为适应旅行需求而促使飞行器进步的趋势图[Horonjeff 94],1969 年平均每架飞机的座位是 106 个,1978 年和 1989 年分别增加到 162 个和 181 个。新型宽体飞机已拥有 300~500 个座位。1978 年,美国大约有 2.5 亿人次乘坐飞机旅行,到了 1989 年,这个数字已达到 4.45 亿人次[Hamiel 92]。1975—1978 年间,国际航线飞机有大约 3500~4000 架,到 1989 年飞机数量已增至 7441 架。来自波音(B-777)和空客(A-380)的新一代区域性喷气式飞机和新型大型飞机(New Large Aircraft,NLA)在 2000 年后改进了低油耗喷气引擎,使航空公司能够满足旅行需求的增长,同时减少废气排放。

美国的铁路网从 20 世纪 60 年代起,一直被广泛用于大宗货物的长途运输。在某些大城市,轻轨列车已经成为一种有效的交通方式。在欧洲国家、日本及其他一些国家,铁路仍是客运的一种普遍方式。列车速度和设备方面的主要技术进步都是由欧洲以及日本和中国通过引进高速磁悬浮列车推动的。2008—2009 年,美国经济刺激法案分配了数十亿美元用于开发高速客运走廊。近年来,美国为了实现成本效益和高效的供应链运输业务,出现了多式联运铁路设施,尤其是主要港口。

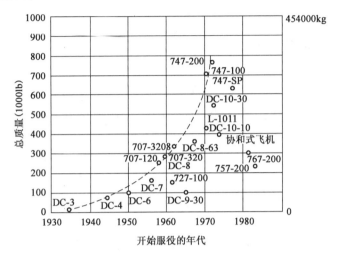

图1.5 运输用飞机总质量的趋势图(参照[Horonjeff 94])

20世纪70年代早期的石油危机掀起了全球范围内对石油和天然气新的勘探热潮,在海洋上,超级油轮船队不停地运输着石油和液化气。2009年,美国输送天然气和石油的总管道里程数增加到170万mi[BTS 12],比1992年的总里程增加了310%[Abstract 94]。

1.4.3 城市基础设施

世界范围的城市化进程正在加快。现在,大约50%的发展中国家人口生活在城市里,大约80%的工业化国家人口居住在城市里[Uddin 12a]。在美国,大约90%的人口居住在10%的土地上[Bragdon 95]。因此,城市基础设施及相关公共服务对社会是极其重要的。下面对纽约市的基础设施资产作了总结[Wagner 84],以作为例证。

纽约市的资本需求是非常大的,其基础设施的范围及种类也是超乎寻常的:

- 47座水路桥梁和2057座公路桥梁及高架结构物;
- 一套供水系统每天要将14.5亿加仑的水从一个$1956mi^2$的储水系统中输送出去,有两条隧道(其中1/3在地下),共320亿ft长的干线管道及配水主管,2万个干线阀;
- 6100mi下水道,12座运营的水污染控制厂及450个组合式污水溢流调节器;
- 6200mi铺面街道,覆盖了30%的城市土地;
- 6700节地铁车厢行驶在232mi长的轨道(137mi在地下、72mi架空、23mi建在路基上)上,还有4560辆公共汽车;
- 估计有$3500hm^2$垃圾填埋场,9座海上转换站;
- 超过2.5万hm^2的停车场。

1.5 规划和设计阶段的寿命周期分析

美国、欧洲及世界其他地方在20世纪50—70年代兴起的基础设施建设热潮造就了大批的项目及规划和设计领域的许多进步[Hudson 97]。自20世纪90年代以来,美国在维护和修复机场、道路、桥梁和中转运送方面投入了更多的资金。为应对2008年的金融危机,美国向联邦基础设施拨款1500亿美元,其中大部分为道路和桥梁拨款。2009—2015年,世界上其他政府也跟着在基础设施上投入了大量资金,总计数10亿美元[Gerritsen 09]。

计算机和通信设施的广泛应用更进一步促进了这些成就,这些设施和服务的运营管理也进一步得到提升。然而,大部分基础设施的发展并没有从总体规划及成本预算角度考虑维护、修复或更新及替换。由此可见,寿命周期分析及目前正实施的在整个寿命周期范围内有计划地实施监控是必需的。

图1.6显示了一个设施的寿命周期成本变化趋势。如果能适时响应状况的变化以正确安排维护或修复,某个设施在整个寿命周期内的状况将会得到有效改善。这就要求对设施在整个寿命周期内的状况、破损或性能进行预测,这部分内容将在第8章详细论述。如果一个基础设施单元或设施能在整个预期寿命期内达到设计要求,或提供某个可接受的服务水准,那么就可以认为它的性能是良好的。性能差预示着设施会:①比预计的损坏要来得快;②提供的服务水准不足;③一直老化到超过设计寿命,即没有进行任何大型修复、更新或替换的设计寿命期。

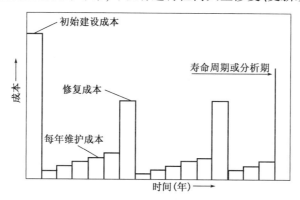

图1.6 基础设施分析的寿命周期成本流

现时服务能力指数(Present Serviceability Index,PSI)是表示服务性能的开创性概念,是在AASHO中涉及公路路面的道路实验[HRR 62]中建立的。关于桥梁的鉴定方法和状况评级程序,是在几座伤及人们生命的结构物垮塌后,于20世纪70年代早期建立的。在路面资产使用寿命期内进行养护和修复的概念是20世纪70年代中期建立的[Haas 94]。

建立良好的服务性能模型取决于合适的状况评估方法、荷载及需求数据预估、材料性能预测、对气候及环境条件的较好了解等。

建筑研究委员会(Building Research Board,BRB)在其报告《先付还是后付》(*Pay Now or Pay Later*)[BRB 91]中将寿命周期成本分析概念描述为:对一座建筑物进行设计、施工、运营及维护方面的决策,要从总体上考虑,使得建筑物在整个寿命周期内性能良好,而且所发生的寿命周期总成本最低。GASB 34标准也概述了所有关键生命线基础设施资产(包括道路、桥梁和其他公共工程基础设施)的库存数据库、资产评估、状况监测和资金支出报告的重要性[DOT 00,NCHRP 08]。

综上所述,基础设施管理的全过程不仅指规划和设计阶段,还包括在整个使用期内进行的施工及验收测试、定期状况评估、养护及改善安排等。

1.6 基础设施的"危机"

大概从20世纪70年代后期开始,基础设施引起了媒体和公众的广泛关注,主要的导火索是那本名叫《废墟上的美国:日渐衰退的基础设施》的书[Choate 81]。基础设施的衰退及老化,时不时出现的灾难性事件(包括生命和财产的损失),经常成为头条新闻。听了那些关于各种基础设施突然垮塌和失效等严重事故的调查原因及相关宣传,市民、媒体、投资者及官员们更加关注基础设施。公众对这些事故的知晓和对潜在事故发生地的辨识,使得人们对美国的基础设施产生了一种现实的危机感。美国基础设施的衰退一直持续到今天。

1.6.1 基础设施危险期的一些极端实例

以下实例摘自已发表的文献和网络文章。

- 1967年,西弗吉尼亚州的桥梁垮塌。银桥位于波因特普莱森、西弗吉尼亚和加里波利斯间的俄亥俄河上,于1967年的某个交通高峰时段垮塌。当时,许多机动车正停在该桥上等候交通信号灯,桥上的一根环头拉杆瞬间断裂,夺走了46人的生命。这次灾难被大肆宣传,吸引人们关注那些日趋老化的桥梁的状况。美国国会于1968年在《联邦援助公路法案》中增加了一项条款,要求运输部长建立国家桥梁检测系统(National Bridge Inspection,NBI),并且开展桥梁检测计划[Hudson 87]。有关标准于1971年4月发布。从那时起,桥梁检测得到不断改善,这也是应对基础设施危机的最有影响力的里程碑。
- 1974年,纽约曼哈顿西区公路损毁。纽约市重要主干道曼哈顿西区公路有一段损毁,导致公路关闭,所幸没有人员死亡[Wagner 84]。
- 1982年,新泽西州一座有80年历史的渡槽损坏。1982年7月,一座有80年历史的供水渡槽损毁,导致新泽西州泽西市30万居民断水3天[Kwiatkowski 86]。
- 1983年,康涅狄格州的Mianus河大桥倒塌。1983年,在康涅狄格州95号州际公路上的Mianus河大桥一段坍塌,造成3人死亡,其他3人严重受伤[Kwiatkowski 86]。
- 1983年,纽约市供水主管破裂。中部城镇曼哈顿的供水主管破裂,致使街道和地铁关闭,实行灯火管制,并严重影响了正常商业活动[Wagner 84]。
- 1988年,一位妇女落入行人格栅。1988年12月,纽约市的许多小报连篇累牍地报道一位布鲁克林区妇女的故事,这位妇女跌入了一个不结实的行人格栅,并且落到其下面50ft处的地铁轨道上,严重受伤[Perry 89]。
- 1992年,芝加哥洪水摧毁城市。一条有百年历史的货运隧道系统中的一个洞导致芝加哥河2.5亿加仑水淹没了市中心200座大楼的地下室,损失达200亿美元,撤离了25万人,花费6周时间才把隧道中的水抽干[DHS 12]。
- 2003年,北美停电。2003年8月14日,北美发生大规模停电事件,并且影响到安大略、纽约和美国北部其他州。纽约面临美国历史上最大规模的停电,大约30个小时后电力才恢复。这表明了电网网络基础设施的脆弱性。

◆ 2007年，明尼苏达州密西西比河大桥坍塌。2007年8月1日，明尼苏达州的I-35W大桥在交通高峰时段坍塌，造成13人死亡。这座桥在2005年被评定为"结构性能不足"，但当时没有采取行动来修复它。最终该桥的重建花费2.34亿美元，并于2010年9月18日开放。
◆ 2011年，日本出现核灾难。2011年3月11日，日本发生9.0级地震和海啸，造成福岛第一核电站崩溃、大规模洪水侵袭、基础设施损毁和人员撤离。这突出表明在这种情况下灾害规划和危机管理的必要性。
◆ 2012年，印度停电影响超6.2亿人。2012年7月，印度发生历史上最大规模的停电事件，影响印度北部超过6.2亿人，是当时美国人口的两倍。

1.6.2 自然灾害、人类灾难及其他基础设施事故的后果

自然灾害（地震、洪水、飓风、龙卷风、火山爆发、冰雹）及严重事故（火灾、暴乱、恐怖袭击）会严重损坏基础设施，并且中断基本服务及相关商业活动，有如下实例：
◆ 1992年南佛罗里达的安德鲁飓风；
◆ 1993年纽约世界贸易中心炸弹爆炸；
◆ 1994年洛杉矶大地震；
◆ 1995年日本神户大地震；
◆ 1995年俄克拉何马城联邦大楼炸弹爆炸；
◆ 2001年纽约、华盛顿和宾夕法尼亚的恐怖袭击。

2001年9月11日，在纽约世界贸易中心大楼和华盛顿特区的五角大楼以及宾夕法尼亚州发生了令人震惊的恐怖袭击事件（称为"9·11"事件），造成近3000人死亡，摧毁了世界贸易中心塔楼。从那时起，人们改变了安全管理的方式，以保障交通和其他关键生命线的基础设施的安全。这个悲剧性的事件，在很大程度上引起安全需求的大幅增加，例如，时任美国总统乔治·布什（George W. Bush）批准成立了国土安全部。

2004年12月26日，印度洋发生的亚洲海啸影响了许多国家，摧毁了基础设施，并造成数十万人死亡。

2005年8月29日，墨西哥湾沿岸发生卡特里娜飓风灾难。洪水淹没了新奥尔良，摧毁了大量道路和桥梁，造成超过1000亿美元的损失，并影响到墨西哥湾沿岸密西西比州和路易斯安那州的大片地区。

2005年，巴基斯坦北部发生地震灾害，造成超过7.5万人死亡，影响到广大山区和城市。

2007年，密西西比河发生天然气管道灾难。

2007年，南加州5号州际公路隧道发生火灾。

2010年，大地震袭击智利、海地和印度尼西亚；巴基斯坦发生超级洪水。

2011年是全球自然灾害最严重的一年。2011年2月22日，新西兰克赖斯特彻奇发生6.3级地震；3月11日，日本东北部发生9.0级地震，造成海啸和核灾难；中国、巴基斯坦和泰国遭遇洪水，共造成3600多万人受灾、355人死亡，直接经济损失约3800亿美元；5月，密西西比河洪水泛滥；8月，一级飓风"艾琳"（Irene）抵达美国，洪水冲毁了200多座桥梁和许多道路；10月23日，土耳其发生7.2级地震。

2012年,美国中西部和东南部遭遇龙卷风;飓风"桑迪"(10月27—30日)在美国东北部变成1级超级风暴"桑迪",它于10月29日晚上以90mi/h的风速横扫了新泽西州海岸,造成94人死亡,其中26人在美国死亡,14000个航班被取消,纽约机场和拉瓜迪亚机场被迫关闭,导致650万人滞留在没有电力的13个州和华盛顿特区,持续数周时间。

1.7 维护、保护及更新方面的挑战

一个国家的基础设施代表了相当大的资产。在美国,土木类基础设施的资产价值约为20万亿美元,包括安置、运输、传送及分配人员、货物、能源、资源、服务及信息的各种永久设施[NSF 95]。由于老化、过度使用、暴露、滥用、管理不善及疏忽,系统中有许多设施已经逐渐退化,尤其在遇到诸如地震、飓风及其他自然灾害等灾难性事故时更加不堪一击。更换这些庞大的网络系统,不仅费用惊人,而且具有破坏性,必须采用某种智能方法对它们进行更新,包括谨慎而有效地利用财力、物力和人力资源,关键是优化单个子系统和全局性土木类基础设施系统的性能。

在公共工程领域,这些系统是通过在已有系统上做一些新的扩展而一步步发展起来的,其设计往往受到"权宜之计"和"低建设成本"的制约,并没能真正考虑寿命周期成本。我们已经继承了一整套由各个子系统构成的综合性网络系统,其龄期和功能都有较大范围的变化,系统之间如何相互作用通常是难以估计的,而且对它们的维护常常是不恰当的[NSF 95]。

1.7.1 保养和修理估价

在美国,每年花在基础设施保养和大修上面的费用超过1200亿美元,一般是整个新建项目的20%~40%。我们配置和管理这些资产的方式影响着我们将要赚取的收益,仅仅因低效率而造成的几个百分点的收益损失就会导致实质性的损失。

国会预算办公室估计,全美国756套城市供水系统到2000年时,需要630亿~1000亿美元用来更换所有超过90年龄期的主水管及有必要更换的其他主管道。进一步对所有社区供水系统推算(按人口变量调整),到2000年,全部更换和修复所有社区供水系统的资金将高达1600亿美元[O'Day 84]。

正如《幸福》杂志所报道的,于1984年成立的旨在评估全美公共工程状态的美国公共工程改善委员会在1988年向国会递交的总结报告中给出了如下结论[Perry 89]:

"当美国的基础设施不再遭受严重破损之时,也就是难以维持未来经济增长之日。美国不得不面对当联邦政府退出基础设施领域时的需求,政府在公共工程领域最后的大胆作为(州际公路系统)将于1992年完工。由于要全神贯注地处理坚挺的财政预算赤字,山姆大叔越来越少地把钱投到基础设施上。据Heywood Sanders估计,去年(1987年)有405亿美元用于扩建公路、机场、下水道、公共交通及供水工程,其中来自政府的资金由1985年的54%下降到46%,其余部分都由州政府和市政府承担。"

2009年,从公共机构和其他利益相关方的意见调查中得出:美国土木工程师协会(The

American Society of Civil Engineers,ASCE)的基础设施报告卡,显示了 D 级基础设施的平均总体状况以及五年内预计维修预算为 2.2 万亿美元（http://www.infrastructurereportcard.org/, 2012 年 5 月 28 日访问）。2009 年每个基础设施类别的平均状况等级如下：航空,D；桥梁,C；大坝,D；饮用水,D^-；能源,D^+；危险废物,D；内河航道,D^-；堤坝,D^-；公园和娱乐,C^-；铁路,C^-；道路 D^-；学校,D；固体废物,C^+；运输,D；废水,D^-（"+""-"分别表示等级高低）。

1.7.2 基础设施养护问题——国家视角

一份关于基础设施保护所面临问题的报告[Perry 89]质问道：什么需要修理？于世纪之交建设起来的美国老城市中的许多下水道、桥梁及供水系统,现在都处于失修状态。烂路使驾驶人在油耗、轮胎磨损及额外修车方面花费数十亿美元。破损并不总是意味着衰退,从 1982 年国会将联邦燃油税增加到每加仑 5 美分起,一直在改善用于公路路面保护的融资渠道。2007 年,联邦公路管理局的报告中指出,美国国家桥梁数据库中有 23% 的桥梁有结构缺陷[DOT 07],需要关闭这些桥梁,或者限制其只用于轻量交通。

下面这一段摘录于《幸福》杂志,给出了更多需要安排养护计划来改善基础设施及相关服务的实例[Perry 89]：旅客仍然感到他们正在使用的道路和机场拥挤不堪。到 1993 年,若收集全美每天产生的 45 万吨垃圾的 95%,则一半的垃圾填埋场将被填满并关闭。再利用和垃圾焚烧作为部分可选方案,美国某些城市正在将垃圾处理价格提高 1~3 倍。

公共基础设施现况及其资金需求的最新状况在"基础设施辩论"中进行了讨论[Kliesen 09],结论如下：

- ◆ 美国的公共基础设施正在崩溃,迫切需要修理。2007 年明尼阿波利斯大桥坍塌后,这种看法似乎更加普遍。
- ◆ ASCE 的基础设施报告卡成绩不佳,估计美国需要在未来五年内将计划中的基础设施支出增加一倍以上或增加约 1.1 万亿美元,以使国家基础设施处于"良好状态"。大约一半的基础设施支出缺口是由道路和桥梁恶化造成的。
- ◆ 2009 年,美国全国州长协会（National Governors Association,NGA）发布了《二十一世纪基础设施愿景》。根据 NGA,"国家的基础设施体系不再适应国家的需求,并面临着一些长期挑战,影响我们保持和提高竞争力、生活质量及环境可持续性的能力。"
- ◆ 美国国会预算小办公室估计,2008 年美国交通基础设施的支出大约比维持现有服务水平所需支出低 160 亿美元。
- ◆ 2009 年《美国复苏和再投资法案》（American Reinvestment and Recovery Act,ARRA）针对这一担忧,为基础设施和科学项目提供了 1110 亿美元资金,其中约四分之一（约 275 亿美元）用于公路建设支出。
- ◆ 2007 年,经济合作与发展组织指出,美国以外的先进国家面临类似的问题："经济合作与发展组织成员国在未来所需的基础设施投资与公共部门的能力之间,在满足传统来源的要求上存在差距"。

1.7.3 机场容量问题

欧洲和世界其他地区的机场在跑道、出租车和码头方面都有达到或接近其容量的风险。即使容量上有所改善,但交通量的增长使对这些设施的需求也在增长。2006年,全球航空公司航班运送旅客21亿人次,2011年,联邦快递成为排名第一的货运航空公司,美国和国际货运量总共为15.939亿吨·公里[IATA 12]。21世纪,现代大型喷气式客机的发展和卫星导航使用量的增加推动了国家对公共机场的陆路和空中基础设施的大量资本投资。

1.7.4 城市基础设施的维护

早期已经描述了纽约市城市基础设施的广泛性、超乎寻常的多样性及其规模,与此对应,忽视对这些设施状况的维持和保护的现象也非常明显,具体如下所述[Wagner 84]:

1978年,政府发现了一种忽视基础设施的评估模式,其后果令人恐惧:重新铺砌街道的理想速率,根据其使用情况,是每25~50年一次,而1978年统计显示,城市重铺街道的间隔为每200年一次。工程师说供水主管道每100年就需要更换一次,而1978年统计显示,纽约市更换供水主管道的间隔为每296年一次。1978年,政府发现有135座水路桥梁及公路结构物处于较差状态,需要大修或重建。该评估模式也同样适用于城市其他实体设施。

1.7.5 基础设施研发工作:资金危机

1987年,美国国会技术评估报告书指出,日本在公共工程方面的研究和开发经费多于美国的1/30,欧洲多于美国的1/8。更进一步讲,我们的土木类基础设施并没有从美国或其他国家在这方面的技术进步中获益多少。土木类工程施工行业较高的竞争性、传播新技术的难度、采用新技术所带来的负面效应、额外的官司等因素综合作用,导致该行业应用先进技术受阻[NSF 95]。

1.8 基础设施资产管理——一种整合途径

1.8.1 基础设施退化的原因

近几十年,基础设施退化的原因如下:①在公共工程计划上投资不足;②缺乏良好的基础设施资产管理系统;③未能认清维持良好的实体基础设施对将来经济发展的重要性;④削减公共工程预算引起的负作用;⑤设施更换跟不上其磨损速度;⑥未能认识到实体基础设施不足会严重影响政府为国民提供服务的种类和水平;⑦国家、州及地方官员有推迟维护公共基础设施的倾向;⑧修理和重建荒废的公共基础设施给纳税人增加负担。

Aschauer已经证明,生产率(如每个单位的私人资产和劳动力的产出)与政府在基础设施上的花费是成正比的(包括道路[Aschauer 89])。通过分析美国1949—1985年的数据发现,美国在基础设施上的投资不足大约是从1968年开始的,而5年以后设施的衰退变得明显起来,也正是在那个时候,美国的生产效率开始下滑[Queiroz 92]。

1.8.2 基础设施资产管理的总体框架

以往在基础设施维护方面投资不足及缺乏全面的系统管理原则指出了良好管理和拓展融资途径的必要性。因此,按照成本效益和适当的方式使用现有资金应是基本原则,其主要力量应该放在保护资产的状况并且使资产保值上。一个考虑这些因素的具有指导性的实例就是1991年的《联运地面运输效率法》,它为州运输厅指定了6套管理系统(路面、桥梁、安全、交通拥堵、公共交通及联合运输)。另外,美国联邦公路管理局(Federal Highway Administration,FHWA)也积极支持改善桥梁管理系统和监测所有公路资产[Hudson 87,Golabi 92,NCHRP 08]。

适用于任何基础设施资产管理系统的一个总体框架如图1.7所示。框架的要点是管理可以分成两个既独立又紧密结合的级别:规划/网络/全系统级和项目/分段级。基础设施管理总体框架的关键组成部分是实时的、使用过程中的监控、评价和数据库。两个管理级别中的每一级都必须考虑那些微小或没有控制作用的外部因素,诸如网络级的融资、预算及机构政策,项目级的标准、规范、预算限制及环境约束等。

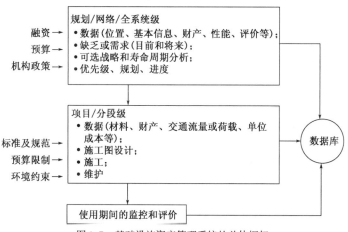

图1.7 基础设施资产管理系统的总体框架

在大型城市中,全面、综合性的基础设施资产如图1.8所示。市政基础设施包括提供运输服务的设施、公用事业、健康和教育服务、公共建筑、公园及其他娱乐区域。对于某个特定社区和管辖区的基础设施资产管理系统,其确切范围取决于网络的规模及服务所覆盖的范围。

1.8.3 环境可持续性和资金的挑战

21世纪,为满足需求在努力改善基础设施条件和能力时,现代基础设施资产管理面临着以下挑战:

◆ 新技术和科学发展以及自然灾害和人为灾害的影响。
◆ 基础设施资产的估价,主要是为了响应政府会计准则的要求,如美国的GASB 34(1999年6月出版)、加拿大的PSAB 3150以及澳大利亚的类似标准。

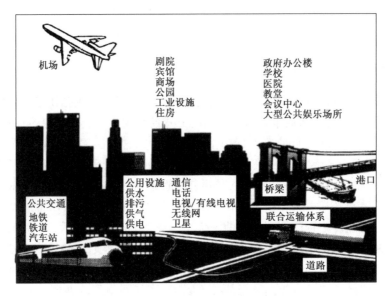

图 1.8 大型都市区域的公共设施资产描述

- 可量化的绩效指标与现实的政策目标和实施目标相关。
- 环境管理不足和空气质量恶化、噪声过大对环境造成的不利影响和缺乏可实行的减排策略。
- 考虑运输、建筑、发电等方面的温室气体(Greenhouse Gas, GHG)排放量和减排策略。
- 可持续发展的综合方法包括基础设施"绿色"建设方法、资源节约、材料再利用、可再生能源利用等。
- 重点在发达国家的基础设施维护和发展中国家的新基础设施建设方面,创新公共基础设施和公私合营(Public-Private Partnerships, PPPs)的融资模式。

参 考 文 献

[Abstract 91] Bureau of Census, *Statistical Abstracts of the United States 1991: The National Data Book*, U.S. Department of Commerce, Washington D. C., 1991.

[Abstract 94] Bureau of Census, *Statistical Abstracts of the United States 1994: The National Data Book*, U.S. Department of Commerce, Washington D. C., 1994.

[AGCA 82] Associated General Contractors of America, *Our Fractured Framework: Why America Must Rebuild*, Washington D. C., 1982.

[Aschauer 89] D. A. Aschauer, "Infrastructure Expenditures and Macro Trends", *Proceedings of the Africa Infrastructure Symposium*, The World Bank, Washington D. C., 1989.

[Bragdon 95] C. R. Bragdon, "Intermodal Transportation Planning for the 21st Century, a New Paradigm: An Urgent Call for Action," Presented at *the 74th Annual Meeting of the Transportation Research Board*, National Research Council, Washington D. C., 1995.

[BRB 91] Building Research Board, *Pay Now or Pay Later*, National Research Council, Washington D. C., 1991.

[BTS 12] Bureau of Transportation Statistics, "National Transportation Statistics," U. S. Department of Transportation. http://www.bts.gov/publications/national transportation statistics/, accessed October 22, 2012.

[CBI 12] "Better Connected, Better Business," Report, Confederation of British Industry (CBI) and KPMG LLP, United Kingdom, September 2012. http://www.kpmg.com/UK/en/Issues AndInsights/ArticlesPublications/NewsReleases/Pages/Positive-outlook-for-digital-infrastructure-according-to-CBI-KPMG-Infrastructure-Survey.aspx, accessed October 15, 2012.

[Choate 81] P. Choate, and S. Walter, *America in Ruins: The Decaying Infrastructure*, Duke Press, Durham, North Carolina, 1981.

[CIA 09] Central Intelligence Agency, *World Fact Book*. https://www.cia.gov, accessed April 5, 2009.

[Colorado 84] University of Colorado at Boulder, *Hard Choices: A Report on the Increasing Gap between America's Infrastructure Needs and Our Ability to Pay for Them*, Denver, 1984.

[DHS 12] Department of Homeland Security, "35000 Gallons of Prevention," http://www.dhs.gov/files/programs/st-snapshots-35000-gallons-of-prevention.shtm, accessed April 7, 2012.

[DOT 94] Department of Transportation, *National Transportation Statistics*, U. S. Department of Transportation, Washington D. C., 1994.

[DOT 00] Department of Transportation, *Primer: GASB 34*, Federal Highway Administration, Office of Asset Management, Washington D. C., November 2000.

[DOT 07] U. S. Department of Transportation, *2006 Status of the Nation's Highways, Bridges, and Transit: Condition & Performance*. USDOT Report to Congress, Executive Summary, March 2007.

[DOT 12] U. S. Department of Transportation, Maritime Administration, "Vessel Calls at U. S. Ports by Vessel Type 2010," http://www.marad.dot.gov/library_landing_page/data_and_statistics/Data_and_Statistics.htm, accessed March 22, 2012.

[FHWA 91] Federal Highway Administration, *Highway Statistics*, U. S. Department of Transportation, Washington D. C., 1991.

[FHWA 96] Federal Highway Administration, "The National Highway System: A Commitment to America's Future—Rodney Slater," *Public Roads*, Journal of Highway Research and Development, U. S. Department of Transportation, Washington D. C., Winter 1996, pp. 2-5.

[Gerritsen 09] E. J. Gerritsen, "White Paper: The Global Infrastructure Boom of 2009-2015," Commentary, *The Journal of Commerce Online*, May 19, 2009. http://www.joc.com/commentary, accessed August 29, 2011.

[Golabi 92] K. Golabi, P. Thompson, and W. A. Hyman, *Pontis Technical Manual*, prepared for the Federal Highway Administration, January 1992.

[Grigg 88] N. S. Grigg, *Infrastructure Engineering and Management*, John Wiley and Sons, New York, 1988.

[Haas 94] R. Haas, W. R. Hudson, and J. P. Zaniewski, *Modern Pavement Management*, Krieger Publishing Company, Malabar, Fla., 1994.

[Hamiel 92] J. Hamiel, "Changing Trends at U. S. Airports as a Part of the International Scene," *Transportation Research Circular 393—Trends and Issues in International Aviation*, Transportation Research Board, Washington D. C., 1992, pp.21-24.

[Horonjeff 94] R. Horonjeff, and F. X. McKelvey, *Planning and Design of Airports*, McGraw-Hill, New York, 1994.

[HRB 62] Highway Research Board, "The AASHO Road Test: Report 5—Pavement Research," *HRB Special Report 61-E*, National Research Council, Washington D. C., 1962.

[Hudson 87] S. W. Hudson, R. F. Carmichael III, L. O. Moser, W. R. Hudson, and W. J. Wilkes, "Bridge

Management Systems," *NCHRP Report 300*, National Cooperative Highway Research Program, Transportation Research Board, National Research Council, Washington D. C., 1987.

[Hudson 97] W. R. Hudson, R. Haas, and W. Uddin, *Infrastructure Management*, McGraw-Hill, New York, 1997.

[IATA 12] International Air Transport Association (IATA), "Publications & Interactive Tools," https://www.iata.org/ps/publications/Pages/wats-freight-km.aspx, accessed October 10, 2012.

[Kliesen 09] Kevin L. Kliesen, and Douglas C. Smith, "Digging into the Infrastructure Debate," *The Regional Economist*, Federal Reserve Bank of St. Louis, Missouri, July 2009. http://www.stlouisfed.org/publications/re/articles/?id=1309, accessed October 21, 2012.

[Kwiatkowski 86] V. F. Kwiatkowski, "Infrastructure Assets: An Assessment of User Needs and Recommendations for Financial Reporting," *Ph. D. thesis*, University of Kentucky, 1986.

[NCHRP 08] National Cooperative Highway Research Program, *GASB 34—Methods for Condition Assessment and Preservation*, Report 608, Transportation Research Board, Washington D. C., 2008.

[NSF 94] National Science Foundation, *Civil Infrastructure Systems Research*, Washington D. C., 1994.

[NSF 95] National Science Foundation, *Civil Infrastructure Systems—An Integrated Research Program*, Washington D. C., 1995.

[O'Day 84] D. K. O'Day, "Aging Water Supply Systems: Repair or Replace," *Infrastructure—Maintenance and Repair of Public Works*, Annals of the New York Academy of Sciences, Vol. 431, December 1984, pp. 241-258.

[Perry 89] N. J. Perry, "Good News about Infrastructure," *Fortune*, April 10, 1989, pp. 94-99.

[Queiroz 92] C. Queiroz, and S. Gautam, "Road Infrastructure and Economic Development—Some Economic Indicators," *Working Papers WPS 921*, Western African Department and Infrastructure and Urban Development, The World Bank, Washington D. C., June 1992.

[Queiroz 94] C. Queiroz, R. Haas, and Y. Cai, "National Economic Development and Prosperity Related to Paved Road Infrastructure," *Transportation Research Record 1455*, Transportation Research Board, National Research Council, Washington D. C., 1994, pp. 147-152.

[Stone 74] D. C. Stone, *Professional Education in Public Works/Environmental Engineering and Administration*, American Public Works Association, Chicago, 1974.

[Uddin 06] W. Uddin, "Air Quality Management Using Modern Remote Sensing and Spatial Technologies and Associated Societal Costs," *International Journal of Environmental Research and Public Health*, ISSN 1661-7827, MDPI, Vol. 3, No. 3, September 2006, pp. 235-243.

[Uddin 09] W. Uddin, "Light Detection and Ranging (LIDAR) Deployment for Airport Obstructions Survey," *Final Report*, Center for Advanced Infrastructure Technology, University of Mississippi, Prepared for Airport Cooperative Research Program, Transportation Research Board, Washington D. C., October 2009.

[Uddin 12a] W. Uddin, "Mobile and Area Sources of Greenhouse Gases and Abatement Strategies." Chapter 23, *Handbook of Climate Change Mitigation*. (Editors: Wei-Yin Chen, John M. Seiner, Toshio Suzuki, and Maximilian Lackner), Springer, 2012, pp. 775-840.

[Uddin 12b] W. Uddin, "Pavement Evaluation and Structural Strengthening Considering Surface Materials, Environmental Conditions and Natural Disaster Impacts," *Proceedings*, MAIREPAV7—The Seventh International Conference on Maintenance and Rehabilitation of Pavements and Technological Control, Auckland, New Zealand, August 28-30, 2012.

[Veldhuis 92] J. Veldhuis, "Impact of Liberalization on European Airports," *Transportation Research Circular 393—Trends and Issues in International Aviation*, Transportation Research Board, Washington D. C., pp. 25-30.

[Wagner 84] R. F. Wagner, Jr., "Infrastructure Issues Facing the City of New York," *Infrastructure—Maintenance and Repair of Public Works*, Annals of the New York Academy of Sciences, Vol. 431, December 1984, pp. 21-26.

[World 90] The World Bank, *World Development Report 1990*, Washington D. C., June 1990.

[World 09] The World Bank, *Research Guides*. http://researchguides.worldbanki.org, accessed April 5, 2009.

第 2 章 公共设施资产管理的构成

2.1 背景

基础设施代表的是实物资产及其为公众的经济和社会需求提供相关服务的行为。Sullivan 在 1983 年在纽约召开的基础设施会议——公共工程的维护和修理[Sullivan 84]上陈述道:"基础设施并不是什么新生事物,简单来说,就是建立国家最根本的基础——公共工程"。由公共工程机构和民营企业提供基础设施资产和相关服务,包括能源、交通运输、制造、供应链、公用事业(水、天然气、电力)、固体废弃物处理、公园、体育和运动场、娱乐设施和住房设施。同样,基础设施管理也不是新事物,公共工程部门为了项目开发、融资、施工及养护,每天都要做出管理决策。管理组织和活动的确切方式更多地取决于某个机构既往的实践经验,而不是依据现实需要和状况。遗憾的是,公共工程部门并没有认识到性能评价、维护计划以及其他对成功的资产管理十分关键的因素的重要性[Hudson 97]。

过去,管理基础设施并没有系统化,现在有必要改变我们的管理方式。本书中引入的基础设施管理系统(Infrastructure Management System,IMS)概念可为把基础设施项目各个阶段联系起来提供一个框架和方法。

对于术语"基础设施""管理"及"系统",不同的人有不同的理解。因此,重要的是要弄清楚术语的关键意义并下一个技术性定义,以便有一个统一的、通用的词语用于基础设施管理领域。

2.1.1 术语及其定义

2.1.1.1 系统(system)

"系统"这个词用于许多场合,如循环系统、排水系统、自动喷淋消防系统、公路系统、停车场系统等。按照字典上的注释,系统是组成一个统一整体的一组有规律的互相作用或互相依存的项目。本书就采用这个定义。

2.1.1.2 基础设施(infrastructure)

在本书中,"基础设施"这个词指的是提供基本公共服务的物理系统或设施设备,如:

- ◆ 运输(公共交通、道路、机场、港口、铁路、水路、多式联运)。
- ◆ 公用事业(水、下水道、煤气、电力)。
- ◆ 能源(电网、传统煤炭等化石燃料电厂、水电、核能、地热、生物燃料、风能、太阳能、可再生能源)。
- ◆ 电信和无线通信。
- ◆ 信息技术和线上社交媒体。
- ◆ 废弃物处理和堆填区。
- ◆ 公园用地、地标和主题公园用地。
- ◆ 体育馆和娱乐建筑。
- ◆ 医院、公共房屋、出租房屋和教育建筑物。
- ◆ 工业、制造和商业设施。
- ◆ 供应链基础设施资产(联运码头、配送中心)。

基础设施也可以包括与提供实体设施相关的管理和人力资源。应该谨慎使用"基础设施"这个词,因为它在最近的网络和社交媒体上被广泛使用,如教育基础设施、卫生基础设施、金融基础设施、图书馆信息技术基础设施、移动或手机基础设施、银行基础设施、社会网络基础设施等。在本书中,基础设施只是指维持公众可接受的生活质量以及社会和经济发展所必需的物理系统和相关服务。

2.1.1.3　资产(assets)

就一般概念而论,资产通常是指金融工具。在本书中,基础设施资产与物理设施和为满足公共需求构建和维护的特定物理系统的一个组成部分相关联。基础设施资产既可以由公共部门或者私人企业拥有和管理,也可以由两者共同拥有和管理。

2.1.1.4　管理(management)

"管理"这个词有多种词义。在某种场合,它的意思是监督管理,而在另一种情况下又有控制的意思,它还有一层意思是协调某个单位或系统中的各种元素。字典中管理的词义是"管理的行为或艺术",或者还有一个较少应用的含意:"采用审慎的手段实现某个目的"。本书中,管理的意思是协调和审慎地利用诸如筹资及经济分析等手段和工具,以优化或实现基础设施运营的目标。

2.1.1.5　基础设施资产管理(Infrastructure Asset Management,IAM)

基础设施资产管理就是针对实体设施的投资或开支、设计、施工、维护、运营及现场评价进行系统的、协调一致的规划和计划。这是一个广泛的过程,覆盖了与提供和维护基础设施相关的各种活动,以达到使公众或业主满意的水准。这些活动的涵盖范围:从初始信息的获取到规划、计划及新工程的施工、维护、修复和更新,从单体项目的施工图设计及施工到定期现场监控、评价和财务管理。

2.1.1.6　基础设施资产管理系统(Infrastructure Asset Management System,IAMS)

基础设施资产管理系统由运行工作包(方法、流程、数据、软件、政策、决策、预算和资金等)构成,这些工作包将基础设施管理的各种活动联系起来并使其正常运行。

2.1.2 理想的基础设施资产管理系统

一套理想的基础设施资产管理系统将会协调并促进执行所有的活动,其目的在于使资产的性能最佳、保护最好、服务最优,并最有效地利用现有资产。系统将会满足机构(公共或私人)中所有管理层面的需求,并被构筑为适用于所有基础设施的系统。换句话说,该系统具有普遍意义,并且能将某种特定类型基础设施所需的专有模型、方法及流程进行整合。例如,20世纪60年代后期提出的路面管理概念[Haas 78],在20世纪80年代和90年代被推广到桥梁[Hudson 87]和地下公用设施中,再后来被推广到公路和市政基础设施管理中[Hudson 97,Hudson 11]。

2.2 基础设施资产管理的关键议题

基础设施的危机已经在第1章中讨论了。在20世纪80年代,公众的注意力被"美国成为废墟"和"正在崩溃的基础设施"这样的标题牢牢抓住[Choate 81]。在维持和改善美国基础设施方面需求巨大,而资金缺乏常常被认为是产生上述问题的原因[ASCE 09],2000年后这个问题被美国政府和国会以及全球公共论坛所关注。近年来,在公共机构和私人企业的基础设施资产管理实践中,公众对环境可持续发展的认识变得越来越重要[Uddin 12]。当成本作为一个要素时,主要的问题就是缺乏管理基础设施的综合方案,且主要涉及以下一些关键议题。

2.2.1 基础设施的衰退与老化

下面的关键点与基础设施的衰退和老化有关:
- 由于长期使用和老化,基础设施的状况和服务水准恶化。
- 设计、施工缺陷或超载、碰撞事件可能导致灾难性事故。
- 地震或洪涝等自然灾害导致基础设施的某些部分损毁。
- 过去的设计程序没能适当考虑环境的影响及其与荷载和材料变化的相互作用。

2.2.2 缺乏合理的维护、保护及更新计划

缺乏合理的维护、保护及更新计划是与下列因素相关的:
- 过去通常的设计原则是,所设计出的实体系统能够在预定的设计寿命期内不用考虑维护或者进行诸如更新的未来保护处理。
- 日常养护工作被认为是养护小组的职责。按照状况和服务水平概念来判定设施的损坏和更换,并不考虑其他可选方案。
- 为应对公众抱怨、紧急情况及灾难性损毁的"应急式"维护活动并不能有效地维护基础设施。
- 使用上的变化及对未来荷载和服务需求估计不足导致问题的出现。
- 对性能预测模型重视不足。

以上这些因素反映了对基础设施进行合理管理的需求。

2.2.3 资金来源短缺

传统上,美国联邦政府投资建设大部分的国家公共工程基础设施,而州和地方政府投资建设其管辖范围的基础设施。然而,除1998—2001年间没有财政赤字外,美国联邦财政赤字已从1983年的2080亿美元,1994年的2030亿美元,2002年的1580亿美元,2005年的3640亿美元上升到2010年的12930亿美元(估计占GDP的8.9%)(http://www.usgovernmentspending.com/federal_deficit_chart.html,2012年11月1日访问)。这就给政府造成了巨大的压力,即必须缩减联邦政府开支并且在10~20年内使财政赤字得到控制。同时,多方面竞争性需求使得联邦预算变成了一个混合体,既要体现庄严又要有对人民、对排序优先的重要紧急事件、对绝对必要的开支等的不容推卸的义务。公共开支的理由普遍都有着极端强烈的政治企图[Mathiasen 84],表现为在2008年全球经济衰退之后被用来振兴美国国内外的经济并创造就业机会[Gerritsen 09]。

做某些创新的工程也需要认清资金来源。州和地方政府在利用现有资金时需要更强的灵活性,成本效益良好的解决方案和更优的资金管理是最基本的要求。像1994年加利福尼亚州奥兰治县破产这样的事件可能会打击公共工程机构投资者的信心,这就需要用更好的分析手段来改善优先排序计划方法。这些考虑要求把教育和培训工程师及决策者如何进行成本效益的基础设施管理作为基本要务。本书试图为提升基础设施管理水平提供基本原理及方法,包括创新的融资机制。

2.2.4 不适宜的财务报告和近期发展

基础设施清单和成本监控是政府会计和财务报告程序中尚未被充分认识到的重要问题。结果真正有用的基础设施信息总是无法被传递到决策者那里。1984年成立的美国政府会计准则委员会开始了第一次关于基础设施或固定资产财务及报表的全面审视。Kwiatkowski开展了一项研究,评估某些选择的用户对基础设施财务信息的需求,并推荐基础设施资产信息的财务报表程序[Kwiatkowski 86]。

1999年6月15日,GASB 34声明中公布了美国公共资本资产的估值。该标准由USDOT实施,用于报告交通基础设施资产评估和那些自2001年6月15日以后收入为1亿美元或更高的机构、自2002年6月15日以后收入在1000万美元到1亿美元之间的机构和自2003年6月15日以后收入低于1亿美元或更低的机构的情况[DOT 00]。GASB 34认为,政府支出数十亿美元作为长期投资,用于政府机构建立和拥有长期公共基础设施资产。其他类似的公共基础设施资产评估标准包括加拿大公共部门会计委员会手册第3150号(PSAB 3150)(http://www.municipalaffairs.alberta.ca/documents/ms/PSAB_3150_4_toolkit_full_document.pdf,2013年1月2日访问),以及澳大利亚的类似标准。

GASB 34要求除了基础设施资产使用修改后的方法报告[DOT 00],其他所有主要的资本资产应在其估计使用年限内以历史成本进行报告。传统的资本性财务报告包括:①年初和年终结余;②资本收购;③销售或其他处置;④折旧费用。这种财务报告方式对大多数民间和商业业务者来说并不陌生,他们在年度所得税申报时一直遵循类似的报告格式,利用相对较短使用寿命的设备和其他有形资产的直线折旧减免税款。如果资产满足以下要求,则财务报告的修改方法(根据 GASB 34)不要求政府拥有的基础设施资产贬值:
◆ 使用基础设施资产管理系统管理;
◆ 保持在既定条件水平。

根据 GASB 34,基础设施资产管理系统应至少每三年进行一次资产清单整理和状况评估。最近三次评估结果显示,基础设施资产正保持在既定条件水平以上。美国大部分高速公路机构一直保持着传统的电脑记录,记录自 20 世纪 90 年代中期以来,按照 FHWA 的规定,通过实施路面管理系统和桥梁管理系统,对这些数据进行了更新。因为考虑路面、桥梁的维护、修复约占高速公路机构资产价值的 90%,这些做法和数据构成高速公路机构的资产管理系统[Hudson 11]。具体来说,使用修改方法后的政府所属基础设施资产的以下信息和现象需要报告[DOT 00,NCHRP 08]:
◆ 年度主要投资记录;
◆ 主要投资、保全(包括更换)和维护费用分配;
◆ 可接受的每个资产类别的总体状况评估表和具体条件水平目标的基础;
◆ 联合预算水平达到创设的目标;
◆ 资产定期评估至少每三年进行一次;
◆ 最新情况的三项评估条件的结果;
◆ 过去五年预估和实际的年度维护保养费用;
◆ 在前两项信息中明显影响趋势的因素;
◆ 关于基础设施资产增值、报废和更换的说明;
◆ 债券评级机构每年都需要全面的综合年度财务报告(Comprehensive Annual Financial Report,CAFR)和其他相关信息。

本书中介绍的有效资产管理系统的概念和详细的准则可以帮助建立有效的基础设施资产管理系统。

2.3 系统方法论的应用

系统方法论适用于各种与基础设施管理相关的建模和分析,已经成功地用于路面管理、桥梁管理和其他基础设施资产的管理等领域[Haas 78,94;Hudson 87,97,11]。

系统工程学是一个知识体,对于新系统,它是有效规划、设计及实施的知识体;对于已有系统,它是架构知识状态或模拟其运行的知识体。这里有两个主要的、相互关联的系统方法论的应用:
◆ 某个问题、知识体或过程的建立;
◆ 实际建模及解决问题或过程集成中的分析手段的应用。

这些应用是互为补充、相互关联的,如果没有其中一方,另一方就是不足的。构建一个问题通常其本身没有具体化,以至于无法形成一个实用的、可以运行的解决方案,因为将某些分析手段应用于一个没有恰当构建的问题中,会导致一个不合适的解决方案[Stark 72, 05]。

任何问题求解过程的组织或框架都会要求系统考虑所有技术、经济、社会及政治方面的利益因素。此外,它是涉及有效解决或处理一个问题的各项活动进展的逻辑模拟。随后,我们将在本章中展示一个基础设施资产管理的框架。下面的讨论将集中在总结一些分析工具和注意事项上,这些可以用于图2.1所示的一般系统方法论中。

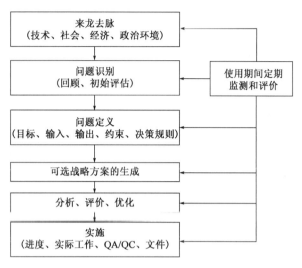

图2.1 一般系统方法论步骤

2.3.1 一些分析工具

在寻求可行的解决方案时,常常发现采用通用的方法去构建具体问题是无意义的。此外,不管某些分析方法有多优秀或多复杂,将它应用到一个没有恰当构建的问题中,可能会导致一个不合适的解决方案。换句话说,当问题被表达或构建得很好时,用来求解问题的分析方法才是最有用的。

本节提供一个较为广泛应用的方法、工具及模型的"细目"。应用这些方法有助于在某个目标下进行某个决策,它们的应用很大程度上取决于系统输出的可用知识,可以分成以下几类:

- ◆ 确定型,假设每个备选策略都有确定的输出(即确定性问题)。
- ◆ 风险型,若干具有确定概念或估计概率的输出量中,任何一个都可能在每个备选策略中发生。
- ◆ 不确定型,备选策略的输出量都是未知的,故其概率不可能被指定。

为了简便和应对许多变量,大部分工程实践都采用确定型决策方法处理问题。然而,还有一个不可忽视的要求就是将风险概念整合到实际应用中。为表达过于复杂的实际问题,Stark建议按照模拟量或标量方法建模,换句话说,对于某种类型的问题,可以通过试验、博弈或仿真的方法来"强行"得到解答[Stark 05]。

寻找有成本效益解答优化问题的方法主要有:

- ◆ 数学规划法,可以得到精确解;
- ◆ 试探法,可以得到次优解,在处理大型问题时常用;
- ◆ 概率逼近法,基于随机选择、有偏抽样及蒙特卡洛模拟;
- ◆ 图解法。

线性规划是应用最广泛、最有用的系统模型之一。由于这些方法非常适合于分配型的问题,已经应用于从建筑到炼油厂运营的每个方面[Gass 10]。一个典型的线性规划法应用的例子应该是,在已知生产能力、货车运力、可供材料及其成本的情况下,材料供应商如何确定每种材料的数量。线性规划模型有多种求解方法,包括参数线性规划、整数线性规划及分段线性规划。分段线性规划用于将非线性问题简化为感兴趣领域内的近似线性形式。

非线性方法范围包括从所谓的经典微分学、拉格朗日乘数(以及它们对非负性条件和不等式约束的扩展)、几何规划到迭代搜索法[Künzi 79]。迭代搜索法通常适用于当使用更严谨的方法不切实际时。有些类型的非线性问题不容易通过分析方法解决,但图形求解方法可能很有帮助。例如,已经证明有一种简单的图形求解方法适用于涉及非连续成本函数的施工问题[Haas 73]。

多级决策问题可以被分解为一系列单级问题,这些问题可以采用动态规划方法逐步解决[Dreyfus 65]。每个单独变量或单级问题可以通过特别适合于该问题的优化方法处理,这些方法在各阶段并不是相互依赖的,从微分学到线性规划都有。组合型问题非常适合用动态规划法。典型的例子是,拥有若干移动式破碎机和若干采石场的集料制备厂想要在某设定的利润率下,确定为每个工地安排多少台破碎机。

随机和排队模型对系统方法论问题有广泛的适用性,而且有许多文献可供参考。一类模型是蒙特卡洛法,当没有合适的分析模型时,这种方法比较有用。这些概率方法需要变量的分布函数。还有一些大规模的问题可以采用可靠度、随机游动及马尔可夫链等方法,这些方法可以扩展到随机及约束概率规划法模型。排队模型已经在工程中得到广泛的应用,包括各种航空候机楼管理、交通设施管理、铁路管理、运河管理等。

许多问题都涉及人员、设备、资金及材料的配置和进度安排,有几种项目管理的方法已经广泛用于这些问题的解决中,如排序法、路径法及进度计划法等。

本节只提及许多在基础设施管理各个方面有潜在应用的分析工具中的几种,期望获得详尽信息的读者可以阅读本书的有关参考文献及图书馆的其他资料。

2.3.2 注意事项

图2.1中的一般系统方法论模拟了高效解题程序所采用的逻辑式、系统化模式,但必须要注意,这种方法的使用是有条件限制的。

- ◆ 成功的应用绝对依赖于参与人的能力。上述通用方法并不能解决因判断不当及设计带来的问题。
- ◆ 有关个人或机构的观点必须清楚地加以确认且保持一致,否则,可能会出现混淆和矛盾。例如,同是公共工程的材料加工问题,从承包商角度和从政府部门角度,其观点可能会截然不同。他们可能有竞争目标,但会受到不同的约束。
- ◆ 所考虑系统的构成或范围应该清楚地加以确认。例如,"停车场系统"这个术语,对第一个人来讲,指的是实际存在的停车场,如路面、路缘石及门闸等;而对第二个人来讲,可能指的是用来管理这些设施的方法;对第三个人来讲,则可能指的是上述两者的组合体。
- ◆ 还要考虑的是,对一个尚未完全理解的问题得出精确解存在风险或不确定性。也就是说，问题已经得到确认但没有严格定义。当然，在问题识别阶段，通常只能发觉某些一般的解答。但是，如果解题程序并没有进一步去定义该问题，这些解答可能是不合适的或不完全的。

2.4 基础设施资产管理系统的建立

2.4.1 IAMS 流程

从系统工程的角度看，一个系统由一套相互作用的分项构成，这些分项受到某种特定的外部因素和输入量的影响。在一个实体的机场设施系统中，相互作用的分项工程通常包括以下内容：

- 连接机场和最近市区的地面通道设施；
- 停车场和租车设施；
- 航空控制塔和其他地面导航设备；
- 候机大楼（包括行李处理区、安全区、出入口、特许权）；
- 登机区（登机道、轨道、消防区）；
- 路面（停机坪、滑行道、出口、跑道）。

每个分项工程都涉及不同类型的建筑。例如，所有为车辆交通和飞机操作服务的铺筑表面一般由路面（含有面层、基层、底基层及路基）、路肩或人行道及其他附属物组成。影响建筑物结构或铺覆表面的外部客观因素是使用年限、交通量、环境、材料退化、灾害或事故、养护活动等。进行养护就是缓解由交通和环境引起的破损程度来保护结构的功能性和完整性。

另外，一套基础设施资产管理系统由规划、计划、设计、施工、维护和更新及评估这样一些相互作用的内容构成。这种系统的总体框架如图 1.7 所示。影响基础设施资产管理系统的外部因素包括预算、决策标准及养护政策、不可定量的部门政策，以及政治气候。

一个理想的基础设施资产管理系统应该提供并维护舒适、安全及经济的实体基础设施系统及相关的服务，要在可用的资金范围内，达到公众可接受的标准。该系统应该能够在养护计划实施过程中辨识不必要的拖延，而且协助决策者高效地使用有限的资金。这种系统的最低要求应该包括适应性、有效运转、实用性、基于决策支持的定量性及良好的信息反馈。没有一个理想的适用于所有机构的通用 IAMS，每个机构都有自己的满足实体基础设施各组成特殊需求的状况，如果要建立一套总体基础设施资产管理系统，基础设施组成中任何现有的决策支持或管理系统都必须仔细地进行整合。每个机构都必须为自己的基础设施资产管理系统确定任务和目标，由于国家级、州级、区域级、地方级政府或私人企业机构的管辖权不同，这些任务和目标也有显著的差别。

基础设施资产管理系统的范围取决于某机构所负责的基础设施分项内容的范围和规模。在市政基础设施资产管理系统中，所有公共工程基础设施都应该包括在内，这些公共工程基础设施一般是指市内街道设施、供水和排污设施、固体废弃物处理设施、供电和供气设施、公共交通设施、机场设施、视频监控交通运行和事故管理的智能交通系统（Intelligent Transportation

System,ITS)基础设施、体育馆、会议中心、学校及娱乐设施。此外,私人机构管理的基础设施也可能为社区提供其他基本服务,如医院和医疗基础设施、商场和办公楼、制造/工业设施、电影院和电视台、基于光纤的固定电话和无线通信基础设施。每个实体基础设施系统类别都有一个网络或组合,可以是公共的、私有的或由公共机构与私人机构共同拥有和运营的。

2.4.2 基础设施资产管理系统的网络级和项目级

基础设施资产管理系统有两层基本的工作或运行级别:网络级和项目级,如图1.7所示。图2.2是某公路与街道基础设施两个级别中主要活动的扩展,这些活动将在以后的章节中详细讨论。

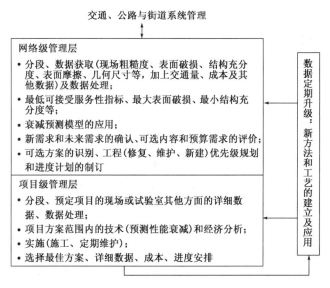

图2.2 路面管理的基本运行层次和主要活动

网络级管理的初始用途,就是要在总的预算限制内,制订优先工作计划和工作进度计划。而项目级管理就是在进度计划的适当时候开始某些工作,并代表网络级决策的实际物理实现。

2.4.3 IAMS分项的影响水平

有四个主要的阶段或子系统(规划、设计、施工、维护)是最重要的,但其影响力按照"影响水平"变化。IAMS分项在制造业和重工业建设等[Barrie 78]领域的使用(图2.3),显示了对某个项目寿命周期总成本的潜在影响力随着项目的进展而呈降低的趋势[Haas 94]。

图2.3中下半部分用条块表示在基础设施寿命期内每个主要阶段的时间长度,上半部分显示了在基础设施寿命期内支出增加而影响降低的趋势图。规划阶段的费用支出占总成本的比例相对较低,施工成本也类似,只占使用期中运营和维护成本的一小部分。然而,在项目早期做出的决定和承诺对后期需求支出的影响要比后期活动的影响大得多。

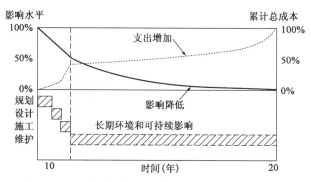

图 2.3　IAMS 子系统对总成本的影响水平（参照[Haas 94]）

在项目的开始阶段,机构控制着决定未来支出的全部因素(100%的影响),问题是建或不建。对于某个项目来讲,如果决定不建,则意味着没有任何未来支出;如果决定建,则需要更进一步的决策,但早期仍有很广的选择范围。以公路情况为例,是采用柔性路面还是刚性路面?如果采用刚性路面,是带接缝的还是连续配筋的?厚度多少?用什么材料?决定一旦加以确认而且做出承诺,未来活动对未来项目成本的深层影响就会减弱。

以同样的方式,在施工阶段做出的决定,即使在剩余的影响水平范围内,仍极大地影响着基础设施的养护或修复成本。例如,施工期间忽略质量控制或换成劣等材料可能会节约一些钱,但将来频繁维修所支出的额外维修费用和用户费用可能会是"节约的钱"的很多倍。

随着施工的结束,注意力将被转移到按照合格标准对现有基础设施进行维护。影响水平的概念也可以用于维护管理系统(Maintenance Management System, MMS)的子系统中,修复或更新规划阶段的支出相对于设施使用期中的维护总成本而言仍是比较少的。然而,在修复和翻新项目的早期阶段做出的决定和承诺对以后需要的其他维护支出和用户成本具有更大的相对影响。

在一些机构中,还有三级 IAMS 的概念,但有时其术语会重叠,例如有些论文中提到"项目级"时,其实际意义是"项目选择阶段";而在其他一些情况下提到"网络级"时,实际上是指"规划级"。

这种三级 IAMS 的概念如图 2.4 所示,左下方三角区代表一个不可行的区域,因为在项目阶段为建设提供的信息太少;而右上方三角区,由于所需模型的大小和复杂性,是一个建模的不可行区域。

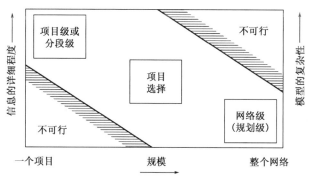

图 2.4　三级 IAMS 的信息详细程度和模型的复杂性

2.5 寿命周期分析概念

2.5.1 使用期或全周期

第1章中讨论的基础设施一般指的是固定资产。从设计和分析的观点来看，某些设计寿命或分析期的有限年数是与基础设施的每个组件相关的。实际上，除非发生灾难性的损毁或该区域无人居住，公众和用户都期望基础设施能永久提供某种具体的服务。然而，管理这些设施的机构管理者和决策者都知道，在某个时候，由于下列一个或多个原因，基础设施不可能提供合适的服务：

- ◆ 结构不安全；
- ◆ 功能退化；
- ◆ 由于过度使用和超负荷导致用户耽误时间和引起不便；
- ◆ 高成本养护和保护；
- ◆ 自然灾害或其他事件造成的灾难性事故。

这就引出了在一个寿命周期内基础设施的"使用期"概念，它不像设计或分析期，使用期并没有一个典型的单一数值。同一类型的设施（如一座钢桥），由于交通量、环境输入及养护实践的不同影响，其初始阶段和总服务期可能会有较大的不同。维护历史对总服务期有显著的影响，一个维护良好的设施与维护差的设施相比，更有可能延长使用寿命。一个良好的基础设施资产管理系统应认识到服务期分析的重要性，包括机构成本（施工、养护、修复、更新或更换）以及用户成本和效益（图1.6）。

使用期是以物理服务寿命为基础的，与社会或经济使用寿命的估计可能是不同的。本书将物理服务寿命用于基础设施管理中。一些典型的基础设施使用寿命期望值见表2.1，下一章将详细讨论估计使用寿命的方法。

典型的基础设施使用寿命期望值　　　　表2.1

基础设施和构件		预期使用寿命
机场	建筑物、结构	可达150年
	跑道、滑行道、停机坪	可达50年
桥梁	桥面	可达50年
	下部结构、上部结构	可达125年
隧道	（交通、水）	可达200年
港口、铁路、多式联运设施	（混凝土、钢、石建筑）	可达300年
公共建筑和体育设施	（混凝土、钢、砖建筑）	可达300年
电力传输、电话线	（混凝土、钢建筑）	可达400年
核电厂	（混凝土、钢建筑）	500年或更久
液压水坝	（混凝土、钢建筑）	300年或更久

2.5.2 环境管理与可持续性维度

本书介绍了当前背景下民用基础设施资产生命周期管理的框架和要素,解决空气质量恶化、水质退化对环境的不利影响以及与碳足迹和资源保护有关的可持续性问题。

2.5.2.1 环境管理

环境和能源资源受到城市发展、土地使用方式、交通拥堵和交通系统管理的极大影响,人口稠密城市的基础设施建设和客运、货运的城际交通,对交通拥堵、空气质量、能源消耗、车辆排放有毒气体和二氧化碳(CO_2)造成重大不利影响。大都市区包括与特定城市在社会和经济上联系的城市地区和农村地区。大多数城市和都市的频繁拥挤和交通阻塞对出行时间、业务运营成本和空气质量都产生不利影响[Uddin 12]。城市和工业地区的空气污染越来越严重,特别是颗粒物(PM)和对流层臭氧(O_3)的增加,正对公共卫生产生影响,因为呼吸系统疾病风险在增加和死亡率在升高[Uddin 06]。与这些公共卫生危害相关的医疗费用和生产力损失可能是巨大的。

美国尽管过去40年在清洁燃料技术、节能型汽车和车辆检验规定方面取得了进步,但每年仍有超过1.6亿吨的污染物被排放到空气中以及约有1.46亿人生活在2002年当时被测出空气不健康的县城里,因为六个主要空气污染物中至少有一个含量超标。造成这种现象的原因如下:交通基础设施扩大;经济繁荣和车辆保有量增加;由于城市扩大,平时花费的出行时间更久;并且拥堵时间增加了出行时间、燃料的浪费,以及二氧化氮(NO_2)、一氧化碳(CO)等有毒气体和PM的排放[Uddin 05,12]。

发展中国家的许多有1000万以上人口的新兴大都市(巴西圣保罗、中国北京和上海、印度德里和墨西哥城)正在以惊人的速度造成空气污染,这已经超过了一些工业化国家中污染最严重的大都市(莫斯科、东京、纽约和洛杉矶)。在地铁和非地铁城市,城区的发展和扩张破坏了公园、农地、林地和休憩用地,生物多样性和生态系统受到不利影响。此外,城区的发展导致许多城市人口面临洪水和其他自然灾害风险。

2.5.2.2 可持续发展维度

可持续发展被广泛地定义为一种保护、发展和管理措施,以满足现阶段的需要,但不会影响子孙后代满足自己需求的能力[Uddin 12]。建筑基础设施、客货运量、城市发展、能源需求和环境方面可持续发展的维度和目标包括:

- 加强健康、安全保障;
- 节约能源,改善环境;
- 创建公平和宜居的社区;
- 降低成本,寻找创新的融资解决方案;
- 促进经济繁荣。

目前的流动性和生活方式依赖于化石燃料的消耗,明显是不可持续的,正如全球对自然资源的需求及其不利影响所表明的那样:

- 较高的GDP与能源消耗水平和二氧化碳排放量有关。

- 出行需求(车辆数和车辆行驶公里数)处于最高水平。
- 从农村到城市的移民和流动需求正在加速对生物多样性和生态系统的不利影响。

表 2.2 显示了 2009 年美国和世界的能源发电量。非化石燃料发电的份额在过去十年中一直在增加。虽然在美国、日本、法国等国家,核电基础设施仍然是一种相当大的能源,但 2011 年海啸导致的日本福岛核电站崩溃事件也促使日本等其他很多国家的舆论反对建设更多的核电厂。在能源方面,除了传统的可再生水力发电以外,美国和其他一些国家已经在努力减少对化石燃料发电的依赖,增加创新的可再生能源(风能和太阳能)基础设施。考虑到资本投资水平的提高,可再生能源基础设施资产是相对较新的资产管理领域。2011 年,尽管全球经济萧条,制造商面临资金限制,但清洁能源的新投资总额比 2004 年增长了五倍多,达到 2600 亿美元,太阳能投资远远超过风电投资(http://www.bnef.com/PressReleases/view/180,2012 年 10 月 30 日访问)。

美国和世界的能源来源(参照[EIA 09]) 表 2.2

能源来源	2001 年美国	2009 年美国	2009 年世界
化石燃料	70%(总共)	69%(总共)	67%(总共)
煤炭	51%	45%	41%
石油	3%	1%	5%
天然气	16%	23%	21%
核	20%	20%	13%
水电	7%	7%	16%
其他可再生能源(地热能、太阳能、风能、废弃物)	3%	4%	4%

数据来源:美国能源信息署、国际能源署(International Energy Agency,IEA)。

人为排放的二氧化碳是温室气体的主要组成部分。1990—2007 年,美国人为排放温室气体数据来自电力、交通运输、工业、农业、住宅和商业部门。美国运输部门排放的温室气体量占所有人为排放温室气体量的 28%,落后于占 34% 的能源部门[EIA 09]。表 2.3 将几个经济部门的全球温室气体排放数据进行比较,能源部门和运输部门是温室气体排放量最高的。自 1997 年《联合国气候变化框架公约的京都议定书》(简称《京都议定书》)通过以来,已经制定了几项国际协议,以建立减少温室气体排放的国家目标[Uddin 12]。在美国,道路车辆温室气体排放量占了 2008 年与运输相关的温室气体排放量的 85.5%,加拿大为 86%,墨西哥为 91%。这三个国家都是北美自由贸易协定(North American Free Trade Agreement,NAFTA)成员国的合作伙伴[CEC 11]。

2007 年各部门温室气体排放量(参照[EIA 09]) 表 2.3

经济部门	美国	世界
能源	34%	46%
运输	28%	25%
工业(制造业)	20%	23%
其他(住宅、农业等)	18%	6%

数据来源:美国能源信息署、国际能源署。

美国的大城市地区以及拉丁美洲和亚洲国家的大城市数据显示,几个农村和小城市的与道路交通相关的CO_2排放量较高(图2.5)。据估计,世界范围内温室气体排放量的75%都是由城市产生的,而其中的三分之一来自交通运输[Uddin 12]。人为排放温室气体一般被认为是全球变暖的主要原因。

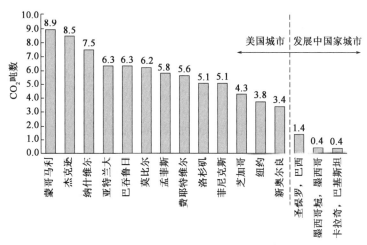

图2.5 2007年特定城市的道路交通人均CO_2排放量(参照[Uddin 12])

据报道,无论是温室气体排放引起的全球变暖还是气候变化(例如,在1997年《京都议定书》和随后的国际协议中所涉及的),都对某些类型的民用基础设施产生重大影响。在需要/可行的情况下采取合适策略是很重要的。国际上致力于减少温室气体排放的一些例子如2010年的"坎昆协议",旨在减少森林砍伐;2012年的里约热内卢协议,强调清洁公共交通和节能交通基础设施。

2.5.3 结语

ASCE专著[Antelman 08]对本章主题有重大贡献,它记录了有效的基础设施报告实例,揭示了资产管理与良好基础设施之间的联系,并明确了改善现行做法的机会。

开发和管埋基础设施资产、解决可持续发展问题、保护环境的技术解决方案的重点如下:

- ◆ 增加与可持续性、安保、服务水平条款、安全性、制度有效性、资产维护和投资相关的绩效指标方面的新的或更新的方法,用于在线监测、数据分析、优先级排查、决策支持和知识管理。
- ◆ 为提高基础设施管理领导力,保证更有效和更长期的生命周期维护工作,明确承认利益相关者的需求和问题,促进可持续性以及制订以最大限度提高人力、财力、技术和环境资源的长期战略计划奠定基础。
- ◆ 解决空气质量恶化、噪声过大等问题和现行的减排策略对环境造成的不利影响。
- ◆ 考虑运输、建筑、发电等方面的温室气体排放量以及可用的减排策略。
- ◆ 审核具体的可持续方法,包括基础设施"绿色"建设方法、资源节约、材料再利用、可再生能源利用等。
- ◆ 公共基础设施和公私合营的融资模式。

◆ 采用与实际政策目标和实施目标相关的可量化绩效衡量标准。

本书含蓄地指出,虽然我们将继续需要如今的大部分可能不是全部的基础设施服务(互联网资源、无线通信、在线社交媒体、移动应用程序,以及控制和运行最关键的全周期基础设施、基本服务的网络和云计算技术等),但网络基础架构的出现可能会深刻影响这些服务的评估方式。

参 考 文 献

[Antelman 08] Albert Antelman, James J. Demprey, and Bill Brodt, "Mission Dependency Index—A Metric for Determining Infrastructure Criticality," *ASCE Monograph on Infrastructure Reporting and Asset Management*, American Society of Civil Engineers, 2008.

[ASCE 09] American Society of Civil Engineers (ASCE), "Report Card for America's Infrastructure: 2009 Grades," http://www.infrastructurereportcard.org/, accessed May 28, 2012.

[Barrie 78] D. Barrie, and B. Paulson, *Professional Construction Management*, McGraw-Hill, New York, 1978.

[CEC 11] Commission for Environmental Cooperation (CEC), "Destination Sustainability," CEC Secretariat Report Pursuant to Article 13th of the North American Agreement on Environmental Cooperation, Montreal, Canada, 2011.

[Choate 81] P. Choate, and S. Walter, *America in Ruins: The Decaying Infrastructure*, Duke Press, Durham, North Carolina, 1981.

[DOT 00] Department of Transportation, "Primer: GASB 34," Federal Highway Administration, Office of Asset Management, Washington D. C., November 2000.

[Dreyfus 65] F. E. Dreyfus, *Dynamic Programming and the Calculus of Variations*, Academic Press, San Diego, Calif., 1965.

[EIA 09] Energy Information Administration, "International Energy Annual Outlook," U. S. Department of Energy, Washington D. C., 2009.

[Gass 10] S. I. Gass, *Linear Programming Methods and Applications*, Fifth Edition McGraw-Hill, New York, 2010.

[Gerritsen 09] E. J. Gerritsen, "White Paper: The Global Infrastructure Boom of 2009—2015," Commentary, *The Journal of Commerce Online*, May 19, 2009. http://www.joc.com/commentary, accessed August 29, 2011.

[Haas 73] R. C. G. Haas, W. A. McLaughlin, and V. K. Handa, "Systems Methodology Applied to Construction," *Proceedings, National Conference on Urban Engineering Terrain Problems*, Montreal, May 1973.

[Haas 78] R. C. G. Haas, and W. R. Hudson, *Pavement Management Systems*, McGraw-Hill, New York, 1978.

[Haas 94] R. Haas, W. R. Hudson, and J. P. Zaniewski, *Modern Pavement Management*, Krieger Publishing Company, Malabar, Fla., 1994.

[Hudson 87] S. W. Hudson, R. F. Carmichael Ⅲ, L. O. Moser, W. R. Hudson, and W. J. Wilkes, "Bridge Management Systems," *NCHRP Report 300*, National Cooperative Highway Research Program, Transportation Research Board, National Research Council, Washington D. C., 1987.

[Hudson 97] W. R. Hudson, R. Haas, and W. Uddin, *Infrastructure Management*, McGraw-Hill, New York, 1997.

[Hudson 11] W. R. Hudson, and R. Haas, "Keynote Presentation: Progress Assessment of PMS," *8th International Conference on Managing Pavement Assets*, Santiago, Chile, November 15-19, 2011.

[Kwiatkowski 86] V. F. Kwiatkowski, "Infrastructure Assets: An Assessment of User Needs and Recommendations for Financial Reporting," *Ph. D. thesis*, University of Kentucky, 1986.

[Künzi 79] H. B. Künzi, W. Krelle, R. von Randow, and W. Oettli, *Nonlinear Programming*, Blaisdell, New York, 1979.

[Mathiasen 84] D. G. Mathiasen, "Federal Perspectives on Public Work Infrastructure: One Person's View from the Executive Branch," *Infrastructure—Maintenance and Repair of Public Works*, Annals of the New York Academy of Sciences, Vol. 431, December 1984, pp. 5-11.

[NCHRP 08] National Cooperative Highway Research Program, *GASB 34—Methods for Condition Assessment and Preservation*, Report 608, Transportation Research Board, Washington D. C., 2008.

[Stark 72] R. M. Stark, and R. L. Nicholls, *Mathematical Foundations for Design: Civil Engineering Systems*, McGraw-Hill, New York, 1972.

[Stark 05] R. M. Stark, and R. L. Nicholls, *Mathematical Foundations for Design: Civil Engineering Systems*, McGraw-Hill, New York, 2005.

[Sullivan 84] R. J. Sullivan, "Look Ahead, Never Back," *Infrastructure—Maintenance and Repair of Public Works*, Annals of the New York Academy of Sciences, Vol. 431, December 1984, pp. 15-17.

[Uddin 05] W. Uddin, and K. Boriboonsomsin. "Air Quality Management Using Vehicle Emission Modeling and Spatial Technologies," *Proceedings, Environment 2005 International Conference: Sustainable Transportation in Developing Countries*, Abu Dhabi, UAE, January 30—February 2, 2005.

[Uddin 06] W. Uddin, "Air Quality Management Using Modern Remote Sensing and Spatial Technologies and Associated Societal Costs," *International Journal of Environmental Research and Public Health*, ISSN 1661—7827, MDPI, Vol. 3, No. 3, September 2006, pp. 235-243.

[Uddin 12] W. Uddin, "Mobile and Area Sources of Greenhouse Gases and Abatement Strategies." Chapter 23, *Handbook of Climate Change Mitigation*. (Editors: Wei-Yin Chen, John M. Seiner, Toshio Suzuki and Maximilian Lackner), Springer, New York, 2012, pp. 775-840.

第 3 章 规划、需求评价及性能指标

3.1 基础设施规划

规划是一个为实现期望目标而安排未来活动的关键词。如图 1.7 所示,规划的功能主要集中在全系统级或网络级,并且要处理需求预测、选址、融资、预算及政策事务。现代的规划概念认可两种截然不同的战略和战术方法[Binder 92],同时可持续发展规划必须被考虑在内:

- 战略规划,通常是长期的反映规划的经济及商务方面内容,涉及高层管理者或企业的管理层;
- 战术规划,常常反映设施的技术层面,涉及技术管理层,他们负责具体设施管理,以及与高层管理者或企业的管理层协商后在战略规划范围内进行未来扩展事务;
- 可持续发展规划,与任何基础设施规划、施工和服务阶段的短期和长期影响都有关。

战术规划强调的重点是网络级的需求,包括准备和更新总体规划、评估需求和预算、预测未来需求,并且制定设施保护及升级、年度及跨年度工作计划的规划。可持续发展规划已成为 21 世纪公众关注的重要焦点,需要战略和战术层面的决策者认可环境管理并制定(使用)措施,以保证可持续性业绩。有关可持续发展的更多内容,请参见第五部分。

一个实用而有效的基础设施资产管理系统必须将规划、设计和施工与使用期内的维护、修复和更新、更换及重建(Maintenance, Rehabilitation & Renovation, Replacement & Reconstruction, MRR)活动集合成一体,这个概念如图 1.6 和图 2.3 所示。此外,在 21 世纪,所有这些功能都需要被执行:

- 关键生命线基础设施资产安全的最大化,以防止自然灾害和人为灾害。
- 对环境不利影响的最小化(包括生态和生物多样性)。
- 在可行的情况下减少能源消耗和使用新的原材料,更多地回收和再利用材料。
- 通过在施工和使用期内最大限度地减少碳足迹来保证可持续性业绩。
- 考虑与财务和技术业务相关的其他可持续性维度。

3.1.1 建模和仿真

实体设施由于所处位置及荷载或使用类型不同而受到许多条件的制约。设施运行和性能

的复杂性受到建筑质量、材料退化和老化以及它们之间相互关系的影响。由于这些因素,相互协调的系统论分析概念的框架适合于基础设施管理,这个构思由 Hudson 等人在路面设计[Hudson 68]中首次概念化,建模过程简图如图 3.1 所示。

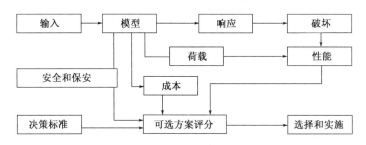

图 3.1 为改进项目级路面活动进行建模和系统分析的步骤框图

一个系统论问题的科学和工程层面包含一系列活动[Haas 94]:
◆ 通过直接观察或测量来描述行为的特征。
◆ 描述或模拟物理现象的数学模型的表述。
◆ 使用数学模型开发规定行为的系统。
◆ 系统的物理实现。

因此,最根本的是要按照物理或数学模型构建一个系统,或者通过计算机仿真推导必要的输出。以加利福尼亚州的桥梁基础设施为例,项目级 IAMS 在这里称作桥梁管理系统(Bridge Management System,BMS),涉及抵抗地震荷载的桥梁改进设计,其寻求可行设计方案的理想方法就是计算机仿真。

计算机模型需要基于由先前在本地区记录下的地震数据建立仿地震运动,然后该模型输出加速度、应力及变形,尽可能将这些值与实测值比较,一旦某个设计与仿真结果获得验证,就在不同的设计输入量和地震运动数值下进行下一步的仿真,以找出最优化的设计。这个建模过程也可以用于新型、创新及高性能建筑材料的研究开发工作中。

针对网络中已经标出的限制荷载、接近损毁、达到临界条件的限值以及需要在加利福尼亚州地震活跃区进行加固的那些低标准的桥梁,网络级 IAMS(本例中为 BMS)就是要为 MRR 工作建立优先级排序。

计算机建模和仿真通常用于电网的优化、无线网络基地台和传输路线。供应链网络中的运输建模和仿真应用的目标是评估多式联运和优化物流,以减少货物库存和配送中心的出行时间和总成本。

3.1.2 空间利用规划

对于新设施和 MRR 活动的规划,基本要素就是检查空间利用情况,并预测在设施的服务期内选择的某个运行期间设施的利用需求量。这将有助于选择最合适的材料组合及设计来实现符合标准的性能,因此在规划阶段就要适当考虑空间利用情况和未来对设施的需求。

基础设施规划的三维空间概念对于最大化利用现代城市中的现有空间是有益的。传统上,土地利用规划都是由建筑师、工程师及规划师使用的,这都是为了满足二维视角的规划需求。大部分使用二维视角的总体规划和分区规则都是为城市、县城及区域性大都市的机构准备的。"空域"(如垂直范围)概念一直局限于航空设施和空中航线。地下和地表下空间一直只是用于地下铁道、排污管道、供水管道、公用设施及航道。空间利用规划[Bragdon 95]对于今天拥挤的城市区域是更为正确的方法,如图3.2所示。

图 3.2　空间利用规划[Bragdon 95]

通过引用日本东京、意大利佛罗伦萨及美国华盛顿州空间利用规划的许多实例,Bragdon[Bragdon 95]综述了考虑并应用垂直范围及水平范围制定总体战略规划的过程,实例包括东京的多层高尔夫球场,华盛顿州5号州际公路上的西雅图高速公路园区中的商用办公综合楼,意大利佛罗伦萨波河上的综合娱乐、交通及商务的古迹桥。最近在长岛建设的得克萨斯大学北美自由贸易协定联合运输研究所都采用了三维空间概念及其他创新的航空和联合运输概念[Bragdon 96]。讨论中指出,未来建设和MRR工程方案除了考虑现有地面结构物外,还应考虑空中和地下空间的利用,以形成有成本效益的可选方案。随着城市人口增长,能源和交通需求增加,公众意识到导致环境退化的问题和可持续发展的愿望,在城市和城市基础设施规划中有效利用这三类空间是必不可少的,以减少碳足迹和对化石燃料等其他自然资源的需求。

3.1.3　需求预测

准确预测某个基础设施的未来需求,对于在新建或MRR工程活动中选择合适方案是很关键的。有许多统计和分析方法可用来建立预测模型,这些方法包括相关分析、区域性市场份额法、回归分析、时间序列模型、神经网络法等。

所有这些方法和模型都要有合理的说明性变量和需求(响应)变量的历史数据,如果不能提供历史数据,必须使用类似场合-位置的数据或模拟数据来建立初步的需求预测模型。如果将年数或用途指标作为单一说明性变量(独立变量),则根据历史数据所绘出的曲线能显示出可能的模型样式。图3.3为预测模型的某些线性和非线性形式的例子。

建立模型一般有以下3个步骤:
①基于历史数据的初始模型;
②采用其他数据系列进行模型验证;
③采用不同条件下采集的交替性数据进行模型标定。

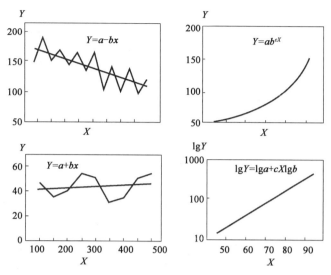

图 3.3 数据和可能的模型形式的变化趋势

注意某些非线性模型可以通过变量变换线性化,如图3.3中右下方图形就是经过对数变量变换线性化的结果。有关建模的方法将在第4章和第8章详细讨论。

一旦预测模型经过验证和标定,就可通过代入未来某年的已知或估计的独立变量值来预测未来某年的需求。

3.1.4　环境影响研究和可持续发展问题

对于基本建设投资项目,常常需要在项目规划阶段进行环境影响研究,以符合国家环保法规的要求。必须考虑计划中的项目对周围社区、水体、湿地、生态系统、空气质量、地表及地表下污染、噪声污染和其他社区关注的区域等的影响。1969年的美国国家环境政策法(国际公法91-190)要求详细陈述建设项目的各项活动和效果对人类环境质量的影响情况[FAA 86]。以下5种主要因素,在评估建设各种基础设施的影响时,必须要考虑到:①污染;②生态和生物多样性;③可持续发展;④社会;⑤工程。这些因素的某些实例如下:

- ◆ 污染因素:空气质量、水质量、噪声、施工对地表和地表下土壤的污染;废水处理、合理的废弃物。
- ◆ 生态和生物多样性因素:湿地、沿海区、野生动植物和水禽、濒危物种、动物和鸟类栖息地、动物和植物区系、景观和排水、生态系统失调。
- ◆ 可持续发展因素:能源消耗、燃煤发电的碳排放、化石燃料燃烧造成的工业和车辆排放、其他温室气体排放。
- ◆ 社会因素:居所和商务场所的迁移及重新安置、公共用地和娱乐场地、历史及考古现场、文化和宗教地点、自然和风景、土地开发。
- ◆ 工程因素:雨水排放、洪涝灾害、能源和自然资源的利用、可选方案的成本和效益。

需求预测也用于分析环境影响,并评估分析以上因素带来的影响和社区关注的相关领域。例如,无论什么时候,扩建以及安排施工一个机场或一条公路,都需要对噪声污染及其周围社区承受影响所带来的效益进行研究。

3.1.5 安全

在基础设施的规划、设计和运营过程中,安全是需要考虑的重要因素。安全方面需要注意的是:①防止由偷窃、故意破坏及纵火等引起的损失;②尽可能使设施占有人和用户出现安全事故的风险降到最低;③采取符合相关法律的措施,以避免索赔义务。

在安全方面的规划主要取决于风险评估,例如,评估设施是低风险设施还是高风险设施。在安全和健康工作及操作条件方面最重要的美国联邦法律于1970年通过,并由此设立了职业安全和健康管理机构——职业安全和卫生局。

2001年9月11日,美国纽约世界贸易中心(World Trade Center,WTC)、华盛顿特区五角大楼和宾夕法尼亚州发生的恐怖袭击,在很大程度上促使运输安全需求的大幅增长,美国因此成立了国土安全部。2001年后,对喷气式飞机最初碰撞世界贸易中心目标楼的倒塌以及7号楼第47层的坍塌进行了审查,结果显示出这些现代钢混结构摩天大楼的脆弱性,主要是世界贸易中心7号楼的火灾导致极高温度造成了损失[NIST 03]。鉴于这一不幸事件,在机场和其他大众运输站以及港口、电力发电站、核电站、水坝、体育场馆等大量人群可能成为目标的公众场所的基础设施资产管理中,安全已成为一项重要因素。这些设施的总体运行成本增加了,这是因为建立了物理屏障,配备了电子视频监控设备和人员。

制造企业和商业企业对设备和供应链安全的投资增加,因为设备状况有所改善一般会带来经济效益,例如库存过剩减少、货物损失减少、产品质量变好、按时交货、客户满意度上升。电子安全技术的需求创造了新的业务和就业机会,这是2001年后时代的额外收益。

3.1.6 ADA关怀

1990年通过的"美国残疾人法案"(The Americans with Disabilities Act,ADA)是保障在工作及公共场所为残疾人提供通道及设施的最重要的联邦法规之一,该法律适用于有15人及以上人数雇员的所有机构。ADA条款的实施需要对心理和建筑环境的意识及敏感度,并且除去建筑上和交通方面的障碍物。所有现有的及新建的设施都必须满足ADA要求。因此,未来规划必须严格遵循ADA,就如同Prior提出的下列一些ADA法律影响的关键点[Prior 94]:

- ◆ ADA改变了人们对自身与工作场所关系的认识;
- ◆ ADA是增强人性化关怀的反映;
- ◆ ADA使我们认识到在建设工作场所设施时可以做得更好;
- ◆ ADA可被看作未来工作场所的蓝图,能促进工作场所及工作者期望值标准化的实现。

3.2 规划研究实例

规划研究涉及人口规划、土地使用及空间利用预测、用途(交通量)需求预测及经济研究。下面的案例描述了设施规划时分析工具的应用情况。

3.2.1 某机场规划研究实例

航空旅行市场对经济周期的顺利循环是敏感的,而且要频繁更新对旅行需求的预测。在得克萨斯州奥斯汀的罗伯特·缪勒机场采集的航线乘客数据就用在了1983年的规划研究中。在该研究中所建立的回归方程式显示,营业税收入是年度航空乘客数据的有力预测因子,如图3.4[Uddin 84]所示。

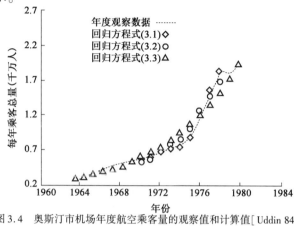

图3.4 奥斯汀市机场年度航空乘客量的观察值和计算值[Uddin 84]

$$\text{PAX} = 2071959.8 + 0.1809(\text{STR}) - 6.2428(\text{POP}) \quad R^2 = 0.987 \quad (3.1)$$

$$\text{PAX} = 0.1081(\text{STR}) \quad R^2 = 0.991 \quad (3.2)$$

$$\log_n \text{PAX} = 249.79123 - 466193.63(1/\text{YEAR}) \quad R^2 = 0.960 \quad (3.3)$$

式中:PAX——每年航线乘客总数,千人;

STR——年度营业税收入,美元;

POP——大城市区域的人口数,千人。

为了应用式(3.1)和式(3.2)预测乘客量,需要对所选择的未来年份的独立变量增值税收入(Sales Tax Receipt,STR)进行预测。这并不总是能实现的,第一次需要预估。然而,由于只包含独立变量"年份",最终的方程式是容易使用的。该研究中通过拓展运用这些方程式来预测未来年份的旅行需求量,会有些潜在风险,故应谨慎使用。

1983年的到达和离港乘客量是250万人,按照式(3.3)预测是240万人,用博克斯-詹金斯法(Box-Jenkins)时间序列模型预测是239万人。按照月时间序列数据建立的博克斯-詹金斯自回归累积移动平均(Autoregressive Integrated Moving Average, ARIMA)模型可以预测可靠的季节性变化量,如图3.5所示。

该研究还调查了这些预测值对航空设施(跑道、滑行道及闸门等)和地面设施(航站楼、停车场、闸门等)的影响,研究了由于航班增加引起的噪声污染、由于邻近伯格斯特罗姆空军基地而引起的空域问题等[Uddin 84]。因为研究时旧机场的位置限制了有效空间的利用,故选址规划方案主要考虑满足未来需求。

近几十年来该机场乘客量稳定增长。伯格斯特罗姆空军基地于1991年关闭,奥斯汀市将其作为新机场的首选,1991年美国联邦航空管理局(Federal Aviation Administration, FAA)批准其为贝里斯罗姆国际机场[Amick 96]。

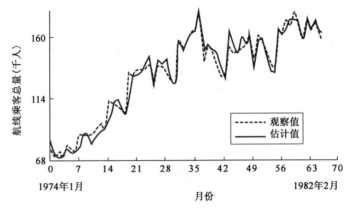

图 3.5　观察值和根据 ARIMA 模型估计值的曲线[Uddin 84]

3.2.2　某交通运输规划实例

马里兰州蒙哥马利县是华盛顿哥伦比亚特区北部的一个大型自治市,过去几十年经历了就业和住房的快速增长,该市的经济基础大多集中在信息和通信技术、生物技术、支援服务、美国政府的活动等。20 世纪 80 年代后期,该市有 35 万个工作岗位,70 万人口生活在 27 万个家庭中,1/4 的劳动力都被哥伦比亚特区雇佣。该市于 1989 年完成了一个未来 30 年综合增长政策研究项目,以评估交通运输方式的选择[Replogle 90]。

该研究考虑了以下 4 种状况:快速均衡增长、慢速均衡增长、工作机会促进就业增长及居住促进住房增长。这些状况经受下列几种交通流动方式的检验:
- ◆ 汽车:继续实行现行政策并且扩展公路总规划;
- ◆ 厢式汽车:增加一个高载客量车辆(High-Occupancy Vehicle,HOV)车道的网络;
- ◆ 轨道:按照某种设想将汽车交通转移到轻轨网络中,可以设想提高停车费和道路使用价格以使汽车运行成本翻倍。

图 3.6 显示了根据分对数模式选择模型和未来人口及旅行需求预测分析所得的在选定土地利用及人口流动情况下的各种出行模式所占份额。轨道方案能使该市符合交通堵塞标准,但取决于住房用地和就业用地之间的平衡[Replogle 90]。该研究反映了关于未来总体规划的方向性重大变化。

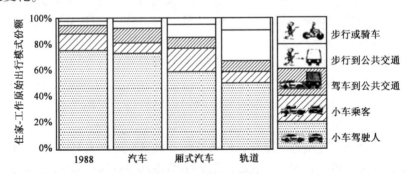

图 3.6　蒙哥马利县住家-工作原始出行模式份额[Replogle 90]

3.3 寿命周期管理

在基础设施管理的施工后阶段,应该给予实时评估较高的优先权,并考虑设施的使用、养护和维修,制定一些适用的规则和检测清单。遗憾的是,逾期维护一直是包括公共建筑在内的大部分公共基础设施的惯例。例如,在密西西比州牛津的密西西比大学校园,建筑物的平均年龄是40岁,其中有4座已超过100年[Miss 94]。因为受到大部分领导层的高度重视,大部分建筑都需要大范围维修和更新以符合现行建筑法规及ADA要求(http://infrastructureglobal.com/? p=3997, 2013年1月20日访问)。《建筑经营管理》杂志(1990年2月)中的一篇文章指出,到1991年,公立学校设施的逾期维护费用是140亿美元,而其他学院和大学的逾期维修、翻新和新建成本超过了600亿美元[Binder 92]。

实际上,除非有一个寿命周期管理计划(最好是在设施开始运行时投入使用),不然令人满意的性能及服务质量是不可能维持很长时间的。寿命周期管理计划应考虑以下一些内容:

◆ 正确使用设施的规章制度。
◆ 由于正常使用及老化而需进行的日常小型维护条例。
◆ 应对火灾、事故、自然灾害(龙卷风、洪水、地震等)、武装破坏等的应急管理计划。
◆ 设备和结构物的维护计划。
◆ 规划基于条件和需求的维护、修复和翻新工作以及更换或重建工作的框架和方法;该框架应该包括对"不作为"和逾期维护活动的分析。
◆ 制订用于支付运营和寿命周期内MRR需求的财务管理计划。

3.4 基础设施的使用寿命

寿命周期分析中最重要的内容就是预估设施的使用寿命。基础设施的使用寿命取决于设计和施工方法、用途和环境、实时维护和运行实践。对于任一类别基础设施的具体实例来讲,其使用寿命差别很大。使用寿命并不等同于设计寿命或经济寿命,本书中有关这些术语的意义在下面内容进行描述。

3.4.1 与使用寿命需求相关的术语

下面的术语根据建筑研究委员会出版物《先付还是后付》(*Pay Now or Pay Later*)[BRB 91]得来:

使用寿命:"一座建筑、某个分项或某个子系统提供合格性能的以年计的期间;一个取决于设计、施工质量、运营及维护实践、使用、环境因素的技术参数;与经济寿命不同。"这个定义同样适用于所有基础设施资产类别。

性能:"一座建筑或其他设施为其用户服务并实现其建设或拥有该建筑的目标"。换句话说,性能就是使用能力的历史,它显示一个设施提供给其用户服务的质量及时间长度。

3.4.2 基础设施使用寿命的评估

使用寿命是以年计的从设施完工起到全部设施或其组成达到某个状态时为止的期间,所谓某个状态,是指由于设施物理退化、性能不良、设备陈旧或难以承受高运营成本导致无法提供合格的服务。评估基础设施的使用寿命是相当复杂的,因为某个设施的不同组成可能会有不同的使用寿命范围。主体结构物的使用寿命应该作为其代表性的估计值,以便计划新的施工、主要维修及重建工程。最多只能根据下面指标估计一个平均使用寿命:①可接受的性能水平;②参照每个类别或类似基础设施低于合格底线、合格性能或损坏时的使用寿命的平均值。

一般来讲,公共基础设施或私有建筑的使用寿命是不超过40年的。使用寿命可以采用残存技术根据基础设施历史数据库来估计。系统工程方法特别适用于改善性能模型并根据最低状况合格标准预测使用寿命。

3.4.2.1 残存曲线方法

残存曲线显示某个财产(供水管线或桥梁里程、原始成本或单位百分比等)在某假定的年限里继续存在并使用的单位数量。财产的残存一般以零年基本成本的百分比表示。图3.7为根据箱涵数据建立的残存曲线[Winfrey 69],曲线下面积是对单位财产的平均使用寿命的直接度量。任何龄期残存单位的预期概率年限的计算方法为:曲线下整个残余面积除以待计算龄期所包含的残存面积。预期概率年限曲线顶端是按照该数据库设施达到破坏(失效)状态的最大期望龄期。从预期概率年限曲线顶端向下画一条垂线,与残存曲线的交点对应的横坐标值即为结构物的期望平均寿命。图3.8显示的是亚利桑那州州级公路采用应力吸收膜(Stress Absorbing Membranes, SAM)进行路面修复处理的残存曲线[Flintsch 94]。

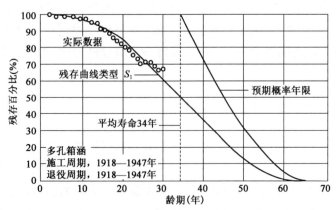

图3.7 基于货币单位的某箱涵的残存曲线[Winfrey 69]

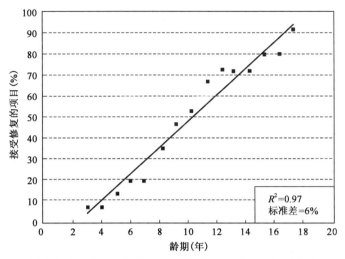

图 3.8 亚利桑那州州级公路应用 SAM 的残存曲线[Flintsch 94]

3.4.2.2 参考既往经验

使用寿命也可以根据既往类似设施的使用经验来估计。这种方法特别适合于大型设施，如大坝、核电站等。但是，如果环境不同，可能会导致错误的估计。

3.4.2.3 性能建模

设施的物理退化速率可以通过某个短时期内的状况监控和实时评估进行估计，而未来退化及损坏可作为龄期、荷载或需求及环境因素的函数进行预测。这种方法特别适用于预测主体工程和用新型材料砌筑的结构物的使用寿命。该内容将在第 8 章深入讨论。

3.4.2.4 加速试验

使用寿命还可以通过加速试验估计。所谓加速试验，就是在短期内让设施承受实际需求状态或荷载的作用直到其被破坏。然后，按照同一地区或其他环境在一般条件下设施的数据，通过内插或外推来估计使用寿命。新型建筑材料的耐久性及使用寿命常常通过试验室加速试验估算。在 1957—1962 年间建设并在若干年内实地测试道路失效状况的 AASHO 道路试验大概是沥青和水泥混凝土路面性能数据及使用寿命预测的最佳原始数据[HRB 62]。

3.4.3 使用寿命预估实例

使用寿命一般以年数表示。如果使用寿命难以准确估计，那么当项目按照原始建筑材料的耐久性分等级时，可以根据经验分配期望使用寿命值。使用寿命也可以荷载循环次数（如一条机场跑道上的飞机起降总次数或一条道路路面在寿命周期内的当量单轴货车荷载总次数）表示，或者在其他情况下，表示为使用期间或周期（总千瓦时或以小时计的累计运行时间）。预测使用寿命时，总是要考虑主要荷载、环境、地面及运行条件，这些因素也可能会与建筑材料及建成设施在总体上相互作用。这种相互作用，可能会使一个设施的使用寿命比其单个分项的使用寿命要短。例如，由砖砌筑的一堵墙或一座桥梁结构，其使用寿命可能会低于砖本身的使用寿命。

表3.1列出公路工程各分项的一般使用寿命范围[Winfrey 69]。表3.2是根据日本、加拿大、英国等国家有关资料摘录的法规与建筑及维护规则中建筑物一般使用寿命的比较。某些基础设施的使用寿命推荐值见第8章表8.1。

公路组成部分的一般使用寿命[Winfrey 69] 表3.1

公路组成部分	使用寿命(年)
公路用地	75~100
用地范围内的损坏要素(建议报废期)	10~30
将被搬迁和损坏的用地范围内的建筑物(建议报废期)	10~30
土方工程	60~100
涵洞和小型排污设施	25~50
挡土墙和一般混凝土工程	40~75
抛石和其他护岸工程	20~50
桥梁和其他主体结构	50~75
粒料路面	3~10
低级沥青路面	12~20
高级刚性和柔性路面	18~30
信号和交通控制设备	5~20

不同国家的建筑物的一般使用寿命对比(单位:年) 表3.2

建筑物设施类型	一般使用寿命				
	美国(试行)	加拿大[CSA 94]	英国[BS 92]	日本[AIJ 93]	
工业建筑	50~300	25~49	最低30	20~40或更高	25~40
商业、健康、教育、居住	30~300	50~99	最低60	60~100或更高	最低60
市政、纪念性、国家遗产类	70~500或更高	最低100	最低120	60~100或更高	最低60

3.5 基础设施需求评估

对基础设施进行有效管理的关键就是,建立在某个规则基础上的网络级需求评估和适时安排MRR活动。过去,这项规则一直是按照设施及维护工程师的既往经验和判断来实施的。这种局限性方法由于基础设施资产膨胀、系统需求变化、各级政府以及非政府组织和私有业主用于建设和维护活动的资金日渐短缺而显得效率低下。

城市研究所的六卷系列报告《城市资产管理指南》是一部早期的对40个地方政府机构的资产进行规划和预算的综合性研究报告。该研究报告推荐了以下3种基本策略,用以减少资本投资和设施维护方面的问题[Urban 84]:

策略1 较好地辨识资本需求,进行优先级排序,筛选出边际需求从而有效使用资金。

策略2 为设施的维护、修理和再投资建立社会支持体系。

策略3 寻找新的收入来源,或者重组地方收入体系,以便能提供稳定的收入来源,用于维护和更换基本设施。

大部分机构都是在承受着其他重要公共开支压力而制订缩紧预算的条件下运行的,因而,需要有一套合理的基础设施需求评估方法,以方便管理并使立法者公平地分配有限的资金。需求的建立并不是单单地指明应该考虑什么样的 MRR 可选方案和哪个方案是最有成本效益的,MRR 的选择和优先级排序方法将在第 11、13、15 章讨论。

用户需求达到系统容量以及长期破坏公众和企业的基本服务的极端事件表明系统易受峰值需求水平的影响,同时需要制定未来规划、扩展和保护策略。以下从互联网摘取的极端破坏性事件的例子,说明了基础设施系统能力在满足用户需求和及时评估需求上的不足:

- 2007 年 8 月 1 日,在明尼苏达州交通高峰时段,I-35W 大桥倒塌,造成 13 人死亡。这座桥在 2005 年被认定为"结构性能不足",但当时没有采取行动来修复它。灾难后调查显示,设计缺陷导致钢格子板出现裂缝。
- 2011 年 8 月 23 日,美国弗吉尼亚州和直辖区发生地震震颤,由于无线网络的超负荷使用,大多数手机服务中断。
- 美国国家紧急情况机构阻止一般公众拨打紧急电话号码,除非是真正的紧急情况,例如 2012 年 10 月 30—31 日在美国东海岸州发生的"超级风暴"。
- 2012 年 7 月 30—31 日,印度的停电影响了 6.2 亿人,这是世界历史上最大规模的停电事件。
- 2003 年 8 月 14 日,北美发生大规模停电事件,并且影响到安大略、纽约和美国北部其他州,是美国历史上最大的停电事件,大约 30 个小时后电力恢复。

3.6 基础设施性能

为达到需求评估的目的,基础设施的性能指标必须可以对设施所提供的服务质量进行评价。一个设施的功能及性能通常是从用户的视角来评估的。Hatry 列出了许多性能度量标准,包括为满足用户期望的服务质量和系统的效率、生产率、资源利用效率和成本效益[Urban 84]。

德国高度发达的运输基础设施的高效运行是经济性和社会性的一个例子,然而,它也非常重视运输资源的消耗对健康和气候变化以及与经济相关的成本的影响。以下摘自德国联邦经济技术部(BMWi)在第三个运输研究计划上的报告[BMWi 08]:

- 随着流动性的下降,德国运输用户的数量将上升;交通运输量将增加一倍以上(到 2030 年增长 136%);2005—2030 年间,货运量(t·km)预计增长 69%,重型卡车的货运量增长 70%,铁路和内陆航道的货运量增长 27%。2004 年德国联邦支出 195 亿欧元主要用于铁路(48%)和主干道路(30%),其次是社区和城市(9%),水路(8%),其他(5%);在德国运输网上花费的大部分联邦资金是专门用于维护和防护的。
- 重点是减少运输车辆的有害废气排放、二氧化碳排放量以及减少交通噪声污染(60%人口的感受)。
- 联邦研究议程包括与文化景观、生物多样性的自然平衡和与气候变化有关的交通基础设施用地新途径。

2012 年 7 月 6 日,美国总统贝拉克·奥巴马(Barack Obama)签署了《21 世纪进步法案》(MAP-21),实施国家公路绩效计划(National Highway Performance Program,NHPP)和把公路资

产管理绩效标准作为公路资金机制的一部分[FHWA 12]。MAP-21投资以政策和计划框架为指导，旨在创建一个以性能为基础的地面交通项目，建立在许多现有的公路、运输线、自行车和行人方案和政策上[FHWA 12]。大部分MAP-21资金用于NHPP：①支持对国家公路系统状况和性能的监测；②支持在国家卫生系统上建设新设施；③确保联邦基金在公路建设中的投资，支持实现国家资产管理计划中确定的绩效目标的成果。MAP-21确定了以下美国联邦援助公路项目的国家业绩目标[FHWA 12]：

- 安全：大幅减少所有公路上的交通事故和严重受伤事故。
- 基础设施条件：保持公路基础设施资产体系处于良好状态。
- 拥堵减少：实现NHS的拥堵现象显著减少。
- 系统可靠性：提高地面运输系统的效率。
- 货运运输和经济活力：完善国家货运网络，提高农村社区进入国内和国际贸易市场的能力，支持区域经济发展。
- 环境可持续性：提高运输系统的运行效率的同时，保护自然环境，增强对自然环境维护。
- 减少项目交付延迟：减少项目成本，促进就业和经济发展，通过加快项目建设进度，加快人员和物资的流动，减少项目开发和交付过程的延迟，包括减轻监管负担和改进机构的工作实践。

MAP-21政策和准则支持的许多公路基础设施目标和方法与包含库存、性能监测、可接受的性能目标、收益和成本的寿命周期评估以及本书第1版中最初定义的资产维护和保持的整个IAMS框架功能[Hudson 97]相似，在此次第2版中扩展。

3.6.1 性能指标

性能指标广义上可以分为5个类别：
- 服务及用户的感觉；
- 安全和满足；
- 物理状况；
- 结构完整性和承载能力；
- 可持续发展与环境、社会和经济责任的"三重底线"相关。

3.6.2 性能指标举例

所有基础设施都包括结构性和非结构性的组成部分。单个组成的性能会因该组成的材料和用途而有所不同。按照对结构完整性的权重和对用户的服务能力，希望建立一个综合的性能指标。下面就是有关各基础设施性能指标的例子。

3.6.2.1 交通基础设施

公路、道路及街道构成交通基础设施的主骨架，对路面结构厚度和表面平整度的要求随着其预定的用途而不同。但是，还有一个基于路面状况评估的性能指标，例如，基于弯沉反应的结构能力指数和基于病害类型、严重程度及范围的病害指数[Haas 94]。这些指数值一般都是根据100~0来分级的,100代表可能的最好状况,0代表最差的状况和失效状态。第三种性能指标则是基于表面行驶质量,其客观度量是通过测量路面的表面平整度或粗糙度来实现的。平整度和粗糙度代表同一尺度下的相反两端。综合性能指标是采用适当的权重值来反映两个或多个路面状况属性的组合。铺面设施(不包括桥梁)的其他组成有标线、标志、路旁附属物或装备物品项目。这些项目都承受环境作用及事故引起的偶然破坏,它们的性能可以很方便地通过采用与养护要求相关的综合路况等级来评估,度量值范围为10或100(最好)~0(最差或失效状态)。

对于铁路设施,轨道作为基本的承载体和行驶表面,一段轨道的恶化状况取决于道砟状况、轨道坡度及平面图、轨枕及连接头、轮载分布及年交通量、货车速度、环境参数等。100(最好)~0(失效且无法使用)的综合状况指数可以根据临界几何尺寸、道砟深度、荷载、环境参数等来建立。在考虑了不同轨道结构参数(劣质轨枕数、荷载作用下的挠度)、荷载和速度、环境因素、养护质量[Fazio 80]的基础上,已经建立起轨道质量指数(Track Quality Index,TQI)表达式。

桥梁是所有类型地面交通设施中的重要组成部分。桥梁可以是互通式立交和立体交叉的一个部分或者是横跨水体的结构物。一座桥梁的各个组成部分(行车道、上部结构、下部结构及基础)的行为状况各不相同,因此要求不同的状况评级指标。国家桥梁普查项目将这些不同的评级方法组合成一个综合的适应性评级(Sufficiency Rating,SR),度量值范围为100(最好状况)~0(最差状况),而且用它来辨识有缺陷的桥梁[Hudson 87]。

3.6.2.2 供水和污水基础设施

供水及其分配系统的恶化状况主要取决于主管网的材料、接头、地表下湿度及土壤、系统的需求量(如每年多少加仑水)、地下水的渗透、阻流及环境对使用寿命的影响[Grigg 12]。对于排污主管线也是一样的。然而,从用户和业主机构的角度看,每年的破损数量、每1000km的失效数量、每年的水管泄漏都是最重要的性能指标。

3.6.2.3 废弃物管理基础设施

来自管线的废水进入处理厂。其他类型的废弃物收集和处理场地是垃圾填埋场。在这种情况下,垃圾填埋场就需要专有设施性能指标。这些设施对用户并没有直接影响,除非发生严重的事故或火灾,导致污染扩散并危及附近公众的健康和安全。每年的泄漏数量和保障次数都可能成为性能指标。

3.6.2.4 电力基础设施

电力基础设施在现代社会和每个国家的国民经济中至关重要。一些公用事业在有些国家和地区是公有经营的,但在别的地方是私人的。2012年7月,在印度北部、美国纽约州以及美国其他部分地区的长时间停电事件显示了电力基础设施的脆弱性。电力容量限值受到人口增长和工业发展的影响。有些性能度量的是服务中断的频率和持续时间。人均二氧化碳这一可持续发展性能指标也可以用于评估能效交通政策[Uddin 12]。

在美国,发电产生的二氧化碳排放量占总排放量的三分之一,世界上其他国家或地区甚至都高于46%(图3.9)。大多数国家电力的最大来源仍然是煤炭,2009年美国煤炭发电量占有45%的份额,然而,清洁能源天然气的份额从2001年的16%上升到2009年的23%(表2.2)。

在美国,水电发电量占7%,在世界为13%。近年来,可以看到政府和大型投资倡导使用可再生能源发电,如风力发电和太阳能发电等。这些可再生能源应被纳入国家电网,如新西兰风力发电和地热发电。

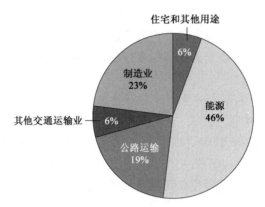

图3.9 2007年全球燃料燃烧的二氧化碳排放量扇形图[EIA 09]

参 考 文 献

[AIJ 93] Architectural Institute of Japan, *The English Edition of Principal Guide for Service Life Planning of Buildings*, Tokyo, Japan, 1993.

[Amick 96] J. P. Amick, and J. Almond, "Reconstruction of Bergstrom Air Force Base to Austin-Bergstrom International Airport," *Rebuilding Inner City Airports*, *Proceedings of the 24th International Air Transportation Conference*, American Society of Civil Engineers, Louisville, Kentucky, June 5—7, 1996, pp. 1-11.

[Binder 92] S. Binder, *Strategic Corporate Facilities Management*, McGraw-Hill, Inc., New York, 1992.

[BMWi 08] Federal Ministry of Economics and Technology (BMWi), "Mobility and Transport Technologies:The Third Transport Research Programme ofthe German Federal Government," April 2008. www. bmwi. de, accessed on October 20, 2011.

[Bragdon 95] C. R. Bragdon, "Intermodal Transportation Planning for the 21st Century, a New Paradigm:An Urgent Call for Action," *Proceedings of the 74th Annual Meetingof the Transportation Research Board*, National Research Council, Washington D. C., 1995.

[Bragdon 96] C. R. Bragdon. and C. Berkowitz, "Solving Aviation and Intermodal Transportation Related Issue, a New Prototype for the 21st Century," *Rebuilding Inner CityAirports*, *Proceedings of the 24th International Air Transportation Conference*, American Society of Civil Engineers, Louisville, KY, June 5—7, 1996, pp. 212-222.

[BRB 91] Building Research Board, *Pay Now or Pay Later*, National Research Council, Washington D. C., 1991.

[BS 92] "Guide to Durability of Buildings and Building Elements, Products and Components, BS 7543:1992," British Standards Institution, London, 1992.

[CSA 94] "Guideline on Durability in Buildings, CSA S478, Draft 9," Canadian Standards Association, Toronto, Ontario, September 1994.

[EIA 09] Energy Information Administration, "International Energy Annual Outlook," U. S. Department of Energy, Washington D. C., 2009.

[FAA 86] Federal Aviation Administration, "Policies and Procedures for Considering Environmental Impacts," Order 1050. 1, Washington D. C., 1986.

[Fazio 80] A. E. Fazio, and R. Prybella, "Development of an Analytical Approach to Track Maintenance Planning," in *TRR 744*, Transportation Research Board, National Research Council, Washington D. C., 1980.

[FHWA 12] Federal Highway Administration, "MAP-21—Moving Ahead for Progress in the 21st Century: National Highway Performance Program (NHPP) Implementation Guidance," U. S. Department of Transportation. http://www.fhwa.dot.gov/map21/, accessed November 9, 2012.

[Flintsch 94] G. W. Flintsch, L. A. Scofield, and J. P. Zaniewski, "Network-Level Performance Evaluation of Asphalt-Rubber Pavement Treatments in Arizona," in *TRR 1435*, Transportation Research Board, National Research Council, Washington D. C., 1994.

[Grigg 12] N. S. Grigg, *Water, Wastewater and Stormwater Infrastructure Management*, 2nd ed., CRC Press, Boca Raton, Fla., 2012.

[Haas 94] R. Haas, W. R. Hudson, and J. P. Zaniewski, *Modern Pavement Management*, Krieger Publishing Company, Malabar, Fla., 1994.

[HRB 62] Highway Research Board, "The AASHO Road Test, Report 5—Pavement Research," *Special Report 61-E*, National Research Council, Washington D. C., 1962.

[Hudson 68] W. R. Hudson, F. N. Finn, B. F. McCullough, K. Nair, and B. A. Vallerga, "Systems Approach to Pavement Systems Formulation, Performance Definition, and Materials Characterization," *Final Report NCHRP Project 1-10*, Materials Research and Development Inc., March 1968.

[Hudson 87] S. W. Hudson, R. F. Carmichael III, L. O. Moser, W. R. Hudson, and W. J. Wilkes, "Bridge Management Systems," *NCHRP Report 300*, National Cooperative Highway Research Program, Transportation Research Board, National Research Council, Washington D. C., 1987.

[Hudson 97] W. R. Hudson, R. Haas, and W. Uddin, *Infrastructure Management*, McGraw-Hill, New York, 1997.

[Miss 94] "University Buildings Continue to Deteriorate," *The Daily Mississippian*, Oxford, Mississippi, Vol. 87, No. 28, September 29, 1994.

[NIST 03] National Institute of Standards and Technology, "NIST Responseto the World Trade Center Disaster: World Trade Center Investigation Status," U. S. Department of Commerce, December 2003.

[Prior 94] A. P. Prior, "ADA and the New Work Place Culture," *Civil Engineering News*, March 1994, pp. 25-26.

[Replogle 90] M. Replogle, "Computer Transportation Models for Land Use Regulations and Master Planning in Montgomery County, Maryland," in *TRR 1262*, Transportation Research Board, National Research Council, Washington D. C., 1990, pp. 91-100.

[Uddin 84] W. Uddin, B. F. McCullough, and M. B. Crawford, "Methodology for Forecasting Air Travel and Airport Expansion Needs," in *TRR 1025*, Transportation Research Board, National Research Council, Washington D. C., 1984.

[Uddin 12] W. Uddin, "Mobile and Area Sources of Greenhouse Gases and Abatement Strategies." Chapter 23, *Handbook of Climate Change Mitigation*. (Editors: Wei-Yin Chen, John M. Seiner, Toshio Suzuki and Maximilian Lackner), Springer, New York, 2012, pp. 775-840.

[Urban 84] The Urban Institute, *Guides to Managing Urban Capital*, Vol. I, H. P. Harty, and G. E. Peterson (eds.), Washington D. C., 1984.

[Winfrey 69] R. Winfrey, *Economic Analysis for Highways*, International Textbook Company, Scranton, Pennsylvania, 1969.

第2部分

信息管理及决策支持系统

第4章 数据库管理、数据需求与分析

4.1 信息管理回顾

信息支持和管理是成功运营任一公共设施资产管理系统的一个关键步骤。正确、及时的信息渠道是良好地实施管理过程的必要条件。它对机构里的所有主要参与人员都是适用的,包括规划、设计、建设和养护部门。

4.1.1 信息技术

近十年以来,以电子数据库存储和检索能力迅速发展为原动力,将基于计算机的信息技术广泛而深入地与管理进行整合。其中,个人计算机的不断普及和软件的发展也发挥了重要作用。20世纪70年代早期,人们认为数据库管理系统(Database Management System,DBMS)软件既陌生又不可靠,而如今人们认为它既稳定又普遍[Begley 95]。Begley和Sturrock确立了应用于材料科学与工程学的主要信息技术[Begley 95],如关系数据库和面向对象数据库系统、专家系统及多媒体技术,这些技术研究或许将来有可能对IMS领域中许多应用的发展产生重大影响。其他信息技术如视频记录、神经网络、基于事例的推理、虚拟现实,都对未来公共设施资产管理的应用表现出潜力。自20世纪90年代后期以来,地理空间技术、机载和空间遥感以及互联网资源的广泛使用,对社会所有部门的数据采集和信息管理应用,包括基础设施管理实践都有很大的影响[Uddin 02]。

4.1.2 决策支持系统

一般而言,决策支持系统(Decision Support System,DSS)是指利用计算机来储存、分析和显示用于辅助决策的信息系统。DSS不只是普通的数据处理,它还包含了为制定合理决策以产生有效结果的分析模型。换句话说,DSS可以将决策所需的数据处理、分析和信息传递组织起来。信息支持系统、数据库管理和分析研究的应用,将通过以下方面帮助工程师做出更好的决策:①改进基础设施资产的鉴定和信息;②获取状态数据、使用情况和历史记录;③划定问题区域;④需求评估的方法;⑤评估预选方案;⑥制订工作计划和预算;⑦项目优先级设定、检测计划和评估进度。因此,DSS 是构成 IAMS 的主要部分。

DSS 和传统上由职员向老板提供制定合适决策的建议的做法并非完全不同。在计算机出现前,纸印本就是当时数据库的存在形式,但其系统性很差。每个部门有各自的纸质档案,即使使用信息管理和决策,也是定制式的,而且耗费过高,主要依赖个人的喜好和判断。为了适应现代决策管理的需求,计算机化处理取代了以往的做法,为公众提供更优质的服务。

建立起 DSS 后,有关养护、修复或更新、更换或重建的年度及多年工作计划的准备工作被有效地组织起来,并作为 DSS 结果自动输出。除了能提高效率外,数据库还能接收反馈信息以对工作计划进行持续更新。DSS 应针对机构可获得的数据和资源进行设计,并能在基本组织架构内发挥其功能。DSS 还越来越多地应用于运营阶段,如公用事业单位、设备生产、交通运输服务和供水资源管理等。图 4.1 描述了用于道路基础设施的一个路面管理系统(Pavement Management System, PMS)的 DSS 框架[Uddin 95],图 4.2 则是用于桥梁管理系统的 DSS 范例[Hudson 87]。

要成功实现 DSS,必须考虑从决策者到技术支持人员对决策支持提出的各种请求。DSS 的两个主要活动就是数据管理和预选方案研究。这些活动都要根据数据或"信息"生成有目的性的结果或"知识",以辅助决策。DSS 的基本目的就是将数据和必要的分析模型相结合,提出决策支持的理论根据。

PMS 数据库是 DSS 的中心。数据库是由许多数据库文件按标准组成的。比起纸质档案记录,计算机数据库系统有以下优势[FHWA 90]:

◆ 数据被存储在压缩空间里,并共享给所有用户。
◆ 数据的存储和检索比人工方式快得多,能够定期更新数据,易于获取信息。
◆ 能集中控制数据的使用和处理。

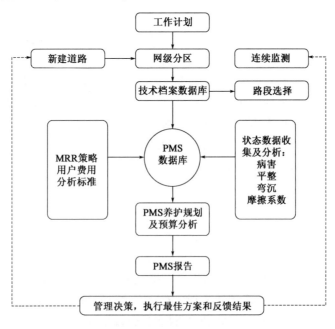

图 4.1 路面管理系统的 DSS 框架[Uddin 95]

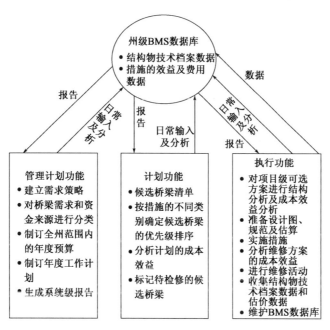

图4.2 用于桥梁管理系统的DSS范例

集中式数据库对机构而言有若干优点。不过,没有一个合理设计和维护的系统是不可能实现集中化优势的。集中式数据库的优势包括[FHWA 90,Haas 94]:

◆ 为减少冗余,每段数据只在一个地方储存,同时也避免了更新数据文件时的不一致。
◆ 数据可为多方面应用共享。路面管理所需的数据经常是由机构的不同部门采集的,集中式数据库能够保证所有部门都能获得所需数据。
◆ 数据的编排、命名和存档必须要有强制性标准。
◆ 要有安全性限制来控制数据的流动和更新。
◆ 数据库更新时,应该进行更新控制和完整性检查,以维护数据的完整性。
◆ 协调个人用户的冲突请求,优化总部的数据库。这在各部门共享数据时尤其重要。

数据库管理方法发展中要考虑的一个重要因素是数据的时序识别及空间识别。时序识别按时间或日期坐标储存数据来实现,因而建立修建、维护和评估数据的历史记录是非常重要的。空间识别要求将数据和某设施在公共设施资产网络中的位置联系起来。空间参照坐标在分段定义过程中实现,即识别出具有相似属性的同类分段或部件,并确定它们的实体范围和属性描述。可使用地理编码(地理坐标)和地理信息系统(Geographic Information System,GIS)来完善这个过程。

从20世纪早期城市社会开始发展以来,美国的公共事业机构一直在使用传统的决策方法。目前,大多数城市的规划师都在设法改善现有的系统,或者寻求新的方法来管理公共设施资产及相关设施。GIS技术已成为建立综合管理系统的一种有力工具,所有市政基础设施如路面、桥梁、自来水、废水、下水道、煤气和电力,都可以集成在一个共用平台上,以改进管理决策。公共设施资产集成管理系统的总体概念如图4.3所示,其中GIS作为公共定位参照系统[Zhang 94]。

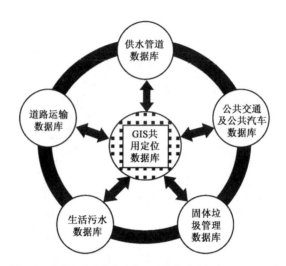

图 4.3　公共设施资产集成管理系统的总体概念 [Zhang 94]

GIS 技术最初是使用传统的低分辨率地图和 30m 分辨率的陆地卫星图像来发展的。在 21 世纪,地理空间分析和地理空间映射更为普遍地被业界用来取代 GIS [Uddin 11a]。地理空间/地理信息系统应用在社会的许多部门,如被用于新闻媒体和社会科学,而不仅限于地理、地质、土地利用规划、交通运输和环境领域的传统应用。自从可提供现代 1m 高分辨率商业图像和公众使用 GPS(Global Positioning System,全球定位系统)技术进行卫星定位参考和地形测量以来,地理空间技术发展迅速。Google Earth 是一个在线互联网地理空间/GIS 工具,它提供了 GIS 软件的许多基本的空间分析功能(如线性测量),并允许用户在卫星图像层上标记并保存多个非地理属性的例子[Uddin 11a]。

4.2　数据库的发展和管理

4.2.1　系统设计

"数据库"可以写成两个单独的词,也可以看作一个词,它是指存储在计算机里的大量数据,以这样一种方式被组织起来,使其能为各种用途而扩充、更新和快速检索。本书中采用的"数据库"是一个词,指数据库管理软件系统结构内的一组特定数据。数据库可以由单个文件或多个文件的集合组成。在系统设计的开始阶段,要根据信息处理、分析方法和决策支持系统所需的其他具体要求来确定数据库软件包的需求。图 4.4 是计算机的软硬件关系图。

软件是用户、硬件和数据之间的接口,它允许用户向硬件发出指令而获取数据。数据库系统有三个重要的组成部分:①操作系统;②数据库管理软件;③应用程序。通常,操作系统和数据库管理软件是商业化的通用产品,而应用程序则针对某一特定应用。21 世纪,互联网、计算机网络和无线技术显著地影响了软件行业。

如以下部分所述,21 世纪计算机网络、互联网、光纤、无线通信以及台式或笔记本电脑硬件的发展彻底改变了软件、可视化和移动应用程序,信息技术的这些改进也彻底改变了数据库管理系统的网络数据收集、处理、访问和其他主要功能。

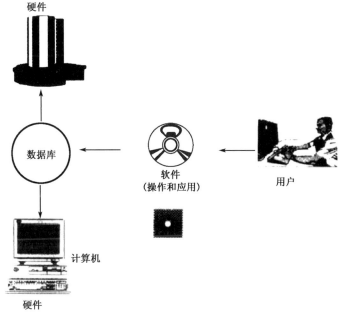

图4.4　计算机软件与硬件的相互关系

4.2.2　操作系统

操作系统是计算机硬件必需的第一层级软件,没有操作系统,硬件就无法运行。因此,在购买计算机时,数据处理部分就预先选定了操作系统,而不需等到建立数据库时再作出选择。自本书1997年版出版以来[Hudson 97],在20世纪80年代和90年代,计算机硬件、软件和包括互联网资源在内的网络创新使得大多数旧式计算机技术已经过时。

4.2.2.1　1980—1990年计算机技术

微软公司的Microsoft DOS是微型计算机的典型操作系统,多用户操作系统UNIX用于小型计算机和工作站,IBM公司的多虚拟存储操作系统MVS-XA则用于大型机。由于图形化用户界面的简便性,基于视窗的操作系统(如Microsoft的Windows 3.1、Windows 95、Windows NT)变得流行起来。苹果公司的Macintosh操作系统是另一种流行的Windows操作系统。依靠16位处理器和操作系统(如DOS和Windows 3.1)的桌面微型计算机便宜且易于维护,它们成为许多变换映像和数据库管理软件包的常见平台。然而,许多用户需要使用超出微型计算机限制的功能。虽然开发了更快的微处理器(如英特尔的奔腾处理器)、更大的随机存取存储器(Random Access Memory, RAM)、更大容量的存储设备和更大的硬盘空间,以及更好的显卡和图形分辨率,但微型计算机在处理大量数据和复杂的分析上还是有一定的局限性。随着21世纪初硬件技术的进步,出现了诸如32位和64位的操作系统以及高分辨率视频显示单元,在20世纪90年代末,具有16位处理器的基于DOS和旧的Windows的微处理器及庞大的视频监视器已经过时了。

采用 UNIX 或其他针对 32 位处理器优化的操作系统可提供极佳的处理速度,并可支持复杂的软件、高分辨率图形、大型 RAM 和大容量存储。这些更适合负责管理基础设施资产的地方、州、地区和国家机构的多用户市场。与微型计算机提供的有限局域网(Local Area Network, LAN)功能相比,工作站还允许为多用户环境建立更好的局域网来共享数据和输出设备。

4.2.2.2　21 世纪计算机技术

"20 世纪以来,连续的创新浪潮使我们从电力到电信再到微芯片一直都在普及互联网的本质并改变了人类生活和未来发展的方式。"[Uddin 11b]21 世纪的计算机硬件和计算机网络技术增强了可视化界面、大量数据处理和图形功能。以下介绍现代 IT 和互联网技术的里程碑事件:

- ◆ **微型计算机硬件的进步**:现代微型计算机具有更快的 64 位中央处理器(Central Processing Unit,CPU)、1~2GB 显卡或图形处理单元(Graphic Processing Unit,GPU)、高达 16GB 容量的 RAM、硬盘存储空间接近 1TB 或更多、驱动器、多媒体和数字卡读卡器、以太网固定电话和无线网卡。超高存储容量的外置硬盘驱动器和高清平面发光二极管(Light-Emitting Diode,LED)视频监视器以相当便宜的供货价格出售(这些可台式电脑和笔记本电脑中)。按照目前电脑硬件技术的发展趋势,可以预见未来几年,其价格会不断下降,性能会不断增强。
- ◆ **计算机网络和互联网**:从 20 世纪 90 年代初开始的光纤固定电话和网络及全球网络服务的网际协议(Internet Protocol,IP)的开发,使得连接世界各地的计算机成为可能。
- ◆ **基于互联网的可视化和 GIS 技术**:基于互联网的数据库分析,数据可视化、数据访问和处理,使得计算机和人员的交互比以往任何时候都更好。例如,"思维导图"是一个有用的可视化工具,用于组织具有相互关联活动的项目计划之间的思想过程。使用 NASA 的 Blue Marble 创建的 Google Earth 是互联网地理信息系统的一个很好的例子,许多新的软件、应用程序生成的文件可在 Google Earth 上查看。
- ◆ **使用 XML 和 Java 语言的互联网应用程序编程**:从 20 世纪 80 年代中期苹果/McIntosh 首先引入超文本链接开始,现在互联网程序编码器使用超文本标记语言(Hyper Text Markup Language,HTML)、可扩展标记语言(Extensible Markup Language,XML)和 Java 语言进行网页开发。对于地理参考数据处理,使用地理标记语言(Geography Markup Language,GML),它用于地理空间数据的 XML 组件编码。
- ◆ **无线移动通信技术和应用**:无线通信的发展基于基地(无线传输)台,向全球的大多数地区提供无线网覆盖。在过去十年中,全球范围内广泛使用移动手机,使得数以千计的用于手机和平板电脑的专用应用程序得以开发。这些用于手持设备的应用程序具有与使用传统 IT 网络基础设施的台式计算机相同的功能和互联网访问权限。
- ◆ **云计算基础设施**:实时访问远程数据库的需求以及用于在线数据访问的网际协议的可用性,使得云计算基础设施允许互联网应用程序从远程联网计算机服务器检索数据、处理和分析数据,将结果保存在所选服务器上,并在用户界面屏幕上显示所需的结果[Uddin 11b]。

目前,大部分大型数据库(超过 500 GB)都建立在大型机和超级计算机上。因为它们具有巨大的存储容量,这些大型计算机比其他计算机工作站更受青睐。这些大型计算机的架构拥有多个大容量存储磁盘包,磁盘包可以很方便地以菊花链的形式连接在一起。每个磁盘包可以有 500 GB 或更大容量。工作站可以通过广域网(Wide Area Network,WAN)与大型机连接,然后从主机数据库检索数据。按照目前计算机硬件技术的发展趋势,未来几年其价格下降似乎很明显,这将使这些高性能大型存储工作站系统比以前购买时相对便宜,但具有有限 RAM 和硬盘存储空间的微型计算机系统对组织而言更具吸引力。互联网和云计算技术将是未来网络化企业 IT 和网络基础架构的组成部分。

4.2.3 数据库管理软件

数据库管理软件是操作系统(Operating System,OS)上的下一级软件。这个数据库软件平台允许用户定义数据结构和模型,无须顾虑数据是如何被物理存储在硬件上的。数据库管理软件为应用程序开发人员提供了一种机制来编写可执行各种数据访问、检索和操作功能的程序。它们还为在数据库上进行的某些查询(例如临时查询)提供了渠道。可以使用三种数据库管理软件:(1)关系;(2)分层;(3)网络。关系数据库管理软件(Relational Database Management System,RDBMS)是最新的,也是迄今为止使用最多的,其他两种类型主要用于大型机环境。分层数据库由用户构建为一颗"树",其中用户必须从"根"开始并遵循特定的分支才能达到他们想要的特定"叶"。网络数据库类似于分层数据库,除了任何特定的"叶"可以附加到多个分支。关系数据库(例如用于 IBM 大型机和 OS/2 工作站的 DB2、Oracle 或用于微型计算机的 Access)允许用户将数据库组织为可以链接在一起的表的集合。具有易于使用的图形用户界面(Graphical User Interface,GUI)面向对象的数据库软件在 21 世纪普遍使用。一些数据库软件现在也包括 GIS 功能。

4.2.4 应用程序

应用程序是根据终端用户的需要而设计的软件,用来实现数据运算和分析功能,以及提供输入界面和设计输出生成程序。例如,用于铁路公司或城市公共工程机构的供水部门所使用的资产记录和状况评估计算机程序就是一个应用程序。数据处理领域现已使用高级编程语言来加速应用程序的开发和调整。第四代语言一般都会捆绑特定数据库管理程序包,这大大提高了程序设计人员开发应用软件的效率和生产率。一些 GIS 软件包也提供了集成的高级程序设计语言。在 21 世纪,使用面向对象的语言(如 Visual Basic,C++,Visual Pascal,Delphi XE3,Python 等)开发应用程序。基于互联网的应用程序使用 XML 和 Java 语言开发。

GIS 软件包的制造商更大程度上依赖第三方关系数据库软件包。许多供应商开始提供可选设置,可以将它们的软件与各种关系软件包集成或连接起来。

4.2.5 数据库管理和数据运算

从 20 世纪 80 年代早期开始,数据处理领域就引入关系式模型和关系式方法。关系数据库软件的最新发展大大地改善了用户界面,计算机处理器结构也越来越适合于关系数据结构。目前的数据库管理软件包还把关系型模型的灵活性与在大型数据库上执行交互式任务的处理能力结合在一起。高级查询语言和编程语言的进步促进了关系数据库系统的普及。结构化查询语言(Structured Query Language,SQL)成为一种获得认可的标准。SQL 最初是由 IBM 开发的,现已成为许多关系数据库软件和 GIS 软件开发者的使用工具。例如,在 20 世纪 90 年代初,鹰图公司 MGE GIS 应用程序套件在工作站上实现。鹰图 2000 年推出的 GeoMedia Pro 软件(www.intergraph.com http://geospatial.intergraph.com)可以读取来自各种数据库(如 SQL、Oracle、Access 等)的数据,但它只可以写入特定的数据库类型(如 Access 和 Oracle)。该软件还促进了通过互联网提供的远程服务器连接到外部数据库[Uddin 11a],这是云计算的早期示例。

在关系数据库软件里,基础设施网络和数据活动都对内存和硬盘存储空间有影响。通常,无图形的关系数据库可以用相对较小的硬盘空间来管理。图形数据库所需的内存和存储空间比无图数据库要大出很多倍,具体取决于地理数据的类型(向量或栅格)和覆盖区域的范围。对于大型机构来讲,使用大型主机、巨型主机及网络级上的工作站已经成为必然,尤其是在数据库预计要占用或超过 100GB 存储空间的情况下。

4.2.6 地理数据和非地理数据

GIS 软件(适用于工作站和微型计算机)向用户提供了绘制地图功能,并将属性数据库和若干地图特征连接起来。这样,终端用户就能可视化地查看资产设施的实际布置和具体属性,如图 4.5 所示。GIS 数据库通常由两种基本数据组成:地理数据和非地理数据。每种类型都有具体的特征和要求,用于有效存储、处理和显示数据。

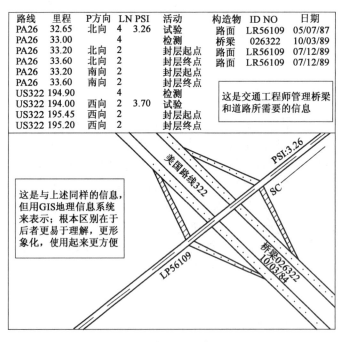

图 4.5 可视化显示数据的例子(参照[Keystone 93])

4.2.6.1 非地理数据

非地理数据代表着图形要素的特征或属性。虽然 GIS 技术可以将诸如图像等数据和非地理数据联系起来,但非地理数据一般还是以传统的数字格式来保存。"非地理数据"这个词是用来区别不代表地理要素的数据,如地标建筑物名称、快递地址、与城市或国家相关的人口或生产总值、道路的每日交通量和发电厂的名称。通过通用数据段或识别符,可以将它们和地理位置关联起来。在 GIS 软件中,由于非地理数据和地理数据不同的特征,将非地理数据独立于地理数据来进行管理。

4.2.6.2 地理数据

地理数据以计算机可读的格式来表示地图要素。地理数据使用 7 种图形元素(即点、线、面、网格、图元、像素和符号)来表述地图要素和注释。有两组地理数据:矢量和栅格。矢量数据通过点、线和区域的组合定义几何特征。栅格数据表示像素的图案,用来确定扫描图像或数字航空和卫星图像。任何扫描图像都是栅格数据,其中地图上的每个位置都直接对应栅格数据存储网格中的位置。扫描图像的栅格数据需要大量的存储空间[Antenucci 91]。

就像计算机辅助制图的 AutoCAD 软件一样,通常采用一系列的图层来表示 GIS 数据库的图形元素,每层都包含功能上互相关联的地图要素。图 4.6 显示了数据库分层的概念,一个图层就是同类特征的一个集合,通过共用坐标系与其他数据库图层在位置上联结起来。图层分层是基于逻辑关系的,分层主要是为了简化所要显示的特征集组合。电子分层模式类似于通过人工绘图方式绘制出来的一系列重叠层。

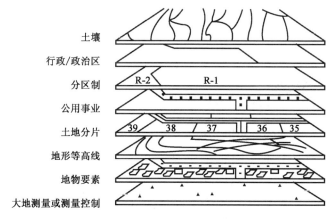

图 4.6 数据库分层概念示例

并非所有地理空间都具有特定的分层功能。例如,鹰图的 GeoMedia Pro 地理空间软件的图例功能仅集成了一层[Uddin 11a]。

4.2.7 地理编码

地理编码(地理坐标)数据对图形显示非常重要。图 4.7 列出了常用的坐标系。一般可以通过以下方式获取数据:纸质地图上的数字转化方式、全球定位系统接收仪、卫星映像数据、拓扑综合地理编码和坐标文件(Topological Integrated Geographic Encoding and Referencing,TIGER)、由计算机辅助制图软件如 AutoCAD 生成的数字格式文件。TIGER 系统是由美国地质调查局(U. S. Geological Survey,USGS)和人口普查局为 1990 年的人口普查而开发的。

TIGER 系统是首次建立的综合性数字地图,以 1∶100000 比例尺记录了全美的道路和街道、城区、铁路和所有重要水文要素［Antenucci 91］。如今有更高分辨率的地理空间数据库［Uddin 02］。

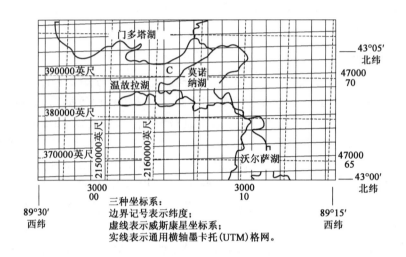

图 4.7　常用的坐标系示例

4.3　数据需求

4.3.1　公共设施资产管理的数据需求

负责公共设施资产管理的机构里的每一个部门都需要数据库和数据管理软件,其中一些数据库还需要在一个或多个部门里使用。例如,会计部门要经常使用财务数据库,合约部门和建设部门要经常使用合约和工程信息数据库,会计部门和维修部门需要维修工程数据库。有效管理 IAMS 数据库的关键就是将各种数据库连接起来,使必需的信息易于获取。

总的来说,一般的 IAMS 数据库必须具备以下数据:
- 描述基础设施外形的技术档案数据(包括建造和测量数据,有基于地理空间的资料更好);
- 使用历史数据(比如,供水系统的用水情况、航天器对机场道面的感测范围);
- 状况监测数据和评估数据;
- 实时监测数据;
- 维修历史和运营数据;
- 维护干预标准、决策准则、维修政策、单位成本和预算数据;
- 设计和分析数据;
- 维护和建设优先级清单数据;
- 可持续发展性能数据(如来自交通、能源和工业的有害排放物和温室气体的排放清单)。

第 5 章讨论了美国 DOT 推荐的基于 GASB 34 声明的运输典型资产管理系统(Asset Management System,AMS)的基本框架。第 5 章和第 6 章提供了所需的数据类型和相关细节,其中包括运输和其他公共基础设施的范例。

4.3.2 详细数据

数据需求的分类和细节分级非常重要,因为采集数据常常会耗费大量资源。Haas 等人提出了信息详细程度和模型复杂性的三层分级概念,如图 2.4 所示[Haas 94]。图 2.4 中左下方和右上方的三角形表示不可行区域,因为当项目级水平的分析需要详细数据时,模型的详细程度和复杂度限制了网络级中数据细节的数量。同样地,正如 Uddin 在关于道路-路面应用问题中所述,项目级设计应用中的性能建模需要详尽的材料属性数据库[Uddin 95]。

世界银行的研究确认了数据需求的五种功能级别[Paterson 90],为具体的机构目标提供了建立公共设施资产管理数据需求的框架,具体如下:

①部门级:道路基础设施系统的数据集合。用于与教育部门数据进行比较的年度统计数据和道路使用者费用。

②网络级:规划、计划和预算;战略规划(3~5年的中期需求);区域交通运输战略规划;MRR 的网络级战术工作计划。

③项目级:对选择过程、处理范围和精确位置进行项目级计划;需要深入细致地进行数据采集与分析。

④操作级:与建设、维护、交通和安全有关的设施及运营管理。

⑤研究开发级:数据需求比项目级和操作级更详细、更精确,通常是专门用于研究的数据。

由此,特定单元的详细数据最好被定义为相似信息的集合,因为这些集合对不止一个应用有共同特征,进而形成了数据库中数据采集和存储的基础。对于每种类别,我们都能确认其与函数应用相关的具体数据需求。可以从综合的统计看出,这些应用所需数据细节的数量是随规划、计划、设计和研究的深度增加而逐渐增加的。如图 2.4 所示,随着系统越来越复杂,从网络级分析到项目级分析的单位数据采集的耗费也越来越多。对每组信息集合来讲,所需的数据越详细,采集数据的方法就越复杂。为此,引出了一个四级信息质量水平(Information Quality Levels,IQLs)的定义,它既代表了数据需求范围,又代表了数据采集的方法学范畴。

世界银行报告[Paterson 90]建议,道路技术档案数据和路面状况数据的需求可以被确认为四级信息质量水平,如表 4.1 所示。Ⅰ级水平是最详细的级别,而且是典型的基准型信息,只有在项目级才需采集。Ⅱ级水平是指网络级所需采集的最详细的数据,通常需要抽样。Ⅲ级水平数据可用于规划,数据的采集方式可以是人工和自动相结合。Ⅳ级水平是指能为网络级建立规划模型而生成基础统计和其他信息所需的详细程度最低的数据。用于道路的 IQLs 概念也适用于其他公共设施资产管理。

依据参数个数的数据细节总体分级,因可靠性问题变得复杂起来。例如,如果缺少了某些数据细节,是可以通过提高测量的准确度或加大测量的样本量以提高每个数据点的可靠性来补偿的。

以道路设施资产应用为例的信息质量水平分级及其细节 表4.1

IQLs	细节程度
I	最全面、详尽的细节;通常用于高级别项目级的设计和研究任务;需要高级公共机构资源来采集和处理这些数据
II	具备用于计划模型和标准设计方法的充分数据;对于网络级计划通常要求抽样和自动化采集设备;需要可靠的公共机构资源
III	具备用于规划和标准计划模型的覆盖整个网络的充分数据;网络级数据采集方式可结合人工和自动化进行
IV	适用于最简单的规划和计划模型;适用于标准化的道路设计类别;不能用于高等级的项目级设计;数据采集手段最简单,采用人工方式或半自动化方式;所需资源最少

4.3.3 数据术语及数据词典

机构应该为各种数据要素(技术档案数据、状况、设备、数据汇总统计和指标)和测量单位的相关地方性术语及定义编辑一份全面、综合的数据文档。对新的数据要素采用国际标准是非常有用的,它是机构职员和其他用户之间保持一致性的关键,应把它作为保证数据质量的措施之一。

4.4 分析及建模技术

数据分析是IAMS中必不可少的一部分,它是IAMS与传统的信息管理系统的区别所在。数据分析需要使用的模型主要有以下几种:①预测寿命的性能模型;②反演材料属性的模型;③失效分析模型,如疲劳模型;④费用模型,如维护成本模型或用户费用模型。

Nishijima总结了材料属性建模的几个步骤[Nishijima 95]:

◆ 掌握数据的总体趋势和分布;
◆ 评估数据集的质量;
◆ 推断属性的特征值;
◆ 与其他数据(统计检验)进行比较;
◆ 通过内插法和外延法进行预测;
◆ 确定属性的置信界限;
◆ 得出用于进一步试验的数学表达式。

这些步骤大体上也适用于其他数据类型和模型的建立。下文简单回顾一些可用的建模方法,使用这些方法首先需要一个可靠的数据库。

4.4.1 回归分析

传统上人们采用统计法回归分析数据。这个方法一般是通过估计数学关系中的参数、独立变量或者解释变量,使这些数学关系能解释因变量或预测变量中的大部分变化,再依此建立经验模型[Box 78]。首先检查数据散点图,估计模型的形状。在回归分析前应继续进行方差分析(Analysis of Variance, ANOVA),从统计学角度上确认关键的自变量。回归模型有线性和非线性两种。回归模型有其自身的局限性,尤其是当从散点图无法看出已知函数形状时,当因变量受多个自变量影响时,或当拟合优度较低(R^2较小)时。过去十年中已经出现了许多新的分析方法和建模方法。

4.4.2 专家系统

专家系统的定义是"针对特定任务的大型问题,使用简约法来大大缩短搜索时间的交互式软件"。图4.8是一个最简单的专家系统结构模型图,由图可知,专家系统的主要组成部分是一个知识库和一个推理机。专家系统与传统计算机程序有两方面的不同:

①专家系统用来处理特定领域符号化和数字化的知识。
②专家系统采用特定领域方法,包括探索法(简化法)和计算机算法。

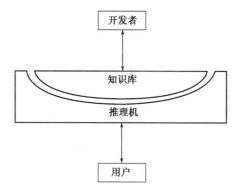

图4.8 专家系统的结构模型(参照[Begley 95])

4.4.3 面向对象数据库管理系统

面向对象数据库管理系统(Object-Oriented Database Management System, OODBMS)采用的数据结构和编程原理是由面向对象编程语言(Object-Oriented Programming, OOP)发展而来的。为解决推广人型软件应用中的成本和效率问题,人们开发了OOP语言。面向对象软件使用称为"对象"的类细胞元件,就像人体中的细胞用化学信号进行交流一样,对象彼此间用信息进行交流。一个对象,或者说一种抽象数据类型,是一组把数据和运算结合起来从而操纵该数据的代码集。OODBMS的开发解决了汽车、航空航天等行业中与CAD应用相关的数据库查询问题。面向对象数据库管理系统可以看作建立在数据的关系和功能特点上的数据库管理系统,数据存取路径是嵌入在对象类型中的[Begley 95]。

4.4.4 人工神经网络

人工神经网络(Artifical Neural Networks, ANNs)是由若干简单的、彼此密切联系的元件所组成的计算系统,它以对外部的输入产生动态响应来进行信息处理。神经网络结构是在对大脑研究的基础上形成的[Begley 95, Ghaboussi 92],图4.9是一个简单的人工神经网络中的单体神经元的基本模型,它并不像传统计算机程序或统计分析那样执行一系列固定指令,而是对在训练期中出现的输入变量产生并行响应。每个神经元都运算并保持一个称为兴奋因子 S_j 的动态变量,它是经神经纤维链到达的输入量加权求和的函数。来自某个特定神经纤维链的输入值是一个输入信号 X_i 与该神经纤维链权值 $W_{i,j}$ 的乘积。来自神经元 I 的输出信号是该单元的兴奋因子,由公式 $O_j = f(S_j)$ 得出,其中 $f(S_j)$ 称为激活或传递函数,通常是一个二进制的阈值或一个 S 形函数。神经元还有一个偏项 b_j,是阈值的一种形式。输入信号和输出信号之间的关系可用下式表示:

$$S_j = \sum W_{i,j} X_i + b_j \tag{4.1a}$$

$$O_j = f(S_j) \tag{4.1b}$$

$$f(S_j) = \frac{1}{1 + e^{-S_j}} \tag{4.1c}$$

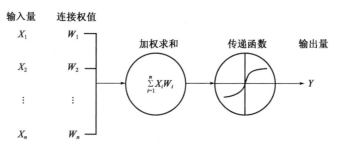

图 4.9 人工神经网络中的处理元件

神经网络的主要变量有网络拓扑(节点数目及其连接性)、处理单元的兴奋计算法则、传播法则以及自组织法则和学习规则[Ghaboussi 92]。它们的共用法则类型之一就是都与误差逆传播网络(也称前馈网络)有关。误差逆传播神经网络中的处理单元以分层形式被安排。每个神经网络都有一个输入层、一个输出层和大量隐含层。神经网络通过处理器之间传播激活变化来实现"运算",传播是以前馈方式进行的,由输入层向输出层传递。图 4.10 是一个神经网络的范例,说明了神经网络的处理元件及其相互关系。每个单元都接收前一层所有单元发出的输入信号,并将其输出信号送至下一层的所有单元中。

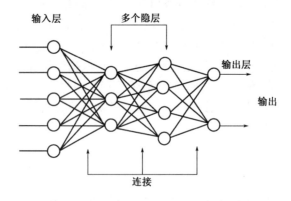

图 4.10 ANNs 处理元件及相互关系[Begley 95]

神经网络通过训练获得知识。前馈网络一般用监督训练方法来进行训练。在监督学习中,一套训练数据集(由输入-输出模式组成)按每次一例的形式发送给网络。对于每组数据,其输入模式会在网络中传播,作为结果的输出模式会与目标值进行比较。学习算法不断调整连接权值,从而减小计算输出值与目标输出值之间的误差。训练完后,网络会建立起一个近似的泛函映射,将每个输入模式映射到对应的输出模式上。当神经网络处理完所有训练数据并达到平衡状态时,就可以显示新的输入数据用以评估。

4.5 数据库安全

在使用大容量 IAMS 数据库时,开发与维护一个全面的数据备份和安全系统是必要的[Hudson 97]。此外,21 世纪的互联网数据访问和连接需要保障,因为需要防范计算机病毒、垃圾邮件和黑客攻击。

数据库的开发投入了可观的时间和资金,如果没有合适的安全规程,机构可能会面临严重的后果。这些安全规程应该形成文件,进行相关责任人员培训和经常性的监视,以保证安全规程的持续贯彻实施。为恢复因火灾、水灾、地震或人为纵火等不可抗拒灾难而损失的数据或其他资料,将最新永久备份的数据进行异地存放是必要举措。安全规程还应包括备份辨识、存储和修复的标准格式。可用的备份介质有很多种,包括软磁盘、8mm 磁带以及磁带盘,甚至是可移动的大容量光盘,选择何种备份介质取决于计算机的硬件和操作软件。其他方法比如使用一些数据压缩工具对数据文件进行压缩,相当于使存储介质的容量最大化。现在常用的有可移动闪存驱动器、硬盘和云服务器。

科威特的道路设施资产数字化 GIS 数据库就很好地证明了异地备份存放的最大好处。据报道,在 1990—1991 年的海湾战争中,计算机里所有的数字化道路网数据库都被毁坏或破坏了,但 Intergraph 用一份保存在国外的可用备份复制本打印出了科威特的详细道路地图[Intergraph 91]。还有一些其他遭受到完全毁坏的例子,俄克拉何马市联邦大厦于 1995 年 4 月被恐怖分子的爆炸完全摧毁[Time 95],以及 2001 年 9 月 11 日纽约世界贸易中心的毁坏和华盛顿特区五角大楼的局部损毁(www.911commission.gov/,2012 年 12 月 9 日访问)。这些事故证实了异地保存 IAMS 永久备份复制本的必要性。

基于互联网的信息管理、无线通信和在线数据访问提高了基础管理的效率。这个全球网络基础设施包括在线社交媒体(如 Facebook、Twitter、Google +),不仅可以帮助社交团体,还可以使基础设施机构/实体在分享重要成就和获得在线用户反馈方面拥有巨大的机会。

4.6 数据质量控制和质量保证问题

数据采集和处理方法的一致性与数据库的准确性应被放在最优先的位置。应遵循质量管理原则来保证输出值或产品的质量[Hayden 89,Uddin 91a]。正如上一节所述,在 21 世纪的网络世界中,对计算机数据库完整性和在线安全漏洞的关注是重要的。

4.6.1 质量控制(Quality Control,QC)

- ◆ 定义:为达到质量要求所采取的作业技术和活动。换句话说,是产品在下线之前的制造和检查过程。

- 质量控制是按照专用手册中详细的室内和室外步骤、指令和操作指南来进行的,例如,道路路面技术档案数据手册[Uddin 91b]、路面病害手册[Shahin 90,SHRP 93,Uddin 91c]。
- 应对所有 IAMS 的数据处理和数据库操作的生产率级别进行检查,应基于分配的设备和人力资源来确定系统的最低生产率期望值。
- 未来 IAMS 的所有操作都应坚持遵循 QC 原则和专用规程。

4.6.2 质量保证(Quality Assurance,QA)

- 定义:提供合理的信任,使某一产品或服务满足质量要求而实施的所有计划性和系统性活动。
- 为保证效率,QA 通常需要对操作和输出做频繁的验证、检测和评估。对于 IAMS 操作,可通过在职培训、人工指令、专用数据采集以及处理表格和程序来完成 QA 过程。
- 应适当地对 IAMS 活动进行存档记录和跟踪。
- 工作监督员应通过日常文档、跟踪及随机检查的系统,确保数据的一致性及实施质量。
- 未来 IAMS 的所有操作都应坚持 QA 原则和专用规程。

参 考 文 献

[Antenucci 91] J. C. Antenucci, K. Brown, P. L. Croswell, M. J. Kevany, and H. Archer, *Geographic Information Systems*, Chapman & Hall, New York, 1991.

[Begley 95] E. F. Begley, and C. P. Sturrock, "Matching Information Technologies with the Objectives of Materials Data Users," *Computerization and Networking of Materials Databases*, Vol. 4: *ASTM STP 1257*, American Society for Testing and Materials, Philadelphia, Pa., 1995, pp. 253-280.

[Box 78] G. E. P. Box, W. G. Hunter, and J. S. Hunter, *Statistics for Experimenters: An Introduction to Design, Data Analysis, and Model Building*, John Wiley and Sons, New York, 1978.

[FHWA 90] "An Advanced Course in Pavement Management," Course Text, Federal Highway Administration, U. S. Department of Transportation, Washington D. C., 1990.

[Ghaboussi 92] J. Ghaboussi, "Potential Application of Neuro-Biological Computational Models in Geotechnical Engineering," *Numerical Models in Geomechanics*, Pande and Pietruszczak (editors), Balkema, Rotterdam, 1992, pp. 543-555.

[Haas 94] R. Haas, W. R. Hudson, and J. P. Zaniewski, *Modern Pavement Management*, Krieger Publishing Company, Malabar, Fla., 1994.

[Hayden 89] W. M. Hayden, "The Effective A/E Quality Management Program: How to Do It," short course notebook, American Society of Civil Engineers, New York, 1989.

[Hudson 87] S. W. Hudson, R. F. Carmichael III, L. O. Moser, W. R. Hudson, and W. J. Wilkes, "Bridge Management Systems," *NCHRP Report 300*, Transportation Research Board, National Research Council, Washington D. C., 1987.

[Hudson 97] W. R. Hudson, R. Haas, and W. Uddin, *Infrastructure Management*, McGraw-Hill, New York, 1997.

[Intergraph 91] W. Uddin, Personal Communications to Intergraph, Reston, Va., October 1991.

[Keystone 93] *Geographic Information System*, product brochure, Keystone Management Systems Inc., 1993.

[Nishijima 95] S. Nishijima, "Common Data Processing Needs for Material Databases," *Computerization and Net-*

working of Materials Databases: Fourth Volume, *ASTM STP 1257*, American Society for Testing and Materials, Philadelphia, 1995, pp. 9-19.

[Paterson 90] W. D. O. Paterson, and T. Scullion, "Information Systems for Road Management: Draft Guidelines on System Design and Data Issues," *Technical Paper INU77*, Infrastructure and Urban Development Department, The World Bank, Washington D. C., 1990.

[Shahin 90] M. Y. Shahin, and J. A. Walter, "Pavement Maintenance Management for Roads and Streets Using the PAVER System," *USACERL Technical Report M-90/05*, Champaign, Ill., 1990.

[SHRP 93] "Distress Identification Manual for the Long-Term Pavement Performance Project," *Report SHRP-P-338*, Strategic Highway Research Program, National Research Council, Washington D. C., 1993.

[Time 95] "Oklahoma Bombing," *Time Magazine*, Vol. 145, May 1, 1995, pp. 1-4.

[Uddin 91a] W. Uddin, "Dubai Road Pavement Management System (DRPMS)—DRPMS Manual of Data Processing, Analysis & Generation of DRPMS Reports," *U. N. Expert's Report No. PM-14*, Dubai Municipality, U. N. Project UAE/85/012, United Nations Centre for Human Settlements (Habitat), Dubai, United Arab Emirates, July 1991a.

[Uddin 91b] W. Uddin, "Dubai Road Pavement Management System (DRPMS)—DRPMS Manual of Road Network Partitioning and Inventory Data Collection," *U. N. Expert's Report No. PM-12*, Dubai Municipality, U. N. Project UAE/85/012, United Nations Centre for Human Settlements (Habitat), Dubai, United Arab Emirates, July 1991b.

[Uddin 91c] W. Uddin, "Dubai Road Pavement Management System (DRPMS)—DRPMS Manual of Pavement Inspection and Distress Data Collection," *U. N. Expert's Report No. PM-9*, Dubai Municipality, U. N. Project UAE/85/012, United Nations Centre forHuman Settlements (Habitat), Dubai, United Arab Emirates, July 1991c.

[Uddin 95] W. Uddin, "Pavement Material Property Databases for Pavement Management Applications," *Computerization and Networking of Materials Databases*, Vol. 4: *ASTM STP* 1257, American Society for Testing and Materials, Philadelphia, Pa., 1995, pp. 96-109.

[Uddin 02] W. Uddin, "Evaluation of Airborne Lidar Digital Terrain Mapping for Highway Corridor Planning and Design," *CD Proceedings*, *International Conference Pecora 15/Land Satellite Information IV ISPRS*, American Society for Photogrammetry & Remote Sensing, Denver, November 10—15, 2002.

[Uddin 11a] W. Uddin, "Geospatial Analysis for Visualization Applications," Lecture Notebook, (3-credit-hour course for seniors and graduate students), University of Mississippi, May 2008, updated 2009—2011, W. Uddin, 2008—2011, p. 258.

[Uddin 11b] O. W. Uddin, "Mind Map: Cloud Computing for Non-Profits," February 23, 2011. http://uvisionconsulting.com/technology, accessed on December 15, 2012.

[Zhang 94] Z. Zhang, T. Dossey, J. Weissmann, and W. R. Hudson, "GIS Integrated Pavement and Infrastructure Management in Urban Areas," in *Transportation Research Record 1429*, Transportation Research Board, National Research Council, Washington D. C., 1994, pp. 84-89.

第5章 技术档案数据、历史及环境资料

5.1 公共设施资产管理的数据需求

5.1.1 背景

1970年以来以路面管理系统的形式实施基础设施管理,清楚地表明了对有效技术档案数据或标识数据库的需求。国家桥梁检测标准(National Bridge Inspection Standard,NBIS)数据库充当起BMS的角色,每个州则分别将其需求包含在PMS中。这些系统证实了良好的数据和稳定的数据库对管理基础设施的设计、建设和MRR的重要性。美国DOT采取GASB 34的倡议,除了路面和桥梁的资产管理,还有安全和其他运输资产,需要收集更多的数据[DOT 00,11]。图5.1显示了GASB资产评估框架,这是美国DOT、AASHTO和各州采用的主要指导(参照[DOT 00])。它要求IAMS至少每三年完成一张资产清单并对资产进行状况评估,最近三次评估的结果应显示基础设施资产正保持在既定条件水平或以上。

该资产管理框架是通用的,不区分资产数据类型及其详细资料和监测水平。所有这一切都由机构自行决定。本书有助于填补在建立有效IAMS和详细指南方面的知识空白。任何IAMS的数据库均包含:

- 良好的识别及定位参照资料;
- 外形描述和以往工程建设历史的技术档案数据;
- 状况监测及评估数据;
- 使用数据和维护历史;

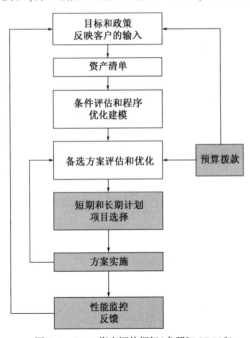

图5.1 GASB资产评估框架(参照[DOT 00])

◆ 可持续发展性能测量数据；
◆ 更新并改善 IAMS 运作的反馈系统。

以上这些系统组件对任何 IAMS，以及将几种基础设施集成起来的 IAMS 都是非常关键的。在某些机构里，设施的定位参照和实体技术档案数据属性是有的，但没有系统化地加以整理和使用。根据纽约和加利福尼亚州的最新报告[Robison 96]，一些机构已在它们的原始数据库的连接上取得了进展。

这些工作在开始时可能会耗费较多时间，但它带来的好处是使计算机系统有了共同的操作基础，并且在紧急情况下能迅速打开原始的技术档案数据库。在纽约市的案例中，一个耗资170 万美元、集成了计算机辅助制图与设计(Computer Aided Drafting and Design，CADD)以及GIS 的系统，提供了一套全面、完整的电子信息渠道，包括从路面坑洞修理和道路设计到开展植树计划和城市桥梁地图绘制等。加利福尼亚州奥克兰市从美国联邦应急管理局(Federal Emergency Management Agency，FEMA)获得了超过 600 万美元的损坏赔偿，主要原因是 1991 年10 月的一场毁灭性火灾导致城市街道等交通设施损毁，补偿依据是一份能定量说明街道的损坏是由于重建时重载交通所致的详细报告。

典型的 GIS 软件能对数据库文件进行存取，而一个 GIS 数据库文件很容易和大型的 IAMS数据库相连接。第 4 章的图 4.3 描述了一个基于 GIS 的集成数据库。这样的集成数据库对于那些有共同数据需求的设施是经济可行的。表 5.1 描述了交通设施子系统之间的模型关联(参照[Hudson 94])。

交通设施子系统间的模型关联(参照[Hudson 94])　　　　表 5.1

交通设施	桥梁	路面	安全	公共交通	拥挤	联合运输
桥梁	—	主要	主要	主要	次要	主要
路面	主要	—	次要	主要	主要	次要
安全	主要	次要	—	主要	主要	主要
公共交通	主要	主要	次要	—	主要	主要
交通拥堵	次要	主要	次要	主要	—	主要
联合运输	主要	次要	主要	主要	次要	—
废物排放	次要	主要	次要	次要	次要	主要

可持续发展问题和环境问题增加了对库存数据收集的需求。在过去 20 年中，美国环境保护局一直要求各州每年制定一次排放清单，并监测对人类生命有害的空气污染物。此外，包括纽约市在内的许多城市[NYC 07]已经开始收集二氧化碳排放清单和长期可持续发展数据。

5.1.2 数据细节及数据采集频率

一个合理的数据库所包括的元素可以从几个强制性元素到长串数据元素，具体取决于IAMS 的目标。特定数据的用途随 IAMS 的功能级别不同而变化(即网络级规划功能或项目级设计功能)。如第2章(图2.4)所述,所需数据的详细程度和系统复杂度会随着从网络级 IAMS 功能到项目级 IAMS 功能的升级而增加。

一个 IAMS 决策支持系统数据库由许多文件组成,取决于数据的采集频率和更新情况。表5.2中所列出的数据库文件是对应具体分段、具体设施的,适用于网络级中的所有分段。文件包括以下数据类型:

- ◆ 具体分段的数据(技术档案、使用和状况评估);
- ◆ 具体设施的数据(MRR政策和单位成本、性能模型);
- ◆ 具体网络级数据(经济分析参数和MRR工作计划)。

数据更新是一个关键,不仅适用于使用数据和状况评估数据,还适用于由于进行 MRR 而改变了的设施技术档案。

表5.2中的第2、3、4、7、8项均不属于设施技术档案项,仅为表示数据完整性而列出。

IAMS 数据采集频率和数据库更新的相互关系　　　　表5.2

DSS 组件	数据库更新		数据库文件
	必需部分	期望部分	
1. 技术档案(定位参照、外形描述、建设类型及资料、功能级别和MRR历史)	一次(初始建设)	每年进行一次较大的MRR及设备改建后	具体分段
2. 使用*(使用历史记录和将来预测)	对新IAMS进行回测以得出最佳估算,此后每年一次	每月一次,每季度一次并进行年度总计	具体分段
3. 状况评估*(状况监测和评估数据)	每1~3年进行一次(抽样检查)	每1~5年进行一次以上(对整个网络级)	具体分段
4. MRR对策及成本(短期、年度、长期)	一次(用于分析)	现状数据(成本每年更新)	具体设施
5. 性能预测(损坏情况和MRR效果)	用于寿命周期分析	每年一次	具体设施
6. 经济分析(分析周期、经济估算参数)	一次(用于分析)	累计利率和通货膨胀率	具体网络级(整体)
7. MRR方案报告(经济评估,短期、长期MRR工作方案报告)	年度MRR方案	3年、5年、10年或多年的MRR方案	网络级中指定实施
8. 环境(降水、气温等)	年度	年度	采用国家海洋或全州范围的数据

* 为非技术档案,详见6.3节的讨论(状况评估数据)。参见15.7节内容(MRR方案报告)。

5.2 技术档案数据的各个方面

公共设施的技术档案数据一般是指与设施的实体特征有关的数据,包括结构部件、外形尺寸、材料性质和施工图(包括始建日期)。对现有设施来说,在数据库中确定和记录以下所有的历史资料是非常必要的:建造、修复、设备、其他结构的改建及排水方面的实体变动等等。MRR 工程的费用及使用的历史记录也都是重要的数据。绝大部分数据不会年年改变,但由于 MRR 工程而变动的任何项目应立即予以更新数据。设计数据库时,所有数据都应根据具体分段和定位参照编码来进行定义。在为形成网络级 MRR 方案所进行的 MRR 分析中,某些技术档案的数据属性是强制性的;而其他一些数据元素,对于广泛而详细的 MRR 分析及项目级可选设计方案的分析,也应该是需要的。以下技术档案和历史数据的主要分类,对于 IAMS 数据库来说是重要的:

- 分段的识别和定位;
- 功能级别;
- 几何数据;
- 结构数据;
- 材料类型和性质数据;
- 附属物数据;
- 建造及 MRR 历史;
- 费用数据;
- 环境资料;
- 使用历史。

5.2.1 网络级分区

将网络级划分为均衡的管理单元或分段,是建立技术档案数据库的重要基本步骤之一。每个管理单元都获得一个唯一的标识编号,这是 IAMS 的技术档案、历史记录和状况数据库,以及所有相关分析和管理报告的骨干组织。

一般来说,一个 IAMS 单元或分段在其整个范围内的材料类型、集合参数、建造历史、功能级别、业务量和特征应该都是一样的。其他实用方面还包括网络级地图中和现场的简易标识、监测的可管理范围。例如,一个道路网的分段长度通常小于或等于 2km(1.2mi),地方街道可能是以每个街区为一个分段。另外,一条高速公路会被分成许多路段。某些独立设施,如桥梁或专用建筑结构(如大剧场、纪念碑、水塔或空中交通控制塔),可用作分区标准:

- 机构的管辖权限和行政区界限;
- 功能和用途类型(例如雨水管道或污水管道);
- 主要的施工材料和几何或结构特征;
- 建造或主要的修复、更新、更换工程编号和完工日期;
- 基于主要运行部件或设备位置的边界(例如,两条排污管道的交接点可以看作污水干管的起点);
- 地块和毗连道路参照系(附带地理空间坐标)。

5.2.2 动态分段

根据位置标识符和外形描述的网络级分区划出同类分段,这个方法对计算龄期、面积和

MRR工程量,以及预测未来的状况都是必要的。然而,基于弯沉和水力特性等行为属性的单元的一致性可能是不同的。用动态分段法来建立单元的新边界,可以避免丢失原来分段内的其他实体技术档案数据[Uddin 92]。即使是大型建筑,如美国首都华盛顿的五角大楼,都可以根据其侧翼、楼层等将其划分为可管理的单元。

图5.2示例中,根据排水流量特性,几个雨水主干管分段被包含在了较大的区段内,而相应的街道则根据里程桩号按路面状况等级来划分路段。

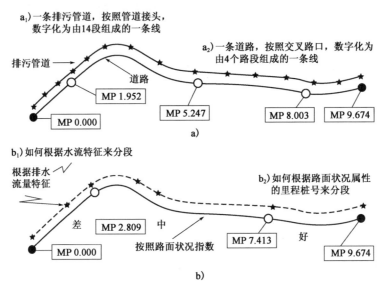

图5.2 根据评估数据而定的动态分段

动态分段法可以在查询功能强大的GIS软件中实现。例如,人们可以在IAMS数据库中进行查询,要求列出具有类似属性的全部分段,或者根据选定的评估数据的阈值辨认出同类型的分段。

5.2.3 定位参照系方法

定位参照系应该基于清晰的分段起讫点,两端点还应有地理空间坐标。通过GPS,能在野外轻松地辨认该位置。所有建筑物或固定的工厂设施都必须有邮政编码和街道地址,而用于一条道路分段的定位参照系也可以用于空间上沿道路分布的其他设施,见图5.3(参照[Hudson 94])。定位参照编码不应与软件生成的序列号或用户输入值相混淆。每个IAMS分段或管理单元要有一个唯一的编号,这有两个重要原因:①IAMS数据库和分析软件包使用这个编号来跟踪每个分段;②用户根据野外或报告中的编码辨认分段。合理设计的定位参照编码可将许多其他基础设施分部连接起来。

5.2.4 实物资产的技术档案

考虑可能的实物资产技术档案数据的量(功能级别、几何数据、结构、材料类型和性质,以及附属物),有必要区分数据的优先次序和/或首先采集MRR分析所需的主要数据元素。不同基础设施组别所必需的技术档案数据元素如表 5.3 所示。功能级别是识别 IAMS 各分段的重要数据项。

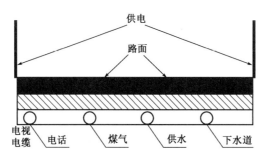

图 5.3 空间分布设施的公共定位参照系示例(参照[Hudson 94])

公共基础设施技术档案的数据元素 表 5.3

设 备	标识/位置	施工、几何、材料、结构	费用和使用历史
(1)公路、道路、街道、停车场	管理机构、州、县、城市、名称和编号、分段编号、坐标、使用情况、功能级别	施工编号、类型及日期,车道数、道路宽度和长度,路面类型、材料类型及厚度,路肩,人行道、排水沟、附属设施,交通监控及照明	施工和 MRR 工程的总费用或年度费用,单位成本,年交通量及车辆类型百分比
(2)机场:道面、建筑、航空设施	管理机构、州、县、城市、名称和编号、分段编号、坐标、使用情况、功能级别	施工编号、类型及日期,机场照明等,路面数据见(1),建筑物数据以及空中交通控制设备见(8)	飞机配备、年度运营及乘客量;费用数据及车辆交通数据见(1)
(3)桥梁:互通立交;上跨或下穿式;跨线桥、跨铁路或河流桥	管理机构、州、县、城市、名称和编号、NBIS 编号、坐标、使用情况、功能级别	施工编号、类型及日期,跨度,下部结构和上部结构材料的尺寸,引道路面和桥面铺装数据见(1)	费用数据及车辆交通数据见(1)
(4)铁路:车站、轨道、桥梁	管理机构、州、编组站和车站地址,轨道分段和位置、使用情况、功能级别	施工编号、类型及日期,轨道材料及尺寸,铁路道床、交通控制;桥梁数据见(3),车站建筑物数据见(8)	交通搭配、货车或货物或乘客的年运营量;费用数据见(1)和(8)
(5)水:处理设备、储水、供水	管理机构、州、县、城市、设备编号、地址、水塔、消防栓和泵站、主干管分段编号、坐标	施工编号、类型及日期,水塔及消防栓数据,土壤、管道直径及材料,管道透孔、管道内衬,水泵及阀门数据;道路及停车场数据同(1),厂房建筑物数据见(8)	施工和 MRR 工程的全部/年度费用,单位成本,年度用水量、年度消费数据

续上表

设备	标识/位置	施工、几何、材料、结构	费用和使用历史
(6)废水及污水	管理机构、州、县、城市、处理厂编号、地址、泵站、主干管分段编号、坐标	施工编号、类型及日期，检修孔、土壤、管道直径及材料，管道长度、管道内衬、接头及泵数据；道路及停车场数据同(1)，厂房建筑数据见(8)	施工和MRR工程的全部或年度费用，单位成本、年内排放及处理的污水，雨水及生活废水数据
(7)固体垃圾设施	管理机构、州、县、城市、处理厂编号、地址、垃圾处理分段编号、坐标	施工编号、类型及日期，设备及填埋场的尺寸、设备、土壤及处理数据，道路及停车场数据同(1)，厂房建筑数据见(8)	施工和MRR工程的全部或年度费用，单位成本、年度废水收集量和处理量，街道垃圾及用户数据
(8)建筑物：多功能设施	管理机构或业主、州、县、城市，名称、街道地址、区号、坐标、用途、功能级别	施工编号、类型及日期，主要的材料类型及数据、楼层数、楼层资料(房间号码、用途、长宽高、门窗、照明、空气调节)，土壤及基础数据，道路及停车场数据同(1)	施工和MRR工程的全部或年度费用，单位成本、运营成本，年度服务人员总计及平均消耗量，年度收入
(9)供电设施	管理机构或业主、州、县、城市，名称、街道地址、设备编号、坐标、电缆分段	施工编号、类型及日期，电缆材料类型等数据、电线杆数目及材料、变电站和设备情况、电度表、土壤；道路及停车场数据同(1)，建筑设施见(8)	施工和MRR工程的全部或年度费用，单位成本、运营成本，每年发电千瓦数及供给用户数，年度收入

注：对于始建的完整数据，指定其施工号为1；对于后续MRR工程的完整数据，指定其施工号为2或以上。施工编号的设计是为了将属于其他特定施工项目的所有数据联系起来，详见5.2.5节。

  道路的两个主要功能是流动性和可到达性。功能级别反映了几何设计和结构设计的标准。常用的功能级别有主干线(如高速公路、快速道路和公路)、集散线和地方线。地方街道一般为实现可到达性而设计，而高等级的主干线道路主要是为了高速流动性而设计。管辖实体的分类(例如私营的、市政的、县有的、州属的、联邦的)有助于了解MRR类型和资金来源。使用第4章中列出的推荐级别，可能会降低某些数据集[Paterson 90]的信息质量水平。例如，对于公路来说，只有通过高速公路可视挡风板和探地雷达分别测得的路面类型和厚度，才能代表结构和材料数据组的IQLs三级水平。在时间相对较短的情况下，这些低成本的工作将会满足网络级MRR的规划要求。之后，这些数据在IQLs一级水平下可以被采集得更详细(材料类型、厚度及根据施工项目资料或取芯确定的每个结构层的强度)，用于项目级的罩面设计。

  另外，污水管理系统由许多截然不同的污水、雨水的收集和排放部分所组成，其中可以将特定的清单数据项分配给一个单元。图5.4是一个典型的城市污水管理系统示意图(参照

[Grigg 88])。一个综合性的包括污水和雨水的污水管理系统有以下组成部分：
- 家庭排水管道和雨水排水管道；
- 街道和公共区域的雨水汇水设施（排水边沟、水池和渠道）；
- 处理污水和雨水的市政下水道汇流系统（污水管或明沟、检修孔、水泵）；
- 污水主干管（管道和沟渠）；
- 处理工厂；
- 沉淀物处理设施；
- 已处理水排放。

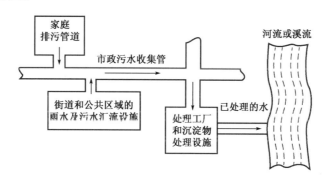

图 5.4　城市污水管理系统示意图

5.2.5　施工和 MRR

施工和 MRR 历史数据应在初始建设开工时就被包括在数据库中。这可以通过建立下列有关施工编号（初始施工的施工编号为 1，之后的 MRR 工程施工编号为 2 或以上）的数据来高效实现：施工类型（初始施工或 MRR 工程）、施工材料（在初始施工和 MRR 工程中用到的主要材料）、施工日期（初始施工或后续 MRR 工程的完工时间）及施工费用（工程的全部费用）。

施工编号是一个关键标识，代表着对后期使用性能有重大影响的、已完成的任何主要工程。所有的几何数据、结构数据、材料数据和费用数据都应与具体的施工编号关联起来。施工的质量影响着路面状况，因此应尽可能将数据的变化记录在数据库中。按时间采集和积累的所有历史数据，为寿命周期分析中评估、建立及标定性能模型提供了基础。

5.2.6　几何尺寸、结构及材料数据

几何尺寸、结构和材料数据的数量范围可以从必需的几项到成百上千项，这主要取决于反映基础设施资产情况的数据的预期用途。这些数据项必须与给定分段的每个施工编号有关。必需的几何数据包括主要构件的轮廓尺寸，如长度、宽度和厚度。至于结构数据和材料数据，至少应包括主要承重构件的材料类型和尺寸，并列出所有其他构件及其材料类型。项目级分析时需要每个构件的详细数据。5.6 节、5.7 节、5.8 节分别举例说明了一座桥梁、一段道路和一栋建筑所需的这些数据。有关路面所需的路面结构数据和材料数据的详细范围可参见其他参考资料[Hudson 94，Uddin 93，Uddin 95，Zhang 94]。

5.2.7 费用数据

新建和 MRR 工程项目的费用历史记录是技术档案数据库的重要组成部分。如果计算机化的维修账簿程序或维修管理系统已经建立,那么就能按需获得既往费用历史记录的电子档案。通过分析 MRR 的费用历史数据可以建立 MRR 工程的平均单位成本模型。此外,还应建立数据库文件和子文件,储存基于以往记录和投标估算的一般 MRR 工程的单位成本数据及其他机构的记录或者商业数据,如 Means 成本估算一览表[Means 93]。单位成本数据库应定期更新。这些资料主要用于计算代理机构为业主单位规划 MRR 工程预算的费用。

用户费用同样是非常重要的,它包括行驶时间费用,车辆运营费用、因施工产生的交通延误、用户不适、事故、由于服务被中断或破坏而导致的额外费用,使用费及税费。社会成本来自两方面:一是与水污染和空气污染相关的医疗费用;二是 GHG 减排成本与二氧化碳封存成本[Uddin 06,12]。世界银行[Chesher 87, Paterson 92]、得克萨斯研究与发展基金会(Texas Research and Development Foundation,TRDF)和美国联邦公路局[Zaniewski 82]已经针对道路基础设施开发了非常全面的车辆运营费用模型,最近又更新了该费用模型[NCHRP 12]。这些模型能在网络级道路管理系统的程序中使用,比如 USER[Uddin 94]。以下是其他一些用户费用在其他类型设施中应用的例子:

- 机场:由于汽车停车场不足、规划的售票柜台和登机口效率低、行李处理设备差而导致旅行者的时间成本增加和给他们造成不便;飞机到达或离港延误,导致航空公司的时间成本增加。
- 供水:用户因不明原因泄漏而增加了水费;供水减压或限额供应给用户带来了额外开支和不便。
- 电力供应:用户由于供电溢流或中断造成生产损失和商业损失。
- 建筑物:居住者的生产力损失以及因照明不足、空调效率低、空气质量差而造成的不便;财产出租业主的收入损失。
- 固定电话、手机和互联网:由于信号覆盖面不足、过载或灾难导致的服务缺失。

5.2.8 环境数据

环境条件通常会影响基础设施的寿命和性能。环境诱导应力会使混凝土和金属结构过早断裂。这些失效和破坏发生在应力水平明显低于设计应力时,可能会造成严重的财产损失并危及人们的生命安全。Fitzgerald 指出,绝大多数供水主管破裂发生在管壁薄弱的地方,也就是铸铁管道的腐蚀位置[Fitzgerald 68]。还有其他一些主要由于环境因素而导致设施功能削弱和失效的例子:由于漏水引起的供水中断或水损失、建筑物和道路的冻胀以及地下燃油罐泄漏造成的土壤污染。对于污水干管和供水干管,核电站、钢铁厂和其他工厂的冷却装置来说,由于腐蚀而导致的材料降级和疲劳寿命缩短都是十分严峻的问题[O'Day 84]。

在环境的作用下,重载使用和老化的结构中更容易出现应力腐蚀裂纹(Stress-Corrosion Cracking,SCC)和腐蚀疲劳裂纹(Corrosion-Fatigue Cracking,CFC)状况。此外,氢化应力裂纹和硫化应力裂纹也是与环境有关的两种裂纹。这些现象会显著地缩短结构的寿命,而且使人们难以预测敏感性材料的可靠使用寿命。亚临界裂纹扩展是这些现象发展的一个共同特征，裂纹将会从原有裂缝或起始位置处开始扩展、增大，直到发生灾害性失效［Sprowls 96］。恶劣的环境会大大降低材料的疲劳强度，如图 5.5 所示（参照［Sprowls 96］）。

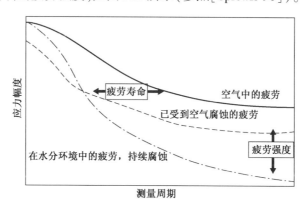

图 5.5　在试验室试验中腐蚀对疲劳寿命和疲劳强度的影响示意图（参照［Sprowls 96］）

气温和降水的季节性波动可能会改变土壤强度、地表或地下排水特性，并有可能直接影响结构物的寿命和性能，它还会影响 MRR 方案的选择及其费用。有许多种方法能保证充分排水或良好排水，排水性能可以用孔隙率或渗透率来表示，也可以主观地记录为好、中、差［Haas 94］。

冻融状态会大大降低路面的承载能力，并导致水管和污水管破损或开裂。例如，美国每到春季，公路和道路上常常会出现凹坑，这都是循环冻融作用的结果，如图 5.6 所示［Minsk 84］。路面结构层的融化和弱化，使美国城市干道上出现的凹坑成为每年春季的新闻热门话题。据估计，在 1996 年的前四个月中，巴尔的摩和纽约市分别对 7.7 万个和 12.5 万个凹坑进行了修补［CNN 96］。

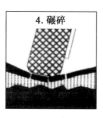

图 5.6　因冻融作用产生的地面凹坑示意图（参照［Minsk 84］）

如果管理机构辖区内的环境条件变化很大，就需要建立一份当地环境情况记录，以供性能预测之用，并协助选择合理的 MRR 方案。经常会使用一些简单的环境状况指数，如最高和最低环境温度、风速、Thornthwaite 湿度指数、冻融周期、冻结指数、季节性降水量或管理机构建立的经验性"区域因子"。

5.2.9　使用历史

任何设施的性能都是其用途、荷载历史或交通量的函数。在选择 MRR 方案时，要利用设施的使用数据和需求数据来预测其性能并确定优先级。供水和污水处理设施的使用能力通常是指每天或每年的处理总量。对于电力供应设施，可用年度千瓦时消耗量来度量。公路机构通常用年平均日交通量(Average Annual Daily Traffic, AADT)来计算路面断面或桥梁上的所有交通量,还可分解成客车百分比和货车百分比。从另一方面说,路面性能建模和探究桥梁衰减规律需要估算重型车交通量,因为绝大部分损害是由它们产生的。对于公路路面,可以用80千牛顿(18千磅力)等效单轴载荷(Equivalent Single-Axle Loads, ESAL)总数来估算路面或桥梁已经承受或未来将会承受的车辆荷载。

一般来说,应使用现场测量设备,如流量计、计数器、永久式称重站的磅秤、动态称重仪(Weigh-in-Motion)[TRB 86]等采集使用数据,并应用适当的需求预测模型,将这些数据输入历史数据库中。上述使用数据还应包括预期增长率。对于机场道面,应记录每种类型或级别的飞机的所有滑行次数。如有可能,还应在水力设备上记录供水或污水排放情况。对于桥梁和建筑物,要考虑容积利用率和外荷载,如恒荷载、活荷载、风荷载和地震力等。

5.3 技术档案及历史数据的采集方法

获取公共设施资产技术档案数据项的方法可以分为以下几类:
- 从"竣工图"或"建成图"的工程记录中抄录数据。工程的历史资料是技术档案数据最便利的来源。
- 徒步目测调查,通常采用具体抽样。这种方法适用于小型设施,也是验证其他方式所采集的信息的最佳方法。
- 乘车通过风窗玻璃调查(移动目测调查)。这种方法调查速度较快,但只能得出估计数据;不过在某限定预算下,它能调查更广的范围。
- 照片或视频记录等,能永久保存数据。这种方法适用于道路、机场、铁路轨道、地下铁路、污水管、大型供水管和其他设施。但随后要通过人工或自动图像处理方式进行数据整理,花费较大。
- 对于道路、铁路轨道、管线及污水管的几何或结构特征,可以采用高效自动化测量方法。
- 天气记录,能提供简单、经济的环境数据。
- 有时无损检测是比较有用的,如探地雷达、磁共振、声发射和波传播等技术。
- 陆地和运行型激光扫描,用于表面缺陷测绘和局部级别资产的三维可视化。
- 用于中尺度制图和区域应用的机载激光扫描,以及数字图像、航空雷达成像与星载遥感卫星图像。

表5.4总结了几种方法和可选方案,包括自20世纪90年代后期以来,为实施土地利用、交通和环境应用的几项创新的遥感技术。表5.5给出了对道路、停车设施、铁路和机场进行现场技术档案数据采集的可行办法。实体设施的技术档案数据,一般具有非年年变化的属性特征,一旦这些数据项发生变化,也应在工程完工后或按每年的间隔时间进行更新。因此,主要数据采集是建立网络级信息管理系统的第一步。在项目设计阶段可能需要更详细的技术档案数据。可见,数据采集的方法由具体用途决定。历史使用数据可以通过现场监测定期采集。编制良好且定期更新的环境数据可以从国家海洋和气象局[NOAA 94]获得。

为建立原始历史资料的技术档案数据的采集方法分类

（参照 Paterson 90 第 1 章至第 7 章；参照 Uddin 11a 第 8 章至第 10 章）　　表5.4

(1) 从"竣工图"或"建成图"的工程记录中抄录，如平面图、质量控制文件、账目及工程记录。费用和 MRR 历史数据一般可以从既往档案中获取
(2)* 徒步目测调查，一般是抽样调查，有人工记录、声音或图像记录，或电子编码（比如使用手持计算机）
(3)* 乘车通过风窗玻璃调查（移动目测调查），通过人工记录、键盘输入电脑编码存储器，或通过声音记录（语音识别）存入计算机
(4)* 视频或 35mm 胶片存储，使用相机胶片永久保存（通常是 35mm），使用电影胶片（一般是 16mm，有时用 8mm）、电视胶片或光盘存储。随后可采用人工方式或图像自动处理技术进行数据处理
(5) 自动化机载设施测定几何或结构特性
(6) 可以从地方或国家气象站，或者在线互联网资源上发布的天气记录数据中获取环境数据，还可以通过专用仪器和数据记录器获取
(7) 无损检测*，如探地雷达、磁共振、红外成像、声发射技术、弯沉测定和波传播技术
(8)* 航空激光雷达光探测和测距（Light Detection and Ranging, LiDAR）、路面 LiDAR 和运动 LiDAR（以道路速度扫描）。随后的数据处理由专业的计算机软件执行
(9)* 航空干涉合成孔径雷达（Interferometric Synthetic Aperture Radar IfSAR）成像。提取数字高程数据的后续数据处理由专门的计算机软件执行
(10)* 星空遥感（30m 和 15m 平台）和现代高分辨率 1m 或亚米级商业卫星图像

＊可以用于定期路况调查。

道路和机场技术档案数据的现场采集方法（参照[Paterson 90]）　　表5.5

采集方法	设备类型	设备示例	使用国家或地区范例
徒步	手持计算机	PSION②	欧洲
	手持计算机	Husky Hunter	英国
风窗玻璃	键盘输入式	Desy 200	法国
	键盘输入式	Aran①	加拿大
	键盘输入式	RST①	瑞典
	图形平板	RIS②	挪威
	语音识别	AREV①	澳大利亚
影像记录	35mm 连续摄影	GERPHO①	法国
	35mm 连续摄影	ROADRECON	日本、美国
	视频记录	ARAN①	加拿大
	视频记录	AREV①	澳大利亚
	视频记录	PAVETECH①	美国

①多功能专用车辆的组成部分；
②属于"道路技术档案系统"。

现代激光扫描和经济实惠的高分辨率卫星图像在基础设施技术档案方面的应用包括[Uddin 08,11a,11b]：图像平面图测绘、地形和建筑基础设施立面的资产覆盖面测绘、用于工程设计和绘制洪泛区平面图的等高线图、机场障碍图测绘、基础设施资产的技术档案图表（如道路中线、桥梁、交汇处、机场和港口资产等)测绘和许多州高速公路机构为将地方道路与州高速公路 GIS 地图连接起来而进行的多线性参考系统(Multilinear Referencing System,MLRS)质量保证检查。20 世纪 20 年代普及的新型车载和机载(直升机和低空飞行器)方法,使用数字图像传感器和 LiDAR(图 5.7)进行基础设施资产制图和数据归档[Uddin 11c]。有一些美国机构已经批准国家公路机构、FEMA 和联邦航空管理局应用 LiDAR 地图,因为借助 LiDAR,飞机可以在任何时间飞行,并且在计算上比传统摄影测量方法更有效[Uddin 11b]。表 5.6 比较了目前在北美和世界其他国家使用的现代遥感技术(参照[Uddin 11c])。

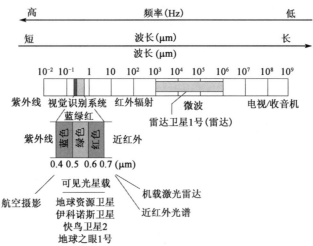

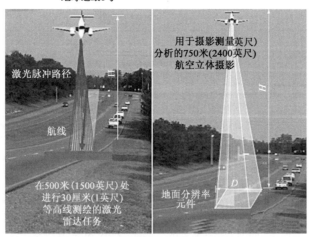

图 5.7 电磁谱(上)和机载遥感技术(下)[Uddin 11c]

高分辨率星载和空中遥感技术的规范(参照[Uddin 11a]) 表 5.6

卫星/空中	所有者/操作者, 发射年份	空间分辨率, 彩色融合影像	光谱分辨率	时间分辨率	覆盖区
Landsat 7	NASA,1999	15m	7 频段	16d	185km×185km
ASTER (Space Shuttle)	NASA,1999	VNIR:15 IR:30~90m	14 频段	One time	Variable
SPOT 5	Spot Image (Europe),2002	2.5m (20 for Mid IR)	4 频段	1~4d	60km×60km

续上表

卫星/空中	所有者/操作者,发射年份	空间分辨率,彩色融合影像	光谱分辨率	时间分辨率	覆盖区
IKONOS	GeoEye,1999	1m	4频段	3.5~5d	11km×11km
QuickBird 2	DigitalGlobe,2001	0.62m	4频段	1.5~4d	16.5km×16.5km
WorldView1	DigitalGlobe,2007	0.5m	1频段(panchromatic)	1.7~5.9d	60×110Mono 30×110stereo
WorldView2	DigitalGlobe,2009	0.46~0.52m	8频段	1.1~3.7d	96×111Mono 48×110stereo
GeoEye1	GeoEye,2008	0.5m	4频段	3d	15.2km×15.2km
Airborne IfSAR	Inermap 1990s 评估	1~2m	X频段	复合要求	5~10 Swath at 5000~10000m height
Airborne LiDAR	各种服务供应商, late 1990s	Up to 0.15m	NIR频段	复合要求	密集点云*
Aerial Photo	各种服务供应商	Up to 0.15m	Visible频段	复合要求	9×9 at 3000m

* LiDAR 数据位于地形 500m 以上,每平方米 10~100 点。

5.4 技术档案数据的采集和处理

5.4.1 传统数据采集系统

一旦技术档案及历史数据元素定义好,采集过程就可以开始了。采集任务可能很快完成,也可能耗时较长,这取决于采样计划和用途。应采用电子数据采集和转换手段,没有中央数据库的机构可使用硬拷贝记录和现场数据采集文件。所需的大部分技术档案数据都在历史记录中,但必须是自动化的。

一般来说,首先要从竣工图上了解施工历史,它提供了设施的布局、大小和边界数据,所使用的材料,施工日期等资料。万一结构物或设施随时间发生了变化,或施工记录已经丢失,诸如旧桥、供水或污水处理设施,就需要根据当事人的回忆来记录施工历史。如果历史数据已经不可获取,就必须通过实物测量和调查来取得尺寸和结构资料,包括进行无损检测、取芯或开挖沟槽来检测地下结构物。在美国的全国桥梁技术档案表中,大约有 1/3 的桥梁没有基础埋深信息,不过最近已使用振动波无损检测的方法来估算这些数据[Aouad 96]。没有必要制订专门的现场调查计划来建立施工历史资料。可以按照时间进程,将这些数据当成结构评价的一部分来收集。例如,一个与公用事业公司合作的机构制作了一个表格,每当工作人员在路面上开挖沟渠时,就把每层的厚度和材料类型作为反馈信息填写在这个表格上[Haas 94]。

应该按照专业设计且易于使用和准确记录的标准格式系统地采集和处理数据。室内或室外的数据加工应使用格式化数据表或模板,以便于将数据直接输入计算机。把笔记本电脑带到现场也是记录数据的可行办法。应通过质量控制和质量保证程序来确保数据的准确性。应估计出数据的变异度和准确度。例如,雷达估测的层厚值不如实际测量值准确。另外,在某一点测得的精确值不足以成为代表整个大型设施的时间平均值的样本。

5.4.2 基于高分辨率卫星图像的地理空间档案数据

基于地理空间的基础设施资产技术档案提供了一种使用高分辨率商业卫星图像的、快速且成本较低的非侵入式替代方案。由于可负担得起的访问和全球覆盖范围偏远地区和发展中国家,基于1m和亚米多光谱卫星图像的档案数据收集对偏远地区,发展中国家以及缺乏生命线运输基础设施档案数据和GIS地图的地区特别有益。可以为网络级线性资产(道路、铁路)和其他土地利用资产提供地理空间数据,且成本较低[Osborne 09,Uddin 10]。

5.5 制度问题

专业人员对IAMS数据库的开发计划有重要影响。为了充分了解现有技术的作用或局限性,从事IAMS的工程师应有相关领域的工作经验,或应参加一个基础设施资产管理的短期培训。对其他规模相当的机构进行访问或互相交流,有助于深刻了解系统开发。不过,如果该机构本身并不精于IAMS,那么就可能会出现"盲人带盲人"的现象。对IAMS专业人员进行工作培训是IAMS开发计划的必要组成部分。

缺乏资金和低优先级数据是许多公共机构在收集和处理有效的技术档案数据时的障碍。在国家公路机构最近的调查中,81位受访者认为需要安全细节,但障碍是缺乏资源。一个评论如下:"北卡罗来纳州维护了80000mi长的道路。收集和维护这些数据的工作付出将不值得投资……我们正在研究将'安全模块'添加到我们现有的Agile资产系统中的可能性。"[DOT 11]

5.6 运输资产档案数据系统范例

5.6.1 桥梁技术档案数据系统范例

桥梁技术档案系统不同于道路或公用管线那样的线性设施,可以将一座桥梁分为一个或多个独立的分部。它由几个重要的结构性和功能性或非结构性成分组成,如表5.7所示[Hudson 87]。桥梁结构技术档案中,三个主要的数据集合是桥面、上部结构和下部结构。图5.8显示了NBIS采用美国编码指南,总结出所有跨度为6m(20ft)的公路桥梁、涵洞以及隧道的技术档案和状况记录[FHWA 88]。技术档案记录中最重要的条目:①主导材料类型(如混凝土、钢材、木材等);②主导设计或施工类型,参见表5.8;③桥梁结构类型;④功能类别。根据桥梁提供的服务类型,功能级别有[Xanthakos 94]公路、铁路、人行天桥、公路-铁路、水路、公路-水路、铁路-水路、公路-水路-铁路、水路救助及其他。根据桥梁强度要求,NCHRP研究确定了15种常见的桥梁结构类型[Dunker 87],详见表5.9。

桥梁技术档案变量汇总（参照[Hudson 87]） 表 5.7

技术档案数据集	数据元素的数目(项)
识别信息	13
环境	3
防御重要性分级	7
重要性、分级、管辖权	20
导航及水路	3
设置标杆信息	4
安全技术档案	8
次要特征	20
结构技术档案	14

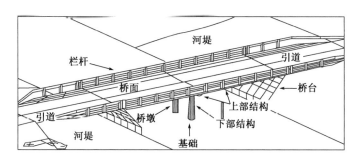

图 5.8　一座典型桥梁的主要组成部分

NBIS 编码及桥梁描述（参照[FHWA 88]） 表 5.8

编码	描述	编码	描述
00	其他	12	下承式拱桥
01	混凝土板桥	13	悬索桥
02	纵梁、多梁式或大梁桥	14	斜拉桥
03	大梁及楼板梁系统	15	活动式桥:升降
04	T 梁板	16	活动式桥:竖旋
05	箱形梁或复式梁桥	17	活动式桥:平旋
06	箱形梁或单梁或展翼桥	18	隧道
07	钢架桥	19	涵洞
08	正交异性板桥	20	混合型
09	上承式桁架桥	21	槽形梁
10	下承式桁架桥	22	槽形梁
11	上承式拱桥		

15 种常见桥梁类型（参照[Dunder 87]）　　　　　　表5.9

NBIS项目号	主要结构类型	桥梁数目(座)	占桥梁总数百分比(%)
302	钢梁桥	130892	27.2
702	木梁桥	58012	12.0
101	混凝土板桥	42450	8.8
402	连续式钢梁桥	36488	7.6
310	下承式刚桁架桥	31206	6.5
104	混凝土T形梁桥	26798	5.6
502	预应力混凝土梁桥	26654	5.5
201	连续配筋混凝土板桥	21958	4.6
102	混凝土梁桥	16884	3.5
505	预应力混凝土多箱式梁桥	16727	3.5
303	纵横钢梁桥	9224	1.9
204	连续混凝土T形梁桥	7467	1.6
111	混凝土拱桥	6245	1.3
501	预应力混凝土板桥	5561	1.2
504	预应力混凝土T形梁桥	4687	1.0
总计		441253	91.8

另外，一个有特殊需求的例子是，位于地震区的机构可能还要评估桥梁的抗震能力。这就需要对每座桥梁进行地震分级。地震分级的第一步就是建立以下技术档案数据信息[Buckle 87]：①结构特性，用来确定易损性级别；②桥梁所在地的地震活动性；③结构物在交通运输方面的重要程度。这些问题和地震后评估将在第7章中详细讨论。

5.6.2　某道路分段的技术档案数据范例

美国联邦公路管理局[FHWA 89, FHWA 90]、州公路机构和其他机构出版了大量文献资料。美国运输部[FAA 82]的联邦航空管理局已经在机场道面实施PMS。Haas等详细记录了PMS的发展和相关技术[Haas 94]。因此，我们可以引用波斯湾迪拜酋长国的道路管理系统的技术档案数据库设计作为案例[Uddin 91, Uddin 93]。第一步就是用现有的规划图和数据库为迪拜酋长国确立道路网，并建立网络级划分标准、同类型分段和定位参照系方法。

5.6.2.1　标识和历史数据

下列标识和历史数据是每个分段都必须包括的：道路名称、区段和社区编号(规划区域参照物)、道路编号、功能级别、既往施工或MRR工程数据及完工日期、方向、参考系桩号(起点和终点)、中线长度、行车道类型(单向或双向与分离式)、路面类型、每个方向的车道数目、AADT、行车方向AADT、货车百分比、交通量统计和轴重数据、地理坐标。技术档案数据的记录表格要对数据范围或用于室内外的许可编码进行充分说明。由此，技术档案数据库可以迅速生成有用的统计数据和进行图表汇总，如图5.9所示。

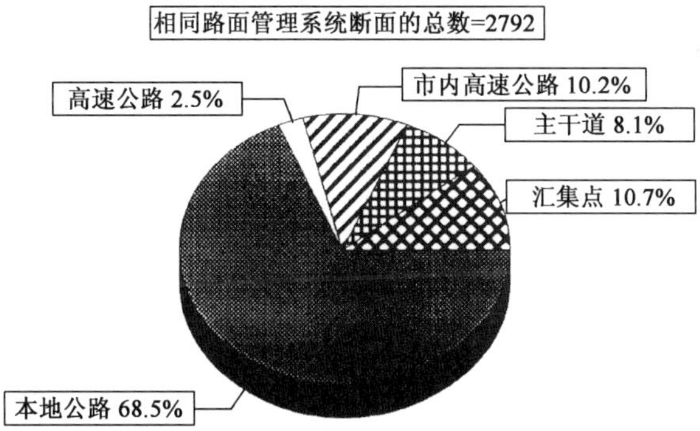

图 5.9 按功能划分路段分布示例［Uddin 93］

5.6.2.2 几何尺寸、施工及结构数据

几何尺寸和施工及结构数据包括分段编号的关键字段和以下数据种类：施工编号和日期，行车道的详细几何尺寸数据（主线路面、中央分隔带、路缘和辅助路段），人行道或步行道数据（类型、长度和宽度），交义口的类型和位置（环形道、十字交叉、T 形交叉和互通式立体交叉），停车带（类型、位置、长度和宽度），转向车道类型（左转、右转、U 形转弯、加速和减速转向）及面积，还有路肩数据（内侧或外侧、类型、长度和宽度）。5.2.5 节提供了施工编号说明，该数据项用于建立和记录历史参考数据。

施工编号和日期也用于铺装层编号和描述各层材料及其厚度［Uddin 95］。结构数据表包括剖面编号和施工编号的关键字段，还包括次要结构、附件、排水、路边安全结构的类型和尺寸，以及铺装层材料类型、车道厚度及路肩/人行道的细节。

5.7 运输安全资产范例

GASB 34 将过时的路面和桥梁安全资产档案数据移除了。在一项针对美国各州公路机构的安全资产管理调查中，29 个受访者确认了最可靠的安全数据项目，其中包括交通信号灯、标志牌、照明和护栏等［DOT 11］。

5.8 建筑物技术档案数据范例

一个建筑物包括许多结构组件和非结构组件。材料类型主要包括木框架、砖石、混凝土和钢框架结构［ATC 93］。建筑物按主要使用功能分类，可列出一个长列表，涵盖住宅、商业建筑、工业建筑、公共建筑、教育建筑、卫生建筑、监狱和纪念性建筑。也可以按设计/施工类型进一步分类。美国材料与试验协会（American Society for Testing and Materials, ASTM）开发的建筑生命周期成本项目包括保养和维修木工、电气、管道、油漆、空调、供暖系统、砖石、消防安全和蒸汽管道配件等各类设施的成本项目［ASTM 90］。表 5.10 显示了一般学校校园建筑所需的技术档案数据范例。用独立数据表格区分校园数据和具体建筑物数据，是为大学校园（如牛津密西西比大学）而设计的。

学校校园建筑的技术档案数据范例　　　　　　　　表 5.10

校园及位置数据	具体建筑数据
校园名称和位置	设施或建筑的名称和编号;GIS 代码
评估日期和评估人姓名	入口通道;停车区域;基础
设施或建筑的名称和代码	室外和屋顶数据及其等级
(以下是每栋建筑的资料)	(以下是每个房间或空间的数据)
GIS 代码	房间号码和名称
在校园里的方位	楼面标高
楼层数目	房间或空间用途③
设施用途①	高度、空间大小和建筑面积
建筑材料②	门数;状况等级
建造日期	窗户数目;状况等级
上次评估日期	上次评估日期

①指行政管理、教育、健康、社会、工厂、实验室、其他;
②指钢筋混凝土、砖砌、木制、钢铁及其他;
③指办公室、电梯、图书馆、教育、休息室、储存室、走廊、室外、停车场及其他。

参 考 文 献

[Aouad 96] M. F. Aouad, L. D. Olson, and F. Jalinoos, "Determination of Unknown Depth of Bridge Abutments Using the Spectral Analysis of Surface Waves (SASW) and Parallel Seismic (PS) Test Methods," *Proceedings, 2nd International Conference on Nondestructive Testing of Concrete in the Infrastructure*, Nashville, Tenn., 1996, pp. 147-153.

[ASTM 90] "Building Maintenance, Repair, and Replacement Database (BMDB) for Life-Cycle Cost Analysis," *A User's Guide to the Computer Program*, American Society for Testing and Materials (ASTM), Philadelphia, Pa., 1990.

[ATC 93] Applied Technology Council, "Postearthquake Safety Evaluation of Buildings Training Manual," *ATC-20-T*, funded by the Federal Emergency Management Agency, Washington D. C., 1993.

[Buckle 87] I. G. Buckle, R. L. Mayes, and M. R. Button, "Seismic Design and Retrofit Manual for Highway Bridges," *Report FHWA-IP-87-6*, Federal Highway Administration, McLean, Va., May 1987.

[Chesher 87] A. Chesher, and R. Harrison, *Vehicle Operating Costs*, *The Highway Design and Maintenance Standards Series*, A World Bank Publication, Johns Hopkins University Press, Baltimore, Md., 1987.

[CNN 96] *Headline News*, Cable News Network (CNN), April 27, 1996.

[DOT 00] Department of Transportation, "Primer: GASB 34," Federal Highway Administration, Office of Asset Management, Washington D. C., November 2000.

[DOT 11] Department of Transportation, "Asset Management and Safety Peer Exchange," *Report FHWA-HIF-12-005*, Federal Highway Administration, Spy pond Partners, LLC, Arlington, MA, October 2011.

[Dunker 87] K. E. Dunker, F. W. Klaiber, and W. W. Sanders, "Bridge Strengthening Needs in the United States," in *Transportation Research Record 118*, Transportation Research Board, National Research Council, Washington D. C., 1987.

[FAA 82] "Guidelines and Procedures for Maintenance of Airport Pavements," *Advisory Circular AC: 150/5380-6*, Federal Aviation Administration, Washington D. C., 1982.

[FHWA 88] "Recording and Coding Guide to the Structure Inventory and Appraisal of the Nation's Bridges," *Report FHWA-ED-89-044*, Federal Highway Administration, U. S. Department of Transportation, Washington D. C., 1988.

[FHWA 89] "Pavement Management Systems, A National Perspective," *PAVEMENT Newsletter*, Federal Highway Administration, U. S. Department of Transportation, Issue 14, Washington D. C., Spring 1989.

[FHWA 90] "An Advanced Course in Pavement Management," Course Text, Federal Highway Administration, U. S. Department of Transportation, Washington D. C., 1990.

[Fitzgerald 68] J. H. Fitzgerald, "Corrosion as a Primary Cause of Cast Iron Main Breaks," *Journal of American Water Works Association*, Vol. 68, No. 8, 1968.

[Grigg 88] N. S. Grigg, *Infrastructure Engineering and Management*, John Wiley & Sons, New York, 1988.

[Haas 94] R. Haas, W. R. Hudson, and J. P. Zaniewski, *Modern Pavement Management*, Krieger Publishing Company, Malabar, Fla., 1994.

[Hudson 87] S. W. Hudson, R. F. Carmichael III, L. O. Moser, W. R. Hudson, and W. J. Wilkes, "Bridge Management Systems," *NCHRP Report 300*, Transportation Research Board, National Research Council, Washington D. C., 1987.

[Hudson 94] W. R. Hudson, and S. W. Hudson, "Pavement Management Systems Lead the Way for Infrastructure Management Systems," *Proceedings*, Third International Conference on Managing Pavements, National Research Council, Vol. 2, May 1994, pp. 99-112,

[Means 93] *Means Building Construction Cost Data*, Means Company, Incorporated, R. S., Kingston, Mass., 1993.

[Minsk 84] L. D. Minsk, and R. A. Eaton, "Strategies for Winter Maintenance of Pavements and Roadways," *Infrastructure—Maintenance and Repair of Public Works*, Annals of the New York Academy of Sciences, Vol. 431, December 1984, pp. 155-167.

[NCHRP 12] National Cooperative Highway Research Program, "Estimating the Effects of Pavement Condition on Vehicle Operating Costs," *Research Report 720*, Transportation Research Board, Washington D. C., 2012.

[NOAA 94] "Climatological Data," National Oceanic and Atmospheric Administration, National Climatic Center, Asheville, NC, 1994.

[NYC 07] New York City (NYC) Mayor's Office, "Inventory of New York City Greenhouse Gas Emissions," New York City Mayor's Office of Long-Term Planning and Sustainability, April 2007. http://www.nyc.gov/planyc2030, accessed September 15, 2010.

[O'Day 84] D. K. O'Day, "Aging Water Supply Systems: Repair or Replace," *Infrastructure—Maintenance and Repair of Public Works*, Annals of the New York Academy of Sciences, Vol. 431, December 1984, pp. 241-258.

[Osborne 09] Katherine Osborne, "GIS-Based Urban Transportation Infrastructure Management Using Spaceborne Remote Sensing Data," *M. S. Thesis*, Department of Civil Engineering, The University of Mississippi, December 2009.

[Paterson 90] W. D. O. Paterson, and T. Scullion, "Information Systems for Road Management: Draft Guidelines on System Design and Data Issues," *Technical Paper INU77*, Infrastructure and Urban Development Department, The World Bank, Washington D. C., 1990.

[Paterson 92] W. D. Paterson, and B. Attoh-Okine, "Simplified Models of Paved Road Deterioration Based on HDM-III," in *Transportation Research Record 1344*, Transportation Research Board, National Research Council,

Washington D. C. ,1992.

[Robison 96] R. Robison, "Pavement Management Pays Off," *Civil Engineering*, Vol. 66, No. 4, April 1996, pp. 44-47.

[Sprowls 96] D. O. Sprowls, "Environmental Cracking—Does It Affect You?" *ASTM Standardization News*, Vol. 24, No. 4, April 1996, pp. 24-29.

[TRB 86] J. A. Epps, and C. L. Monismith, "Equipment for Obtaining Pavement Condition and Traffic Loading Data," *NCHRP Synthesis 126*, Transportation Research Board, National Research Council, Washington D. C., 1986.

[Uddin 91] W. Uddin, "Dubai Road Pavement Management System (DRPMS)— DRPMS Manual of Road Network Partitioning & Inventory Data Collection," *U. N. Expert's Report No. PMS-12*, *Dubai Municipality*, *U. N. Project UAE/85/012*, United Nations Centre for Human Settlements (Habitat), Dubai, United Emirates, July 1991.

[Uddin 92] W. Uddin, "Highways and Urban Road Maintenance Management: Development and Operation Issues," *1992 Compendium*, *6th International Pavement Management/Maintenance Exposition and Conference*, Atlanta, Ga., 1992.

[Uddin 93] W. Uddin, and M. Al Tayer, "Implementation of Pavement Management Technology for Dubai Emirate Road Network," *Proceedings*, *20th World Congress of International Road Federation*, Vol. Ⅳ, Madrid, Spain, May 1993, pp. 305-314.

[Uddin 94] W. Uddin, "Application of User Cost and Benefit Analysis for Pavement Management and Transportation Planning," *Proceedings*, *4R Conference and Road Show*, Philadelphia, Pa., December 1993, pp. 24-27.

[Uddin 95] W. Uddin, "Pavement Material Property Databases for Pavement Management Applications," *Computerization and Networking of Materials Databases*, *ASTM STP 1257*, Vol. 4, American Society for Testing and Materials, Philadelphia, Pa., 1995, pp. 96-109.

[Uddin 06] W. Uddin, "Air Quality Management Using Modern Remote Sensing and Spatial Technologies and Associated Societal Costs," *International Journal of Environmental Research and Public Health*, ISSN 1661-7827, MDPI, Vol. 3, No. 3, September 2006, pp. 235-243.

[Uddin 08] W. Uddin, "Airborne Laser Terrain Mapping for Expediting Highway Projects: Evaluation of Accuracy and Cost," *Journal of Construction Engineering and Management*, American Society of Civil Engineers, Vol. 134, No. 6, pp. 411-420, June 2008.

[Uddin 10] W. Uddin. "Spaceborne Remote Sensing Data for Inventory and Visualization of Transportation Infrastructure and Traffic Attributes," *CD Proceedings*, *First International Conference on Sustainable Transportation and Traffic Management and 2010 IEDC*, Karachi, Pakistan, ISBN 978-969-8620-10-3, July 1—3, 2010, pp. 3-12. http://sites.nationalacademies.org/PGA/dsc/pakistan/PGA_052872, accessed September 25, 2011.

[Uddin 11a] W. Uddin, "Transportation Management: LiDAR, Satellite Imagery Expedite Infrastructure Planning," *Earth Imaging Journal*, January/February 2011, pp. 24-27.

[Uddin 11b] W. Uddin, Gutelius Bill, and Parrish Christopher. "Airborne Laser Survey Specifications and Quality Management Protocols for Airport Obstruction Surveys." *Paper No.11-1323*, *Transportation Research Record 2214*, *Journal of Transportation Research Board*, Washington D. C., 2011, pp. 117-125.

[Uddin 11c] W. Uddin, "Remote Sensing Laser and Imagery Data for Inventory and Condition Assessment of Road and Airport Infrastructure and GIS Visualization," *International Journal of Roads and Airports (IJRA)*, Vol. 1, No. 1, pp. 53-67.

[Uddin 12] W. Uddin, "Mobile and Area Sources of Greenhouse Gases and Abatement Strategies," Chapter 23, *Handbook of Climate Change Mitigation*. (Editors: Wei-Yin Chen, John M. Seiner, Toshio Suzuki and Maximilian Lackner), Springer, New York, 2012, pp. 775-840.

[Xanthakos 94] P. P. Xanthakos, *Theory and Design of Bridges*, John Wiley & Sons, New York, 1994.

[Zaniewski 82] J. P. Zaniewski, B. C. Butler, G. Cunningham, G. E. Elkins, M. S. Paggi, and R. Machemehl, "Vehicle Operating Costs, Field Consumption, and Pavement Type and Condition Factors," *Texas Research and Development Foundation Final Report*, Federal Highway Administration, U. S. Department of Transportation, Washington D. C., 1982.

[Zhang 94] Z. Zhang, T. Dossey, J. Weissmann, and W. R. Hudson, "GIS Integrated Pavement and Infrastructure Management in Urban Areas," in *Transportation Research Record 1429*, Transportation Research Board, National Research Council, Washington D. C., 1994, pp. 84-89.

第6章 使用期监测和评价数据

6.1 使用期评价的数据需求

使用期状况的监测和评价是基础设施管理的基本部分。需要良好的评价信息来恰当模拟维护和修复需求,并评价各种维护和修复措施效益,因此开发和应用现有技术及新技术,对有效进行基础设施管理是十分必要的。

6.1.1 监测和评价

基础设施管理的评价阶段包括监测所管理的基础设施资产的使用状况和实体状况。监测包括采集现场检测数据,评价包括分析、解释或判别所采集数据的意义。在 IAMS 中,使用期评价的目的就是周期性地评估设施的状况,为如下几方面提供数据:

◆ 更新网络级改善计划;
◆ 评估设施的结构完整性和可能出现的缺陷;
◆ 根据这些评价和更新预测确定维护和修复的时间表;
◆ 检查和更新性能预测;
◆ 改进预测模型;
◆ 提出评价建设和维护技术的基本原则。

21 世纪,机载、星载遥感和地理空间技术可以提供快速的网络级技术档案和环境的资产评估过程,详见第 5 章和以下部分[DOT 02;Uddin 11a]。

6.1.2 使用期评估衰减过程

传统上,基础设施设计原则中均将初始状况、荷载及材料特性作为结构设计的基本输入参数予以考虑,但并没有考虑环境的影响和材料长期使用的性能劣化。这种处理方法是不完善的,因此设施的实际使用寿命一般都短于预期寿命。公路性能评价所带来的好处,首先就是认识到环境因素的重要性[Uddin 95a]。相关因素对公路和机场道面的影响如图 6.1 所示。除了长期使用和自然老化,区别出哪些是关键影响因素十分重要,因为这些因素影响建立有用的使用期监测和评价程序所需的使用期状况衰减规律。

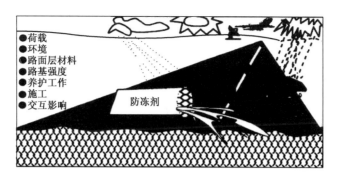

图6.1 公路与机场道面性能主要影响因素

如表6.1所示,将影响因素分为以下主要类型:荷载、环境、材料劣化、施工质量、交互影响及其他。表6.1也列出了可能的与表面缺陷、变形、开裂和失效相关的首要及次要状况衰减机理,以及灾难性失效的例子及其原因。

基础设施评价中考虑的可能的衰减机理　　　　　　表6.1

衰减表现形式	衰减机理					
	荷载	环境	材料劣化	施工质量	交互影响	其他
1.表面缺陷	次要	首要	首要	次要	材料、环境及荷载传递	人为损坏,维护修补
2.变形	首要	次要	首要	次要	材料、环境、荷载	
3.裂缝、碎裂及断裂	首要	首要	次要	次要	荷载、环境恶化	腐蚀损坏、偶然事故、没有维护
4(a).失效(老化、结构承载能力不足或报废)	由于(1)表面缺陷、(2)变形、(3)裂缝及破裂,超出临界值而导致设施出现结构性缺陷,或设施由于功能退化而报废				自然	承载能力与安全考虑,没有维护
4(b).灾难性失效	主要影响因素:(1)自然灾害(地震、洪水、冰冻或雪、冰、龙卷风或飓风、暴风);(2)偶然事故(桥梁突然损坏、意外事故和卡车、油罐车上的危险物质泄漏);(3)人为灾害(如2001年美国"9·11"恐怖袭击事件)				施工质量差、设计不足	失火、纵火、恐怖行为或偶然事故

大多数结构劣化和失效的主要原因是荷载或由环境因素和材料退化引发的荷载加速故障。因此,记录作用在设施上的荷载,包括荷载的量级和循环显得十分重要。例如,在桥梁的评估中,考虑的荷载因素包括:①恒荷载(不包括交通荷载的结构物重力);②主要活荷载(如图6.2所示,AASHTO采用HS-20卡车作为活荷载)(参照[AASHTO 92]);③次要活荷载(如风力、温度应力、制动荷载、土压力、浮力、车辆在曲线上行驶时的离心力、水流冲刷力、冰压力、地震荷载、冲击荷载等)。

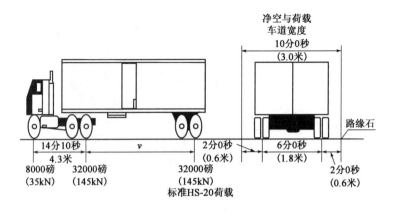

图 6.2　道路桥梁的设计汽车荷载

供水管和下水道一般被埋在道路两侧用地范围内的地下,承受填土和路面的恒荷载、路面上通过的交通活荷载、土压力,以及四周汇集的流水、通过管道运送的水或废水及污水引起的动水压及静水压。与桥梁及建筑物相似,这些管道的状况取决于施工选取的材料、荷载、损坏(如腐蚀)。采用砖和混凝土砌筑的孔径较大的下水道或水渠可能由于砖和砂浆的磨损及周围材料失去支撑而出现结构性破损,进入管道内目测或采用摄像机观测能很好地评估其完整性及确定破损位置。

如第 5 章所述及表 6.1 所示,环境因素引起的裂缝是导致混凝土和钢结构物失效的主要原因。这可能会进一步导致结构物的早期破损,如钢结构的腐蚀和破裂、排水管沿破损处渗漏、高压供气管道破损、飞机坠毁、核电站关闭及土壤和水源污染等,冻融现象则导致路面承载能力显著降低。

湿度和温度的季节性变化会导致路面结构产生拉伸应力或收缩应力,降低地基土的承载能力。但必须认识到,荷载与一种或多种环境因素联合作用对路面状况恶化产生的影响远远大于环境因素单独作用的影响。重型荷载及其反复作用在一定程度上加快了由于环境因素和材料劣化所导致的破损。砖、混凝土铺筑的路面板及墙体结构,由于表面不均匀的高温作用产生拉应力而形成温度裂缝[Uddin 83,Ho 95],而沥青路面的低温开裂则是在低温作用下引起的[Haas 73,Harvey 94]。春天冰雪融化季节,沥青路面的坑槽较其他季节更多一些,尤其是在重交通荷载作用下,这个例子很好地验证了路面在荷载重复作用、底基层或路基条件差、冻融(环境)状况三种因素相互作用下产生破损的机理。

状况衰减的主要和次要机理为进行状况评价和使用期评估而制订的经济、有效的数据采集计划方案提供支撑。表 6.1 为这些机理提供了指南,这些观察结论和机理非常适合于沥青、混凝土道路和机场道面,以及无铺面道路[FAA 82,SHRP 93,Eaton 87]。

6.1.3　使用期评价的方法

对某个设施的使用期评价包括如下 3 个步骤:
- 选取采样段。根据技术档案数据、使用及荷载的历史资料。
- 监测状况。根据按实用格式记录的测试或观察数据。

◆ 数据处理和评价。通过处理和解释所采集的数据,为设施的整体状况定级,并根据有关结果作出判断。

评价设施的状况要同时考虑使用者、设施功能及结构状况等方面。

6.1.3.1 使用者评价

使用者评价一般考虑的因素主要是方便性、舒适性、健康、安全、美感等,以及对服务质量的整体满意度。这些评价一般来说主观性较强,通常取决于个人观察和主观意见,典型的例子如下:①公路中基于行驶质量的现时可服务性等级(Present Serviceability Rating, PSR)[HRB 62];②桥梁的适应度鉴定[Hudson 87];③航空旅行安全等级;④市民对自来水低水压或街道垃圾堆积的投诉。主观判别等级通常以数字表示,从0(最差或失效状况)到特定的最大值5、10或100(最好状况)。

6.1.3.2 功能性评价

功能性评价是指对设施达到其设计的预期功能的效果进行评价,类似于使用者评价。它主要考虑的因素有安全性、规模的合适性、满足设计能力和需求状况、服务性或服务质量、实物外观等。而客观测试方式由于其较高的生产率和良好的结果重现性而获得优先推荐。典型的例子如下:①公路中基于路面粗糙度测量的现时服务能力指数;②公路与机场中基于病害调查的路面状况指数;③基于桥梁面板的详细的病害描述与分析的状况指数;④铁路中基于轨道几何性质、横坡及线形实测的轨道质量指数[Fazio 80];⑤供水质量与健康危害;⑥供水与供气管线中基于供给与消费记录的泄漏分析或管线泄漏的无损检测而得出的性能指数;⑦交通设施服务水平与拥堵状况;⑧道路表面因抗滑性能降低、滑溜及排水不良状况引起的危害和安全问题。在可能的情况下,状况或性能指数要根据对所选取的性能指标进行客观测试或维护记录分析来确定。

6.1.3.3 结构性评价

结构性评价是指通过试验和对试验数据的结构性分析来评估结果的完整性。结构性评价考虑的因素包括承载能力、结构完整性、地震或火灾危害、使用者的安全性等方面。例如:①公路中基于弯沉测试与承载能力分析的结构能力指数[Haas 94, Uddin 95b];②桥梁结构物中,通过无损挠度检测及结构疲劳分析,评价桥梁的结构等级与剩余寿命;③通过无损挠曲试验确定铁轨的轨道模量系数或通过疲劳试验确定铁轨的剩余寿命;④公用事业管线断裂和失效的频率。通过客观测量确定的结构状况指数反映了结构的完整性与承载能力,在很多场合做无损检测都是有必要的。

Harty 和 Peterson [Urban 84a]指出,反映基础设施状况的可靠信息能使地方官员完成如下工作:

◆ 根据基础设施当前的物理状况和性能将其分类并确定等级。
◆ 确定基础设施的破损率和对其采取养护措施的最佳时间。通过向公众提供基础设施当前的可靠信息,以及对基础设施维护开支不足后果的预测,建立起更为可靠的支持固定资产养护费预算案的选民群。

6.1.3.4 环境可持续性评估

考虑到减少自然资源消耗、保护水和空气质量以及与温室气体排放相关的可持续性,评估设施因建设和长期使用而对环境的影响同样重要。

6.1.4 数据细节及数据采集频率

数据采集的第一步是选择合适的定位参照系,如第5章所述。建立一个跨机构的通用定位参照系很有必要,各种类型的主要数据能够在技术档案、施工、养护等数据中相互联结。为了有效管理数据,将评价度量结构按分段、子段及日期编制索引势在必行。数据类型及细节的选取可以与第5章讨论的信息质量水平概念联系起来,数据项精度与范围取决于评价所选取的信息质量水平。

由于设施应达到的 IAMS 功能水平(无论是网络级规划还是项目级设计)不同,评价数据库也会在几个指定的元素到全面的数据元素列表间变化。如图2.4所示,当 IAMS 的功能从网络级变化到项目级时,所涉及数据的详细程度及系统的复杂度均大大增加。在网络级,基本出发点是低成本及高效益,而数据必须提供网络级系统所要求的 MRR 详细信息;在项目级,评价则比较具体,包括损坏的原因、对后续 MRR 策略的合理预测。为了研究,需要进行非常详细和更高频率的测试及具体的分析。

数据采集的第二步是选择被评价设施的状况属性。应由对当地基础设施熟悉的专家组成的小组选定最终的影响因素。数据项的详细定义应准备好,并附照片加以说明,在可能的情况下,这些定义应包括鉴定每种状况属性的严重程度并检测其范围的操作说明。

评价的频率没有绝对的标准,如在表5.2中,由不同的决策支持系统组件所推荐,评价的指导方针可以根据可利用的资源及数据处理速度来决定。表6.2所示为项目级用途推荐的数据采集频率和评价数据。在网络级水平,主要道路和桥梁应每年评价一次,或至少每三年评价一次,对那些陈旧或暴露出问题的设施应优先评价。例如,被称为美国最古老的密苏里州圣路易斯市的下水道设施,其某些部分的建造日期可追溯到1850年[Collins 95]。由于大部分下水道都埋置在路面下或道路用地范围内,下水道损坏后常导致上覆盖路面塌陷而花费巨大数额的维修资金。为了遵守洁净水法规,设计了一个实现溢出调节系统的工程,以解决密西西比河高水位时污水溢出的问题。作为主要结构性修复项目的一部分,要确立哪些下水道部分是最危险的判断标准,详细说明泵站改造需求,从而避免外部静水压力的作用[Collins 95]。

使用期评价频率及数据库更新　　表6.2

DSS 组成部分	数据库更新		数据库文件
	强制性的	期望的	
使用(当前使用记录)	年度	除年度总结外,每月、每季度一次	项目
状况评价	每1~3年抽样一次	年度(网络级100%)	项目

由于设施的状况评定花费大,因此对发生故障可能性较大的设施,其评价频率应最高。当地机构应该清楚哪些设施最容易出现问题或哪些破损会花费最多的维修资金,其他设施的评

价频率可适当减小或采用抽样检测的方式[Urban 84a,84b,84c]。美国 DOT 改编的公共基础设施资产管理 GASB 34 声明建议每三年进行一次资产状况评估[DOT 00]。

6.1.5 用户界面及系统操作问题

实体破损的等级评价是使用期评价中的一个重要成分,因此保留每年一致的记录十分重要。当有新数据时,要经常性地更新有关使用方面的数据库条目,应按调查日期对使用期监测和评价数据库文件进行维护,以便所有的历史评价数据文件都能容易符合 MRR 的评估要求、改善预测模型的要求以及满足其他项目级应用的要求。

6.2 实物资产的使用期评价

表 6.3 所示为推荐的各种代表性基础设施的评价数据要素。由于建造时的质量会影响设施的使用寿命,因此,工程完工后立即进行的评估应被包含在评价数据库中。

基础设施使用期状况监测及评价示例 表 6.3

设 施	使用期状况监测与评价数据要素		
	使用者评价	功能性评价	结构性评价
(1)公路、道路、街道、停车场	现时可服务性等级、行驶质量、车辆运营费用、基于交通堵塞和污染的使用者满意度、交通量数据	现时服务能力指数、国际粗糙度指标(International Roughness Index,IRI)、基于病害数据的路面状况指数、路面状况等级(Pavement Condition Rating,PCR)	弯沉测试、剩余寿命、结构承载能力指数
(2)机场:道面、建筑物、航空设施	行驶质量、其他设施的使用者满意度、飞行运营资料	PCI(道面),行驶质量指数(Riding Quality Index,RQI),建筑物评价见(11);飞行控制设施、机场照明等	弯沉测试、剩余寿命、结构承载能力指数;建筑物及其他设施见(11)
(3)桥梁:互通式立体交叉、上跨桥、下跨桥、跨越铁路或河流的桥梁	行驶质量、使用者满意度、交通量数据	桥梁技术档案与鉴定等级、基于技术档案与鉴定等级的适应性评级、桥面铺装等级	振动与地震测试、无损检测评价、荷载等级、剩余寿命
(4)铁路:车站、桥梁	服务质量与效率、使用者满意度、列车行驶资料	轨道质量指数,桥梁部分见(3);建筑物及其他设施部分见(11)	轨道模量、剩余寿命;桥梁部分见(3);建筑物及其他设施见(11)
(5)水运:港口、内陆码头、多式联运	集装箱处理和联运效率等级、轨道/路面质量等级、使用者满意度	安全系数,驳船和桥梁事故,集装箱/联运的运营、容量和安保	NDE(偏转测试、振动测试和地震测试)、负荷情况、每一种资产类型的剩余寿命

续上表

设施	使用期状况监测与评价数据要素		
	使用者评价	功能性评价	结构性评价
(6)轨道交通:地铁、火车、车站,车辆数目、维修设施	行车质量、使用者满意度	安全系数、行车质量、路口交通事故、运行、效率、容量、安全	NDE(偏转测试、振动测试和地震测试)、负荷情况、每一种资产类型的剩余寿命
(7)供应链:集装箱码头、制造基地、卡车和联运车队、配送中心、零售店	集装箱处理和联运效率等级、轨道/路面质量等级、使用者满意度	安全系数、驳船和桥梁事故,集装箱/联运的运营、容量和安保	NDE(挠度测试、振动测试和地震测试)、负荷情况、每一种资产类型的剩余寿命
(8)水:泵站、储水、供水	健康危害、水处理、使用者满意情况、水压及消耗情况	每年的爆管、泄漏数、维修数量,效率和容量等级、安全等级	失效、对道路及其他结构物的损坏、剩余寿命
(9)污水排放和下水道:下水道、处理厂	健康危害、水处理、使用者满意情况、排放数据	每年的爆管、泄漏数、维修数量,效率和容量等级、安全等级	失效、对道路及其他结构物的损坏、剩余寿命
(10)固体废弃物处理设施:垃圾填埋场、甲烷收集和能量转换厂	健康危害、火灾危害、气味及处理、使用者满意情况、废物负荷	垃圾溢出、收集遗漏、对土壤和水资源的污染、效率和能力评级、安全评级	破损、回收不足与损坏、排放设施
(11)建筑物:公共设施、商业建筑物、工业建筑、多功能综合设施、地标性建筑	投诉、不舒适度、使用者满意度、活荷载及使用情况	公用设施服务中断、加热与降温效率、空气质量、状况指数、安全评级	结构性与地面破坏、标志、剩余寿命、安全危害
(12)供电设施:传统的和可再生的	火灾危害、服务中断、使用者满意度、发电与配电	服务中断频率、功率剧变、电杆与电缆状况评级、电网容量、安全评级	破坏、剩余寿命;道路部分见(1),建筑物及其他设施见(11)
(13)电信和无线基础设施:IT和网络设施	服务中断、使用者满意度	服务中断频率、功率剧变、火灾危害、未覆盖和信号不好地方的操作和维护、容量、安全	危害/服务中断、功率剧增、修理资产的状况等级

6.3 使用期监测和评价技术

6.3.1 概述

无论是传统的、无损的,还是新型的监测数据,都可以分为如下几类。

6.3.1.1 自动记录

某些数据可以从电子或在线数据库以及为了公众利益而发布出版的文件中得到。一个很好的例子就是机场的天气记录、从国家海洋和大气管理局(National Oceanic and Atmospheric Administration,NOAA)[NOAA 94]获得数据的当地天气频道以及美国大部分地区使用的Internet网络,飞机场通过航空控制记录得到飞机的飞行数据并存储在中央运输机构的数据库中。

6.3.1.2 目测

在状态监测方法中,人工视觉检查是使用最广泛的。人工视觉检查是劳动密集型的、昂贵的,并需经过检查员的判断。然而,在某些情况下,有些工作是必要的,如地震后的评估[ATC 93]或其他灾难(飓风、洪水)之后的评估。可以通过采样或汇总方法(如风窗玻璃调查)来降低监测成本。

6.3.1.3 地面摄影和光学方法

地面摄影和光学方法包括录像带录像、35mm光刻、管道检查、内部管道视频和其他能永久记录的光学方法[Hudson 87a,87b]。这些记录可以从选定的位置、慢步行速度或高速专用车辆获得。必须读取或解释照片记录才能产生数据。能够识别和量化数据的自动识别技术正在随着计算机硬件和软件的更新、升级而改进。基于视频的方法也成功地应用于交通研究中。这些无源传感器技术记录了物体表面的反射。随着计算机和IT基础设施的发展,采用数字成像技术和数字摄像是未来趋势[Al-Turk 99;Uddin 11a,11b]。

6.3.1.4 自动化的几何特征和安全数据收集

几何特征的自动测量可以有效地用于网络级别的评估,例如,铺设的表面和平板上的纵向和横向缺陷以及轨道的几何结构[Hudson 87b,Fazio 80]。这样的数据收集在道路、铁轨和管道上是特别有用和高效的。在过去20年中,使用现代激光勘测和数字图像技术,加强了对基础设施资产的自动化状态监测,以及路面、轨道和管道的安全属性的信息收集[Uddin 09,11b]。

6.3.1.5 非破坏性结构评估方法

可以使用无损评估(Non-Destructive Evaluation,NDE)方法来检查设施的结构完整性,这些方法不会对设施进行实际加载或破坏性测试。NDE方法包括地震评估,如波传播;振动方法,如模态分析;声学和超声波方法;动态挠度测试;X射线衍射技术;电磁方法和电阻率方法[Hudson 87a,87c,87d,Matzkanin 84;Metzger 93;Uddin 94,96a,96b;NDT 96]。钢和混凝土的腐蚀损伤可以通过电阻率法来估量[Chaker 96,Bridge 96]。其他用于结构评估的非接触和无损检测(NDT)技术包括地面穿透雷达、红外热像仪、激光扫描、高速视频和相关光学方法、莫尔技术、声学传感器、微波雷达传感器和高分辨率GPS接收机[Uddin 94;NDT 96;Mayer 10;Uddin 06,11b]。

6.3.1.6 "智能"传感器

"智能"传感器技术依赖于光纤、超声波传感器或压电传感器的嵌入,用于终身监测和评估结构[Ansari 96,Metzger 93]。光纤技术具有监测荷载变形和应力响应的潜在应用。

6.3.1.7 机载和空间遥感

现代机载和星载遥感技术对实物资产的非侵入性评估是可负担的和计算效率高的[Al-Turk 99;Uddin 06,11a,11b,11c]。它们包括如第5章所讨论的主动机载 LiDAR 激光扫描和被动多光谱高分辨率图像。这两者都提供地理参考数字数据,便于计算机处理和软件操作,以提取导航空间中的内置基础设施功能、地形数据和机场障碍物[ACRP 10;Gutelius 12;Uddin 06,09,11c]。

6.3.2 破坏性试验与评价

尽管对设施使用期状况的评价可以通过表面或 NDT 观测实现,但有时出现问题后,为探求其原因,对设施的某些部分破坏进行专门观测很有必要。之所以称之为破坏性试验,是因为原设施的某一部分被移除后需进行修理和置换。一般来说,当证实设施的某部分有意外破损时常采用这种方法。破损检测法已经在道路、水坝、管道、地下油槽及桩基础等设施的足尺试验中应用。例如,破损试验在 AASHO 道路试验[HRB 62]中应用并成了 SHRP-LTPP 研究的重要组成部分[SHRP 92a,92b]。通常,表面缺陷可以反映内部的状况。然而,为了获取完全可信的分析结论,有必要对结构物表面进行破坏,观察其内部结构,从而确定真正的破损位置及破损原因。

破坏性最小的检测方法包括取芯和结构构件切片取样(如桥面板)。在公路和机场或工业建筑楼板中,破损检测通常是取芯或切开设施,取出不同层的试样,现场检查试样,然后在试验室进行相关试验。在某些情况下,完全破坏性试验是要到结构物屈服或失效时才停止试验的,例如桩的静载试验,由于试验时间长、费用高,这种破坏性试验常采用抽样的方式进行,并由该试验结果推测其余单元的情况。

6.3.3 交通,使用或占用

使用期数据的一个重要部分就是对交通或其他使用要素进行测试,如流量或飞机起飞和降落的数量。一般来说,每种基础设施都有其自身的用途。在机场,它体现在起飞和降落的飞机数量以及搭乘飞机的旅客数量,这些数据由商用航空公司和美国联邦航空管理局记录。

在公路领域,通常在每年中选取几天,在选定的地点用交通量计数器采集交通量样本,根据样本数据可推测该路段的年平均日交通量。通过抽取一个样本,按各种类型卡车称取轴载,将各种车辆自动划分为小轿车、轻型货车、三轴货车,以此类推直到五轴拖挂货车,以获得荷载信息。有较多的自动数据采集设备(如电磁传感器、雷达和视频录像机)可用于采集上述数据。在偏远地区和资源较少的发展中地区,使用这些现场设备,开发和实施了基于卫星图像的创新的地理空间方法,得到相当准确的结果[Osborne 09;Uddin 10,12]。

污水和供水的流量可通过在选定管道中设置流量计测得,然后推测整个供水管系统的情况。排水能力和数量也可以在水处理厂和污水处理厂利用抽样方法进行有效记录。

对于公园和其他类似设施,入口通常需要被控制和记录。这些数据可为 IAMS 所用。

6.3.4 评价方法及应用

表6.4列出了各种基础设施的几种评价方法和应用实例。

传统技术和创新技术在基础设施使用期评价与状况评价中的应用实例　　　表6.4

技术手段	应用内容	基础设施对象
目测检查	手动记录观测到的破坏和缺陷	所有类型的基础设施
数码连续摄像（数码摄像技术代替35mm摄像技术）	永久记录实际条件、检测情况、危险状况和缺陷数据采集（数码摄像技术取代35mm摄像技术）	道路和机场道面,所有其他结构物
视频录像、实时视频监控	永久记录实际条件、检测情况、危险状况和缺陷数据；道路车辆交通数据；ITS和安全监控	道路和机场道面、铁路轨道、下水道和输水管线、桥梁、水坝、核电站、商场、体育馆和所有其他结构物
地震波、弯沉和振动试验方法	原位材料表征、结构完整性评价、地震风险评价	道路和机场道面、桥梁,以及所有其他结构物
GPR	结构完整性评价,层描绘,空洞和水分损失,介电常数特性,埋管/隧道位置	道路和机场道面、桥梁,以及所有其他砖混结构;地下洞室和隧道
红外热像仪	温度测量,水分渗漏检测,分层,缺陷区域,应力测绘	道路和机场道面、桥梁、所有地下结构物、供水和污水管线（泄漏和断裂）
声学和超声波测试	裂缝和缺陷检测,铺面的纵向粗糙度和车辙深度测量,应力、应变、位移测量	道路和机场道面、桥梁、地下管线,以及所有其他结构物;遥感监测地震活动和核爆炸
光纤	应力和应变测量	桥梁、隧道、智能结构
压电传感器	应力、应变、交通量测量	道路和桥梁
电阻率法	表面及地下材料变化的探测、腐蚀损坏检测	土壤特性、混凝土损坏
电磁传导	裂缝、空洞与地下缺陷的探测	桥梁、隧道以及其他结构物
地形测量、GPS、陀螺仪	确定位置、线形、纵坡与横坡,选线,实时跟踪	路面与机场道面、桥面板、铁路轨道、公用设施、给排水
激光（单束或多束安装在车辆上,在测试期间以低速移动）	裂缝和缺陷检测,轮廓测量,纵向粗糙度和车辙深度测量,横向接头断层、表面纹理和位移测量	路面与机场道面、桥梁、铁路轨道以及其他结构物
地面激光扫描（LiDAR安装在车顶或三脚架上,在测试期间静止）	路面测绘和面积缺陷的轮廓测量,建筑信息管理建模,事故现场重建以及大型历史建筑的数字3D建模	路面与机场道面、桥梁、铁路轨道和道路交会处、港口和船舶码头、建筑物,以及其他结构物

续上表

技术手段	应用内容	基础设施对象
运动激光扫描(LiDAR 安装在车顶或三脚架上,在测试期间以高速移动)	用于路面测绘和面积缺陷轮廓测量的快速数据收集,建筑信息管理建模、事故现场重建以及大型历史建筑的数字3D建模	路面与机场道面、桥梁、铁路轨道和道路交会处、港口和船舶码头、建筑物,以及其他结构物
机载激光扫描(LiDAR 安装在飞机上,在测试期间低空飞行)	大面积地形勘测的快速数据收集,地面缺陷表面测绘,建筑物占地面积建模,机场障碍物绘图,输电网格图,大型基础设施数字3D建模和洪泛风险区域评估图	干路和机场、铁路轨道和道路交会处、管道基础设施、港口和船舶码头、电网输电线路、城市基础设施和环境保护点
机载雷达扫描(IfSAR 安装在飞机上,在测试期间高空飞行)	大面积地形勘测的快速数据收集,地面缺陷表面测绘和洪泛风险区域评估图	洪水风险图、森林面积估算和湿地保护
卫星图像(全色和/或多光谱,在太空400~600km 的轨道上)	覆盖大面积的高分辨率泛光谱多光谱图像,基础设施占地面积建模和细目,土地利用研究和灾害前后图像场景的损害评估	基础设施和环境项目的基础GIS图像、干路、机场、铁路、管道基础设施、港口和船舶码头、城市建筑基础设施、森林面积估算和湿地保护

6.4 检查、摄影及光学评价

实体状况评估与缺陷评估是设施使用期有效评价必不可少的一部分。在路面管理系统应用中,采用录像及35mm连续摄像方式来获得路面技术档案与病害数据。已有几个机构将影像记录技术用于几何技术档案的获取和安全性评价。在采集交通数据及检查一些人工很难到达的结构物(如桥梁、隧道、给水干线管道、下水道及其他结构物)时,录像记录非常有用。采用摄影与录像技术可提供某一评价时段的永久性图像记录,而且能对不同时间的记录进行对比,有助于解释状况衰减速率及分析破损机理。在某些情况下,由于对照片的分析是基于二维图像及像素大小,在减少照片记录的状况恶化数据时,会导致某些观察到的病害信息丢失和准确性降低。

从1986年起,美国就在公路与机场道面的病害调查及道路用地范围的检测中采用了35mm连续航线拍照技术,法国及日本使用该技术也有几年的时间[Hudson 87b]。目前,在记录路面表面图像及采集病害数据(包括分析)中,录像技术已达到商业化应用的程度[Hudson 87a]。由于计算机数字图像处理技术的发展,摄影法越来越流行。例如,为了评估铁轨的性能,以及时实施维护工作,提高运营的安全性并协助房地产管理,太平洋铁路运输联盟(Union Pacific Railroad)在工程设施管理系统(Engineering Facilities Management System,EFMS)中,采用录像带记录了3.36万km(2.1万mi)长的主要铁路的轨道状况,并采用了GIS数据库[Gerard 91]。录像记录也可应用于道路、机场道面、桥梁等交通量大的路段和人工现场检测困难而且危险的场合。借助录像可以对建筑物和下水道及其他管道系统的实体状况、结构完整性及紧急维修需求进行远程评估。

20世纪末期,大多数服务商都使用易于存储和分析的数字成像和视频技术。

6.5 无损和非接触式结构评价

无损和非接触式试验及其评价技术是用于结构完整性与承载能力评价的主要方法,见表6.4。本节将较详细地讨论一些成功应用的及有前景的无损和非接触式试验方法。

6.5.1 振动、地震波及超声波法

现在,有几种为解决工业振动问题及地震工程而开发的振动和地震波设备,也可用于路面、基础及结构物的结构性评价。采用表面波谱分析(Spectral Analysis of Surface Waves, SASW)的应力波传播法[Heisey 82,Nazarian 83,Aouad 96]、CEBTP的瞬时动态响应技术[Uddin 94,Hertlein 96]、结构模态分析的加速度监测法[O'Leary 96]等均获得成功应用。这些技术的优越性体现在无须在结构物上钻孔,试验结果是在没有改变结构物本身应力状态的真实状况下获得的,而且还减少了对交通的影响。

6.5.1.1 波传播法试验原理

波传播法试验的原理是,在施加一个微小的瞬时力或振动力后,测试结构物表面或表面附近的波速。通常,表面响应的测试采用加速度计或速度传感器(地震检波器),根据激振力模式的不同,试验可检测压缩波(P波)、剪切波(S波)或瑞利波(表面波或R波)的波速[Lysmer 70,Abbiss 81],这几种波的波形如图6.3所示。波速与材料的模量相关,这些低应变幅度的无损检测试验能评估线弹性材料的性能。地基土性能可用来评估液化潜力及土基支撑状况。

稳态振动技术一直用于按时域分析的应力波测试中。剪切波测试对土壤和基础特别有用,因为剪切波的波速(V_S)与剪切模量(G)直接相关,关系式如下:

$$G = \rho(V_S)^2 \tag{6.1}$$

式中:ρ——材料密度,kg/m^3。

各向同性线弹性材料的杨氏模量(E)可通过G计算得到:

$$E = 2G(1+\mu) \tag{6.2}$$

对于P波来说,模量取决于泊松比μ:

$$G = \rho(V_P)^2 \frac{(1-2\mu)}{2(1-\mu)} \tag{6.3}$$

动态泊松比可通过式(6.1)及式(6.3)中的P波及剪切波速的比值得到。

瑞利波沿物体表面以速度(V_R)作椭圆状的质点运动,接近于剪切波。振幅随传递深度而减小,绝大部分的能量在距表面一个波长的范围内。波长L_R与两检波器间的距离d有关。在试验中,由激振器在表面激发垂直方向稳定的谐振动,在不同的相位收到两次不同的信号。典

型的瑞利波试验装置如图6.4所示,瑞利波的速度假定与材料的1/2波长相对应。

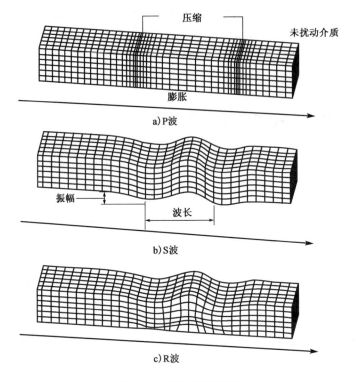

图6.3 应力波传播示意图

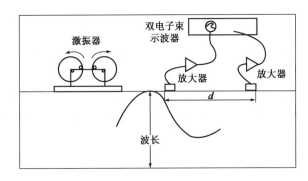

图6.4 瑞利波试验装置(参照[Abbiss 81])

6.5.1.2 SASW法

SASW法通过对瑞利波传播的频域进行分析来确定路面的模量及层厚[Nazarian 83],最近,这种方法也用于估计桥梁基础的深度[Aouad 96,TRB 95]。SASW法试验装置如图6.5所示,激振源是一个锤,通过锤击给结构物施加一个瞬态的垂直冲击力,从而激发出一组不同频率的瑞利波,由表面的两个拾波器检测其传播情况,傅立叶波谱分析器同步记录接收器的输出信号,将瞬态波形分解为一组简单的谐波,分别对各谐波加以分析,确定每个频率段的R波波速及波长。

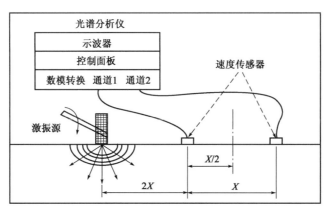

图6.5 SASW法试验装置示意图(参照[Nazarian 83])

6.5.1.3 瞬时动态响应法

瞬时动态响应法已用于检测混凝土路面下的脱空[Uddin 94]及研究管柱(桩)基础的完整性[Hertlein 96]。采用装有测力传感器的锤激发出小应力波,通过拾波器检测响应值,将时域数据转化为频域数据,通过对频域数据的分析得出动态刚度及混凝土质量的相关信息。

6.5.1.4 冲击回波法(IE)与超声波脉冲速度法(UPV)

冲击回波(Impact Echo,IE)法是一种流行而且普通的超声波技术,利用锤子在结构物表面轴向激励,通过加速度计测量相应的反射波信号。低应变压缩波沿结构物的厚度或深度方向传播,从状况变化处部分或完全反射回来,这些状况变化有断面的变化、混凝土缺陷、空洞、剥离分层等。这种方法通常用于混凝土结构物,包括梁、柱、基础、路面及桥面板,以评价其结构完整性、缺陷(如脱空、蜂窝、裂缝)、剥离分层等[Olson 96,Hertlein 96]。德国已经开发出先进的扫描技术[Schickert 96]。

图6.6显示了IE法的装置示意图和为桥面板开发的移动IE扫描仪(参照[Olson 96])。如图6.7所示,当波能到达两个界面时,超声波脉冲速度(Ultrasonic Pulse Velocity,UPV)法则以分析压缩波为基础(参照[Olson 96])。最近,美国陆军工程兵团研制出一种超级扫描器[Alexander 96],用于检查桥面板的损坏情况。

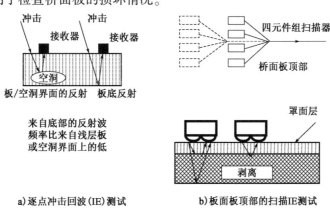

图6.6 冲击回波法测试装置示意图(参照[Olson 96])

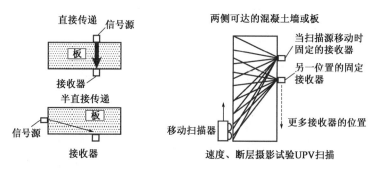

图 6.7 超声波脉冲速度法测试构造图(参照[Olson 96])

6.5.1.5 平行地震波测试

平行地震波测试是一种评价桩、钻孔桩及深基础的有效方法[Hertlein 96]。该方法十分适用于桩顶或管柱顶难以到达时的情况,已有利用这种方法成功测试桥梁基础深度的实例[Aouad 96,TRB 95]。图 6.8 所示为平行地震波测试示意图[Hertlein 96],在靠近且与基础平行的地方钻孔,在孔中插入 PVC 管并充满水,通过水中地震拾波器来检测管中发生的声波响应。

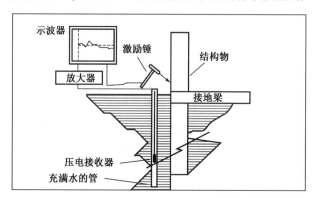

图 6.8 平行地震波法测试示意图(参照[Hertlein 96])

6.5.2 动态弯沉设备

商用动态弯沉设备可测量和记录在稳态振动或瞬时荷载作用下,路面和机场道面的动态响应,如动力式弯沉仪 Dynaflect、道路使用性能测定仪 Road Rater 及落锤式弯沉仪(Falling Weight Deflectometer,FWD)。动态弯沉设备在测试程序自动化及提供机载数据处理方面有了很大的改进。表 6.5 所示为路面无损评价方法及推荐的抽样率。

路面无损评价方法及推荐的抽样率[Paterson 90] 表 6.5

应用层次	抽样率	信息质量水平	评价方法
网络级规划	路网长度的 1%~5%(分层随机抽样)	Ⅳ 或 Ⅲ	动态弯沉,施工记录,DCP 分布图,现场目测调查
	每隔 0.3~1km(每断面最少 5 个点),JRP:在板中或接缝处	Ⅲ 或 Ⅱ	动态弯沉,弯沉仪弯沉值

续上表

应用层次	抽样率	信息质量等级	评价方法
项目级设计	每轮迹20~200m(每断面最少5个点),RP:外侧轮迹20~40m	次要道路:Ⅲ或Ⅱ 主要道路:Ⅱ或Ⅰ	动态弯沉,弯沉仪弯沉值,DCP分布图+SN计算(+现场抽样+材料试验)
研究及特殊调查	每隔3~20m,RP:每处接缝或裂缝	Ⅱ或Ⅰ	NDT弯沉+现场抽样+材料试验

注:动态弯沉设备包括动力式弯沉仪(Dynaflect)及落锤式弯沉仪(FWD);NDT表示无损检测;DCP表示动力圆锥触探仪(Dynamic Cone Penetrometer);RP表示刚性路面(Rigid Pavement);JRP表示接缝刚性路面(Joint Rigid Pavement);SN表示结构编号(Structural Number)。

6.5.3 时域反射法(TDR)

时域反射法(Time-Domain Reflectometry,TDR)最初是为电力及电信行业确定电缆断裂位置而发明的,后来拓展到检测材料的介电常数、混凝土材料特性、混凝土与岩石的不连续性[Su 96]及监控不稳定边坡[Kane 96]。

6.5.4 非接触技术

6.5.4.1 探地雷达技术

在土木工程中应用的探地雷达(Ground Penetrating Radar,GPR)是在美国军队车载地雷探测雷达的基础上发展起来的,该技术已用于识别土层中的地下结构物,确定地下公用设施、管线、隧道灯的位置。随着天线和其他硬件的发展,该技术已在路面中得到应用,雷达检测设备已被大量用于判断和确定水泥路面下的脱空位置、钢筋的定位、评价水泥路面下灌浆的效果等[Uddin 94,96b]。在2005年8月29日卡特里娜飓风期间,几座桥梁的桥头搭板被刮下来,出现了危害交通安全的空洞。通过探地雷达技术成功地确定了一部分空洞的位置[Uddin 06]。对输出响应的分析是正确和有效地应用雷达技术最为关键的部分,测试中检测出路面的介电常数剖面,然后将其用于估计路面层厚度和材料特性。彩色输出监视器的出现改善了雷达测试的效果,但这些方法的真正效果还有待进一步验证。

雷达组件发射一个电磁能短脉冲并检测该脉冲的反射能量。当一个脉冲射入路面结构后,电磁波在结构中传播,直到遭遇突变引起的不连续界面。所谓突变,是指波相似传播路径中材料介电常数的变化。波的一部分遇到不连续界面被反射回来,另一部分则继续向下层传播。

自不连续界面反射的能量是两种材料波阻抗的函数。在两种具有相近介电特性的界面上,如两次摊铺的沥青混凝土路面,大部分能量通过界面向下传播,只有很少的一部分被反射回发射器;相反,在介电特性差异显著的情况下,如水泥混凝土路面或粒料基层上的沥青罩面,大部分能量被反射回发射器,仅有很少一部分继续向下层传播。这种反射现象是因不同的地下异常形成不同雷达标记的理论基础[Pulse 94]。GPR测试和数据解释的基本原理[Uddin 06]如下:

(1)电磁波以短脉冲持续时间(1×10^9秒)和速度v在介质中传播。

(2)在真空或空气中,电磁波以 $3 \times 10^8 \text{m/s}$ 的光速 c 行进。

(3)电磁波速度 $v = c/\varepsilon^{0.5}$,其中 ε 是材料性质的相对介电常数。

①介电常数是材料通过电磁辐射的能力的量度。

②层厚度,$d = v(t/2)$,其中 t 为发射到反射之间的时间。

(4)影响介电常数的因素是材料成分、含水率、饱和黏土、盐水和冷冻温度。

数据采集最高可按正常公路行驶速度每秒 50 个数据点进行。从脉冲发射到其被反射回天线的时间被非常准确地记录下来。该脉冲所经历的时间是每一层厚度和材料特性即介电常数的函数。介电常数是衡量材料穿越电磁辐射能力的参数,每层材料的厚度可用式(6.4)估算:

$$d_n = \frac{6t_n}{\varepsilon_n^{0.5}} \tag{6.4}$$

式中:d_n——第 n 层的厚度;

t_n——第 n 层中脉冲波往返穿越的时间(以毫微秒计);

ε_n——第 n 层的介电常数。

该测试方法的描述可参考《应用短脉冲雷达确定边界层厚度的标准测试方法》(ASTM D4748-87)[ASTM 91]。获得数据时采用的短脉冲雷达的中心频率为 1GHz。通过有数据传输功能的编码器确定测点的纵向位置,测试数据被存储在微机中进行处理,并在监视器上以彩色形式显示出来,以便于专业的分析者来分析[Pulse 94]。

2002 年 7 月 15 日,美国联邦通信委员会(FCC)在第 15 部分规则中规定,美国需对在超大规模电磁波频段运行的所有雷达设备进行注册,这影响了工作在 1~2 GHz 范围内的道路 GPR 设备。使用 GPR 进行路面评估的最终决议包括[Uddin 06]:

◆ 现有的 GPR 设备在 2002 年 10 月 15 日之前已经通过 FCC 注册。

◆ 2003 年 2 月 13 日,FCC 通过了对第 15 部分规则的修改,特别允许新 GPR 系统的运行。

对用户和行业机构调查发现[Uddin 06],FCC 认证的 1 GHz 天线比旧式天线更加嘈杂,并易受射频干扰。

层模量和厚度变化对路面弯沉响应和修复策略会有显著的影响。因此,一些公路机构现在使用 GPR 测试来估计每个 FWD 测试位置的原位路面厚度。精确的路面厚度测量显著提高了层数值和回弹厚度计算的准确性。如果 GPR 厚度测量与弯沉测试同时进行,则大致会产生超过 80%的效益成本比[Uddin 06]。

6.5.4.2 声波及超声波检测

无损声波检测已应用于探测水泥板的剥离分层、蜂窝空洞及其他不连续缺陷。采用脉冲反射法,是将压缩波射入材料中,操作者监测由于材料不连续性所导致的反射波波形变化。用声波法评价水泥结构的裂缝、腐蚀及其他缺陷,一直以来都是特别有效的[NDT 96]。

近年来,非接触式超声波传感器已在路面的纵剖面及车辙深度测试中得到应用[Haas 94],然而超声波传感器对诸如潮湿和湿气等环境因素敏感,故其在某些条件下可能得出不理想的数据[Hudson 87a]。

6.5.4.3 激光测试

单光束和多光束激光技术在路面评价方面有几种商用应用前景,已经商业化应用于路面横向裂缝的计数及接缝错台、纵向不平整度及表面构造深度的测量[Hudson 87a,87b]。由于激光测试的高度自动化带来了更高的生产力,且减少了操作上的限制(如交通干扰、环境因素及速度依赖性),因此,基于激光测试的路面评价设备未来将获得更广泛的应用。

自20世纪90年代后期以来,在陆空平台上已使用现代激光扫描,3D激光点云技术在过去十年发展成为高速运动激光测绘技术[Al-Turk 99;Gutelius 12;Uddin 08,11a,11b]。

6.5.4.4 红外热辐射摄影

红外热辐射摄影可用于定位水泥结构物、桥面板及埋藏管道中的缺陷和空洞[Uddin 96b, Delahaza 96, Del Grande 96]。红外热辐射摄影的非接触、非破坏性是指从物体本身发出的不可见的红外热能获得可视图像。这种图像类似电视机的图像,是由代表不同温度的灰度变化或不同颜色形成的。与所有温度传感器及测试技术一样,热红外成像有其局限性。观测到的辐射计的温度受如下因素的影响:物体的绝对温度、外界环境温度、物体的热辐射系数、周围环境的辐射能、大气对能量的过滤以及物体与扫描装置的距离。所有这些因素都要求对热成像信息进行调整[EnTech 94]。

红外成像系统包括可以记录主要红外辐射的红外扫描器及实时计算机监视器(相当于一个配置微处理器及小屏幕的便携式电视机)。扫描器组件将经过光学器件的辐射热转换为电子信号,该电子信号在计算机显示屏上形成实时温度图像,这些图像由按照从黑色经灰色到白色变化的连续色调的灰度构成。温度相对较高的区域颜色较浅,而温度相对较低的区域颜色则较深,一个彩色显示器和一个微处理器也可用于显示温度图像,此时,每种颜色都代表一个特定的温度范围。

用于水泥混凝土路面研究的红外扫描器系统[Uddin 96b]可进行高速的数据采集及分析。这种设备可以观测、量化及记录表面温度为 -20 ~ 2000℃ 的物体温度图像。成像设备的敏感性很高,在周围环境温度为30℃时,它能探测到两个已知物体表面的温度差,测量值可以精确到 ±0.05℃ [EnTech 94]。

6.6 综合评价数据

在多种基础设施中,都有一种以上有用的评价属性。例如对于路面来说,粗糙度、裂缝及弯沉都会用到。此时,各种响应数据可能会组合或集合成一个整体响应的复合结果,综合指标就是实现这种工作的有效方式。

6.6.1 采用综合状况指数的原因

综合条件指数(Composite Condition Index,CI)有时将两个或更多的评价属性组合起来,并将总体评价信息在管理者、有关政府官员及公众中传递。图6.9所示为基础设施管理不同决策层次相对应的数据级别。

第一个层次或者称分解者,涉及具体的工作及工程技术决策,需要细化每个分段的监测及评价数据属性。第二个层次包括网络级管理的集合与决策,在这个层次上,综合评估与综合指标在选择项目及 MRR 策略时进行优先级排序是十分有用的。由于第三个层次包括行政管理与政治性决策,综合评估是绝对需要的,处于这个层次上的人员面对着大量的信息,因此需要集合的数据来描述网络级的总体品质,并根据相关的财政预算来设计未来设施的特质。据报道,通常 CI 的指标范围为 100(优良状况或新建结构物)~0(最差状况),CI 概念对于建立性能表达式十分有用,该模型方程可以模拟状况衰减趋势及 MRR 的干预效果,具体内容将在第 8 章介绍。

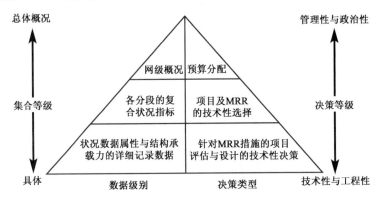

图 6.9 数据集合与决策等级(参照[Haas 94])

6.6.2 建立 CI 的方法

每个基础设施都需要状况指标,其与数据的采集、当地条件、机构目标等相关。因此,没有唯一或最佳的建立 CI 的方程或解析公式。一种方法是借用社会科学领域处理主观数据的简单线性与非线性方程技术,综合条件指数将两个或多个状况属性组合起来,表示一个不同状况评估值的集合值,例如:

$$CI = W_1 C_1 + W_2 C_2 + W_3 C_3 \tag{6.5}$$

式中: CI——综合条件指数;
$W_1 、 W_2 、 W_3$——1、2、3 状况评估值的权重系数;
$C_1 、 C_2 、 C_3$——1、2、3 状况评估值。

另一种方法是采用扣分概念。在该方法中,若设施处于最优状态,如新建结构物,其分值定为 100,任何缺陷或病害都根据其严重程度和范围取一个分值从 100 中扣除,从而得出此时的 CI 值,但应调整多重缺陷的值,以避免总扣分超过 100。华盛顿州交通厅根据这种方法为路面建立了路面状况指数,后来美国陆军工程兵团进行了修正[Haas 94,FAA 82,Shahin 90]。该方法也被用来建立桥梁的适应性指数[Hudson 87]。

德尔菲法(Delphi Technique,一种逐步集中意见的调查统计法)通过收集专家的意见,也可用来建立复合 CI。这种方法选择一些专家组成一个专家小组,请专家对一系列假定情况进行评级和打分,基于这些情况用实体衰减表象与结构承载力的不同组合对设施进行描述。通过对初始评级进行分析后,将结果呈交专家组请专家评估,最终对某个评级达成共识。此后,该信息即可用来统计建模,得出综合 CI[Haas 94]。

6.6.3 应用综合 CI 的注意事项

建立基础设施状况与服务质量的组合或综合指数的关键问题,是要认识问题的主观特性及建立量化这些主观信息的相关方法。方法可以相互转化,但不改变具体的模型,因此对于每一个机构或地理区域,该指标都需要标定和重新建立。

由于综合 CI 的集合性特征,在选择 MRR 措施时必须注意对指标的解释。例如,在网络级,在 MRR 预算下选择处理策略时,CI 可能会形成一个具体的估计。但在项目级,采用精确细致的评估数据,一个特有的缺陷有可能最终导致采用一种不同的 MRR 对策。这并不意味着综合指标在项目级中不适用,而是说它的主要作用是表达网络级的总体信息[Haas 94]。

6.7 体制问题

设备、人员、仓库及办公室空间都需要建立和实施使用期监测、评价计划及 IMS 评价数据库。机构的资源需求和系统数据采集的复杂度与数据库的开发,都将受到基础设施网络级的规模及数据和 MRR 分析的短期、长期目标的影响。从基础设施的总体概括统计,经过规划、计划,直到设计和研究,各种应用所需的信息量会随之递增,数据的采集与处理也会变得更加复杂及昂贵。面对有限的财政预算,必须做出折中与明智的决策。

参 考 文 献

[AASHTO 92] "Standard Specifications for Highway Bridges," 15th ed., American Association of State Highway and Transportation Officials (AASHTO), Washington D. C., 1992.

[Abbiss 81] C. P. Abbiss, "Shear Wave Measurement of the Elasticity of the Ground," *Geotechnique*, Vol. 31, No. 1, 1981, pp. 91-104.

[ACRP 10] Airport Cooperative Research Program (ACRP), "Light Detection and Ranging (LiDAR) Deployment for Airport Obstructions Survey," *Research Results Digest 10*, Transportation Research Board, The National Academies, Washington D. C., July 2010. http://144.171.11.40/cmsfeed/TRBNetProjectDisplay.asp? ProjectID = 135, accessed November 7, 2011.

[Al-Turk 99] E. Al-Turk, and W. Uddin, "Infrastructure Inventory and Condition Assessment Using Airborne Laser Terrain Mapping and Digital Photography," *Transportation Research Record 1690*, Transportation Research Board, National Research Council, Washington D. C., 1999, pp. 121-125.

[Alexander 96] A. M. Alexander, R. W. Haskins, and D. E. Wilson, "Development of the Superscanner for the Detection and Mapping of Delaminations in Concrete Bridge Decks," *Proceedings, 2nd International Conference on Nondestructive Testing of Concrete in the Infrastructure*, Nashville, Tenn., 1996, pp. 39-47.

[Ansari 96] F. Ansari, Y. Libo, I. Lee, and H. Ding, "A Fiber Optic Embedded Crack Opening Displacement Sensor for Cementitious Composites," *Proceedings, 2nd International Conference on Nondestructive Testing of Concrete in the Infrastructure*, Nashville, Tenn., 1996, pp. 268-277.

[Aouad 96] M. F. Aouad, L. D. Olson, and F. Jalinoos, "Determination of Unknown Depth of Bridge Abutments Using the Spectral Analysis of Surface Waves (SASW) and Parallel Seismic (PS) Test Methods," *Proceedings, 2nd*

International Conference on Nondestructive Testing of Concrete in the Infrastructure, Nashville, Tenn., 1996, pp. 147-153.

[ASTM 91] ASTM D4748-87, "Standard Test Method for Determining the Thickness of Bound Pavement Layers Using Short-Pulse Radar," *1991 Annual Book of ASTM Standards*, Vol. 04.03, pp. 557-562.

[ATC 93] Applied Technology Council, "Postearthquake Safety Evaluation of Buildings Training Manual," *ATC-20-T*, funded by the Federal Emergency Management Agency, Washington D. C., 1993.

[Bridge 96] "Calculating Corrosion," *BRIDGE Design and Engineering*, London, No. 3, May 1996, p. 78.

[Chaker 96] V. Chaker, "Measuring Soil Resistivity," *ASTM Standardization News*, Vol. 24, No. 4, April 1996, pp. 30-33.

[Collins 95] M. A. Collins, and C. T. Stude, "Masonry Sewer Rehab," *Civil Engineering*, Vol. 65, No. 9, September 1995, pp. 65-69.

[Del Grande 96] N. K. Del Grande, P. F. Durbin, C. M. Logan, D. E. Perkins, P. C. Schaich, "Determination of Dual-Band Infrared Thermal Imaging at Grass Valley Creek Bridge," *Nondestructive Evaluation of Bridges and Highways*, *Proceedings SPIE 2946*, The International Society for Optical Engineering, Scottsdale, Ariz., 1996, pp. 166-177.

[Delahaza 96] A. O. Delahaza, "Nondestructive Testing of the Concrete Roof Shell at the Kingdome in Seattle, Washington," *Proceedings*, *2nd International Conference on Nondestructive Testing of Concrete in the Infrastructure*, Nashville, Tenn., 1996, pp. 256-267.

[DOT 00] Department of Transportation, "Primer: GASB 34," Federal Highway Administration, Office of Asset Management, Washington D. C., November 2000.

[DOT 02] Department of Transportation, "Achievements of the DOT-NASA Joint Program on Remote Sensing and Spatial Information Technologies: Application to Multimodal Transportation, 2000—2002," U. S. DOT Research and Special Program Administration, Washington D. C., April 2002.

[Eaton 87] R. A. Eaton, S. Gerard, and D. W. Cate, "Rating Unsurfaced Roads," *Special Report 87-15*, U. S. Army Corps of Engineers, Cold Regions Research and Engineering Laboratory, 1987.

[EnTech 94] EnTech Inc., *Infrared Thermographic Investigation for the Location of Highway Pavement Subsurface Anomalies*, report prepared for The University of Mississippi/Mississippi Department of Transportation, May 1994.

[FAA 82] "Guidelines and Procedures for Maintenance of Airport Pavements," *Advisory Circular AC:150/5380-6*, Federal Aviation Administration, Washington D. C., 1982.

[Fazio 80] A. E. Fazio, and R. Prybella, "Development of an Analytical Approach to Track Maintenance Planning," in *Transportation Research Record 744*, Transportation Research Board, National Research Council, Washington D. C., 1980, pp. 46-52.

[Gerard 91] S. V. Gerard, "UP Links Video and Graphic Images for Greater Clarity," *Railway Track and Structures*, April 1991.

[Gutelius 12] B. Gutelius, "Airborne LiDAR for Obstruction Mapping: Enabling Flight Safety," *LiDAR Magazine*, Spatial Media, Vol. 2, No. 1, 2012, pp. 50-55. http://www.lidarnews.com/, accessed December 20, 2012.

[Haas 73] R. C. G. Haas, "A Method for Designing Asphalt Pavements to Minimize Low-Temperature Shrinkage Cracking," *Research Report 73-1*, Asphalt Institute, Riverdale, Maryland, 1973.

[Haas 94] R. Haas, W. R. Hudson, and J. P. Zaniewski, *Modern Pavement Management*, Krieger Publishing Company, Malabar, Fla., 1994.

[Harvey 94] J. Harvey, T. Lee, J. Sousa, J. Park, and C. L. Monismith, "Evaluation of Fatigue and Permanent Deformation Properties of Several Asphalt Aggregate Field Mixes Using Strategic Highway Research Program A-300A Equipment," in *Transportation Research Record 1454*, Transportation Research Board, National Research Council, Washington D. C. ,1994, pp. 123-133.

[Heisey 82] S. Heisey, K. H. Stokoe II, W. R. Hudson, and A. H. Meyer, "Determination of In Situ Shear Wave Velocities from Spectral Analysis of Surface Waves," *CTR Research Report 256-2*, Center for Transportation Research, The University of Texas at Austin, 1983.

[Hertlein 96] B. Hertlein, and C. N. Baker, "Practical Experience with Nondestructive Testing of Deep Foundation," *ADSC*, The International Association of Foundation Drilling, March/April 1996, pp. 19-26.

[Ho 95] D. Ho, "Temperature Distribution in Walls and Roofs," *Journal of Architectural Engineering*, Vol. 1, No. 3, September 1995, pp. 121-132.

[HRB 62] "The AASHO Road Test, Report 5—Pavement Research," *Special Report 61E*, Highway Research Board, National Research Council, Washington D. C. ,1962.

[Hudson 87] S. W. Hudson, R. F. Carmichael III, L. O. Moser, W. R. Hudson, and W. J. Wilkes, "Bridge Management Systems," *NCHRP Report 300*, Transportation Research Board, National Research Council, Washington D. C. ,1987.

[Hudson 87a] W. R. Hudson, and W. Uddin, "Future Evaluation Technologies: Prospective and Opportunities," *Proceedings*, 2nd North American Pavement Management Conference, Toronto, Ont. ,1987.

[Hudson 87b] W. R. Hudson, G. E. Elkins, W. Uddin, and K. Reilley, "Improved Methods and Equipment to Conduct Pavement Distress Surveys," *Report No. FHWA TS-87-213*, ARE Inc. Report for the Federal Highway Administration, April 1987.

[Hudson 87c] W. R. Hudson, G. E. Elkins, W. Uddin, and K. Reilley, "Evaluation of Deflection Measuring Equipment," *Report No. FHWA-TS-87-208*, ARE Inc. Report for the Federal Highway Administration, March 1987.

[Hudson 87d] W. R. Hudson, W. Uddin, and G. E. Elkins, "Smoothness Acceptance Testing and Specifications for Flexible Pavements," *Proceedings*, 2nd International Conference on Pavement Management, Toronto, Ont. ,1987.

[Kane 96] W. F. Kane, and T. J. Beck, "Rapid Slope Monitoring," *Civil Engineering*, Vol. 66, No. 6, June 1996, pp. 56-58.

[Lysmer 70] J. Lysmer, "Lumped Mass Method for Rayleigh Waves," *Bulletin*, *Seismological Society of America*, 1970, Vol. 60, No. 1, pp. 89-104.

[Matzkanin 84] G. A. Matzkanin, L. S. Fountain, and O. Tranbarger, "Nondestructive Evaluation of Infrastructure Conditions," *Infrastructure—Maintenance and Repair of Public Works*, Annals of the New York Academy of Sciences, Vol. 431, December 1984, pp. 268-303.

[Mayer 10] L. Mayer, B. Yanev, L. D. Olson, and A. Smyth, "Monitoring of the Manhattan Bridge for Vertical and Torsional Performance with GPS and Interferometric Radar Systems," *CD Proceedings*, Annual Meeting of the Transportation Research Board, Washington D. C. , January 2010, pp. 1-13.

[Metzger 93] D. S. Metzger, C. Barnes, and E. K. Miller, "Smart Roads," *Proceedings of the Smart Pavement Conference*, convened by ASTM Committee E-17 on Vehicle Pavement Systems, proceedings presented by Alliance for Transportation Research, Dallas, Tex. , December 1993, pp. 4-18.

[Nazarian 83] S. Nazarian, K. H. Stokoe II, and W. R. Hudson, "Use of Spectral Analysis of Surface Waves Method for Determination of Moduli and Thickness of Pavement Systems," in *Transportation Research Record 930*, Transportation Research Board, National Research Council, Washington D. C. ,1983, pp. 38-45.

[NDT 96] R. A. Miller, S. E. Swartz, and S. P. Shah, editors. *Proceedings*, 2nd International Conference on Nondestructive Testing of Concrete in the Infrastructure, Nashville, Tenn. , Society for Experimental Mechanics, Inc. ,1996.

[NOAA 94] "Climatological Data," National Oceanic and Atmospheric Administration, National Climatic Center,

Asheville, NC, 1994.

[Olson 96] *Condition Assessment of Buildings and Bridges*, equipment brochure, Olson Engineering Inc., Golden, Colorado, 1996.

[Osborne 09] Katherine Osborne, "GIS-Based Urban Transportation Infrastructure Management Using Spaceborne Remote Sensing Data," *M. S. Thesis*, Department of Civil Engineering, The University of Mississippi, December 2009.

[Paterson 90] W. D. O. Paterson, and T. Scullion, "Information Systems for Road Management: Draft Guidelines on System Design and Data Issues," *Technical Paper INU77*, Infrastructure and Urban Development Department, The World Bank, Washington D. C., 1990.

[Pulse 94] Pulse Radar Inc., *Ground Penetrating Radar Surveys*, *MDOT Study— US78 PCC Pavement*, report prepared for The University of Mississippi/Mississippi Department of Transportation, May 1994.

[Schickert 96] M. Schickert, "The Use of Ultrasonic A-Scan and B-Scan and SAFT Techniques for Testing Concrete Elements," *Proceedings*, *2nd International Conference on Nondestructive Testing of Concrete in the Infrastructure*, Nashville, Tenn., 1996, pp. 135-142.

[Shahin 90] M. Y. Shahin, and J. A. Walter, "Pavement Maintenance Management for Roads and Streets Using the PAVER System," *USACERL Technical Report M-90/05*, Champaign, Ill., 1990.

[SHRP 92a] "SHRP-LTPP Guide to Field Sampling and Handling," *SHRP 5021*, Strategic Highway Research Program, National Research Council, Washington D. C., 1992.

[SHRP 92b] "SHRP-LTPP Laboratory Guide for Testing Pavement Samples," *SHRP 5025*, Strategic Highway Research Program, National Research Council, Washington D. C., 1992.

[SHRP 93] "Distress Identification Manual for the Long-Term Pavement Performance Project," *Report SHRP-P-338*, Strategic Highway Research Program, National Research Council, Washington D. C., 1993.

[Su 96] M. B. Su, and Y. J. Chen, "Multiple Reflection of Metallic Time Domain Reflectometry," *Proceedings*, *2nd International Conference on Nondestructive Testing of Concrete in the Infrastructure*, Nashville, Tenn., 1996, pp. 60-65.

[TRB 95] L. D. Olson, F. Jalinoos, and M. F. Aouad, "Determination of Unknown Subsurface Bridge Foundations," *NCHRP Report 21-5*, Transportation Research Board, Washington D. C., 1995.

[Uddin 83] W. Uddin, S. Nazarian, W. R. Hudson, A. H. Meyer, and K. H. Stokoe II, "Investigations into Dynaflect Deflections in Relation to Location/Temperature Parameters and in Situ Material Characterization of Rigid Pavements," *CTR Report 256-5*, Center for Transportation Research, The University of Texas at Austin, 1983.

[Uddin 94] W. Uddin, and W. R. Hudson, "Evaluation of NDT Equipment for Measuring Voids under Concrete Pavements," *2nd International Symposium on Nondestructive Testing and Backcalculation of Moduli*, ASTM STP 1198, Vol. 2, June 1994, pp. 488-502.

[Uddin 95a] W. Uddin, "Pavement Material Property Databases for Pavement Management Applications," *Computerization and Networking of Materials Databases*, ASTM STP 1257, Vol. 4, Philadelphia, Pa., 1995, pp. 96-109.

[Uddin 95b] W. Uddin, and V. Torres-Verdin, "Structural Capacity and User Cost Analyses for Road Investment Planning," *Proceedings*, 2nd International Conference on Roads and Road Transport (ICORT-95), Delhi, India, December 1995.

[Uddin 96a] W. Uddin, R. M. Hackett, P. Noppakunwijai, and Z. Pan, "Three-Dimensional Finite-Element Simulation of FWD Loading on Pavement Systems," *Proceedings*, *24th International Air Transportation Conference*, Louisville, Ky., 1996, pp. 284-294.

[Uddin 96b] W. Uddin, R. M. Hackett, P. Noppakunwijai, and T. Chung, "Nondestructive Evaluation and In Situ

Material Characterization of Jointed Concrete Pavement Systems," *Proceedings*, *2nd International Conference on Nondestructive Testing of Concrete in the Infrastructure*, Nashville, Tenn. ,1996, pp. 242-249.

[Uddin 06] W. Uddin, "Ground Penetrating Radar Study, Phase I—Technology Review and Evaluation," *Report No. FHWA/MS-DOT-RD-06-182*, Final Report UMCAIT/ 2006-01 State Study SS 182, Center for Advanced Infrastructure Technology, University of Mississippi, for the Mississippi Department of Transportation, December 2006.

[Uddin 08] W. Uddin, "Airborne Laser Terrain Mapping for Expediting Highway Projects: Evaluation of Accuracy and Cost," *Journal of Construction Engineering and Management*, American Society of Civil Engineers, Vol. 134, No. 6, June 2008, pp. 411-420.

[Uddin 09] W. Uddin, Carla Brown, E. Scott Dooley, and Bikila Wodajo, "Geospatial Analysis of Remote Sensing Data to Assess Built Environment Impacts on Heat- Island Effects, Air Quality and Global Warming," *Paper No. 09-3146*, *CD Proceedings*, *85th Annual Meeting of The Transportation Research Board*, Washington D. C. , January 11—15, 2009.

[Uddin 10] W. Uddin, "Spaceborne Remote Sensing Data for Inventory and Visualization of Transportation Infrastructure and Traffic Attributes," *CD Proceedings*, *First International Conference on Sustainable Transportation and Traffic Management and 2010 IEDC*, Karachi, Pakistan, ISBN 978-969-8620-10-3, July 1—3, 2010, pp. 3-12. http://sites. nationalacademies. org/PGA/dsc/pakistan/PGA_052872, accessed September 25, 2011.

[Uddin 11a] W. Uddin, "Transportation Management: LiDAR, Satellite Imagery Expedite Infrastructure Planning," *Earth Imaging Journal*, January/February 2011, pp. 24-27.

[Uddin 11b] W. Uddin, "Remote Sensing Laser and Imagery Data for Inventory and Condition Assessment of Road and Airport Infrastructure and GIS Visualization," *International Journal of Roads and Airports (IJRA)*, Vol. 1, No. 1, pp. 53-67.

[Uddin 11c] W. Uddin, Bill Gutelius, and Christopher Parrish. "Airborne Laser Survey Specifications and Quality Management Protocols for Airport Obstruction Surveys. " Paper No. 11-1323, *Transportation Research Record 2214*, *Journal of Transportation Research Board*, Washington D. C. , 2011, pp. 117-125.

[Uddin 12] W. Uddin, "Mobile and Area Sources of Greenhouse Gases and Abatement Strategies," Chapter 23, *Handbook of Climate Change Mitigation*. (Editors: Wei-Yin Chen, John M. Seiner, Toshio Suzuki, and Maximilian Lackner), Springer, New York, 2012, pp. 775-840.

[Urban 84a] The Urban Institute, *Guides to Managing Urban Capital*, Vol. I : A Summary, H. P. Harty and G. E. Peterson (eds.), Washington D. C. , 1984.

[Urban 84b] S. R. Goodwin, and A. E. Peterson, *Guides to Managing Urban Capital Series*, Vol. II : *Guide to Assessing Capital Stock Condition*, The Urban Institute, Washington D. C. , 1984.

[Urban 84c] H. P. Harty, and B. G. Steinthal, *Guides to Managing Urban Capital Series*, Vol. 4: *Guide to Selecting Maintenance Strategies for Capital Facilities*, The Urban Institute, Washington D. C. , 1984.

第7章 监测数据的应用及使用期评价实例

采用无损检测方式对基础设施进行使用期评价已成为评估以下内容的通用方式：
(1) 经年结构物的自然和结构状况；
(2) 环境和腐蚀应力的影响；
(3) 遭遇自然灾害如洪水、地震，偶然事件如交通事故或火灾后的结构完整性评价；
(4) 地震安全性与翻新需求。

表6.4简要回顾了现有的传感器与无损评估技术。接下来几节将列出一些对选定的如下几类基础设施进行使用期评价的实例：
- 路面与机场道面；
- 铁路轨道；
- 地下管线；
- 桥梁；
- 给水管道；
- 供气管道；
- 建筑物。

7.1 路面与机场道面的使用期评价

近30年来，在美国联邦公路管理局[FHWA 89]与很多州的公路管理机构的支持下，美国已建立起道路及公路的路面管理系统；美国联邦航空管理局[FAA 82]在机场道面中实现了PMS管理。Haas与Hudson[Haas 78,94]很好地介绍了这些管理机构的工作及路面评价技术，这里仅对道路基础设施作简要讨论。这些原则与数据库也可以用于道路标志、交通控制设备及对行车道交通事故的管理。

7.1.1 路面监测与评价

路面评价包括如下一项或多项监测：危害、结构能力、行驶舒适度、安全性及外观。表7.1列出了影响路面状况与整体性能的几种评价尺度。在路面管理中并非所有这些评价指标都是必需的,在网络级,某些机构仅仅把平整度作为衡量指标;但在项目级,所有主要的客观测试都要用到。路面状况随时间衰减,因此需要定期测试以建立病害历史记录。

路面使用期的监测和评价　　　　　　　　表7.1

监　测	评　价
纵向不平整度	服务性能
表面病害和缺陷(裂缝、变形、修补、松散、表面缺陷)	恶化、总体复合指标、养护需求
弯沉测试	材料特性与结构承载力
抗滑性能与表面摩擦	抗滑安全性
行驶质量	使用者对路面质量的总体评价
外观	美学
交通量	性能与剩余寿命
费用(施工、养护、使用者)	经济评价中单位成本概括
定位参照系、几何与结构数据,纵向和横向缺陷,层厚的取芯	技术档案数据库的校验,结构性评价输入值,防止可能打滑的安全性
环境(气候、路面温度、排水、地下水、冻融作用)	材料退化、病害和缺陷的扩展、结构完整性、性能
环境对生态系统和空气质量的影响	湿地破坏、空气污染、二氧化碳排放、水土污染、森林毁坏等

7.1.2　路面无损评价

评价路面结构承载力与剩余寿命的主要无损评价类型是弯沉测试。20世纪50年代中期,美国各州公路工作者西部协会(Western Association of State Highway Officials,WASHO)的道路试验发明了贝克曼梁,它至今仍在世界上广泛应用。近20多年来,大多数路面修复设计程序都以贝克曼梁弯沉值为基础。随着人们对更快、更容易使用、自动化程度更高的无损检测设备的需求不断增长,Dynaflec 和 Road Rater 等振动加载设备以及带冲击荷载的落锤式弯沉仪(FWD)得到了发展,改进了自动化测试序列和机载数据处理。表6.5为道路挠度数据抽样率的指导原则。

在水泥路面中,弯沉测试数据也可用于估计现场材料的特性和评价结构完整性[Hudson 87a]。如图7.1所示,采用静荷载分析程序和经验性能关系,用动态弯沉数据分析现场材料的特性与结构承载能力[Uddin 86]。用于判读动态弯沉数据的三维有限元动态分析程序[例如Uddin 96]是该领域的一个重要进展。

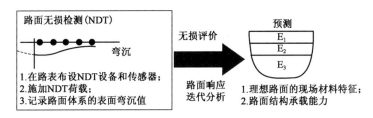

图7.1　通过弯沉数据反算路面材料性能参数

7.1.3 服务能力与性能的概念

服务能力是指具体路段的路面在现有状况下为交通服务的能力。现时服务能力指数可由平整度指数计算得到,其范围为 5~0。性能是衡量某个设施所提供累积服务的尺度,例如路面实现其目标的充分性。

路面性能评价包括研究某路段或路面长度的功能行为。功能或性能分析需要所选时间段及其交通状况下该路段的行驶质量历史信息,这可以通过定期的路面行驶质量观察与测试,结合交通历史及时间记录得到。提供给用户的可使用性的恶化历史定义了路面的性能(图 7.2)。

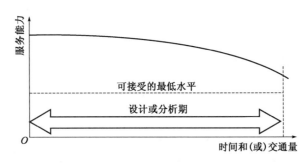

图 7.2 行驶质量或服务能力的衰减与时间的关系(参照[Haas 94])

在路面服务能力指标与 AASHO 道路试验[HRB 62]被建立之前,路面性能评价并没有引起足够的重视。路面性能评价结果一般分为满意或不满意(即需要维修或更换);路面设计方法没有直接考虑性能;对于理想性能的概念,设计工程师有很大取值范围。例如,极端的情况就是一个工程师设计一个 20 年寿命、达到某预期交通水平的路面时,可能考虑以设计期内路面很少或没有裂缝产生为目标;而另一个工程师设计时则可以考虑以设计期末路面整体服务能力达到可接受水平状况为令人满意的目标。

7.1.4 平整度与服务能力的关系

对平整度的客观评价主要用于估计路面服务能力,路面服务能力是一个评价路面行驶质量的主观性指标。基于这个目的,最先广泛使用的方法是 AASHO 道路试验[HRB 62]中提出的现时服务能力指数(PSI)。PSI 计算式的原始函数形式为:

$$\text{PSI} = C + (A_1 R_1 + \cdots) + (B_1 D_1 + B_2 D_2 + \cdots) \pm e \tag{7.1}$$

式中:C——系数,柔性路面取 5.03,刚性路面取 5.41;

A_1——系数,柔性路面与刚性路面分别取 -1.91 和 -1.80;

R_1——纵向平整度[$\lg(1+SV)$]的函数,其中 SV 是指由 CHLOE 平整度测试仪测得的两条轮迹的平均纵向偏差(mm);

B_1——系数,柔性路面取 -1.38,刚性路面取 0;

D_1——表面车辙(RD)的函数,其中,RD 是指由简易车辙指示器测得的两条轮迹的车辙平均深度(mm);

B_2——系数,柔性路面取 -0.01,刚性路面取 -0.09;

D_2——表面衰减的函数$(C+P)$,其中$(C+P)$是指裂缝和修补的数量(ft^2),参考 AASHO 道路试验建立的程序确定;

e——误差项。

对于这个给定的公式,需要根据具体的输入变量来确定有关系数,AASHO 道路试验给出了几组变量值[Carey 60]。该计算式是对所有用到的观测数据最优拟合的结果,理解这一点十分重要。其他变量在计算式中作为候选,但对预测 PSI 没有重要影响。

此外,回归方程式不是因果关系式,各项之间的协方差可以解释变量上的一个非常小的系数,仅与因变量的相关性稍差。例如,如果观测到的路面平整度是由于裂缝引起的,那么这两个因素是相关的。因此,一旦平整度项被包含在计算式中,则增加裂缝项所带来的变化很小,故其系数也很小。但这并不表明忽略了对裂缝的关注,如果该计算式的使用者凭直觉"感到"裂缝更重要而随意地改变计算项,那么将会出现错误和无法预料的结果。

7.1.5 服务能力——平整度概念的演变

任何测试方法或单位的改变都会导致计算式的改变。当所有数据都能被获取时,这种改变可以通过对其进行完全的、新的回归来实现,或者对比新旧测量数据后,为计算式取一个合适的替代量。例如,在 AASHO 道路试验[HRB 62]中,BPR 平整度仪输出的 R 值以 in/mi 为单位,其与路面不平整度 SV 相关,被代入式(7.1)中,结果导致刚性路面的 PSI 计算式变为:

$$\text{PSI} = 5.41 - 1.80\ln(0.40R - 30) - 0.09\sqrt{C+P} \tag{7.2}$$

必须强调,任何 PSI 模型本来就不是计算的最终形式,比如式(7.1)所示的计算式,Carry 和 Irick 都曾明确指出,这只是为了使对 PSI 的预估接近令人满意的程度[Carey 60]。

7.1.6 病害监测与评价

路面病害是指路面上可观察到的品质恶化(衰减)或损坏。病害数据属性包括裂缝、永久变形、荷载引起的碎裂、老化、材料不足和劣化、路面设计不足或施工质量差,以及上述因素的相互作用。尽管对某些病害进行了修补,但这些修补和密封局部区域的维护形式也会成为一种病害,故这种病害也应受到监测。病害数据(类型、严重程度及范围)是选择正确、合适的 MRR 方案的有用依据。正如以后章节将要讨论的,在一个路段所采集的病害数据可以被合并成一个单纯的数字统计值,如路面状况指数的取值范围为 100~0[Shahin 90,Uddin 05]。图 7.3 所示为与整体路面状况和养护需求相关的 PCI 和 PSI 级别示例[OECD 87]。

7.1.7 安全性评价

安全性可以通过抗滑力或摩擦力测试来测量,或对事故发生率高的路段采用经验判断的方式来评价。然而,安全性危害可能不是由与路面相关的因素引起的,而是路线问题、驾驶员分心和雨雪天气等方面的原因。这些因素可被归入车道管理系统中,由相关管理机构自行处理。目前具有代表性的做法就是将代表路表面摩擦力的抗滑性能作为反映路面相关安全性能的首要尺度。

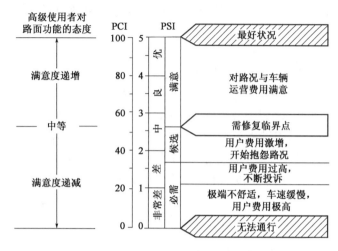

图7.3 路面评价中PCI与PSI的重要性(参照[OECD 87])

现在主要通过计算机模拟并结合现场碰撞试验来评估道路安全设施的防撞性能,由此来提高道路系统的安全性[Uddin 99]。

7.1.8 路面评价技术的选择

选取每种数据类别所需的具体评价技术类型取决于对数据的质量要求、数据采集速度与生产效率以及允许的预算。评价设备和方法可分为如下三类[Hudson 87a]:(1)直观目测病害和车辙(例如,通过详细的徒步目测或高速摄影及录像获取);(2)独立的自动化设备,例如,专用的平整度设备如麦氏平整度仪(Maysmeter)或颠簸累积仪,弯沉设备如动力式弯沉仪或落锤式弯沉仪,抗滑测试设备;(3)多功能自行车,这种高速设备单次通过路段后,可采集病害、平整度、车辙及其他状况或录像数据。第5章的表5.5中列有一些多功能设备。

当前,多功能自动评价设备能为网络级和项目级的路面管理应用提供所需的生产率、成本效益和电子数据处理功能,而且仍在进一步的改进中[Haas 94,Hudson 97]。

7.1.9 机场道面评价

路面病害通常是飞机场道面状况的衡量标准,弯沉测试也可以用作无损评价。飞机场道面评价采用病害而不用平整度衡量的原因包括[Haas 94]:

(1)飞机场相对有限的表面区域允许对病害数据的采集更详细、更具体,因此有能力更好地评估道面质量;

(2)美国军方和FAA支持采用PAVER法来评价PCI;

(3)相对于公路应用来说,机场道面缺乏服务能力概念的发展;

(4)假如道面松动的碎粒被卷入飞机发动机,将是潜在的危害,如异物损坏(Foreign Object Damage,FOD)。

然而这些原因并不意味着将平整度从机场道面性能指标中剔除,实际上,凹凸不平的跑道道面会促使飞机结构构件产生疲劳破坏。为模拟飞机起飞和降落,断面测量仪需要有适合机场的关键性平整度的标准。最近建立的飞机行驶质量指数,模拟了飞机的起飞和降落,并测得道面纵剖面图,进而为机场道面的平整度评价提供了改进的程序。RQI值是利用从驾驶员座位处及飞机重心处获取的垂直加速度值,通过计算而得到的,如果垂直加速度值超过 $0.4g$,那么滑行质量就会处于人体不舒适的范围[Gerardi 96]。

7.1.10 机场基础设施的遥感激光雷达评价

由 FAA 支持的国家科学院计划审查了一些美国的机场项目,其中就进行了机载激光雷达光探测和测距的调查。调查方式主要是通过航空影像来进行障碍物测绘和开发数据收集与处理规范[ACRP 10]。非侵入式激光雷达的勘测可以在调查区域提供上百万个 3D 的地理参考点和光栅图像[Uddin 11a]。传统的激光雷达能以每平方米最高 20 点的地面点密度采集资料,但先进的机载和地面运动学激光雷达传感器系统可以收集每平方米超过 100~200 点或更高的地面点密度[Uddin 11b]。机场路面的现状、遇险情况和维护量的准确评估就依靠 GIS 地图上密布的激光雷达数据和强度图像来进行地理空间分析。此外,FAA[Uddin 13]现在允许使用遥感激光雷达通过图像捕捉来进行航空港口测量,这样的话,通过 FAA-GIS 门户网站就可以方便地处理障碍物图像和交付所需的其他工程产品(包括机场路面状况和维护地图)。

7.2 铁路轨道的使用期评价

有效的轨道管理系统需要定期监测和评价轨道结构。如前所述,太平洋铁路运输联盟已着手应用高科技视频和 GIS 技术对轨道进行使用期检查[Gerard 91]。技术档案要素包括铁轨宽度、道砟类型、接缝类型及施工资料等。

7.2.1 轨道质量指数

Fazio 和 Prybella 总结了轨道状况评估的进展情况[Fazio 80],一般来说,轨道质量可定义为"轨道结构满足功能要求的能力"。根据这个定义,轨道上支承的运营车辆类型会影响衡量轨道质量的参数的选择。尽管很多铁路公司都有内部的轨道质量评估器,如联合铁路公司(Consolidated Rail Corporation)采用的"状况指数",但现有的评估器要么缺乏普遍性,要么需要采集过多的现场数据来计算给定轨道段的参数。

衡量轨道质量的指标,即所谓的轨道质量指数,已经由美国联邦铁路管理局(Federal Railroad Administration,FRA)资助的一个科研项目建立起来。TQI 的统计数据主要源自自动轨道几何测量车的自动采集,用这种车可以测量铁轨轨距、横向水准、翘曲(横向水准的变化率)以及线形等参数。FRA 所拥有的几何测量车的最高运行速度可达 242km/h(150mi/h),每隔 0.7m(2ft)记录一次测试数据,还装备有机载计算机,以便于存储数据,除了可将带状记录纸提供给线路养护人员,还可以用于勘察分析。每一个轨道几何参数在各轨道段都有其唯一的分布范围,并可以通过它们得到各种各样的统计结果。TQI 参数也可以包括其他铁轨信息,例如借助人工检查收集到的坏轨枕的数量。可以对自动轨道几何测量车开发估计铁轨模量(在荷载作用下铁轨抵抗竖向变形的能力)的功能,免除人工检查。

铁轨的运营和荷载状况影响所需的 TQI 水平等级。例如,支承 80km/h(50mi/h)货运列车和支承 160km/h(100mi/h)城市铁路的铁轨具有不同的 TQI 等级。FRA-Conrail 项目致力于研究许多北美货运铁路公司中存在的共性运营状况:有 50~100 节车厢的混装货运列车在常规铁轨(木轨枕和石道砟)上以 64~80km/h(40~50mi/h)的速度行驶。在欧洲,荷兰研究与实验办公室(Netherlands Office of Research and Experiments,ORE)也根据自动轨道几何测量车,尝试开发简便易用的铁轨状况计量器[Fazio 80]。

7.2.2 铁路铁轨状况评价

建筑工程研究实验室(Construction Engineering Research Laboratory,CERL)成功开发了轨道养护管理系统 RAILER,可用于技术档案、检查、评价以及养护或维护成本分析。铁轨的缺陷根据预先制定的 5 个等级划分为无缺陷、无限速、限速 10mi/h、限速 5mi/h 以及不能运营。该系统也允许输入自动轨道的几何数据。参照铁路轨道标准,通过比较目测采集的数据与轨道裂纹检查信息来评估养护和维修的需求[Uzarski 88]。

现在,直升机载激光雷达和火车安装的移动 GPR 传感器系统也被用于评估轨道基础设施的对齐精度和结构完整性。

7.3　地下管线的使用期评价

在任何施工或维护工程中,最重要的就是确定地下结构的深度和评估地下设施的结构完整性。可用的无损评估方法有利用地震、声学、电磁和惯性导航传感器。目前最广泛使用的设备是地面耦合式 GPR,经过 20 年的优化发展,这一设备的使用技术已经十分完善。

对大型地铁和隧道的情况进行监测,调查速度和数据质量非常关键。陆地激光雷达系统以静态和动态两种方式,提供了地理参考的激光雷达强度图像和包含整个表面、由数字图像组成的 3D 地图。该 3D 地图点密度为 50~200 点/m^2,为调查做出了巨大的贡献。此外,热红外映射可以提供高分辨率的温度分布图,来显示结构的薄弱部分或泄漏部分。大量已发表的文献都是关于这些地下基础设施的无损检测评价的[Gikas 12]。

7.4　桥梁的使用期评价

最初的国家桥梁管理研究[Hudson 87]深入审查了桥梁结构技术档案和状况审查(Bridge-structure Inventory and Condition Appraisal,SICA)标准的现有 NBIS 程序,确认对这些程序的几项改进,以加强有意义的 MRR 计划中的使用期评价工作,并推荐了一个桥梁管理系统模型。

7.4.1　联邦 SIA 数据及限制

联邦结构库存与状态评估(Structure Inventory and Condition Appraisal,SI&A)标准中包含的桥梁状况变量,通常以一个单独的严重程度等级的形式存在于桥梁的每个主要组件中,这些等级在桥梁的目测检查时被采用。表 7.2 列出了桥梁的主要组件及 BMS 研究推荐的详细的状况变量。

理想的 BMS 中推荐的桥梁状况变量汇总　　　　表 7.2

联邦 SIA 等级分类	BMS 推荐的状况变量	
	个数	示例
车道状况等级	8	桥面铺装、表面磨损、接缝、排水、路缘或人行道或栏杆、中间栅栏、图解
上部结构状况等级	9	主要构件与连接、底板构件与连接、次要构件与连接、活动与固定支座、金属保护层
下部结构状况等级	7	桥墩台、中间支承、防撞保护体系、金属保护层、挡土墙、涵洞、混凝土保护层
河槽和河槽保护等级	5	河岸、河床、抛石堤和防波堤、下部结构基础的侵蚀
引道等级	6	筑堤、路面、卸荷裂隙、排水、护栏、路面画线标示
估计剩余寿命	1	预估剩余寿命
数据与其他信息检查	5	上次检查的数据和非常规检查的特点、上次非常规检查的频率与日期、检查者

以下 SIA 数据的局限性是在 NCHRP 报告 300［Hudson 87］中确认的：
◆ 缺少反映病害范围和类型的数据。
◆ 对紧急情况没有标记机制。
◆ 等级没有反映养护需要（类型和数量）。例如，桥面的损坏维护可能是一个费用高的主要维护项目，但是它对确定结构状况的严重程度等级影响很小。
◆ 等级及相关定义的精确度和可靠度低，特别是中间段的状况等级处于灰色区域（区分次要养护、主要养护和次要修复很困难）。
◆ 缺乏可靠并可测试有效参数的客观性测试仪器。
◆ 在 SIA 表格中缺少养护项（例如，检查项目中没有考虑油漆）。
◆ 现场检查是为适应修复和重建而进行的（主要从结构性、适当性及安全性考虑），而不注重小型或预防性养护。
◆ 养护资料、成本-效益资料不足，缺乏网络级优先排序的总体状况指数。

联邦适应性评级基于 SIA 指标，并用来确定联邦公路桥梁更换和修复计划（Highway Bridge Replacement and Rehabilitation，HBRRP）中具备使用资金条件的桥梁。也使用其他指标——库存评级（Inventory Rating，IR）和运营评级（Operating Rating，OR）方面的承载能力。SIA 指标值的范围是 9（最好状况）～0（最差状况）；SR 值的范围为 100～0，由下式计算得到［Hudson 87b］：

$$SR = S_1 + S_2 + S_3 - S_4 \tag{7.3}$$

变量 S_1、S_2、S_3 及 S_4 的定义如下：
① S_1 为结构适当性与安全性（最大值为 55，最小值为 0）。

$$S_1 = 55 - (A + I) \tag{7.4}$$

式中：A——扣除衰减的数值，依据上部结构和下部结构的等级指标；
I——承载能力的降低值。

$$I = (36 - \text{AIT})^{1.5} \times 0.2778 \tag{7.5}$$

式中：AIT——调整的技术档案等级。

②S_2 为服务性能与功能退化（最大值为30，最小值为0）。

$$S_2 = 30 - [J + (G + H) + I] \tag{7.6}$$

式中：J——车道状况、结构状况、车道几何、桥下净空的线性函数，其值不超过13；
G、H——车道宽度不足值的函数，$G + H$ 值不超过15；
I——桥下竖直净空不足值的函数，其值不超过2。

③S_3 为基本参数（最大值为15，最小值为0）。

$$S_3 = 15 - (A + B) \tag{7.7}$$

式中：A、B——分别对应于民用与军用情况下的折减值。

④S_4 为特定折减（仅当 $S_1 + S_2 + S_3$ 的值大于或等于50 时采用）。

$$S_4 = A + B + C \tag{7.8}$$

式中：A——便道长度折减值；
B——结构类型折减值；
C——公路安全特征折减值。

A 与 B 分别对应于民用与军用情况下的折减系数，A、B、C 的最大值为5。

7.4.2 桥梁状况评价方法纵览

《AASHO 桥梁状况评价手册》是 NCHRP 项目 12-23 与美国国有公路运输管理员协会[AASHTO 94]合作开展研究的成果，该手册的目的在于建立标准检测程序和荷载等级规范。表7.3～表7.5根据 AASHO 手册，对评价混凝土结构、钢结构和木结构的试验方法的性能作了比较。

混凝土结构评价技术的能力[AASHTO 94]　　表7.3

依据的方法	探测缺陷的能力					
	裂缝	剥落	腐蚀	磨耗与磨损	化学作用	水泥浆空洞
强度	不适合	不适合	差	不适合	差	不适合
声测	可以	不适合	好	不适合	不适合	不适合
超声波	好	不适合	可以	不适合	差	不适合
磁技术	不适合	不适合	可以	不适合	不适合	不适合
电测	不适合	不适合	好	不适合	不适合	不适合
核子技术	不适合	不适合	可以	不适合	不适合	不适合
热成像	不适合	好①	好②	不适合	不适合	不适合
雷达	不适合	好①	好②	不适合	不适合	不适合
射线检验	可以	不适合	不适合	不适合	不适合	可以

注：①沥青表层下。
②探测剥离。

钢结构评价技术的能力[AASHTO 94] 表7.4

依据的方法	探测缺陷的能力									
	裂缝				内部空洞	焊缝A	厚度B	应力C	气泡D	腐蚀E
	浅层	深层	内部	疲劳						
射线检验	N①	可以②	可以②	差	好	好	可以	可以	差	好
磁粉-湿性	好	好	N	好	N	N	N	好	N	N
磁粉-干性	可以	好	N	好	N	N	N	好	N	差
涡电流	可以	好	N	N	N	差	差	N	N	N
染料渗透法	可以	好	N	好	N	N	N	好	N	可以
超声波③	差	好	好	好	好	可以	好	好	可以	差

注:A代表焊接点的孔隙与熔渣;B代表厚度;C代表应力腐蚀;D代表气泡;E代表腐蚀缺陷。
①代表不适合。
②假设梁与裂缝平行。
③能力随设备与操作方法不同而异。

木结构评价技术的能力[AASHTO 94] 表7.5

依据的方法	探测缺陷的能力				
	表面腐朽与腐烂	内部腐烂与孔洞	风化	化学腐蚀	磨损与磨耗
渗透	好	好	可以	可以	不适合
电测	可以	可以	不适合	不适合	不适合
超声波	不适合	好	好	不适合	不适合

1995年,国际道路会议常设协会(Permanent International Association of Road Congresses,PIARC)在蒙特利尔举行的第20届世界道路会议上,做了一份桥梁使用期状况评估技术的国际性调查[PIARC 95]。以下是对欧洲、美国(新泽西)和日本进行调查的信息汇总。

对桥梁进行检查的时间间隔根据桥梁的重要性、建设年代、结构类型(钢或混凝土)、损坏程度和交通状况而不同,桥梁检查和状况评估的数据项目从20个(法国)到250个(英国)不等。所有国家的桥梁中都设置了检测通道或把可移动的平台作为长期检查的设施,活动臂车和栏杆外工作车也得到了应用。该调查对如下几类桥梁部件的主要损坏机理及检测技术进行了回顾:钢构件、混凝土构件、桥墩、桥台、基础及辅助设备。确定破损原因是目测检查和试验的重要组成部分,表7.6总结了上述部件的状况衰减类型及其检查手段。

对17个国家的桥梁状况评价方法的总结[PIARC 95] 表7.6

桥梁构件	衰减与损坏	检查方法
钢构件	(1)由于生锈和腐蚀导致涂膜老化及早期损坏。 (2)螺栓或铆钉松落及焊接损坏,由于疲劳与腐蚀导致的裂缝、挠曲、脆裂	(1)目测与拍照检查,胶带剥离与粘贴测试。 (2)异常噪声或振动的检测,射线与超声波检测、振动检测

续上表

桥梁构件	衰减与损坏	检查方法
混凝土构件	(1)由于盐碱导致的钢筋腐蚀与裂缝。 (2)因碱硅反应(Alkali-Silica Reaction,ASR)导致的表面裂缝与腐蚀。 (3)因混凝土碳化导致钢筋腐蚀与裂缝。 (4)因灌浆导管破损致预应力筋腐蚀。 (5)混凝土板由于疲劳出现裂缝、剥落、分层及破损。 (6)因超载引起的裂缝(靠近跨中、1/4跨、支座周围)	(1)目测检查裂缝和其他可见的损坏。 (2)目测检查;混凝土强度试验;胶装检测,化学ASR测试;X射线分析(非常规)砂浆和集料。 (3)酚酞法检测碳化作用(最普通的方法)。 (4)钻孔及目测检查,采用X射线、超声波、声发射等无损检测方法。 (5)目测检查;混凝土强度测试;腐蚀状况评价。 (6)目测检查,超声波测试或取芯检查裂缝深度
桥墩、桥台及基础(对桥梁整体安全性很重要)	(1)钢筋与混凝土构件破损。 (2)因偶然事故(轮船、漂浮物、汽车撞击)或自然灾害(地震、洪水)引起的损坏。 (3)因地面状况改变(腐蚀与冲刷、沉降、倾覆、下部结构问题)引起的变形与损坏	(1)目测检查及其他上面列出的方法。 (2)现场及事件的特别检查;地震评价和液化潜力。 (3)经常性监测:利用长杆及打入器及超声波检测腐蚀和冲刷;利用沉降计、超声波测试等观测沉降;利用测斜仪观测倾斜;采用试坑开挖及机器钻孔检查下部结构
辅助设备	(1)制作损坏(转动与移动受限、移动性差、腐蚀、支座或锚栓或底板变形)。 (2)膨胀缝损坏(行车表面颠簸、接缝开裂异常、螺栓松动、销子断裂、漏水、异常的噪声与振动)	(1)大部分是目测检查,移动性量测。 (2)大部分是目测检查,移动性检查,锚栓抗剪试验,锤击试验

注:检查混凝土强度采用取芯测试、回弹仪(施密特锤)、超声波测试(见第6章中新型NDE评价方法)。

水流对桥墩的绕流冲刷是很关键的一点[NCHRP 07]。绕流的冲刷深度和它对码头及基台的损伤情况主要可通过遥感来进行监测。检测方法包括：

- ◆ GPS/全站仪测量;
- ◆ 水下摄影;
- ◆ 利用水听器进行声波测绘(水下声呐系统);
- ◆ 绿波光感雷达测量,例如用于水文测量的扫描水文机载激光雷达测量(Scanning Hydrographic Operational Airborne Lidar Survey,SHOALS)。

2005年,在美国墨西哥湾沿岸的卡特里娜飓风灾难发生期间,路易斯安那州和密西西比州的几座桥梁被强劲的风和浪涌彻底摧毁。从这次灾害中获得的重要经验教训:①加强对堤坝的防护,尤其是桥头搭板附近的堤坝,以免造成严重的空洞;②将桥面板连接至墩梁,以抵抗强风和洪水的浮力。这些经验现在已成为沿海地区桥梁设计和建造中重要的考虑因素。

7.5 给水管道的使用期评价

本节主要讨论主干水管的泄漏、腐蚀及结构性损坏。O'Day将供水配给系统的衰减问题分解成以下几部分[O'Day 84]:

- 水的质量问题与管瘤及管道内部腐蚀有关；
- 水压低及高水头损失问题归因于主管结瘤；
- 给水系统泄漏的主要原因是接头泄漏、主管破裂及管道泄漏；
- 主管破裂的原因是内部或外部腐蚀；
- 阀门与消防栓不工作的原因是未进行部件更换或更换后的部件无用。

作用于主管的力包括：①内部压力；②主管周围的土、汽车荷载及寒冷季节冰冻引起的外部压力；③水管的支撑不均匀引起的弯曲应力；④主管膨胀与收缩受限引起的温度应力。内部、外部因素的影响及管道材料的电解腐蚀使管壁变薄，土的电阻率与含水率是影响腐蚀程度的主要因素，水的泄漏使水管的腐蚀加剧。图7.4列出了影响主水管压力及其管壁厚度损失的因素[O'Day 84]。

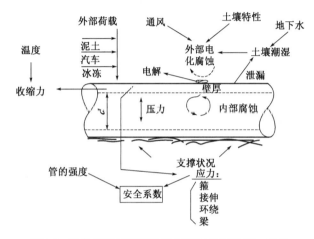

图7.4 供水主管结构状况的概念模型(参照[O'Day 84])

主水管的泄漏与破裂频率是重要的评价参数。泄漏监控可采用实际水流试验以及听声音判断的方法，利用红外热成像技术的无损检测及非接触检测是另一种确定潜在泄漏与破裂范围的方法。

根据公用事业公司日常收集的资料，把给水管道的泄漏与破裂数据分析分为如下5个层次[O'Day 84]：

①分析破裂随时间变化的发展趋势，以确定出现问题的区域。

②根据主管类型(考虑水管的材料类型、直径、使用年限、接头类型、所处区域的重要性以及其他紧急因素)分析破裂模式，确定具有最大破损率的主管类型及其范围。

③根据破裂类型分析破裂模式，从而找出与主管直径、使用年限、材料及位置等因素相关的破裂类型。这些信息应在维修时予以记录，以便确定结构性衰减与失效的原因。小直径水管(管径小于或等于254mm或10in)通常出现的是圆周向破裂，而大直径水管通常容易出现纵向破裂。破裂类型及其对应的结构性失效原因总结如表7.7所示。

破裂及其对应的结构性失效原因　　表7.7

破 裂 类 型	结构性失效原因	破 裂 类 型	结构性失效原因
圆周向的	热收缩，弯曲	孔洞	内部压力
纵向的	挤压荷载过大	钟形裂缝	热收缩，接头材料膨胀

④目视观察破裂样本,用来确定腐蚀的原因、发展和深度。

⑤显微镜观察破裂样本,可通过金属微观结构分析来确定腐蚀类型。

7.6 供气管道的使用期评价

天然气在高压状态下在有保护薄层的钢管里传输。1968 年的《天然气管道安全法》、1979 年的《危险液体管道法》以及 1988 年的《管道安全再授权法》都要求美国运输部建立和加强天然气传输的安全性规程[GAO 92]。美国有 260 万 km(160 万 mi)的天然气管道,包括 42.7 万 km(26.7 万 mi)的州际天然气管道。根据审计总署(General Accounting Office,GAO)的报告,随着这些管道使用期的延长,其安全性已经引起人们的担忧。例如,9% 的天然气管道网络建设于 1940 年以前,10% 建设于 1950 年以前,大部分建于 20 世纪 50 年代至 60 年代之间,下面的讨论就是基于 GAO 的报告。

据报道,1985—1991 年,美国共发生了 1726 起天然气管道事故,造成 131 人死亡,634 人受伤。导致管道失效的首要原因是外部力量所致的偶然损坏,如第三方在管道附近开挖;内部和外部腐蚀是排第二位的原因。管道在使用期内必须受到保护以免被损坏和性能退化,保护工作通常是通过对外部腐蚀的控制和检查来实现的。管道检查和评价方法包括:

◆ 目测检查;巡线;携带火焰探测器巡线;采用便携式超声波传感器检查结构的完整性;采用轻型飞机或直升机检查泄漏的迹象,如濒临死亡的植物、水泡以及地面上的洞穴。

◆ 进行管道的静水压力测试:将水压入管道段内,然后监测管道抵抗破裂的情况。

◆ 采用 X 射线检查管道焊缝。

◆ 将检测设备(如智能探管器)投入管道内,当其随天然气沿管道流动时,就可以检测和记录管道的缺陷。

智能探管器的应用始于 20 世纪 60 年代,其可以携带超声波或磁通量泄漏检测装置来监测管内外腐蚀及其他缺陷。这种技术很有成本效益,可在不需要中断使用的情况下来进行静水压力测试。GAO 报告中提供了采用传统技术与智能探管器技术来检测供气管道的详细情况[GAO 92]。

7.7 建筑物的使用期评价

建筑物是保证私人、商业及公用层面的社会生活正常运行,与国计民生关系最为密切的基础设施资产。保证建筑物的正常运行就要求对其进行结构方面的检查和维护,以及对取暖和制冷设备、通风设备、给排水设备、紧急与安全系统、园艺、停车场和其他非结构性组件进行检查和维护。遗憾的是,建筑物建造和 MRR 活动的竣工记录资料通常都没能很好地被保存下来,也无法被正常获取。

7.7.1 建筑物状况等级和评价实例

建筑物的检查和评价工作取决于其所有者、运营者和管理机构对其的认识和管理方式。

表 7.8 为美国邮政局进行决策分析时采用的公用设施评级表。

美国邮政局采用的公用设施评级表格(参照[Urban 84])　　　表 7.8

组成部分	状况			关心的领域						备注
	A	P	I	H	M	Sa	Se	E	C	
空调			×	×				×		仅窗户单元
供电		×			×					难以维护的复杂系统
供热	×									最近的主要更改
照明		×			×			×		具有 20~30ft 烛光照度的办公室
卫生管道		×								流动性减少
办公室		×						×		照明,暖通空调
大厅		×				×			×	照明水平低
储物柜			×							全面缺乏
餐馆			×	×	×	×				全面缺乏
休息室		×	×					×		缺乏判断标准
后期保障	×	×		×						—
工作间		×				×				照明水平差
平台		×			×					顶篷需要维修
停车场		×					×	×		无运输车停车场
机动区域		×								缺乏足够深度
结构间	×									—
杂类	×									—

注:A 表示合适;P 表示差;I 表示不合适;H 表示健康;M 表示维护;Sa 表示安全;Se 表示保安;E 表示雇员宿舍;C 表示顾客宿舍。

建筑物构件的预期使用寿命范围较宽,取决于材料、设计与施工实践、土壤与周围环境、自然灾害的发生情况,等。到目前为止,火灾一直是威胁一般建筑物的最常见的事故类型。

7.7.2 地震后评价

地震是重要的难以预测的自然灾害。美国土要的地震分布区域显示了在 50 年内预计(1/10 的可能性)超过有效峰值加速度(以重力加速度 g 的十进制小数表示)的等值线[FHWA 81,Buckle 87]。美国中南部的新马德里断裂带在 19 世纪经历了最严重的地震。利用地理空间评价地震对该地区的影响,结果显示了该地区的空间地震风险情况,影响面包括在断层中心周围 200km 半径范围内的 8 个州,共 4670 万人口。

联邦和州的紧急管理机构希望对建筑物进行余震安全性评价、设置标志及宣告废弃等工作,相关机构的工作人员在地震易发区进行培训,这对于大城市来说是一个工作量非常庞大的任务。例如,旧金山有超过 15 万间房屋,而只有 30 个房屋检查员、15 个土木工程规划和结构工程师为政府机构工作。如果 10% 的房屋需要检查,那么房屋数与检查者的比值为 300∶1

[ATC 93]。为了准备从美国联邦应急管理局获得资金而编制的 ATC 培训手册,综合概述了一些民众最关心的问题,摘要如下:

◆ 基本安全问题(倒塌、坠落危害、岩土工程危害、危害性材料、场地安全)。
◆ 设置标志系统(及时的、一致的、可见的、判断的权威性):已检查(绿色),安全、可合法居住;有限进入或限制使用(黄色),使用上有某些限制,由承租人控制;不安全(红色),管辖区控制进入。

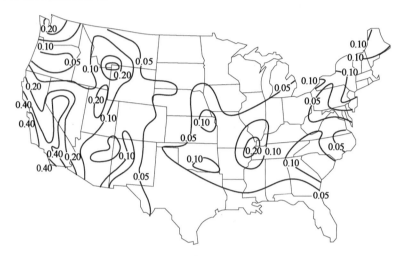

图 7.5 美国主要地震分布区域图(参照[FHWA 81,Buckle 87])

图 7.6 美国新马德里断裂带的地震危险度分布图
(空间图来自 Carrissa Beasely/W. Uddin,密西西比大学,2012 年 5 月)

◆ 评价步骤(适用于快速和详细评价):
(1)房屋外部全面检查;
(2)检查地面病害;
(3)如果安全,进入继续检查;
(4)讨论意见,按标准评价;
(5)为建筑物设置标志;
(6)通知居住者有关危险情况。
◆ 对重点设施进行详细评价(卫生保健设施、警察与消防部门、监狱与拘留中心、紧急事务处理中心、高居住率的避难所)。
◆ 详细评价的判断标准(针对危险状况):
(1)垂直承载能力没有明显减小;
(2)横向承载能力没有明显减小;
(3)没有坠落或其他危险存在;
(4)无基础损坏和地面位移迹象;
(5)主要出口是可用的;
(6)无其他不安全情况。
◆ 非结构性部分的危害性:
(1)栏杆、烟囱、装饰物;
(2)涂覆层及抛光;
(3)隔墙;
(4)吊顶、活动地板;
(5)管道系统与管道支架;
(6)设备、家具;
(7)可移动的房屋。
◆ 岩土工程危险(地面振动的增加、液化、下沉、坍塌)。

7.7.3 ASCE 标准

1990 年,在美国国家标准与技术研究院(National Institute of Standards and Technology, NIST)的建筑与防火研究实验室的支持下,美国土木工程师协会房屋结构状况评价与修复委员会制定了房屋结构状况评估标准指南[ASCE 90, Pillared 96]。这是 ASCE 第一次进行这样的工作,提出了对采用混凝土、砖石、金属及木等材料建造的现有结构物状况进行评估的标准。由于潜在的费用问题,推荐使用多层次评估方式,即开始时先对建筑物原始结构的适应性程度进行基本评估,接着推荐那些需要详细评估的结构物及其优先顺序,然后进行详细的评估,提出建议采取的行动和替代方案。在 2001 年 9 月 11 日之后,NIST 的调查显示,纽约市世贸中心 7 号楼使用的混凝土-钢复合结构框架在极端火灾、喷水灭火系统故障和超热条件下表现出易损性,结构发生崩溃[NIST 03]。

另外,ASCE 的委员会正起草建筑物外形状况评价的指南(截至本书英文版成稿时),建筑物外形被称为"保护建筑物免受天气影响的外表"。该报批标准以公众关注的安全性为重点,概括了以下6种建筑物外形类别：
- 屋顶系统的设计主要作用是防风雨且与房屋顶面隔离；
- 阳台系统是由建筑物外墙支撑的外部平台；
- 广场平台系统是容纳车辆与行人通行，在水平面上方设置防风雨构件的结构物；
- 承重墙体系承受重力和垂直荷载；
- 非承重墙体系除承受其本身重力外，无须承受垂直荷载，如幕墙和隔板墙；
- 基础墙体系是建筑物与土壤接触的部分，通常是承重墙，并设置有防水层和排水构件。

设立 ASCE 地震建筑物修复委员会的目的是协助对地震修复文件 ATC-28 进行一致性审查，这份 ATC-28 文件是由加利福尼亚州结构工程师学会利用 FEMA 基金编制的。

7.8 对存在热岛效应和洪水风险的土地的使用期评价

诸如建筑物和沥青构造表面的人造基础设施表面比自然地面会吸收更多的热量，因为较暗物体的表面，其太阳反射率较低。这种热岛效应导致城市地表温度和空气温度升高。城市扩张和交通运输的相关温室气体排放也会提高该地区的温度。因此，建筑物表面增加了能源需求（冷却）和热岛效应，这对空气质量产生了不利影响，同时也产生了致使全球变暖的温室气体［Uddin 09］。准确的土地利用图有助于评估这些热岛效应，从而制订缓解的计划，例如增加绿化空间，或增加使用建筑物屋顶和人行道的"降温""绿色"建筑材料。

自然灾害较为严重的地区，需对灾害能够快速响应，以拯救生命。复原和重建计划需要关于受损基础设施的准确［Uddin 12］信息，如商业设施、住房、交通网络（道路、桥梁、铁路）、风暴碎片和侵蚀材料。同时，需要用准确的土地利用图评估出洪水灾害风险图。

用于评估热岛效应和洪水灾害风险的地理空间和 GIS 地图一般是以 15m 或 30m 的地面分辨率进行密集现场调查或通过美国国土覆盖数据库（The National Land Cover Databas，NLCD）获取资料。但现在 NLCD 地图已经过时，不足以用来进行详细的工程分析［Uddin 12］。目前可以利用全球覆盖的高分辨率卫星图像，创建准确的土地利用分类图，以评估热岛效应和洪水灾害风险。

参 考 文 献

［AASHTO 94］ *Manual for Condition Evaluation of Bridges*, American Association of State Highway and Transportation Officials (AASHTO), Washington D. C., 1994.

［ACRP 10］ Airport Cooperative Research Program (ACRP), "Light Detection and Ranging (LIDAR) Deployment for Airport Obstructions Survey," *Research Results Digest 10*, Transportation Research Board, The National Academies, Washington D. C., July 2010.

［ASCE 90］ *ASCE 11-90, Standard Guidelines for the Structural Condition Assessment of Existing Buildings*, American Society of Civil Engineers, New York, 1990.

［ATC 93］ Applied Technology Council, "Postearthquake Safety Evaluation of Buildings Training Manual," *ATC-20-T*, funded by the Federal Emergency Management Agency, Washington D. C., 1993.

［Buckle 87］ I. G. Buckle, R. L. Mayes, and M. R. Button, "Seismic Design and Retrofit Manual for Highway

Bridges," *Report FHWA-IP-87-6*, Federal Highway Administration, McLean, Va., May 1987.

[Carey 60] W. N. Carey, and P. E. Irick, "The Pavement Serviceability—Performance Concept," *Highway Research Bulletin 250*, Highway Research Board, National Research Council, Washington D. C., 1960.

[FAA 82] "Guidelines and Procedures for Maintenance of Airport Pavements," *Advisory Circular AC: 150/5380-6*, Federal Aviation Administration, Washington D. C., 1982.

[Fazio 80] A. E. Fazio, and R. Prybella, "Development of an Analytical Approach to Track Maintenance Planning," in *Transportation Research Record 744*, Transportation Research Board, National Research Council, Washington D. C., 1980, pp. 46-52.

[FHWA 81] "Seismic Design Guidelines for Highway Bridges," Applied Technology Council, *Report FHWA/RD-81/081*, Federal Highway Administration, Washington D. C., 1981.

[FHWA 89] "Pavement Management Systems, A National Perspective," *PAVEMENT Newsletter*, Federal Highway Administration, U. S. Department of Transportation, Issue 14, Spring 1989.

[GAO 92] "Natural Gas Pipelines—Greater Use of Instrumented Inspection Technology Can Improve Safety," GAO Report to Congressional Committees, *Report No. GAO/RCED-92-237*, United States General Accounting Office, Washington D. C., 1992.

[Gerard 91] S. V. Gerard, "UP Links Video and Graphic Images for Greater Clarity," *Railway Track and Structures*, April 1991.

[Gerardi 96] T. Gerardi, "The Importance of Maintaining Smooth Airport Pavements," *Proceedings*, 24th International Air Transportation Conference, Louisville, Ky., 1996, pp. 295-305.

[Gikas 12] Vassilis Gikas, "Three-Dimensional Laser Scanning for Geometry Documentation and Construction Management of Highway Tunnels during Excavation," *Sensors 2012*, Vol. 12, No. 8, 2012, pp. 11249-11270.

[Haas 78] R. C. G. Haas and W. R. Hudson, *Pavement Management Systems*, McGraw-Hill, New York, 1978.

[Haas 94] R. Haas, W. R. Hudson, and J. P. Zaniewski, *Modern Pavement Management*, Krieger Publishing Company, Malabar, Fla., 1994.

[HRB 62] "The AASHO Road Test, Report 5—Pavement Research," *Special Report 61E*, Highway Research Board, National Research Council, Washington D. C., 1962.

[Hudson 87] S. W. Hudson, R. F. Carmichael III, L. O. Moser, W. R. Hudson, and W. J. Wilkes, "Bridge Management Systems," *NCHRP Report 300*, Transportation Research Board, National Research Council, Washington D. C., 1987.

[Hudson 87a] W. R. Hudson, and W. Uddin, "Future Evaluation Technologies: Prospective and Opportunities," *Proceedings*, 2nd North American Pavement Management Conference, Toronto, Ont., 1987.

[Hudson 87b] W. R. Hudson, C. Boyce, and N. Burns, "Improvements in On-System Bridge Project Prioritization," *Research Report 439-1*, Center for Transportation Research, The University of Texas at Austin, 1987.

[Hudson 97] W. R. Hudson, R. Haas, and W. Uddin, *Infrastructure Management*, McGraw-Hill, New York, 1997.

[NCHRP 07] National Cooperative Highway Research Program, "Countermeasures to Protect Bridge Piers from Scour," *REPORT 593*, Transportation Research Board, Washington D. C., 2007.

[NIST 03] National Institute of Standards and Technology, "NIST Response to the World Trade Center Disaster: World Trade Center Investigation Status," U. S. Department of Commerce, December 2003.

[O'Day 84] D. K. O'Day, "Aging Water Supply Systems: Repair or Replace," *Infrastructure Maintenance and Repair of Public Works*, Annals of the New York Academy of Sciences, Vol. 431, December 1984, pp. 241-258.

[OECD 87] *Pavement Management Systems*, Road Transport Research, Organization for Economic Cooperation and Development (OECD), Paris, France, 1987.

[PIARC 95] "Road Bridges," *Reference 20. 11. B*, *Report of the Committee*, 20th World Road Congress, Permanent International Association of Road Congresses (PIARC), Montreal, P. Q., September 1995.

[Pillared 96] J. Pillared, C. Baumert, and M. Green, "ASCE Standards on Structural Condition Assessment and Rehabilitation of Buildings," *Standards for Preservation and Rehabilitation*, *ASTM STP 1258*, American Society for Testing and Materials, Philadelphia, Pa., 1996, pp. 126-136.

[Shahin 90] M. Y. Shahin and J. A. Walter, "Pavement Maintenance Management for Roads and Streets Using the PAVER System," *USACERL Technical Report M- 90/05*, Champaign, Ill., 1990.

[Uddin 86] W. Uddin, A. H. Meyer, and W. R. Hudson, "Rigid Bottom Considerations for Nondestructive Evaluation of Pavements," in *Transportation Research Record 1070*, Transportation Research Board, National Research Council, Washington D. C., 1986, pp. 21-29.

[Uddin 96] W. Uddin, R. M. Hackett, P. Noppakunwijai, and Z. Pan, "Three Dimensional Finite-Element Simulation of FWD Loading on Pavement Systems," *Proceedings*, 24th *International Air Transportation Conference*, Louisville, Ky., 1996, pp. 284-294.

[Uddin 99] W. Uddin and R. M. Hackett, "Three-Dimensional Finite Element Modeling of Vehicle Crashes Against Roadside Safety Barriers," *IJCrash 1999— International Journal of Crashworthiness*, Woodhead Publishing Ltd., Vol. 4, No. 4, 1999, pp. 407-417.

[Uddin 05] W. Uddin, "Chapter 18—Pavement Management Systems," *CRC Handbook of Highway Engineering*, Editor T. F. Fwa, ISBN 9780-84931-9860, Pearson-CRC Press, Inc., September 2005.

[Uddin 09] W. Uddin, Carla Brown, E. Scott Dooley, and Bikila Wodajo, "Geospatial Analysis of Remote Sensing Data to Assess Built Environment Impacts on Heat- Island Effects, Air Quality and Global Warming," *Paper No. 09-3146*, *CD Proceedings*, 85th *Annual Meeting of Transportation Research Board*, Washington D. C., January 11-15, 2009.

[Uddin 11a] W. Uddin, "Transportation Management: LiDAR, Satellite Imagery Expedite Infrastructure Planning," *Earth Imaging Journal*, January/February 2011, pp. 24-27.

[Uddin 11b] W. Uddin, "Remote Sensing Laser and Imagery Data for Inventory and Condition Assessment of Road and Airport Infrastructure and GIS Visualization," *International Journal of Roads and Airports* (*IJRA*), Vol. 1, No. 1, 2011, pp. 53-67.

[Uddin 12] W. Uddin and Katherine Osborne, "A Geospatial Methodology for Rapid Assessment of Disaster Impacts on Infrastructure," *Online Proceedings*, 91st *Annual Meeting of Transportation Research Board*, Washington D. C., January 22, 2012.

[Uddin 13] W. Uddin and Catherine Colby Willis, "Airborne Laser Surveys for Expediting Airport Obstruction Mapping," *Journal of Airport Management*, London, U. K., Vol. 7, No. 2, Spring 2013, pp. 179-194.

[Urban 84] H. P. Harty and B. G. Steinthal, *Guides to Managing Urban Capital Series*, vol. 4: *Guide to Selecting Maintenance Strategies for Capital Facilities*, The Urban Institute, Washington D. C., 1984.

[Uzarski 88] D. R. Uzarski and D. E. Plotkin, "Interim Method of Maintenance Management for U. S. Army Railroad Track Network," in *Transportation Research Record 1177*, Transportation Research Board, National Research Council, Washington D. C., 1988, pp. 84-94.

第8章 性能建模与破损分析

8.1 性能评价

8.1.1 性能概念

公共基础设施用来为所有者和使用者提供预期质量水平的服务。建成时的质量水平并不会随着时间的推移而维持不变,而会在设施的整个使用期内逐渐降低。根据第 3 章关于使用寿命与性能的讨论,公共基础设施性能的通用定义为"设施为用户提供服务并实现其建造或购置目的的过程,如用它向用户提供的累计服务质量和服务时间来衡量"[Hudson 97]。图 8.1 描述了性能的概念,这里性能表示为质量尺度随时间变化的曲线,质量尺度如条件指数(Condition Index,CI),其取值为 100(处于最好状况的新建设施)~0(总体状况不能接受或已失效)。当然还可以用其他的等级尺度,这取决于是什么设施、度量标准如何及其他影响因素。路面现时服务能力指数的常见等级取值为 0~5。

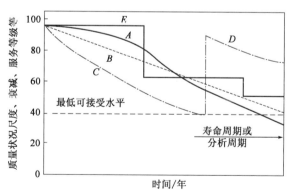

图 8.1　几种性能曲线形式的概念图示

基础设施的使用期与状况评估的关系如图 8.1 所示,相关内容已经在第 6、7 章作了详细讨论。图 8.1 中每条曲线下的面积表示累计服务或性能,这里可确立几个与性能相关的概念:

◆ 初始状况,服务等级与质量位于图 8.1 中刻度尺的顶部附近(如 100),相当于新建设施成功完成了验收试验及试运行后的状况。必须要设置最低可接受的状况水平,在图8.1中设为40,实际上这个值受很多因素的影响,如设施的种类、机构的政策、安全性与经济性等。

- ◆ 设施的状况会随时间而衰退,不仅反映在实体状况的衰退,而且表现为服务水平、质量、功能、结构能力或安全性方面的衰退。
- ◆ 在寿命周期或分析期末,设施可能达到也可能达不到最低可接受水平。产生这种情况是由于设施状况的持续衰退、功能的丧失、安全因素或灾难事故(如火灾、洪水、地震)等的影响。
- ◆ 状况衰退曲线的斜率与形式决定了设施的性能。性能良好的设施应提供高水平的服务,且在大部分使用寿命周期内保持相对好的、可接受水平的状况,如图8.1中的曲线A(曲线型)、B(直线型)或E(不连续型)所示。曲线C所代表的设施性能较差,原因是其在使用初期的衰退率相对较高。
- ◆ 根据预先选取的衰退水平,对设施进行使用期评价及性能趋势回顾,可为MRR活动制定有效的干预策略。图8.1中对曲线C主要进行复原与修复干预后能延长设施的使用寿命,如曲线D所示。

一个设施是若干相互关联的部件(分部工程),按照一定的逻辑顺序经设计、施工后形成的最终成果,即提供一种最终产品来实现其预期的服务目标。实体状况的衰退是一个复杂的过程,如设施由于加载及使用导致磨损与老化,受到环境影响使建筑材料劣化,以及这些机理的相互作用。如图8.1中的曲线所示,传统的设计原则依赖于预先选择的使用寿命,所使用的安全系数考虑设计与需求等不确定性因素,而没有涉及性能的概念。这种旧的原则是不实际的,应确立合适的性能指标并进行检测,以便能将历史数据资料用于建立和改进性能预测模型。

需要对可持续发展、减少碳排放和抵御自然灾害这三个方面进行适当的绩效评估和建模。

8.1.2 衰退过程

表6.1列出了大量影响设施物理状况衰减的因素,可以划分为5种主要类别:荷载、环境、材料劣化、施工质量、交互影响及其他作用,该表同时列出了可能与表面缺陷、变形、裂缝或破裂以及失效等相关的主要和次要状况衰退机理。衰退是设施所用材料的特性、设施的需求及运营环境的函数。材料的特性可以归纳为物理的、化学的、机械的、热的、水力的等几类。在静态与动态荷载下,材料的行为可进一步特征化。与某种给定环境相关的化学作用与添加剂可使材料的这些性质产生巨大的变化。例如,在普通硅酸盐水泥混凝土中添加石灰和粉煤灰可显著提高其抗压强度;在沥青中加入聚合物改性剂可显著降低其蠕变,从而提高沥青路面抗车辙的能力。特殊的合金可抵御锈蚀。另外,有碱-氧化硅反应的集料存在耐久性问题,碱性环境以及在桥面板上使用盐可导致钢及钢筋混凝土结构中的钢材锈蚀。木结构面临的问题与水和白蚁有关。建立可靠的材料模型并在特殊工作状况与环境下预测材料的性能是可以实现的。可以根据积累的在不同环境中对木材、钢铁、混凝土等材料的使用经验,建立经验模型。

为了建立性能模型,必须要认清衰退机理与衰退的时间界限。在许多情况下,有一种S曲线,如图8.2所示,可以用来定义性能。S曲线的不同部位代表了不同的衰退过程。根据路面管理[Haas 94]及建筑物评价[Harris 96]中的系统概念,在没有任何主要 MRR 处理的情况下,衰退过程与性能曲线可以表示为设施寿命周期中的三个不同阶段。典型的 S 曲线的阶段Ⅰ、Ⅱ、Ⅲ如图 8.2 所示,在阶段Ⅰ,曲线的斜率较小;在阶段Ⅱ,衰退加速;而在阶段Ⅲ,衰退速率减缓(通常是增加养护的缘故)。在整个寿命周期内,斜率不会为 0 或负值,上下界限清晰。

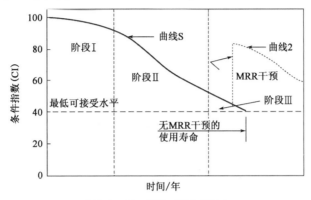

图 8.2 MRR 措施对性能的影响

性能曲线的阶段Ⅰ表示设施刚刚完工后的状况,或者说所有的部件都是新的,或者如曲线 2 那样是刚采取过主要 MRR 措施后的状况。较小的斜率且延续较长时间表示设施的性能良好。曲线的斜率与阶段的持续时间影响设施的整体性能。阶段Ⅰ的衰退速率及其持续时间取决于所用建筑材料的固有特性、施工质量、对设施的需求以及设施与运营环境的相互作用等。设施的经营者希望这个阶段就是预期的设计寿命期,理想情况下,养护需求最小。较高的衰退速率表示设施的性能较差,且可能在未达到设计寿命时提早退役。衰退速率快速增大,表明进入阶段Ⅱ,可能一个或多个部件(分部工程)破损,如果不进行适当的养护与维修,衰退将在较短的时间内加速发展,从而达到最低可接受水平。接着便进入了阶段Ⅲ——由于早期的功能性及结构性失效,该阶段衰退速率减缓,因为设施不可能变得更差了,所以该阶段设施的状况趋于稳定。处于最后阶段的实例有严重开裂与坑槽累累的道路、淤积的水坝、几乎不能使用的建筑及不安全的隧道等。如图 8.2 所示,在阶段Ⅲ开始的时候较早对设施进行干预常常是比较理想的,如果允许破损继续发展到阶段Ⅲ的末端,那么唯一有效的选择可能就只有重建或更换了。

因此,需要对自然灾害(如 2005 年 8 月美国墨西哥湾沿岸的卡特里娜飓风,以及 2011 年 3 月日本地震和海啸后的核工厂毁灭)以及人为灾害(如 2001 年 9 月 11 日恐怖袭击事件后,纽约世贸中心遭到破坏)造成的灾难性故障进行干预分析。

8.1.3 性能评价的需求

在基础设施管理系统中对一个设施进行性能评价时,必须进行以下工作:
◆ 评估服务质量及设施具备的与所用材料和施工方法有关的功能;
◆ 预测设施的衰退速率与可能发生的破坏;
◆ 验证性能预测模型并改进预测模型;
◆ 评估 MRR 策略的效果与延长设施寿命的价值;

- 更新与改进寿命周期成本及效果分析方法;
- 为 MRR 策略及未来使用期检查与评价的需求制订时间表;
- 为短期与长期工作计划编制 MRR 预算,并更新网络改善计划。

性能模型的建立与研究已引起公共工程机构的高度重视,这些机构负责保护交通类基础设施,并为各地区、全国各个层次的公众出行提供预期的服务。值得注意的是,在过去 30 年中建立了许多路面性能模型[Haas 94],1987—1993 年进行的战略公路研究计划(Strategic Highway Research Program,SHRP)建立了全国路面性能数据库[SHRP 92,Uddin 95]。

8.1.4 使用寿命

使用寿命预测是建立性能预测模型一个重要的和基础性的方面,它可能与设计寿命吻合,也可能不吻合。对于一个基础设施,其各个结构部件采用不同的材料建造,而且承受着不断变化的需求与环境状况,故对其使用寿命的预测显得比较复杂。因此,有必要根据设施的功能、材料、施工及运营状况将其分为几个部分或分段。就功能寿命而言,设施的逻辑分区可能导致对预期使用寿命的可预期估计。道路的交通标线与路标、桥梁的钢梁及其他钢构件的油漆、住宅建筑的外墙粉刷,这些都是可以使用经验数据库预测功能使用寿命的例子。可能没有必要为这些例子建立性能方程,对于许多广泛使用的材料与施工方法来说,可以根据既往经验估计其使用寿命的期望值。然而,估计整个设施的使用寿命仍是一件复杂的事情。使用寿命是指从设施完工到整个设施或其某些部分由于实体衰退、性能低下、功能丧失等致使无法提供可接受的服务,或者需要几乎昂贵到无法接受的运营成本时为止的一个时间段。根据表 2.1 列出了一些典型的基础设施使用寿命的期望值,如表 8.1 所示。除法律强制要求垃圾填埋场需达到 250 年使用寿命外,这些设施的使用寿命大部分都少于 100 年[Krinitzsky 93]。表 3.2 为建筑物的使用寿命比较,摘自日本、加拿大和英国的相关规范及其推荐值。

基础设施资产的总体使用寿命评估应以关键结构部件为基础。使用寿命可以通过如下方法来估计:①既往经验;②采用残存技术获得的历史数据库;③已建立的性能模型;④实验室测试;⑤现场加速试验。主要荷载、材料、施工方法、环境、场地及运营状况等都应在估计使用寿命时予以考虑。

典型设施使用寿命的期望值　　　　表 8.1

基础设施及其部件		预期服务寿命
机场	建筑物、结构物 跑道、滑行道、停机坪	50~70 年 40~50 年
桥梁	桥面 上部结构、下部结构	20~30 年 50~100 年
大坝、隧道	汽车交通、水流	80~100 年
核电站	—	20~40 年
港口、水运枢纽	—	70~100 年
公共建筑物	—	30~100 年
电力传输/电话线	—	50~100 年

8.2 性能建模

性能建模是网络级与项目级的基础设施管理的一个重要组成部分。一个性能模型可将所选的性能指标与一系列的原因变量相联系,这些原因变量有龄期、荷载、循环荷载、使用历史、材料特性、环境因素以及 MRR 历史等。

8.2.1 性能指标

一方面,一个设施的总体使用性能通常是从使用者的角度来评定的,评定时采用质量或服务水平、系统有效性、生产率及效率、资源利用、成本效益等尺度或指标[Urban 84]。另一方面,性能的技术评价对工程师是极端重要的,因为这包括了对影响 MRR 策略正确选择的力学行为和对实体衰退的度量。因此,在制定综合的性能指标时,考虑用户与工程师两者的评价意见十分重要。根据 Humplick 和 Paterson 推荐,道路交通设施的性能指标应包括适应性、效率与效果的衡量以及制度的有效性[Humplick 94]。性能指标可以归为如下几大类:

- ◆ 服务与用户评估;
- ◆ 安全性和适应性;
- ◆ 实体状况;
- ◆ 结构完整性和承载能力。

为了对一个基础设施建立总体性能指标,应给予结构完整性及为用户提供的服务以最高的权重,在第3章中提供了一些性能指标的实例。表8.2为与上述分类相关的具体性能指标的实例。

性 能 指 标 实 例　　　表8.2

设　施	性能指标			
	服务与用户评估	安全性和适应性	实体状况	结构完整性和承载能力
(1)公路、道路、街道、停车场	现时可服务性等级;行驶质量;车辆运营费用	基于抗滑性能、碰撞/事故、拥堵、污染或安全性的评级	现时服务能力指数;国际粗糙度指标;路面状况指数	基于弯沉测试、残余寿命、承载能力的结构性评级
(2)机场:道面、建筑物、航空设施	行驶质量;用户对其他设施的满意度评级	飞行、乘客和行李流量和容量以及安全性的运营评级	PCI(路面)、行驶质量指数;房屋、航空管制设施、机场照明等见(8)	基于弯沉测试、残余寿命、承载能力的结构性评级;房屋及其他设施见(8)
(3)桥梁:互通式立交、上跨、下穿桥、铁路桥、河流交叉	桥面及其他构件的技术档案与鉴定等级	安全性、能力、适应性及拥堵评级	基于病害与鉴定数据的评级;总体状况评级	基于目测检查、振动与地震波测试、无损评价、荷载级别、残余寿命的结构构件评级

续上表

设　　施	性能指标			
	服务 与用户评估	安全性 和适应性	实体状况	结构完整性 和承载能力
(4)铁路:车站、轨道、桥梁	铁轨质量评级,使用者满意度评级	安全性、交叉口事故、运营与能力评级	轨道质量指数,轨道结构状况指数(Track-structure Condition Index,TSCI);桥梁和房屋部分分别见(3)和(11)	铁轨模量,荷载级别,残余寿命;桥梁和房屋部分分别见(3)和(11)
(5)水运:港口、内陆码头、多式联运设施	集装箱处理等级、联运效率等级、履带/路面质量等级、用户满意度等级	安全性、驳船/桥梁事故、集装箱/多式联运能力评级	每种资产类型的质量指标和综合条件指标;桥梁和房屋部分分别见(3)和(11)	每种资产类型的荷载级别和残余寿命;桥梁和房屋部分分别见(3)和(11)
(6)公共交通:地铁、轨道、车站、车库、维修设施	轨道质量评级,用户满意度评级	安全性、交叉口事故、运营与能力评级	路面铁轨质量指标(QI)和路面状况指标(CI);轨道结构状况指数;桥梁和房屋部分分别见(3)和(11)	每种资产类型的荷载级别和残余寿命;道路/停车场部分见(1),桥梁部分见(3),房屋部分见(11)
(7)供应链:集装箱码头、制造场地、卡车和联运车队、配送中心、零售店	集装箱处理等级、联运效率等级、履带/路面质量等级、使用者满意度评级	安全性、事故、集装箱/多式联运运营与能力评级	每种资产类型的质量指标和状况指标;道路/停车场部分见(1),桥梁部分见(3),房屋部分见(11)	每种资产类型的荷载级别和残余寿命;道路/停车场部分见(1),桥梁部分见(3),房屋部分见(11)
(8)给水:处理厂、储存、泵站、电源和供水管网	水的质量;使用者满意度评级	健康危害、水压力、供给、消耗与运营评级	每年破裂的数量、每年的泄漏量及维修次数	对道路或其他结构物的损毁与破坏、残余寿命与需求
(9)废水与地下水:下水道、处理厂	处理质量;使用者满意度评级	健康危害、排放、运营、能力及安全评级	每年破裂的数量、每年的泄漏量及维修次数	对道路或其他结构物的损毁与破坏、残余寿命与需求
(10)固体废物设施:垃圾填埋场、甲烷气体收集和能源生产	气味和处理,使用者满意度评级	健康危害、火灾危害、排放、运营、能力及安全评级	溢出废弃物、丢弃物的收集、对土壤与水的污染、设施状况评级	损毁、破坏与收集不全;排放设施,剩余空间与需求
(11)建筑物:公共建筑、商业建筑、工业建筑、多功能综合体、地标建筑	舒适度与使用者满意度评级	火灾危害、公用设施、占用、运营、能力及安全评级	设施服务中断、供热与制冷效果、空气质量评级及状况评级	结构性与地面损毁、标志、残余寿命、安全危害与需求
(12)供电设施:传统与可再生设施	服务中断等级、使用者满意度评级	火灾危害、运营、发电与配电、电网容量及安全评级	服务中断频率、功率剧增、固定资产状况评级	损毁、残余寿命、安全与需求
(13)电信和无线基础设施:IT和互联网设施	服务中断等级、使用者满意度评级	火灾危害、运营及免受信号不良或不覆盖的保护能力、能力及安全评级	服务中断频率、功率剧增、固定资产状况评级	损毁、残余寿命、安全与需求

8.2.2 建模方法

性能模型可以采用不同的方法建立,具体方法如下:
- 整合实际经验知识库的专家系统;
- 回归分析和时间序列分析;
- 马尔可夫转移概率;
- 人工神经网络分析;
- 贝叶斯分析;
- 计量经济学方法;
- 地理空间方法。

专家系统与回归分析方法已在4.4节中讨论了,这里要深入讨论的是基于知识的专家系统(Knowledge-Based Expert-Systems,KBES)技术的应用。Haas等在编著的《现代路面管理》(*Modern Pavement Management*)[Haas 94]中用了一章的篇幅对其予以介绍。作者所述的KBES的重要特征就是,与传统技术方法相比,它有按需要运用知识的能力。

从相对简单的介绍性文章到高层次的学术专著中都可以得到许多关于回归分析法建模的信息。读者可以访问任何图书馆来查看许多可用文本。一般情况下,性能建模的回归分析使用历史数据来建立自变量(如"状况指标")和一组独立变量或因变量(如8.1.2节中提到的那些变量)之间的关系。对于网络级来说,简化的时间序列模型已满足要求。但在项目级,则可能需要更广泛的有关材料特性、荷载、环境因素等方面的数据,才能建立足够精确的模型。

在不存在历史数据的情况下,马尔可夫转移概率模型特别有用。这种方法利用不同类别或不同的位置及状态等级组合,按照结构化方式,获取有经验的工程师或技术人员的经验。例如,使用该方法所建立的道路衰退预测模型可能是一种大交通量、薄结构层与强基础的组合。当然,必须提供构成这些类别的变量的组合界限(年平均日交通量 AADT 超过 10000 辆的称为大交通量)。如图 8.1 及图 8.2 所示的例子,状况等级作为纵坐标,CI_1 指标即为 100～90,CI_2 指标即为 90～80 等(共 10 个状况等级)。包括交通运输在内的许多领域都有关于马尔可夫模型的参考文献[Li 96]。

贝叶斯建模方法已有多年的历史,并在各种基础设施领域都有应用。实质上,这种方法是采用先前的知识或经验(即先验),这种先验可以与实际观察(通常是在这种资料有限的情况下)组合起来,形成衰退的后验估算[Larson 69]。图 8.3 所示为贝叶斯法建模的一般程序。在 SHRP 研究的长期路面性能建模中广泛采用了这种方法[C-SHRP 95]。贝叶斯法建模的主要优点在于,相对于传统的回归分析方法来说,它不需要复杂的数据库。

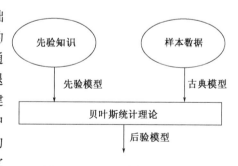

图 8.3 贝叶斯法建模的一般程序

近年来,人工神经网络分析在工程建模方面得到非常广泛的应用,具体包括知识表述和信息处理方面的并行计算模型[Begley 95,Ghaboussi 92]。处理器模拟了人脑中突触与树突的动作。由于神经网络在硬件方面与人脑基本相似,故在信息处理时具有某些独特的、类似于人的能力。神经网络能够从大量数据中学习复杂的、高度非线性的关系及关联。神经网络将学习到的信息与知识按照网络的连接权值编码并储存。通过给网络提供一种相当于钥匙的输入模式,可以按常规检索所储存的信息。

计量经济学方法也可以在某些特定场合有效地用于性能预测[Madanat 95]。通常用于模拟衰退或病害传播的简单回归法,由于所用估算样本具有非随机特征,因而会出现选择性误差。举一个应用实例就是评估路面裂缝的扩展,采用 Heckman 程序的方法以及一种完全信息最大似然法,这两种方法都是校正选择性误差的方法[Madanat 95]。

地理空间方法是相对较新的技术。由于日益增强的地理空间/地理信息系统方案以及易于获得的高分辨率的多光谱和高光谱图像,这项技术应用的可能性也越来越大。在这里没有详细讨论,但地理空间方法和灾害定量损害评估模型已被开发并成功应用于评估卡特里娜飓风和其他灾害[Uddin 09,10]。

8.2.3 MRR 干预性能建模

如图 8.2 所示,在一个基础设施的寿命周期中需要对其进行 MRR 干预,下面列出了重要的、可供选择的干预方法:

- ◆ 不作为,或者在最低可接受水平以上推迟实施 MRR 活动,直到达到预期的设施更换时间;
- ◆ 矫正性维护,以保持设施状况在最低可接受水平以上;
- ◆ 维护、修复、复原及更新以改善设施的状况,在达到最低可接受水平或之前延长设施的寿命;
- ◆ 更换或重建。

通常假设常规和次要的紧急维护对设施的状况没有任何显著的影响,只有主要的 MRR 活动改善了设施的状况,如图 8.2 中的曲线 2 所示。

考虑上述干预的替代措施,如何对干预后的绩效进行建模是一个问题。相同的技术在 8.2.2 节也基本适用。如果设施的基本劣化模式不会改变,那么只需简单地使用与图 8.2 中曲线 S 相同的曲线 2 的性能趋势或模型。当然,如果通过干预实现主要的结构或功能改进,那么即使相同的基本技术仍然适用,也需要一个新的曲线 2 模型。

8.3 损毁分析

损毁分析是检查故障设备或组件的重要方法,并确定导致损毁的可能原因。一些损毁是灾难性的,能导致人员伤亡或造成财产损失,如桥梁倒塌、海中石油钻井灾害、基础损毁、水坝和堤坝损毁、腐蚀损害和地震损害。有时使用全面检测设备来检测损毁情况,分析损毁机制及其相互作用的影响。损毁分析也是司法工程学中最重要的组成部分[Bodzay 91]。从改进设计和施工方法的过程中获得宝贵的经验和教训,并了解以下灾难性损毁:

- 结构加固不足(2007年密西西比河Ⅰ-35桥崩溃);
- 自然灾害(2005年美国墨西哥湾沿岸的卡特里娜飓风,以及2011年日本的地震和海啸造成的核灾难);
- 人为灾难(2001年9月11日纽约世贸中心遭遇恐怖袭击,毗邻大楼倒塌)。

8.3.1 损毁分析方法与技术

损毁分析需要结构和设计工程师、材料科学家与冶金学家之间协作,以及使用最新且可用的NDE方法。如前所述,结构在施工后不久就开始劣化,在一段时间内会发生不可见的损毁。由于腐蚀、动态荷载和冲击波,液压和地面破坏引起临界应力、应变或位移的突增,触发了灾难性损毁。

了解导致损毁的准确原因可有助于改进性能模型。与环境相关的裂纹和应力腐蚀裂纹在寿命预测中起着重要作用,因为它们的灾难性特征可以影响处于特定环境下的各种金属和合金[Roberge 95]。现在认为,SCC、疲劳和一般断裂三者不应该单独考虑,因为它们的相对失效边界是连续的,如图8.4所示。在这种情况下,专家系统方法可以用于损毁预测,因为这些现象之间缺乏明显的联系。

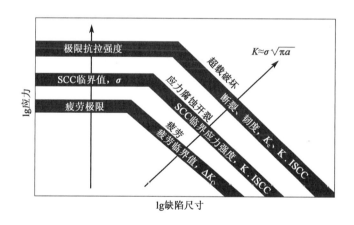

图8.4 断裂、SCC与疲劳之间的相对失效界限[Roberge 95]

对设计标准、施工细节、使用条件和使用历史进行彻底检查,为查明意外损毁和早期损毁提供线索,因此第4章到第7章中所讨论的技术档案、使用期监测及评价原则对损毁分析十分重要。没有充分了解和分析土壤及地下状况是普通混凝土路面板开裂与沉降的一个主要原因,例如膨胀性黏土地区的坡度板基础问题。膨胀土引起的许多损失惨重的损毁,都是由于没能考虑膨胀土的移动问题,或者说建造者没有把膨胀土基础的结构完整性问题作为设计因素来考虑[Godwin 93]。当人们开始应用新型尖端材料并试图避开灾难性损毁时,更需要依赖先进的NDE技术和分析方法,诸如断裂力学与神经网络分析,以及先进的计算方法,如三维有限元分析。下面几节中列出了一些损毁分析的案例。

8.3.2 斯科哈里河桥(Schoharie Creek Bridge)损毁的教训

斯科哈里河桥位于美国纽约州的高速公路上,建于20世纪50年代早期,在1987年4月5日的一场洪水中,该桥在几个小时内就倒塌了[Thornton 88]。如Thornton所述,3号墩是由于河床侵蚀而被冲刷损毁的,致使3号与4号桥墩之间的桥跨坠入河中,接着是其他桥墩与桥跨的损毁。针对该损毁的全面调查显示,桥梁损毁的主要原因是对土体特征和抛石进行初始假设时设计者与施工、养护队伍之间缺少沟通,以及对桥梁的检查力度不够。下面是从这个案例中得到的一些重要建议[Thornton 88]:

- ◆ 由熟悉桥梁设计的工程师制订一套扩展的桥梁检查计划。
- ◆ 定期进行结构完整性检查(至少每10年一次)。
- ◆ 检查至少包括如下内容:①对全部结构物和基础每年进行一次检查;②每次暴风雨后检查过水处与河床变化;③每年至少在一个高温时期检查支座的移动与膨胀缝,低温时期检查受拉构件或翼缘的低温开裂和含盐废水的排放情况;④每次事故后对桥梁进行检查。
- ◆ 全面的监控性水下检查。
- ◆ 完善流动水中基础的冲刷指标体系(在每次检查中进行)。
- ◆ 在养护、维修或修复实施前后审核所有的养护报告与维修或修复记录。
- ◆ 经常与桥梁业主联系,获取有关缺陷及紧急维修方面的知识。

桥墩与墩柱周围河床的冲刷与侵蚀是削弱桥梁基础并导致桥梁损毁的主要原因。过去对岩石与土壤的冲刷及侵蚀机理的研究与分析没有给予足够的重视。Annandale等提出侵蚀度指数新的定量方法,其取决于一种材料的可侵蚀阈值及水的侵蚀能力[Annandale 96]。

8.3.3 火灾与爆炸调查

Calligiuri对火灾与爆炸案的调查描述:对调查中残留物证据的初步分析并不能立即得出事故的原因,但要特别注意爆炸现场下面通过的天然气管道的碎片。对没有损坏的零部件进行细致的目测检查、冶金学测试、压力容器试验。采用超声波及视频探测器对焊缝进行检查。在没有内部压力与内部压力为 $2067MPa(300lb/in^2)$ 两种情况下,对埋设管道进行DANTE有限元编码,进而实现计算机仿真。计算出的随时间变化的变形情况证实管道压力在火灾发生前已经降低了[Calligiuri 91]。

2001年9月11日之后,针对纽约市世贸中心7号楼的调查显示,在遭受极端火灾危害时,混凝土钢复合结构框架表现出严重的脆弱性。这座建筑物在极端火灾、喷水灭火系统故障和超热条件下发生崩溃[NIST 03]。

8.3.4 地震灾害的教训

目前,大部分的抗震设计规范与旧结构物的翻新都是根据地震后的深入调查及对已损坏的设施进行结构性地震分析建立的。然而,每次地震都带来了新的关注点,并为评价现有程序的性能提供了机会。在《洛杉矶时报》(*Los Angeles Times*)上的获奖论文《来自神户的教训》

(*The Lessons from Kobe*)里，Hotz 与 Reich 总结了他们对许多地震专家关于 1995 年 1 月 17 日在神户发生的里氏 6.8 级地震的采访报告[Hotz 95]。1994 年，在洛杉矶北岭（Northridge）发生的地震震级为里氏 6.7 级。表 8.3 所示内容是基于上述文章总结的。

神户地震获得的经验教训（参照[Hotz 95]） 表 8.3

涉及方面	神户发生的情况	日本的准备情况	加利福尼亚州的准备情况
公路	地面振动大大超过设计极限值而导致成百个墩柱严重损坏。4 条铁路与 3 条主要公路中断	易破坏的桥梁和公路的设计支撑能力可抵抗约 $g/3$ 的振动。在神户地震中因破坏力超过上述极限而使墩柱突然断裂	公路工程师强调较小的、更柔性的支撑，可以与高达 $0.7g$ 的地面振动一起摇摆而不被破坏。在北岭地震中，局部地区的振动超过 g
钢架房屋	大部分较新的高层建筑能抵抗振动，而很多按以前规范建造的房屋都倒塌了	在 1981 年后建造的高层建筑采用柔性设计，意味着可以安全地吸收振动能量，但仍比加利福尼亚州的建筑的刚度大	倾向于柔性框架设计。北岭地震后，结构工程师们发现有 120 余栋房屋有危险裂缝。带振动吸收基础（又称为基础隔离系统）的新建房屋，没有出现损坏
供水和供气	数英里的给排水管和供气管道破裂。加上神户高密度人口引发了 300 处火灾，是北岭地震后火灾数量的 2 倍	日本的公用事业公司开发出自动关闭系统，它们相信在严重的地震事故中它能安全地关闭天然气管道	没有受到保护的油气管道与给排水管道仍是主要的关注对象
常规的住宅建筑	数千栋住宅倒塌，居住者伤亡	传统的日本房屋只靠几个大柱子，柱顶有重瓦片但没有横拉条的框架支承	在加利福尼亚州，一般的房屋采用交叉支撑和木柱隔墙修建，用胶合板剪力墙增加横向强度
人员准备	很少有人备有地震装备包（其装有应急食物、水及相关药品）	日本每年都开展地震训练，1994 年参加演练的东京人不到 30%，比神户少 10%	鉴于实用目的，在商业和学校里开展正规的紧急训练是不存在的。但在加利福尼亚州的普通家庭与工作场所中，私人地震装备包的数量在增加

2011 年 3 月 11 日，日本发生了 9.0 级地震和海啸，导致福岛第一核电站发生严重的核灾难。这场事故表现出这些关键电力基础设施的脆弱性。这也是将定期监测这些资产和评估结构的完整性作为 IAMS 的一个组成部分的原因。

8.4 本章小结

本章仅述及性能建模与损毁分析的浅显内容。每种类型的基础设施都需要其特有的数据与模型。理论公式（如应力与疲劳公式）可以帮助分析结构，但往往在分析设施的整个寿命周期模型中显得不足。所有基础设施涉及的领域都需要提供更详细的建模信息。

损毁分析加入了以经验为基础的信息，特别是在确定终点与关键时间元素时。每个领域都需要提供详细的检查历史资料。

参 考 文 献

[Annandale 96] G. W. Annandale, S. P. Smith, R. Nairnes, and J. S. Jones, "Scour Power," *Civil Engineering*, American Society of Civil Engineers, July 1996, pp. 58-60.

[Begley 95] E. F. Begley, and C. P. Sturrock, "Matching Information Technologies with the Objectives of Materials Data Users," *Computerization and Networking of Materials Databases, ASTM STP 1257*, Vol. 4, American Society for Testing and Materials, Philadelphia, Pa., 1995, pp. 253-280.

[Bodzay 91] S. Bodzay, "Failure Analysis in the Forensic Domain," *Conference Proceedings of the International Conference and Exhibits on Failure Analysis*, Montreal, P. Q., July 1991, pp. 249-252.

[C-SHRP 95] Canadian Strategic Highway Research Program, "Bayesian Modeling: Joint C-SHRP/Agency Applications," *Technical Brief No. 8, C-SHRP*, Transportation Association of Canada, Ott., November 1995.

[Calligiuri 91] R. D. Calligiuri, "Failure Analysis, Prevention, and Testing," *Conference Proceedings of the International Conference and Exhibits on Failure Analysis*, Montreal, P. Q., July 1991, pp. 191-197.

[Ghaboussi 92] J. Ghaboussi, "Potential Application of Neuro-Biological Computational Models in Geotechnical Engineering," in *Numerical Models in Geomechanics*, G. Pande and S. Pietruszczak (eds.), Balkema, Rotterdam, the Netherlands, 1992, pp. 543-555.

[Godwin 93] C. J. Godwin, "Slab-on-Grade Foundations on Expansive Soils," *Building Research Journal*, National Consortium of Housing Research Centers, Vol. 2, No. 2, November 1993, pp. 33-43.

[Haas 94] R. Haas, W. R. Hudson, and J. P. Zaniewski, *Modern Pavement Management*, Krieger Publishing Company, Malabar, Fla., 1994.

[Harris 96] S. Y. Harris, "A Systems Approach to Building Assessment," *Standards for Preservation and Rehabilitation, ASTM STP 1258*, American Society for Testing and Materials, Philadelphia, Pa., 1996, pp. 137-148.

[Hotz 95] R. L. Hotz, and K. Reich, "Lessons of Kobe: Hope, Caution," *Los Angeles Times*, February 12, 1995.

[Hudson 97] W. R. Hudson, R. Haas, and W. Uddin, *Infrastructure Management*, McGraw-Hill, New York, 1997.

[Humplick 94] F. Humplick, and W. D. O. Paterson, "Framework of Performance Indicators for Managing Road Infrastructure and Pavements," *Proceedings, 3rd International Conference on Managing Pavements*, National Research Council, Vol. 1, May 1994, pp. 123-133.

[Krinitzsky 93] E. L. Krinitzsky, "The Hazard in Using Probabilistic Seismic Hazard Analysis," *Civil Engineering*, American Society of Civil Engineers, November 1993, pp. 60-61.

[Larson 69] H. J. Larson, *Introduction to Probability Theory and Statistical Inference*, 2nd ed., John Wiley & Sons, New York, 1969.

[Li 96] N. Li, W. Xie, and R. Haas, "Reliability-Based Processing of Markov Chains for Modeling Pavement Network Deterioration," in *Transportation Research Record 1524*, Transportation Research Board, National Research Council, Washington D. C., 1996, pp. 203-213.

[Madanat 95] S. Madanat, S. Bulusu, and A. Mahmoud, "Estimation of Infrastructure Distress Initiation and Progression Models," *Journal of Infrastructure Systems*, American Society of Civil Engineers, Vol. 1, No. 3, September 1995, pp. 145-150.

[NIST 03] National Institute of Standards and Technology, "NIST Response to the World Trade Center Disaster: World Trade Center Investigation Status," U. S. Department of Commerce, December 2003.

[Roberge 95] P. R. Roberge, "Background and Basis for a Knowledge Elicitation Shell for Lifetime Predictions from Stress Corrosion Cracking Data," *Computerization and Networking of Materials Databases, ASTM STP 1257*, Vol. 4,

American Society for Testing and Materials, Philadelphia, Pa. ,1995, pp. 136-150.

[SHRP 92] *SHRP Product Catalogue*, Strategic Highway Research Program, National Research Council, Washington D. C. ,1992.

[Thornton 88] C. H. Thornton, R. L. Tomasetti, and L. M. Joseph, "Lessons from Schoharie Creek," *Civil Engineering*, American Society of Civil Engineers, May 1988, pp. 46-49.

[Uddin 95] W. Uddin, "Pavement Material Property Databases for Pavement Management Applications," *Computerization and Networking of Materials Databases*, *ASTM STP 1257*, Vol. 4, American Society for Testing and Materials, Philadelphia, Pa. ,1995, pp. 96-109.

[Uddin 09] W. Uddin, B. T. Wodajo, K. Osborne, and M. White, "Expediting Infrastructure Condition Assessment for Disaster Response and Emergency Management Using Remote Sensing Data. Proceedings," *MAIRERAV6 International Conference*, Torino, Italy, July 8—10, 2009.

[Uddin 10] W. Uddin, "Flooding, Ecological Diversity, and Wildlife Habitat Studies by Geospatial Visualization and Remote Sensing Technologies," *Proceedings*, International Conference on "Biodiversity is Our Life"—Center for Biodiversity and Conservation, Shah Abdul Latif University, Khairpur (Mir's), Sindh, Pakistan, December 29—31, 2010, pp. 239-254.

[Urban 84] S. R. Goodwin, and A. E. Peterson, *Guides to Managing Urban Capital Series*, Vol. 2: *Guide to Assessing Capital Stock Condition*, The Urban Institute, Washington D. C. ,1984.

第3部分

全面质量管理概念

第 9 章 基础设施使用寿命设计

9.1 引言

设计和公共设施资产管理之间的相互关系已在第 1 章和第 2 章中给出了定义。与施工、维护和修复一样,设计是公共设施资产管理中特有的项目级行为。规划、预算以及维护和修复计划可以在网络级实施,但设计仅适用于具体基础设施单体工程或项目。

项目的一般实施程序是从设计到施工、维护和修复,所以,要使基础设施发挥功效,必须从好的设计开始。诸多的基础设施类型,如路面、桥梁和建筑物,都论及理论设计和经验设计的关系。这意味着,一方面,实物要素的选择完全依据理论,或有用的力学理论;而另一方面,选择或确定这些要素的尺寸又完全基于经验。实际上,所有的设计都带有一定的主观性,因为设计标准、设计寿命和服务水平等这些因素都因地区和部门的不同而有所不同。

本章并不是一个"设计指南"。在任意一本书里也不可能提供这样的设计指南,因为每种基础设施类型都有其自身的设计要求,而且对于某一具体的基础设施,每个部门都有其独特的设计原则和方法。因此,本章仅涉及设计过程及设计的技术和概念。这些方面是任何设施和各种类型基础设施设计所共有的。设计概念可以是形象化的,比如汽车设计或建筑设计;也可以是物理和力学的,比如设计一台发动机、一架飞机或一座桥梁。实体基础设施的工程设计不如建筑设计那样自由,但也确实要给予其灵活性及创造性。

9.1.1 可靠度和设计

设计通常以一种确定的方式进行,即一个具体的设计方案只能专门适应与某一自然环境的组合。这种设计方式并不充分,因为所有在设施的投入和使用寿命方面的设计都面临着真正的可变性。例如,桥梁都是以远景交通量和车辆荷载为设计基本值,然而谁也无法很好地控制桥梁实际承受的运营荷载。极限荷载随桥梁构造的不同而异,但是汽车驾驶员并不会一直保持让车辆荷载在法定的界限之下。此外,荷载的分区制及其特征值是行政决策,它在设施的寿命期内随时都可能发生变化。

对于这些不确定性,通常的处理方法是把安全系数引入设计中,以结构设计为例,材料的屈服强度通过试验来确定。但在设计中,材料的工作强度是用屈服强度除以安全系数得来的。例如,如果安全系数为 2.0,屈服强度为 276MPa(40000lb/in^2),那么工作强度应该是 138MPa(20000lb/in^2)。

在现代的基础设施设计中,这种工作应力与安全系数的设计理念是过时的,可靠度的概念则更为先进,所有的工程师们必须尽快地熟悉基于可靠度的设计方法。比如,在 1985 年,AASHTO 开始转用基于可靠度的方法进行路面设计,并获得了成功[AASHTO 85]。《机械和经验路面设计指南》[AASHTO 08]已将 1993 年更新的 AASHTO 指南[AASHTO 93]中的内容纳入。

9.1.2 设计的技术框架

我们可以提出一个相当全面的通用设计框架,但大多数的基础设施设计方法并不包含框架的所有方面。然而,对既往实践的合理引申将促使单个基础设施在设计上的持续进步。过去,设计流程经常被分隔,例如,供水管设计或下水道设计常常被认为是确定水管或流动结构尺寸的过程,但是实际上还应该包括材料的选择、实体组件的最优位置确定以及除水管尺寸以外的其他细节。桥梁和路面设计也有这种情况,人们常常认为路面设计就是确定路面厚度,桥梁设计就是选择构件尺寸及质量。例如在桥梁设计中,某设计机构的习惯是指定使用预应力混凝土构件,导致设计者往往忽略了比较其他材料结构的可能性,如钢或拱形结构等其他结构形式。路面设计中,普遍的情形是设计机构已经预先决定了是采用柔性路面还是刚性路面,因此所谓的设计过程仅仅是确定路面厚度。现代技术和计算机工具完全有可能使设计者考虑全功能的设计过程,而且有关设计的课程也应该在这方面有所扩展。在项目级,设计是公共设施资产管理中第一个主要的与成本相关的要素,因此良好的、经济优化的设计对于任何有效的公共设施资产管理都是关键。尽管一个次优设计也可能使公共设施资产管理的优化得到平衡,但如果这种设计缺头少尾,那么这个过程绝不会是真正的最佳设计。

图 9.1 是一个针对大多数设计的综合框图。该框图是一般性的,并不包含任何具体方法的细节。然而,对所有方法都通用的是如下几项输入参数:外荷载(既有交通荷载又有使用荷载)、现有环境和可用材料。这些因素可用两种方式来处理。过去最通用的方法是先给一个输入参数,然后将该设计与一系列通用的可选设计对比,用设计模型校验看是否满足要求,然后改变参数并重新设计,直到满足要求为止。另一种更现代的方法是把荷载、环境和材料参数输入一个综合的设计模型中,以预测所需服务的可靠设计。在这种情形下,标准的行为通常是调整该设计中的其他一些细节,比如接头、混凝土板接缝、接缝间距等。随着准备设计图、制订技术要求和完成估算(所谓拟定合同文件),设计工作便宣告结束。然而在这两种不同的设计过程中都没有考虑养护、施工管理及经济因素。

9.1.3 设计技术的发展

近些年来,设计程序和方法得到了很大的发展。早期的绝大多数设计都基于经验,例如使用木梁是因为桥梁工地或建房现场附近有树木,使用石质壁柱是为了建造教堂及大型历史建筑物,罗马道路系统建造中自觉使用大块石基础,还有古希腊和古罗马用石料修建渡槽等。

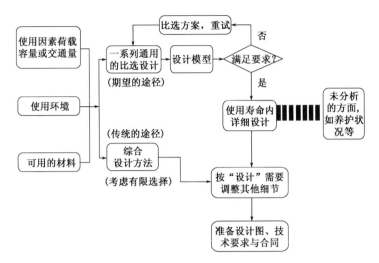

图9.1 大多数设计过程描述

然而,综合设计并不完全是一种新的发展。最近对希腊古城的调查显示,当时(公元前700年)的设计已对污水管和雨水管以及这座古城主干道的块石铺面街道建设进行了综合考虑。

可以这么说,在历史上,设计质量常常取决于设计者的直觉、学识以及努力。良好的公共设施资产管理的目的并不是要取代这些优秀的特质,而是要提供促进这种设计程序的工具,使得那些创新意识较弱的工程师也能够成为广泛意义上的优秀设计者。

许多年来,某些机构通常使用的方法基本都是指定各种条件范围下的"标准断面"。这些标准断面是在不同的环境下发展形成的。这种方法本身就意味着性能和使用寿命将会"满足"该标准设计,"不满足"项越多,"浪费"就越高。在现代的设计方法中,设计可靠度的概念对这种隐含的设计假定是一种强烈的冲击。

9.2 设计目标及约束

公共设施资产管理可以帮助设计者把注意力集中在设计程序的基本功能和约束条件上,这样可以避免在设计过程中生搬硬套而忽略了其他有用的可选方案。在系统化方法下,首先必须完成的任务之一就是认真定义问题的目标和约束条件,将目标和约束条件应用到设施及其设计当中,或者应用到设计者的工作中,有时同时应用于两个方面。

9.2.1 设施的目标

无论是在施工期还是在使用期,设施所要实现的主要目标在本质上要具有经济性和社会性。主要包含但并不限于以下的内容:

(1)无论是考虑业主的费用还是用户费用,都要有最佳或合理的经济性。
(2)最高或足够的安全性。
(3)在设计期(使用性能)内最好或合理的服务能力。
(4)有最强或足够的能力适应各种需求及重复次数(荷载、容量和缺陷)。

（5）最小或有限度的由于环境和使用影响而造成的实体损坏。

（6）最小或有限度的噪声和空气污染以及在施工过程中对环境的干扰。

（7）最小或有限度地对毗邻土地或设施的使用造成破坏。

（8）最大或良好的景观价值。

这些目标体现出了几个主要的矛盾，它们在任何满足社会和经济需求的复杂系统或设施中都会发生。因此，在实现各个目标的过程中每个建造的单元都要做出一些妥协或退让。在一个具体的设计中，各目标的相互影响随着诸如乡村或城市、用途和环境的变化而有所改变。

上面所列出的前三个目标非常重要。经济性是首要的必要条件，因为大多数的公共机构都感到没有充足的资金来满足所期望的投资。安全性是机构必须达到的另一个要求。在设计期限内的服务能力也必须足够高，这样才能确保基础设施可以为用户提供预期水平的服务，包括速度、运行费用、延误和舒适度等。

第四个目标，最强的能力，可应用到设施和设计过程两个方面。这个目标直接与最佳经济性目标竞争。第五个目标，最小的实体损坏，这与服务能力有关，因为实体损坏是造成服务能力丧失的主要原因。然而，它被认定为单独目标，是因为养护和修复费用方面同样会与经济性目标发生冲突。

最后三个目标，除了在建筑物方面应当考虑，在其他类型基础设施的设计中通常没有那么重要。景观价值或外观，对某些特殊用途的设施来说会是非常重要的目标，而当其修复和维修的规模很大时，对用户或邻近的业主和旁观者来说是不愿接受的，这种情形下这个目标也就是重要的了。

21世纪，国际上越来越多的人认为需要减少人为产生的二氧化碳，对气候变化和环境可持续性的关注致使更多的公共基础设施机构和私人企业开始考虑减少碳排放。

9.2.2 设施的设计目标

从某种意义上讲，设计的目的就是设计一个设施，当其被建好后，能实现之前已确定的使用功能目标。设计过程的具体目标可以用技术、经济和社会的术语来陈述：

（1）确立一个设计原则，即最经济、最合理、最安全和最实用。

（2）考虑所有可能的设计对策、备选方案。

（3）识别和整合设计因素的可变性。

（4）最大限度地提高对备选方案的服务能力、安全性和实体衰退的预测的准确性。

（5）最大限度地提高估算成本和效益的准确性。

（6）把设计成本降到最低，包括人工、试验和计算的时间成本。

（7）最大限度地促进施工和养护人员间的信息传递和交换。

（8）最大限度地使用当地的材料和劳动力。

（9）最大限度地完善能效设计，并尽量减少二氧化碳和其他温室气体排放。

上述某些目标与设施本身的目标是一致的，而其他几项则是设计过程中特有的。大多数目标会和其他目标互相竞争，因而需要折中考虑。

目标（1），简单地反映了设计的需求，以确认具备经济性、服务性和安全性的目标。要实现这个目标，就必须考虑所有可能或可行的设计对策、备选方案，就如在目标（2）中提到的一样。对于任何已知情况,设计方案可以有数百种组合,因此要实现这个目标,很有必要使用计算机分析。

目标(3),识别设计、施工和养护因素的随机性,应成为任一设计方法的重要准则。早在20世纪70年代初就提出了要在路面设计方法中考虑变异性问题[Darter 71,72,73a,73b],在设计中考虑变异性问题同样在桥梁和基础的设计中起到了显著的作用。

目标(4),最大限度地提高对备选方案预测的准确性,它与目标(3)相关,也与输入数据的质量有关。降低设计预测中的不确定性对规划活动很重要,可使投资计划更顺利地实施。

目标(5),成本和效益预测的准确性,直接和设计预测的准确性有关,也与估算施工、养护和养护费用的能力有关。

目标(6),在材料试验、人员时间和图纸准备方面,把设计过程的成本降到最低,这确实很重要,但这明显会与其他目标产生冲突。如果设计过程资金不足,后果可能是得到不完整、不充分或是过度浪费的设计对策。

目标(7),施工和养护人员之间的信息交换,遗憾的是很大程度上这在设计工作中被忽略了。在北美洲就有这样的事例,养护队因不熟悉连续配筋混凝土路面,用沥青来填充大量的细微裂纹,然而这些细微裂纹正是这种路面类型的结构特征,并不需要养护。造成这样混乱的结果,应该归咎于设计人员与养护人员缺乏沟通,而不是养护人员本身的问题。这样的沟通极其重要,因为正确的施工和养护工作可以把设计理念贯彻于设施的整个寿命期。

目标(8),使用当地的材料和劳动力,也许在大多数情况下,这是不言而喻的客观需要。这个目标可以是对目标(1)的补充,即最佳经济性,但有时候当地的材料可能需要加固或进行其他处理。

目标(9),许多城市和公共基础设施机构为减少化石燃料的使用,用更多的可再生能源替代不可再生能源,最大限度地减少施工和使用寿命期间对能源的需求,减少建筑基础设施对生物多样性、生态系统和环境的不利影响。

9.2.3 设计约束条件

设计约束条件主要是经济上的以及物质或技术本质上的,包含以下几点:
(1)所进行的设计和施工可利用的时间和资金。
(2)在修复之前所允许的最低服务能力水平。
(3)材料的可利用性。
(4)所能允许的最大或最小规模。
(5)两次修复之间的最小时间间隔。
(6)施工和养护人员的能力和装备情况。
(7)进行试验的能力。
(8)现有结构和经济模型的水平。
(9)现有设计信息的质量和范围。

约束条件(1)可能包括的不仅是能用于某个具体工程的资金限额,还有这些资金的机会成本。其他约束条件相对而言都比较一目了然,其本质都是物质上的和技术上的,但每一个都隐含经济因素,因而都与约束条件(1)有关。

9.3 设计框架及其组成部分

在公共设施资产管理系统中,设计阶段包含若干活动,可大致分为以下几类:①与预设条件、目标及约束相关的信息;②备选设计对策的产生;③结构分析、流量特性及设施的其他方面,并伴随着经济评价和设计对策的优化。

9.3.1 信息需求

公共设施资产管理的信息需求是非常广泛的。批评者可能将此作为不想实施 IAMS 的理由,这是一个似是而非的论点。信息需求是问题中固有的,而不是在 IMS 中才有。信息需求只是由管理过程明确规定,这些需求本来就是存在的,任何对这些需求的不承认和不满意就意味着十有八九会选择一个不是最满意的设计,或者说基础设施的寿命将受到影响。

大量所需的信息可以从网络级的管理活动中获得,这通常是在项目级的设计之前要做的。对设计人员来说,重要的是要充分利用现有的来自网络级活动的信息及相关数据库中的信息,否则将导致资源的浪费,其设计充其量也就是次优的设计。在最坏的情况下,还会导致设计不充分和早期破坏。然而,设计人员一定不要认为网络级数据的质量对设计来说已足够,实际上这些数据仅作为一个起点。必须要做的是,把从正在进行的项目中专门收集的数据补充到网络级信息中去。有三种类型的数据比较突出:①环境;②计划用途、荷载和交通量;③材料特性。

9.3.1.1 环境

环境数据可能是普通的,但一个设施往往具有唯一的位置,这就需要更详尽的环境特征,而不仅仅是气象图、气象数据库或其他一些普通的环境数据。根据环境的类型及所涉及的机构,应该按照经验来支配这些环境数据的处理方法。

9.3.1.2 计划用途、荷载和交通量

有关计划用途的信息,无论是下水道流量、耗水量、机动车日交通量,还是车辆轴载,都是对远景需求的估计和预测,而不是对当前状况的度量。这就使得该过程更为困难,并且这样的问题在过去的设计中也经常存在。应该利用类似设施的历史记录,但是也必须考虑随着情况的发展而出现的变化。另外,这样的预测应该把人口结构及变化趋势、人口增长、经济发展、土地使用和其他因素都考虑进来。这些通常是在网络级水平的规划阶段进行的,而在设计阶段则需要把这些估计细化。

9.3.1.3 材料特性

除非对设施中使用的材料和元件的特性有很好的了解,不然要有效地设计一个设施是不可能的。在许多情况下,材料特性随着施工的进程、材料资源的可利用率及其他超出设计人员控制范围的因素而变化。在有些情况下,设计人员先假定材料的特性,并使之进入施工阶段来"按设计提供材料"。但这并不是一个明智的行为——即使由材料提供的最终功能必须在施工过程中才能实现,但必须在设计工作中就考虑好材料。有些材料随着暴露时间的延长及使

用频率的增加会疲劳而逐渐劣化,考虑任何情况下这种材料的劣化对设计人员来说至关重要。

最终,材料性质只有通过适当的物理试验才能获得。这些试验常常因费用昂贵而被忽略,但是所有的设计都要依据对材料强度、刚度和变形特性等的充分了解。

9.3.2 所需的其他因素

在设计中需要考虑的其他因素包括费用、预计的使用寿命以及具体设计方法要求输入的各种信息,如通货膨胀、用户费用及其相关问题,要获得这些内容可能比较困难。但是,这些困难并不能作为没有得到一个合理估计的正当理由。例如,有些设计人员忽略了用户费用和经济分析,因为他们认为要预测通货膨胀和用户所能承担的准确费用是不可能的。这是谬论,并可能导致重大的错误。比如,为一个占比为5%或6%的联合成本假定一个合理的利率和通货膨胀率,要比把所有成本都忽略掉好得多。忽略这个因素就会假定利率为零,这显然是错误的。对不同范围的用户费用、通货膨胀率和利率等因素,可以通过灵敏度分析在设计中进行处理。这种方法至少为设计人员进行最终的主观判断提供了一个合理的基础,或者提供一种信息给决策者,可能是行政机构或理事会,如市政府。

9.3.3 形成备选设计对策

基础设施设计包含的内容不仅仅是确定路面厚度或结构的尺寸,它们还包含各种材料类型和来源,预期的施工、养护和使用性能评价政策,以及施工质量控制和质量保证方法。因此,它们应称为战略,并且由各种要素组合而成,诸如各种构造和未来的修复行为。

显然,需要一种设计方案来指定材料的类型和尺寸。但是,如果不将预期的施工和维修-修复政策作为战略的一部分,该设施结构的预期性能实现可能会有相当大的误差。如果设施的使用寿命在设计周期结束前降至最低可接受水平,则修复方案也将成为任何设计战略的一部分。一个例外情况是维护策略,该策略将设施维持在等于或高于最低可接受的服务水平,直到设计周期结束。另外,如果财政拮据,在最低可接受水平上的维护工作可能会一直持续下去,直到有了修复资金为止。

在构想修复方案时,有两个主要的、相互联系的方面必须加以考虑:

(1)实体或结构方面,关于如何处理损坏、缺乏足够服务能力、缺乏足够安全性等问题。

(2)策略方面,关于在修复或改造期间如何处理正常的使用和交通问题。如果是一幢大楼,那么是整个大楼都必须关闭,还是一层一层地进行改造?如何决定取决于安全性受影响的程度以及改造的形式。比如五角大楼——美国国防部总部所在地,由于建筑物太大了,因此要在同一时间关闭整个建筑物进行改造是不可能的。

总之,公共设施资产管理的设计只有在考虑了大量备选方案后才是充分的,因此,形成比选设计方案的过程对优化设计来说是至关重要的。

9.3.4 分析、经济评价和优化

大多数的设计方法并不包括经济评价和优化的全部内容,而只包括分析过程。但是,在过去的几十年里,设计方法已经朝着合并这些活动的方向发展。

分析任何设施备选方案的第一步就是采用合适的结构或使用模型。就水力设施来说,这些模型包括流动特性方面和其他使用因素方面。对建筑物、桥梁和路面来说,其基本模型常常都是结构方面或功能方面的。

在每种情况下,模型必须足够全面才能够覆盖所涉及的各个方面的需求。使用不完整的模型会产生巨大的费用。例如,20世纪60年代,主要趋势是采用薄层、轻质混凝土桥面以减轻桥梁结构的自重,进而减小主梁的尺寸。然而,结果却是在动荷载作用下,桥梁结构产生了更大的挠度,而较薄的桥面层无法承受这些附加的挠曲变形,最后导致美国的州际公路桥梁损坏的时间比预期要早得多,并且在20世纪80年代经历了一场大规模的桥面更换工程。

类似的例子还有连续配筋混凝土路面(Continuously Reinforced Concrete Pavement,CRCP)。使用的结构模型表明薄的混凝土板足够承担荷载,但没有进行挠度分析并与其下承路基对比。该混凝土薄板的大挠度在多数情况下会导致路基永久变形,使路基丧失对路面的支承能力,进而致使面板断裂和破坏。由于未能完全解决这个问题,世界上的许多地方都停止了对CRCP的使用,但在得克萨斯州和其他一些地方,它仍然是一种很有竞争力的结构形式,因为这些地方在应用时增加了挠度标准。

目前的技术不可能充分地预测一个设施将要遭受的所有病害模式的类型和程度,该病害模式是时间和使用情况的函数。因此,为了获得对服务质量随龄期变化的直接预测,常常使用复合式结构模型。而对其他成分常常规定界限值。我们鼓励读者应用这些普遍概念和原理来复核具体基础设施类型的设计计算书。设施备选方案的经济评价应该包括将成本和效益分配到用户方面预计的产出上,加上在材料施工、养护及修复方面该备选方案将给某机构带来的成本。然后把这些变量引入经济模型中来确定方案的总成本和效益(有关寿命周期成本和效益分析的细节可参见第14章)。

把效益分析包含到经济分析中是可取的,但目前大多数设施的设计并非如此。一个原因是这有一定难度,例如,要从整条道路的效益中分离出路面或桥梁的效益是比较困难的。另一个原因是备选设计方案之间用户费用的差值也可以看作效益,但这难以确定。世界银行和随后美国联邦公路管理局的研究已经成功地建立了车辆运营费用和路面状况之间的相关关系,其他相关的工作可应用到桥梁和其他类型的基础设施中[Zaniewski 82,Chesher 85]。目前迫切需要的是适合于所有备选设计方案的完整的经济分析,这将在第14章详细阐述。

如果所有的备选设计方案都经过了分析和评价,那就应该使用优化方法来确定一个或若干个最佳对策以提供给决策者。这常常通过比较各个方案折现后的总成本来实现,或者,当比较不同使用寿命的备选方案时,可以依据平均年度成本因子来进行选择。

9.4　设计效果

设计通常有相当程度的主观性,虽然受到力学和物理方面的限制,但还是会趋向于优化客户确定的某个要素,并体现客户规定的标准。许多附加的因素都应被整合到设计过程中,如进度要求、供应商的能力、环境和成本。无论怎么说,设计依然是定义项目时最中心的议题,因为设想和信息是将具体的和协调一致的说明文字记录到纸上来实现项目的建设和文档化。设计的效果涉及对设计过程的输出或产品进行研究,而且限于提交专门用于评价这些输出的方法。

9.4.1 设计效果的度量

近年来,在工业化国家,人们越来越关注生产率及其增长。在美国,建筑业尤其把关注点着重放在生产率上,建筑业常常因缓慢的技术增长和不断攀升的成本而成为被批评的对象。

度量设计生产率要比度量施工生产率困难得多。然而,越来越多的人意识到,对设计工作实际效果的度量还是要在项目的施工、启动和运营阶段实现。因此,建立一个评价设计效果的方法也许会更有益,而不是评价设计工作本身的生产率。

在评价设计效果的过程中,必须清楚业主和设计人员对最终的结果都会产生巨大的影响。其中,业主的影响包括专利技术的引入、设计要求或约束、进度或成本约束以及在项目进行过程中强加的变更等。此外,设计效果的度量必须要认同业主的目标,而不是仅参照绝对或独立的标准。

得克萨斯大学奥斯汀分校的建筑工业研究院建立了一套系统评价项目设计效果的方法[CII 86]。这种方法具有很强的灵活性,可适用于各种情况,包括:

(1) 广泛的、类型各异的项目。
(2) 设计效果客观和主观混合的度量。
(3) 设计效果的不同目标和标准。
(4) 不考虑资源的影响而衡量总体设计成果,或者当设计者和业主的影响可以被独立识别时,衡量设计人员的实绩。

自从通用汽车公司在 20 世纪 50 年代首先构想并实施,后来又由美国国防部门[Jackson 06]实施以来,价值工程已经成为一种独立研究"基础设施设计"的可行方法。价值工程实施中会确定一个或多个设计组件,这些组件可以使用替代材料和方法以更低的成本建造,而且该设施仍然可以满足预期的功能而不损害其安全性。9.5 节将详细讨论以更低的成本提高设计效率这个主题。

9.4.2 设计评价

设计工作发生在一个项目的早期阶段,它包括与创造性思维、复杂的工程计算相关的活动以及把设想转化为图纸、技术规范和施工主要项目的采购。设计阶段涉及很多的参与者,包括业主、各种设计小组、供货商、施工代表。因此,很难评估某一方的表现,评价所有参与者的总体成果倒比较容易。

任何评价方法评价的都是总体的设计成果,而不仅仅是设计者本身。尽管如此,设计评价还是可以用来建立一些目标和基准,在一个工程设计阶段跟踪选定的性能,以及按照规定的基准来评价性能。

大多数的业主、承包商和设计者都同意将"设计"包含在业主和承包商功能中,这些功能如下:①初步设计;②项目管理(包括成本估算和控制);③采购;④施工图设计。没有任何现行的设计评价方法可以充分确定这些不同功能的总体效果。

依照 CII[CII 86],评价一个设计涉及很多因素。但是,可以把这些因素分成如下几个主要部分:评价标准、各种标准的权值以及一种将各种标准及其权值组合成一个单独的定量值来进行评价的方法。标准及其权值将在接下来的部分进行讨论。把标准和权值组合为一个单独的定量值的方法可以用一种被称为目标矩阵[CII 86]的技术来实现。

9.4.3 设计评价标准

设计评价标准应在设计过程开始时就被建立起来,并被所有的有关人员理解和接受后才能用来评价设计效果。评价标准应该只包括那些直接对实现项目目标产生影响的因素。设计性能目标应该是合理和可达到的,而且成果的完成应该主要依赖于设计过程中各方的行为。最后,评价标准应该覆盖设计职责的所有主要方面。

设计评价标准取决于许多变量。工程类型将会影响设计输出的选择,所以把输出值选为评价的标准。工程进度也会对评价标准的选择产生影响。施工或设计合同的类型与工程进度有关,也对评价标准的选择产生影响。在选择设计评价标准时,必须考虑设计的使用者。业主、设计人员和施工者对成本效益的设计有不同的偏好和不同的用途。在为评价设计效果选择评价标准时,牢记这些偏好很重要。当然,所有设计的用户都对按工期、在预算之内和高质量完成项目偏好。

最适用于设计效果评价的8个评价标准概括在表9.1中。对设计的用户来说,每一个标准都是必要的,可以在工程施工期间或完工后立即进行评价。但并不是所有的这些标准都可以容易地用定量的因素进行量化。表9.1显示了这8个标准中哪一个标准可以量化或必须通过个人主观加以判定。虽然主观判定是有价值的,但还是应该推崇为所有的标准建立定量的评价方法。

初始设计评价标准 表9.1

标　　准	定　量　的	主　观　的
设计文件的准确性	×	
设计文件的可用性		×
设计工作的成本	×	
设计的可施工性		×
设计的经济性		×
进度安排的合理性	×	
启动容易	×	
环境管理	×	×

这8个标准并不是评价设计效果的所有标准,其他涉及可实施性、可养护性、安全性、设备安装效率及设备性能等方面的标准都具有同样的重要性。但是,后面这些标准需要在一个运营周期之后才能用来对设计效果进行评价,并且要由不同的人员而不仅是那些参与了设计和启动工程的人员来执行。应该在项目组解散和重要数据变得难以获得之前对这8个标准进行评价。接下来将分别对这8个标准进行详细讨论。

9.4.3.1 设计文件的准确性

因为技术要求和图纸是最容易识别的设计成果,所以其成为评价设计效果的重要因素。设计文件的准确性反映了设计图纸和技术要求变更的频率及其影响。这些变更涉及文件的修正以及给设计和施工阶段带来的额外工作量。

9.4.3.2 设计文件的可用性

设计文件的可用性决定了施工方使用设计文件的易用性,并与图纸和规范的完整性和清晰度有关。

9.4.3.3 设计工作的成本

设计工作的成本是评判实际全部发生在设计阶段的费用的唯一标准,可以通过将其与初始(加上批准的变更)预算额及项目总成本比较,按设计活动的成本效益来量化。

9.4.3.4 设计的可施工性

设计的可施工性是指在规划、工程技术、采购和现场实施方面运用施工知识和经验来实现工程总体目标的程度。通过把施工知识成功整合到工程设计中,实施一个有计划的可施工性计划有助于优化工程成本。

9.4.3.5 设计的经济性

设计的经济性标准涉及保守设计或不足的设计。保守设计体现在超大尺寸构件和非标准材料的数量上。设施的不良外形也可以是不足设计的评价指标。

9.4.3.6 进度安排的合理性

设计文件对工程进度的合理安排和设计人员指定采购的材料会显著影响工程项目,所有设计的用户都同意这一点。评估进度履行情况的标准反映了设计文件和材料供应的时间性。

9.4.3.7 启动容易

启动容易部分地反映了设计的精确性和有效性。有效性的衡量可以通过比较计划的时间和实际的开始时间来实现。启动时运营人员和养护人员的数量也可以作为判断是否容易启动的指标。

9.4.3.8 环境管理

设计中的环境管理可以使用环境影响的标准来进行评估。这一组标准可以用来评估建筑基础设施的有效性,最大限度地减少对社区、文化多样性和历史遗迹的影响。生物多样性这一项中包括栖息地和濒危物种,生态系统这一项中包括湿地和森林覆盖面积以及空气质量和水质。这种评估类型的一个例子是对新建商场由建造导致的流量增加进行环境影响评估,包括噪声水平、来自地表径流和城市污水的地下水污染、有害的车辆尾气排放和温室气体排放。

9.4.4 标准总结

上面讨论的8个标准对所有设计的用户都很重要,并且都是相互关联的,与工程类型、施工建设活动或任何工程变化的影响无关。每个标准都应该在任何设计效果的初始评价中使用,但不应该把这些标准当作是绝对的或包罗万象的。由于行业、公司或项目的差别,有些设计用户可能会确定一些附加的重要标准。

不是所有的 8 个标准都会在同样的程度上影响或表征设计效果。其中某几个标准可能是有效设计的较好的指标,在评价过程中自然应该受到更多的重视。有必要对这些标准加权以合理地确认这些变化,而且可以采用下面将要讨论的"目标矩阵"技术来整合评价。

9.4.5 目标矩阵

Riggs 等人[Riggs 85]建议采用一种被称为目标矩阵的技术来进行生产率评价。可以运用同样的概念来建立一种评价设计的有效方法。一个目标矩阵由 4 个主要部分组成:目标、权重、性能级别和性能指数。目标定义要评价什么;权重表示每个目标之间的相对重要性以及每个目标相对于整个评价目标的重要性;性能级别是将目标的评价值与标准或基准值进行对比;使用第 3 个分量来计算第 4 个分量,即性能指数,计算出的结果用来表征和跟踪使用性能[Stull 86]。

9.4.6 关于设计效果评价的结论

设计评价矩阵可用于任何工程类型或工程领域。矩阵中采用的目标和权重可以加以修正以适用于任何工程,评价也可以适应大多数工程的需求。根据需要,它可以简单(主观评价),也可以复杂。作为评价方法,定量的评测比主观的评价要明显优越得多。从众多类型的工程项目中获得的大量数据可以用来为从属性目标值建立规范。

假使整个设计过程是复杂和多变的,那么没有哪种评价方法可以得到绝对的定量结果,而且不加解析就能适用于所有的设计过程和环境。尽管如此,评价设计效果的方法仍可以用于:

(1)对具体工程项目采用的设计效果评价标准,在业主、设计者和建造者之间达成共识。

(2)以系统和合理的量化方式来比较类似工程的设计效果,突出性能的变化趋势。

(3)抓住提高整个设计过程有效性的计划,以及所有参与者对最终结果的贡献。

9.5 价值工程在设计中的应用

价值工程(Value Engineering,VE)是提升设计和证明可持续基础设施管理战略的有效手段。20 世纪 70 年代初,美国联邦公路管理局在美国执行的价值工程成为第 23 号国会法律[Jackson 06]:

- ◆ 1973—1975 年,FHWA 启动了国家公路机构的价值工程培训计划。
- ◆ 1995 年国家公路系统法令规定对所有 NHS 项目进行价值工程审查,费用超过 2500 万美元,FHWA 的价值工程监管执行法于 1997 年 2 月 14 日发布。
- ◆ 2005 年 8 月 10 日,"安全、负责、灵活、高效的交通运输权益法"地面运输立法(公共法 109-59)继续进行环境管理和精简工作。FHWA 的 SAFETEALU 规定中的关键项包括:
  - ● 各国应为联邦援助系统的每个公路项目提供价值工程分析,总成本估计在 2500 万美元以上。
- 各国应为每个桥梁项目提供价值工程分析,总成本估计为 2000 万美元或更多。
- 如果上级认为合适的话,任何其他项目都应进行价值工程分析。
- 允许承包商通过建设项目价值工程(Value Engineering Change Proposal,VECP)研究,提出创新的替代材料和方法。

2005 年,FHWA 的价值工程项目储蓄总额超过了 50 亿美元[Jackson 06]。价值工程方法旨在通过检查所有项目的潜在成本,确定可以降低初始成本或全生命周期成本的措施,同时又不影响项目及其安全性。根据帕累托法则,20% 的项目构成产品或资产占总成本的 80%(图 9.2),这有助于确定可替代材料和方法的施工项目。

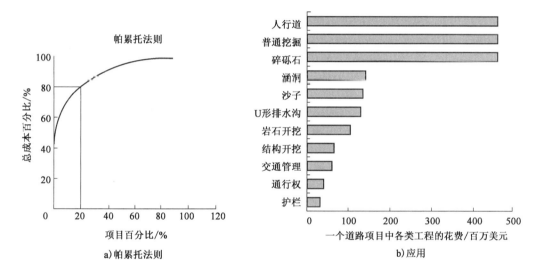

图 9.2 帕累托法则和在一个道路项目中的应用[参照 Jackson 06]

总之,独立团队采用的 VE 方法如下:
◆ 在不参与项目的多学科团队进行原始设计后,对项目进行系统的审查和分析。
◆ 价值工程团队的建议:
- 提供安全可靠的功能;
- 实现最低的总体成本;
- 提高项目的价值和质量;
- 缩短完成项目的时间。
◆ 综合使用或不使用成本高昂但效用较低的组件,抑或是使用不同的技术、材料或方法,以实现原始项目目标。

价值工程研究的一个例子是使用纤维强化塑料(Fiber Reinforced Plastic,FRP)板桩来代替佛罗里达州 DOT 的传统混凝土板桩,以保护沿海公路免受飓风破坏(图 9.3)。安装新型的无腐蚀性轻质聚合复合材料 FRP 板桩的速度比混凝土板桩的速度快 3~4 倍[Lieblong 06]。根据佛罗里达州价值工程研究的结果,总体初步建设成本减少了三分之一。

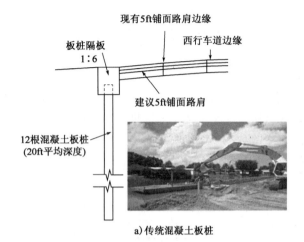 

图 9.3　传统混凝土板桩和 FRP 板桩的安装（参照[Lieblong 06]）（来源：佛罗里达州 DOT）

9.6　本章小结

设计是一个相当具有主观性的过程,会受到许多因素的影响。尽管如此,但它仍是一个工程项目中把设想转化成具体说明符号的核心点。

本章中所介绍的方法是对设计的评价,而不是对设计人员的评价。同时应认识到有许多参与方法和因素影响最终的设计成果。所建议的评价方法基于以下 8 个评价标准：

◆ 设计文件的准确性。
◆ 设计文件的可用性。
◆ 设计工作的成本。
◆ 设计的可施工性。
◆ 设计的经济性。
◆ 进度安排的合理性。
◆ 启动容易。
◆ 环境管理。

不是所有的标准对一个设计都有相同程度的影响。本章介绍了一种把 8 个标准的权重和性能等级组合成一个单一的性能指数的方法。这种方法采用目标矩阵,并允许灵活运用不同的目标、权重和度量系统来计算性能指数。采用所建议的方法来衡量设计效果是提高整个设计过程质量的重要的一步。提高设计过程质量的努力还包括对设计效果影响因素的识别：①设计过程的各种输入；②设计人员采用的系统和技术。

参 考 文 献

[AASHTO 85] "AASHTO Guide for the Design of Pavement Structures," Vol. 2, Appendix EE, American Association of State Highways and Transportation Officials, Washington D. C. ,1985.

[AASHTO 93] "AASHTO Guide for the Design of Pavement Structures," American Association of State Highways and Transportation Officials, Washington D. C. ,1993.

[AASHTO 08] "AASHTO Mechanistic Empirical Pavement Design Guide," American Association of State Highways and Transportation Officials, Washington D. C. ,2008.

[Chesher 85] A. Chesher, and R. Harrison, *User Benefits from Highway Improvements, Evidence from Developing Countries*, World Bank Report, Johns Hopkins University Press,1985.

[CII 86] The University of Texas at Austin, "Evaluation of Design Effectiveness," *A Report to The Construction Industry Institute, Publication 8-1*, July 1986.

[Darter 71] M. I. Darter, "Uncertainty Associated with Predicting 18-Kip Equipment Single Axles for Texas Pavement Design Purposes," Center for Highway Research, The University of Texas at Austin, October 1971.

[Darter 72] I. I. Darter, B. F. McCullough, and J. L. Brown, "Reliability Concepts Applied to the Texas Flexible Pavement Design System," *Highway Research Record 406*, Highway Research Board, Washington D. C. ,1972.

[Darter 73a] M. I. Darter, W. R. Hudson, and J. L. Brown, "Statistical Variations of Flexible Pavement Properties and Their Consideration in Design," *Proceedings, Association of Asphalt Paving Technologists*,1973.

[Darter 73b] M. I. Darter, and W. R. Hudson, "Probabilistic Design Concepts Applied to Flexible Pavements System Design," *Research Report 123-18*, Center for Transportation Research, The University of Texas at Austin,1973.

[Jackson 06] D. R. Jackson, "Assessment of FHWA Value Engineering (VE) Program," *Presentation at Value Engineering Best Practices Workshop 156*, Transportation Research Board Conference, Washington D. C. , January 22,2006.

[Lieblong 06] K. Lieblong, , "Hurricane Case Studies," *Presentation at Value Engineering Best Practices Workshop 156*, TRB Annual Meeting, National Research Council, Washington D. C. ,January 22,2006.

[Riggs 85] J. L. Riggs, "What's The Score?" *The Military Engineer*, Vol. 77, No. 50, September—October 1985, pp. 496-499.

[Stull 86] J. O. Stull, and R. L. Tucker, "Objectives Matrix Values for Evaluation of Design Effectiveness," *A Report to the Construction Industry Institute*, The University of Texas at Austin, August 1986.

[Zaniewski 82] J. P. Zaniewski, G. Elkins, B. C. Butler, M. Paggi, G. Cunningham, and R. Machemehl, *Vehicle Operating Costs, Fuel Consumption, and Pavement Type and Condition Factors*, Federal Highway Administration,1982.

第10章 施 工

10.1 引言

为了实现目标,公共设施资产管理系统必须贯穿从设计阶段到施工阶段、维护及修复阶段,加上数据反馈的整个过程。从设计到施工的转变是管理系统中最为重要的组织分界线。

施工把设计转化为实物现实。成功的施工是指在预算和工期的约束下达到规划和设计的目标。如果在投标、合同签订、施工进度安排、材料供应及加工等工作完成后,按例行程序进行实际的施工和质量控制,就可以说该施工是符合要求的。但是,如果贸然进行施工和养护,就无法充分实现设计功能。

如果现场条件与设计条件或假设条件不一样,则必须做出变更。这些变更,至少是主要的变更,若不咨询设计组是不能贸然行事的。规范的管理将有助于保证足够的沟通,这样新型或有创新的设计和施工方案的实施就不会受到阻碍,而且竣工图资料也是完整和易懂的。后面这一点最重要,由于工作匆忙以及施工现场日复一日地事务缠身,很容易延误或遗漏整理那些反映实际情况的资料。施工结束后查找资料时发现很多都是不完整的甚至是错误的,这种情况屡见不鲜。准确的反馈和修复计划必须依赖于可靠和完整的竣工图资料。

本章并不讨论有关施工实施、施工控制或施工管理本身的细节,这些内容在各种机构出版的各种施工手册和指南中都有全面的论述。本章的重点主要集中在以下几个方面:①施工与其他公共设施资产管理阶段的相互关系;②工程的可施工性;③施工质量保证;④施工中应该提交的资料或数据,以备施工之需和作其他用途。如果能够系统地执行这些方面,那么就能够正确地应对施工方法、设备、材料和环境的正常与预期的变化。

10.1.1 施工资料

要使所选择的设计进入施工阶段,需要有一系列的文件来详细说明设计的细节。在有些情况下,为了参与投标,要提供比选设计方案,并且每个方案都需要详细信息。这些文件不仅反映了施工的细节,还能作为获得承包商或建筑公司服务的法律文件。

传统的设计和施工文件是"设计图和技术要求",通常包含以下内容:
- ◆ 一整套图纸,给出详细尺寸及其他设计细节。
- ◆ 一系列的项目细则,详细描述需要提供的材料、材料计划、所需规格等。
- ◆ 一系列"标准和技术要求",这些标准和技术要求已由专门机构批准且是通用的。

施工文件的首要目的就是把拟建项目描述给施工团体。另外,由于道路工程通常与桥梁、排水设施以及其他项目一起施工,因此它们之间的相互关系也应该描述清楚。在有些机构,施工团体是专门按某个项目的设计要求装备的,所以在这种情况下,施工就能立即开始。然而,在通常情况下,施工团体要有一个负有监理或控制职能的人员,实际的施工是由一个独立的机构按照合法合同完成的。在这些情况下,施工文件就变得非常重要,因为它们将充当第二个目标,即作为投标、定价、工程款支付协议等的基础。

21世纪以来,计算机硬件和软件技术、IT基础设施、网络资源和无线通信等方面都有了长足的进步。这些网络基础设施的发展促使形成了一个逐渐无纸化的世界,包括电子邮件通信、互联网银行和金融交易、采购和库存流程、组织的消息和声明、材料和信息的供应链流程以及社交网络。施工管理流程和文件流程也不例外。数字数据和电子文件技术已被政府机构、私人所有者和开发商、材料供应商、承包商以及其他参与基础设施建设的人员所接受。

10.1.2 施工管理

施工管理运用物质、经济以及人力资源把设计转化为实体现实。在实际的设施建造中,施工管理这个普遍概念始终贯穿基础设施管理。当既定规划和设计目标得到实现,而且设施也投入使用时,那么施工过程就是成功的。

施工管理的流程是综合而复杂的,它包含许多需要考虑的事项,诸如概算、任务以及工作进度、组织机构和人事方面、法律方面、财务和费用控制、施工记录。很多已出版的书籍和手册中都有关于这些方面的阐述。深入探讨这些主题已超出本书的范围,下面要讨论的是适用于公共机构级别的施工管理。

10.2 与其他管理阶段有关的施工

一个有效的公共设施资产管理系统依赖于各个阶段的沟通和协调,通用信息从管理系统中的其他阶段流入施工阶段。这些其他阶段的详细内容在前面的章节已讨论。施工从所有的这些阶段接收至关重要的信息。

施工也为管理的其他阶段提供信息,这一系列信息流动的普遍特征如图10.1所示。此图表明从施工阶段获取的信息对其他阶段的有效管理也是至关重要的。

图10.1中考虑了五个阶段或子系统:规划或计划、设计、施工、评价、维护和修复。施工与各个阶段都相互联系,它们共同组成完整的管理系统。施工对各个阶段及整个管理系统都很重要,它们的相互关系可由图10.1中所表明的信息流动来加以验证。这种信息流动是双向的——流向施工阶段和从施工阶段流出。

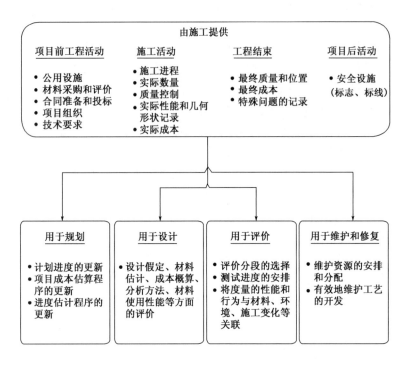

图 10.1　由施工阶段提供的信息以备其他管理阶段使用

10.2.1　规划和施工

规划或计划阶段提供"何物、何时以及何地"这类信息给施工阶段或其他阶段。有关工程类别和工程位置的信息,可以为制订短期和长期的劳动力及其他资源施工计划提供指引。通常,这种施工前的信息,具备充足的准备时间,可选择的承包商更多,可获得更好的合同价格及较少的工程拥挤现象,并有可能以更及时、更经济和更有效的方式完成施工前的测量、财产征购、公用设施重新布置等活动。总体系统或网络级的经济规划和分析,将为安排标书与合同、人力和物资资源提供信息,还提供时间限制及相关项目的信息。

另外,施工过程中在许多方面都涉及计划。例如,把最终的合同价格和材料数量与最初的估算进行对照,可以帮助更新未来计划。监控施工进展可以指出需要调整的进度。费用超额不能一直持续,预先知道便有可能修订计划而不至于违反合同。最后,完整的施工和项目开发对下一轮的计划制订是很重要的。

10.2.2　设计和施工

设计图和技术要求直接为施工提供输入参数,这是设计和施工两个阶段之间最为明显和直接的相互作用。然而,除了合同文件和施工图外,早期各阶段之间固有的相互作用可以协助项目初期现场外部工程的施工,并建立初步的材料放置方法及质量和数量控制工艺。

施工过程中的反馈信息对设计同样至关重要。一方面,一个看起来经济的设计如果导致意外的或难以处理的施工问题,那它就称不上经济。比如,基于以前的数据,一种材料可能看起来似乎是经济的,但对于一个特殊工程或特殊位置而言,这种材料也许会供应不足或比预期价格要高。另一方面,新的施工工艺可能会引起设计的变更。例如,以前所有大型公路部门都要求铺设薄层沥青混凝土以获得足够的压实度,但是,随着更重型的和可变轮胎压力的碾压机的出现,以及一些施工实验路试验表明,在很多情况下厚层沥青混凝土实际上可以提供更高的压实度。这种施工信息的反馈致使机构更改了技术要求。一个好的管理系统有助于机构跟上新的理念,不至于因为旧的管理方式而被淘汰。

10.2.3 评价和施工

从广泛意义上来说,评价为施工阶段提供输入值。对现有设施的持续监测和评价表明,某些特定的施工方法或技术虽然在现行规范中是可接受的,但它们可能导致设施过早劣化或加速劣化。例如,在压实前控制骨料级配,但之后评价时所做的试验也许会表明,实际上施工使得材料质量严重降低,这可能会导致结构脆弱或出现排水问题。利用对结构或其部件进行持续评价获得的数据构建起来的一个连续和完整的数据反馈系统,能够帮助解决众多诸如此类潜在的施工问题。

施工提供给评价的输入值是直接和重要的,施工过程中的完工记录提供了对设施的初始或零使用期评价。此外,如果施工数据被完整而且有效地记录下来,它们将形成未来所有评价的主骨架,因为以后再也不可能获得比这更详尽的数据了。另外,这些记录可以被有效地用来帮助选取进行定期评价的初始分段位置。这点很重要,因为绝大多数的评价都是一个抽样的过程。

在定期评价的过程中,观察到的特殊问题应该直接对照施工记录进行检查。遗憾的是,过去的施工记录通常不够完整,因此不能实现这些需求。一套适宜的应用管理系统将有助于解决此类问题。

10.2.4 维护、修复和施工

最后要考虑的与施工有关的阶段是维护和修复。用以恢复或改善设施状况的日常维修工作及工程都被包含在维护和修复的定义中。因为维护和修复是一个持续的过程,所以要深思熟虑,而哪里需要维护和修复也许会表现为某种模式,它可以反馈到施工中,并揭示出技术规范、施工方法或材料以及监督方法等质量方面的不足。由于维护或修复工作通常依照合同执行,因此它被许多人当作施工的一种。无论如何,所涉及工程的时间安排都需要由施工团体考虑并监督。因此,这需要紧密的合作和协调。

关于从施工阶段流动到维护和修复阶段的信息,有效的维护技术和工序取决于实际的材料和所用的施工方法,并且和施工中遇到的问题有关。例如,不良的混凝土性能通常可能是由于在施工中遇到了非常热的天气,也许是中断了混凝土浇筑或扰乱了修整工序。在这种情形下,施工过程中的完工记录就成为维护数据库的关键。另外,验收、索赔和调整可作为最初维护计划和资源安排的基础。同样,所用材料的实际数量和质量方面的资料对将来维护计划的制订也是必不可少的。

10.3 可施工性

要对任何设施的施工过程进行最佳的计划、设计和管理,知道如何施工是至关重要的。专门技能(Know-how)是教育和经验积累的结果,而且像任何知识一样,一旦学会就必须对其进行扩展和温故知新。

施工经验积累是一个预定的学习过程,通过参与或观察具体的工序,了解发生了什么,描述这些东西并传达给别人,包括事件本身及其目标和成果。

10.3.1 什么是可施工性

可施工性被美国建筑工业学会(Construction Industry Institute,CII)[CTR/CII 87]定义为建造设施的便利性。在规划、设计、采购和现场操作以实现项目总体目标的过程中,正确使用施工知识和经验使得可施工性提高[CII 86]。

因为可施工性增强(Constructability Enhancement,CE)本质上就是多学科和多层面的,这意味着同一个工程中的不同事物对应各种各样的参与者。对业主来说,可施工性提供了从施工项目上实现更高效能的机会,其结果是造价较低、工期较短或者质量较高。对设计人员来讲,可施工性是实际施工所需方法和约束之间达成的共识,以完成正在进行的设计。对于承包商来讲,可施工性是有效贯彻设计所需的努力与最小化工作量及资源消耗之间的一种结合。

美国建筑工业学会给出了若干个适用于项目不同阶段的可施工性的概念。简单来说,这些概念强调了项目实施计划、项目总体设计计划、规范、合同战略、进度和施工方法,包括预制装配、施工平面图、设计图形、便利程序以及不利天气等方面[CII 86]。可施工性的改善已被研究和应用到许多工业建筑的施工环节中,也应用到道路施工和其他公共设施建设中[De Vos 89,Fisher 89,O'Connor 86]。

美国交通运输部的规划人员和工程师们确实在一定程度上实践了可施工性,尽管它还没有正式的定义,还未被认为是道路设计和施工的主要因素。

10.3.2 可施工性、价值工程和生产率之间的关系

价值工程与可施工性具有相似性,起初它们的差别不明显。可使成本降低的创新性施工对可施工性和价值工程都有贡献,从这一点可以推断两者是同义的。虽然它们在目标和结果上具有相似性,但可施工性和价值工程的范围和影响却有所不同,如图10.2所示。

价值工程被定义为一个受过训练的过程,用以分析一个产品或服务的功能要求,以便能以最低的总成本实现这个产品或服务的基本功能。假设如此,总成本应考虑业主在规划、设计、采购和承包、施工阶段的成本及产品或服务在寿命周期内的维护成本,也许还应考虑用户费用。对政府机构来说,因为它负责提供服务设施,所以在评估一个服务的成本-效益关系时,除了生产成本外,也应该考虑用户费用。

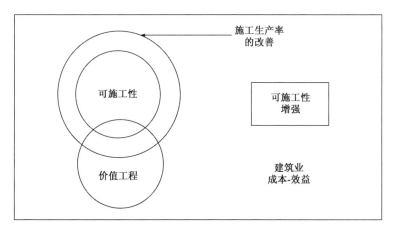

图 10.2　建筑业的成本-效益关系

例如,公路的可施工性主要关心的是在符合美国交通运输部标准或规程提出的功能和质量要求的前提下,实现最优的建设成本。因此,应该把可施工性增强看作价值工程的若干个工具之一。价值工程计划和 CE 计划的效率高低都依赖于参与人员是否把自己当成团队中的一员并努力工作。

从实际的观点出发,承包的施工成本是机构预算中最大的部分,而且很可能由于可施工性的增强,使生产率得到最大的改善。如果一个机构差不多都在固定的年度预算下经营,那么生产率也就等同于较低的施工成本或较高的质量,这就转化为稳定性增加和经营状况良好。价值工程(VE)的应用在许多方面都与可施工性增强相似,因为这两个概念都适用于整个规划、设计和施工阶段,而且每个概念都可能在项目开发的早期阶段产生最大的影响。

以上的讨论强调了尽早并有效考虑将可施工性作为 IAMS 一部分的重要性。在项目的规划和设计阶段尤其如此,如果在恰当的时间运用和发挥施工知识和经验的价值,那么就能得到最高的效益回报。很明显,一旦工程进展超出这些阶段,投资和其他承诺通常会以著名的 S 曲线的速率累计,使工程变更的能力与 S 曲线密切相关。同时,影响和控制成本的能力迅速降低,因为它和类似曲线成比例。这种趋势如图 10.3 所示。

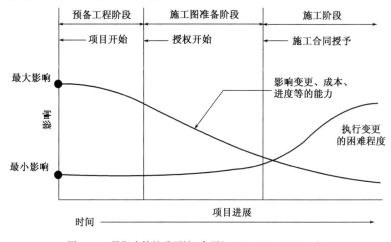

图 10.3　早期决策的重要性(参照[Azud 69,CTR/CII 89])

总之,生产率、价值工程和可施工性都对有效的公共设施资产管理起着很重要的作用,它们之间的关系如下:

◆ 生产率是在一个设施建设过程中衡量产出与投入比的尺度。
◆ 价值工程涉及以最低的成本为一个设施提供所要求的功能。
◆ 可施工性是衡量施工容易或便利的尺度。

10.3.3 影响可施工性的因素

在一个项目不同单元的进展过程中,可施工性将受到众多因素的影响。表10.1列出了这些因素的清单,在表中这些因素被分为7类,以便随后将这些因素并入知识库。

影响可施工性的因素(以公路为例)[CTR/CII 89] 表10.1

环境系统	
场地	◆ 基础设施方面(包括车辆交通)
◆ 地形方面(包括通达程度)	◆ 政治、法律、法规方面
◆ 土工方面	◆ 经济、社会、财政方面
◆ 水文方面	◆ 技术方面
项目范围	信息和沟通
运营要求	文件、传送、解释
设施特征	◆ 可用性、来源、准确性
◆ 结构组合	◆ 清晰和简明、完整
◆ 复杂性	◆ 一致性、兼容性、二义性
◆ 规模	◆ 及时和频繁
财政和时间约束	◆ 适当中肯
◆ 预算和进度	
资源	与工序和方法有关
材料、人力、计划和设备	规划、设计、技术要求和估算
◆ 可用性	◆ 采购、投标
◆ 可变性、灵活性	◆ 施工
◆ 适用性	◆ 养护
◆ 内在属性	
控制	创新
质量保证、质量控制	提示意识;需求辨识;激励、鼓励
试验和检查	◆ 创新动机和自由度
◆ 成本和财政控制	◆ 创新的能力
◆ 进度控制	◆ 资源和研发(R&D)
◆ 生产率度量	◆ 支持优胜者、创新的领导者

在机构指导委员会的帮助下,一系列关于可施工性的议题或事项可以在研究和开发过程中予以辨识并进行优先级排序,如表10.2所示。另外,所列的项目数量可以更多,主题也可以更为广泛。

公路可施工性议题及关注点　　　　　　　　　　　　　　表10.2

◆ 规划和设计指南,用于加强公路建设的规划和设计指南
◆ 改进规范来提高公路的可施工性
◆ 材料的选择、加工和管理
◆ 通过创新增强可施工性
◆ 在有交通的情况下便于施工
◆ 便于将来扩建和升级
◆ 机械和设备的最佳利用
◆ 风险、责任的最优分配
◆ 可施工性计划实施

10.3.4　可施工性的增强计划

为了增强可施工性,必须建立良好的目标,典型目标如下:
- ◆ 提高生产率。
- ◆ 降低项目成本。
- ◆ 缩短项目工期。
- ◆ 减少项目延误,符合进度要求。
- ◆ 排除不必要的活动。
- ◆ 降低体力劳动的紧张度。
- ◆ 提高施工现场的安全性。
- ◆ 减少冲突。
- ◆ 提高质量。

10.3.5　公路可施工性知识库

按照得克萨斯州交通厅(Texas Department of Transportation,TxDOT)和交通研究中心的定义[CTR/CII 89],公路可施工性知识库系统(Knowledge Based System,KBS)是通过个人面谈、专家会议和文献调查的方式获得意见的汇集,为了对可施工性意见进行详细处理,已经建立起的一个计算机信息检索系统[Redelinghuys 89]。这将把分层的图表和各种需要建造的公路项目单元(如路面)联系起来。分层的图表同时也涉及其他方面,比如表10.1中的可施工性的影响因素和适当的工程阶段。这个方法也为后续分析和将来的研究提出了一个有效架构。约束可施工性的典型应用或解决方案实例如下:

- ◆ 及时获得公路用地权(Right-of-Way,ROW),尽早解决有问题的公路用地地块。
- ◆ 把可能难以获得的公路用地的需求量减到最小,必要的话通过技术手段实施填、挖。
- ◆ 减少在公用设施调整中的延误,通过采用跨越公用设施的桥或隧道,从设计上避免对公用设施的调整。
- ◆ 简化或保障交通、施工的分界面,使用混凝土安全隔离墩。
- ◆ 加快桥梁现场施工的速度,优化桥梁施工的工厂预制构件。

- 为承包商的交通通行和工作平台提供空间,提前考虑施工方在仓库和脚手架、便道以及停车场方面对公路用地的额外需求。
- 使用策略来缩短项目总工期,确保高效的施工进度,有效地使用违约赔偿金和激励机制。
- 优化路面单元的生产率;把路面层数降到最少,尤其在横断面设计中。
- 建立一个路面结构实施性施工计划;建立一个全面并和预期项目进程相符的检测计划。
- 设计土方工程来提高可施工性;允许创新性的深层压实。
- 设计要便于将来的维修、扩建和升级;公用设施的设置要使今后的调整次数最少。
- 把与规范有关的问题数量降到最少;改变不现实的容许值;淘汰过时的方法或材料条目;通过消除歧义、教育和培训用户来确保解释的一致性。例如,在设计跨公用设施桥梁承担标志牌的重量及附加风荷载时发生的费用可以忽略不计。

10.3.6 计划实施:障碍和建议

10.3.6.1 障碍

虽然已经论证了可施工性增强计划的好处,但实行良好可施工性的障碍却是普遍存在的。美国建筑工业学会指出管理者应该意识到这些障碍,见表10.3,并且挑战这些障碍。

计划实施的障碍 表10.3

沟通与设计——施工整合方面的障碍	使用先进施工技术的障碍	创新障碍
合同约定的时间	对技术缺乏了解或沟通不够充分	个人的积极性受挫,感觉缺乏自由
缺少时间	缺少必要的训练	没有认识到机会的到来
缺少现场的反馈	规章禁止	个人缺乏创造性才能
没有"经验教训"的文件资料和交流	制度上和变化的阻力	缺乏工具
缺乏施工经验	不愿脱离当前的和已被验证的标准操作	上级缺乏对优胜者的支持

10.3.6.2 建议

根据美国建筑工业学会,在实施公路可施工性计划过程中应该考虑以下建议:

(1)必须获取高层管理者对实施可施工性计划的承诺。

(2)应该针对具有唯一职责的项目管理推行一种强有力的手段。

(3)在项目方案的商议期间就应该为大型、复杂的项目制订项目实施计划。补充的计划会议和设计复审应该包括更广泛的参与者。

(4)主动回应对可施工性的需求,应该避免过分依赖后期的、反应性的设计复审。

(5)如果现场的反馈信息并不能随手获得,那么就应该求助于施工前、施工期间和施工后的定期反馈。这种反馈应该包含部门人员、承包商和供应商。

(6)应在所有项目完成后进行事后剖析。业主和承包商都应派代表参加,还应邀请其他相关方。这种会议既报告"成功",也报告"失败",并且应增加现场考察的机会。

(7)应该实施管理培训计划,以促进设计和施工之间的沟通和整合。应该在试验的基础上启动项目的"团队建设",而且应该包括为了提高团队领导技能而设置的训练。

(8)应该继续维护可存取的现有"经验教训"知识库,开发先进且计算机化的系统来存储和检索这些信息。

图10.4显示了上述的这些建议。

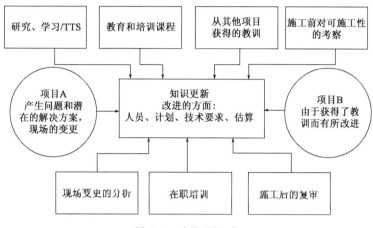

图10.4 改进可施工性

10.4 施工质量控制和质量保证

施工质量保证是一个复杂且详细的过程,以确保完工的设施能达到业主所期望的标准(更确切地说,是达到设计文件所规定的标准)。有几个质量保证的方面是重要的,包括质量控制、质量评估以及试验[Warden 63,Willenbrock 76]。质量控制、质量保证和全面质量管理将在第11章作更深入的讨论。本章的讨论只针对施工方面。

无论采用哪种类型的质量保证,它们都源于技术要求。在基础设施的建设中常采用几种类型的技术说明,分别为:

(1)方法和材料的技术要求;
(2)配方技术要求;
(3)最终产品或制成品的技术要求;
(4)基于性能的技术要求;
(5)特定时间、使用期的保证或担保技术要求。

目前,方法和材料的技术要求最为普遍。尽管在术语上有些不同,配方技术要求通常与方法和材料技术要求是一样的。也就是说,配方包含某种配料或材料,并要求将之混合、加工、安装或以特定的方式安置。

10.4.1 配方技术要求

目前使用的最典型的技术要求是配方技术要求。以硅酸盐水泥混凝土为例,施工要求常常是确定集料、集料级配、水泥和水,将这些材料混合在一起,并加上一种或多种添加剂,以改善和易性或延长凝固时间。搅拌时间也要作具体说明。这种关于混凝土的技术要求通常还指定最低合格强度,比如,抗压强度不能低于20670kPa(3000psi)。

审视各城市、县或州的技术要求书,以及任何私人领域的房屋建筑合同书,发现大多数的技术要求都是关于配方的。这就出现了矛盾:一方面承包商被告知必须要做的所有事情,而且必须达到具体的最低强度;另一方面,如果使用指定的材料如实地执行了配方,其义务是完成了,但是并不总能满足强度要求。那么在这种情形下,问题出在哪儿呢?

在过去,这个问题的处理方式是针对强度要求给定一个足够的安全系数,以及重复使用过去已证实的好材料。尽管如此,关于有冲突问题的配方技术要求,许多法律纠纷必须在法庭上或通过仲裁解决。这更像是,你告诉一个伙伴在他或她制作蛋糕时必须要配什么料,而按要求做好蛋糕后,你又因为蛋糕不合你的口味而生气。

10.4.2 最终产品或制成品技术要求

现在越来越多地使用最终产品或制成品技术要求来克服配方技术要求存在的一些问题。与其指定应使用的材料和方法,倒不如将最终产品技术要求集中在最终的产品上。也就是说,用我们刚刚的比喻,更关心蛋糕的味道而不关心它是怎么做成的,最终产品技术要求现在已被基础设施产品的承包商(相当于制造者)和公共机构(相当于购买者)双方广泛接受[ASTM 78, AGCA 77, Gappinger 85]。有若干原因造成了最终产品或制成品技术要求在合同工程中日益被广泛采用。首先,最终产品技术要求可以帮助确定产品质量控制和质量保证的责任。其次,它给制造高质量工程的承包商带来了经济效益,给购买者(公共机构)带来了改善的产品和降低了的寿命周期成本。能做到这点是因为最终产品或制成品技术要求允许承包商或制造者在生产所需的最终产品时灵活采用革新技术。

然而,最终产品技术要求的使用完全是最近才出现的现象。例如,在过去的十年中,对新铺路面行驶质量的关注促使一些州的交通厅去建立最终产品平整度规范[Harrison 89, Hudson 92, SDHPT 82, SDHPT 91]。

10.4.3 最终产品实例

要应用最终产品技术要求,需要有一个有效的测定工具,而且要让制造者和业主都能接受和理解,并可以根据需要进行充分的检验和标定。

就路面平整度来讲,得克萨斯州交通厅已制定了一个技术规范报批稿[Hudson 92, TxDOT 91]。制定这个规范遇到的主要问题就是要找到一台可用的路面平整度测试仪器,用于给承包商提供一个稳定的基准。检验了好几台设备后,选定了一台由加利福尼亚州改造并开发的平整度测定仪[AASHTO 87],因为它实现最终产品技术规范要求的效果最好,尽管它并不是当前最广泛使用的路面平整度测试仪。在这种情况下,生产者和购买者都可以看到,设备的可视化跟踪及稳定基准平台比其运行速度或所用基本单位更为重要。

任何最终产品技术规范必须切合实际来应用。也就是说,验收水平不能定得过高而致使优秀承包商都不能达到要求。相反,也不期望规范的验收标准定得太低而使所有的承包商都能达到要求。为了遵循现实诱导原则,必须获得大量由各类承包商执行该技术规范报批稿程序所得的反映普遍性能的现场数据。通常,所定标准应该保证10%~20%的承包商基本能达到,而有 80%~90%无法达到。这就意味着该标准是可达到的,但是大部分现有的承包商必须改进它们的工艺来达到该标准。表 10.4 是 TxDOT 提出的标准。

初步的按平整度的支付-调整安排[Hudson 92]　　　表 10.4

纵断面系数(Profile Index,PI)(in/mi) 每 0.1mi 一个分段	奖金或扣除额 (单位标价的百分比,%)
≤3.0	+5
3.1~4.0	+4
4.1~5.0	+3
5.1~6.0	+2
6.1~7.0	+1
7.1~10.0	+0
10.1~11.0	−2
11.1~12.0	−4
12.1~13.0	−6
13.1~14.0	−8
14.1~15.0	−10
>15.0	需要矫正的工程

规范的级别也显示了好的最终产品技术要求的另一个主要原则——奖励条款,经验表明,正受到处罚的承包商,如果它们还有被奖励的可能性时,它们会表现得更好。当有这种奖金或奖励机制时,最终产品技术要求就更有可能获得成功。

10.4.4　影响技术规范评价和实施的因素

在进行路面平整度评价时,如同任何其他的最终产品技术要求一样,希望有一个标准和精确的仪器,以便所有其他仪器以此为对照基准。但遗憾的是,许多时候都没有这种标准仪器。由于缺乏一个可接受的标准,居第二位的做法就是选择一种特定的仪器类型并将之当作标准输出设备,用来实施和执行该技术规范。

在设备被安装好和技术要求标准值被设定好之前,必须认真评定符合性测试的重现性。对设备操作者引起的变异性也必须加以评定。应该记住的是,这些比较必须在现场条件下进行,也就是说,现场条件应该是可以接受的,并且和常规现场一致。

知道浮动性如何影响同一个读数器的处理分析也很重要。也就是说,早晨(当读数器测量较为准确时)对轮廓曲线的解释与晚些时候(读数器测量的准确性降低时)的解释会有所不同吗? 为了回答这个重要的问题,TxDOT 的研究小组收集研究了被认为是现实的浮动性信息,以确定在实际数据收集中哪些变异性可以被预测。这样就避免了在技术要求中选择范围太窄的问题,要求承包商去满足它是不切实际的。

这次分析用的数据是使用相同的读数器获得的,分几次分别读取高和低剖面水平的路面轮廓曲线。

10.4.5 实例总结

基于最终产品技术要求,得克萨斯州制订了一部新的柔性路面平整度规范,并成功地将其实施(表10.5)。这部规范的建立引出了下面一些建议。

柔性路面平整度技术要求　　　　　　　　　表10.5

PI(in/mi)	单位合同价格的百分比(%)
PI≤9.0	100
9.0 < PI≤10.9	99
PI > 10.9	需要矫正的工程

尽管大多数的沥青混凝土路面都比较平整,但修订的路面平整度规范表明,如果对承包商高质量的工作给予奖励,那么他们可以使路面更加平整。最终产品的平整度规范有效减少了新沥青混凝土路面合同中有关粗糙度的描述。奖金必须具有足够的吸引力,这样才能保证在整个合同期内一贯性的高质量工作。然而,因为在新合同里粗糙度的描述是局部性的,按标价百分比计算的奖金总额就可能是相当少的。因此,公路部门只需冒着少量的工程价格上涨的风险就能获得显著的利益,而且行驶质量和服务能力指数均能提高。奖金刺激还有一个与承包商投标相关的附加特征:最终产品平整度规范使得劣等承包商更难中标。这是因为有经验的、熟悉平整度规范的承包商,可以把奖金部分折算到投标报价中。这样的话,公路部门无须支付高额的合同总价,报价加上奖金的和与原始的投标价格水平很相近。得克萨斯州的经验表明,如果承包商是劣等的或没有经验的,那么行驶质量的问题也会随之增加。因此,最终产品规范降低了较差承包商获得路面工程合同的可能性。

总之,新建柔性路面和新加铺柔性路面的最终平整度验收规范是最终产品技术要求在道路建设中极好的应用。总报价加上路面工程奖金不需比传统的报价高多少,劣等承包商中标的可能性却变得很小。得克萨斯州的研究意味着最终产品规范是对传统平整度规范的一个非常理想的修正[Hudson 92]。

10.4.6 基于使用性能的规范

基于使用性能的规范在建立和使用上比最终产品规范要复杂得多。这个概念就是建立一个规范给承包商或设施提供者,要求该单位建造的设施能提供给定的使用性能水平。

使用性能是随着时间变化而变化的函数。例如,"应该使路面服务能力指数大于3.0(基于5~0的等级)保持5年或更长的时间"。这样的规范要求以时间为基础来定义使用性能,使用性能的量值可用来控制或遵守。在某些情况下,定义为短期内的使用性能。有一个例子就是,一辆高性能的小汽车或小船"从静止状态启动后6s内可以达到每小时96km的速度(60mi/h)";另一个例子是,一架高空飞机"可以在1.2万m(4万ft)的高度执行飞行任务"。这些使用性能的定义对基础设施管理并不是普遍适用的。在这种情况下,使用性能是和时间有关的,像对路面的描述一样,房屋、桥梁、供水管线或下水道"在预计的时期内应该提供一个可接受的服务水平"。

描述与这种规范相关的问题的实例就是战略公路研究计划。在1987年,SHRP着手建立基于使用性能的沥青路面规范。在5年期的研究计划里,SHRP开展了对各种各样的沥青集料和混合料的详细研究。但有一点很清楚,就是从一开始就没有安排时间去研制新的材料,用新材料来铺筑路面,并实实在在地观测新材料的使用性能。因此,很明显这项计划不可能完成预定的目标。该计划的管理部门突然把研究对象从基于使用性能的规范变成与使用性能相关的规范,并指出,规范包含那些至少已知会影响材料长期使用性能的一般性因素。事实上这已经是大多数现有规范的一部分,但可能不被SHRP的管理人员所认可。应该记住,只有在现场观测了实际的使用性能并将之与不同质量或类型的材料的使用性能作对比之后,基于使用性能的规范才能生效。

公共设施资产管理系统为建立基于使用性能的规范提供了一个理想的框架,然而,要花费数年的时间才能根据对IAMS数据库反馈信息的分析把这个规范建立起来。IAMS的用户需尽快建立观测性能与施工质量和可靠度之间的闭环,以形成真正基于使用性能的规范并以此作为将来发展的基础。

10.4.7　规定期间或使用期内的保修技术规范

保修技术规范还没有在基础设施中得到广泛的应用,但在汽车工业领域已得到了广泛的应用。汽车质量的改进允许制造者把保修期从1年或1.6万km(1万mi)提高到5年或8万km(5万mi)。类似机械方面的保修技术规范也应用于器具或其他消费类机器,甚至是飞机和轮船。这样的技术规范和保修期,即使在每年制造和售出数百万辆汽车的汽车行业也是姗姗来迟的,那么在民用基础设施行业的实行就更艰难了。一个原因是汽车工业的规模庞大,使得获取可靠性方面的经验和信息要相对容易些,这里的可靠性不仅指汽车本身,而且也指各种部件子系统,比如发动机、传动装置和制动装置。

这些保修不是免费的,而且明显地在汽车价格上包含了一个增加额。通过制造商制定的所谓延伸保修可选项的定价,就可以估算出汽车保修的相对费用。本书的一个作者在购买一部新车时另付了750美元,就延长了附加4.8万km(3万mi)的保修期。延长保修期到16万km(10万mi)的价格是1500美元,从前保险杠到后保险杠,所有实物件都被包括在内。保修期越长,单价越高(可达汽车价格的3%~5%),说明在更长的期间内会有更多的部件损耗以及更多的故障次数。

公路、桥梁和房屋这些设施的保修费用有可能要远远高于3%~5%的比例,因为缺乏宽泛的可靠性方面的经验,而且建筑设施个体的差异性要远远大于汽车生产线上制造出来的汽车。

10.4.7.1　担保在基础设施中的应用

由于每一个基础设施都是唯一的,如路面、桥梁、房屋、供水管或下水管道,因而担保渠道也许会比直接保修具有更好的合同及定价机制。这种方法通常被称为"基础设施的私营化",而且在过去的几年中变得流行起来。它赋予业主或用户为设施的使用定价的能力,但这并不能发挥与配方技术要求或制成品技术要求完全一样的作用。尽管如此,它却在某些意义上适用于施工质量保证,因为如果使用了保修技术规范,就不需要业主去天天视察、试验和检查施工过程。

因为有保修技术规范,所以就不再对配方技术要求或基于性能的规范进行试验。然而,还是需要一些业主或用户在一定时间内对设施满意度进行评价。对于汽车这非常直接,但对于公路或桥梁,这就变得很困难了。在使用期内,如果没有做试验,很难说道路质量已经降低到可接受水平之下,另一个衡量尺度可能就是用户有关投诉的情况,诸如路面凹凸不平、水压低等。

10.4.7.2 养护的私营化

对于现有的基础设施,一个实现保修技术规范的主要途径就是所谓的"道路养护私营化",这将在第 11 章和第 13 章进行更多的探讨。这种方法已在很多国家的道路中被使用,如阿根廷和澳大利亚。这涉及制定一个完整区域或道路网,由金融财团、工程师和承包商来投标承包。例如在澳大利亚的新南威尔士州,每个金融财团提交一个报价,约定在规定的期间(如 5 年或 10 年)内提供必要的养护、重建和修复,在合同价范围内,金融财团要做所有必须做的事情,以使设施的使用性能保持在一个可接受的水平。然后对所有的报价或投标进行评估,并选出中标的金融财团。这个金融财团的报价可能并不是最低的,因为所提供的服务水平和质量可能会因不同的集团而有所不同。这些方式提出的时间不是很长,所以还不能完全了解它们到底怎样发挥作用。但这个概念很好,考虑了规模经济的效益、良好的私有管理、为政府工作人员节约的社会成本,以及受益于广泛认可的私营工业会有更高的生产率。这是传统的做法,并不代表作者的观点,值得商榷。

10.4.7.3 新设施的私营化

新设施更容易私营化。道路的私营化已经在墨西哥、西班牙、加拿大和其他一些国家的收费公路上实施。招标方所发出的投标邀请如是说:从 A 点到 B 点(通常是从一个大城市到另一个大城市)需要一个道路体系,而且应该具有一定的交通线路、一定的速度、一定的通行能力,等等。于是招标方便会收到各种团体的投标书,它们有兴趣按月度或年度成本基数提供一个交钥匙(Turnkey)设施。在这种情况下,该团体还包括一个银行或金融机构来安排必要的融资。招标方评估投标书,并选定中标者——并不总是基于成本最低,而是基于对那个有意提供最大效益成本比的投标人进行综合效果评估。在有些情况下,成本被规定为使用设施的每辆车辆的具体过路费,而且中标人将来收取的过路费不允许高于招标规定的过路费。而在其他一些情况下,成本被规定为年度费用,并且收取的过路费和成本基数之间的差值由业主来承担,包括利息、管理、养护、修复和运营费用,都涵盖在定价里。

这些创举的意图是充分利用私营经济和企业家的效能。然而,还没有足够的时间来评估这些创举对保修技术规范而言是否真的是一个有效的机制。在西班牙,至少有一个报道说赢得投标的集团在 3 年内破产了。可以认为那些额外的费用就要求助于政府了,尽管有保单和其他一些机制可以补偿这些意外费用。

10.4.7.4 购物中心的保修技术规范

私营企业提供了一种更好的保修技术规范模式,并且已被证明是成功的。这是行业的标准,而且被大公司广泛地运用,这些公司有能力为自己提供基础设施,但是它们要按某个固定的标价从施工和管理的行家那里选择以获得它们的基础设施。

这是许多大型零售商目前的惯例,例如西尔斯百货(Sears)和艾柏森食品百货(Albertsons),这两个零售商并不建造自己的商店,而是在大型购物中心成为所谓的固定租户。在这种情形下,开发商同意按照大租户的要求,提供零售空间、停车场、公用设施以及维护服务,对于固定的或商定的价格,通常伴随通货膨胀的条款及度量标准,以涵盖不可预见的公用设施价格上涨。这样的合同指定了停车场的质量和类别、空调系统、楼面饰材、照明设备等,这些都将按照合同价格提供。作为回报,承租人按照已知的价格获得所需的基础设施,而不是成为一个基础设施的供应者,其结果是承租人可以把注意力集中在主要的零售商业上,而不需要去关注施工、养护和维修这些未知的领域。

这种方法并不是解决所有问题的灵丹妙药,而且在能否充分地提供合同约定的服务这一点上仍然存在分歧。例如,本书作者曾作为顾问被卷入得克萨斯州圣安东尼奥的一个大型购物中心的一个重大诉讼案中,在这个案例中,主要的固定租户和购物中心的开发商发生了强烈的争执,主要针对停车场的质量问题以及排水问题,因为水都集聚在它们的商店前,给顾客带来很大的不便,导致抱怨不断。无论如何,这种途径是有效的,而且基础设施管理系统可以帮助确保这个过程有效实施。用户和供应者的基础设施管理应该把这种方法作为一个可选方案。

10.5 施工管理的新技术

21世纪以来,现代的高性能计算机系统、网络基础设施、数字数据和无线通信的发展,对建筑工程及基础设施管理的管理职能产生了很大的影响。在当今近乎无纸化办公的世界,这些新技术使建筑工程和管理中的众多阶段(包括文件传输和建筑-项目交付阶段)更为高效。现代高分辨率的机载遥感和空间遥感技术正在以更有竞争力的价格提供更准确的数字空间数据,并有助于加快基础设施的规划和设计。地面和运动激光扫描设备正在提供建筑信息模型(Building Information Modeling, BIM)数据,并具有更强的施工进度监测和三维可视化功能[Al-Turk 99; Uddin 08,11; Haas 01; Turkan 12]。这些应用于基础设施建设的遥感技术在本书第二部分中有详细的讨论。

10.6 本章小结

施工把设计转化成现实中的实体。要成功地做到这一点,设计就必须是文件完备的和可施工的。实际的施工必须要有很好的管理,而且施工本身必须受到严格的质量控制和质量保证。后者可以包含各种技术规范,包括方法、配方、最终产品、性能以及长期质量保修等。每一种技术规范都有优缺点,配方技术要求依赖于丰富的经验基础,而最终产品或制成品技术要求在基础设施管理中的用途越来越多,质量保修类型的技术要求在许多国家都得到了应用。

参 考 文 献

[AASHTO 87] *Survey of Results of the 1984 AASHTO Rideability Survey*, AASHTO, Washington D. C., 1987.

[AGCA 77] *Statistically Oriented End-Result Specifications*, Associated General Contractors of America, August 1977.

[Al-Turk 99] E. Al-Turk, and W. Uddin, "Infrastructure Inventory and Condition Assessment Using Airborne Laser Terrain Mapping and Digital Photography," *Transportation Research Record 1690*, Transportation Research Board, National Research Council, Washington D. C., 1999, pp. 121-125.

[ASTM 78] "Quality Assurance in Pavement Construction," *Special Technical Publication 709*, ASTM, Philadelphia, Pa., 1978.

[Azud 69] G. Azud, "Owner Can Control Cost," *Transactions of the American Association of Cost Engineers*, 1969.

[CII 86] *Constructability: A Primer*, Construction Industry Institute, Austin, Tex., 1986, pp. 2-5.

[CTR/CII 87] *Guidelines for Implementing a Constructability Program*, Center for Transportation Research, Construction Industry Institute, Austin, Tex., 1987, p. 10.

[CTR/CII 89] F. Hugo, J. T. O'Connor, and W. Ward, *Highway Constructability Guide*, Texas State Department of Highways and Public Transportation, The Center for Transportation Research, Austin, Tex., July 1990.

[De Vos 89] J. De Vos, "A Strategyfor the Implementation of a Constructability Improvement Program in SASTECH," *Master of Engineering thesis*, University of Stellenbosch, Republic of South Africa, 1989, p. 5.

[Fisher 89] D. J. Fisher, "Piping Erection Constructability Issues in a Semi Automated Environment," *PhD Thesis*, The University of Texas at Austin, 1989, p. 28.

[Gappinger 85] E. P. Gappinger, "End-Product Specifications: State of the Art," *Proceedings*, 34th Annual Arizona Conference, University of Arizona, 1985.

[Haas 01] C. T. Haas, "Rapid Visualization of Geometric Information in a Construction Environment," Ⅳ'01 Proceedings of the Fifth International Conference on Information Visualisation, IEEE Computer Society Washington D. C., 2001, p. 31.

[Harrison 89] R. Harrison, C. Bertrand, and W. R. Hudson, "Measuring the Smoothness of Newly Constructed Concrete Pavement for Acceptance Specifications," *Proceedings of the 4th International Conference on Concrete Pavement Design and Rehabilitation*, Purdue University, Ind., 1989.

[Hudson 92] W. R. Hudson, T. Dossey, R. Harrison, and G. D. Goulias, *End-Result Smoothness Specifications for Acceptance of Asphalt Concrete Pavements*, Center for Transportation Research, The University of Texas at Austin, January 1992.

[O'Connor 86] J. T. O'Connor, and R. L. Tucker, "Industrial Constructability Improvement," *Journal of Construction Engineering and Management*, Vol. 112, No. 1, 1986, p. 69.

[Redelinghuys 89] J. Redelinghuys, "A Knowledge Base System to Enhance Highway Constructability," *Master of Engineering thesis*, University of Stellenbosch, Republic of South Africa, 1989.

[SDHPT 82] *Statistical Specifications for Construction of Highways, Streets, and Bridges*, Texas State Department of Highways and Public Transportation (SDHPT), Austin, Tex., 1982.

[SDHPT 91] *Ride Quality for Pavement Surfaces*, Revised 2-26-91, Texas State Department of Highways and Public Transportation, Austin, Tex., 1991.

[TxDOT 91] *Operation of the California Profilograph and Evaluation of Profiles*, Texas State Department of Highways and Public Transportation, Materials and Tests Division, Test Method TEX1000S, Draft, 1991.

[Turkan 12] Y. Turkan, F. Bosche, C. T. Haas, and R. Haas, "Automated Progress Tracking Using 4D schedule and

3D Sensing Technologies Original Research Article," *Automation in Construction*, Planning Future Cities (Editors: Frédéric Bosché and Jan Halatsch), Elsevier B. V. , Amsterdam, The Netherlands, Vol. 22, March 2012, pp. 414-421.

[Uddin 08] W. Uddin, "Airborne Laser Terrain Mapping for Expediting Highway Projects: Evaluation of Accuracy and Cost," *Journal of Construction Engineering and Management*, American Society of Civil Engineers, Vol. 134, No. 6, June 2008, pp. 411-420.

[Uddin 11] W. Uddin, "Transportation Management: LiDAR, Satellite Imagery Expedite Infrastructure Planning," *Earth Imaging Journal*, January/February 2011, pp. 24-27.

[Warden 63] W. B. Warden, and L. D. Sandvig, "Tolerance and Variations of Highway Materials from Specification Limits," *Special Technical Publication 362*, American Society of Testing and Materials, Philadelphia, Pa. ,1963.

[Willenbrock 76] J. H. Willenbrock, *A Manual for Statistical Quality Control of Highway Construction*, Federal Highway Administration, Washington D. C. ,1976.

第11章 维护、修复和重建（MRR）战略（包含运营）

11.1 引言

11.1.1 延迟或计划外维护造成的经济成本

美国公司每年在货运物流方面共花费万亿美元，占美国国内生产总值的比例近10%，平均而言，2007年美国人均货运量为4200t，价值39000美元[NCFRP 12]。2006年德国物流公司营业额约1800亿欧元，最大的供应链/物流雇主雇用了约260万人[BMWi 08]。这些统计数据显示了运输网络对社会发展的重要性。在美国，五种运输方式（航运港、水路、航空、铁路及公路）由各实体拥有和经营。铁路与联邦和国家资助建设的公路基础设施不同，属于私有财产。所有的这些运输网络都在自己的政策框架和利润动机中运作。所以在这些资产中，要通过不同的融资处理方式保护和升级多式联运基础设施。

美国的运输基础设施存在着十分明显的融资危机。基于互联网和选择的参考文献，总结了以下这些重点问题[BMWi 08，CBI 12，FHWA 09，Gerritsen 09，Uddin 13]：

- ◆ 乘客出行、货运需求和交通拥堵的增长直接导致移动成本、用户运营成本、空气污染物和温室气体排放量、公共卫生费用和其他社会成本的增加。同时，交通拥堵也会导致燃料浪费和对通勤者造成压力。
  - ● 2003年，美国85个城市地区的交通堵塞事故造成37亿小时的旅行延误和23亿加仑燃料的浪费，总价值为630亿美元。平均每人每年浪费15加仑燃料，每人每年有25小时延误。
  - ● 欧洲国家交通拥堵的经济成本占欧盟生产总值的1%；在德国，每年交通拥堵的经济成本约为200亿欧元。
- ◆ 根据条件和使用限制，英国、德国和许多其他欧洲国家的运输基础设施已经老化，亟待维修。
  - ● 英国公司近61%的运输基础设施水平低于国际标准。65%的英国公司表示，当地道路的状况正在恶化，交通拥堵和缺乏投资成为主要的关注点。

- 在德国,主要公路上就有7座关键位置上的桥梁处于不良的状况。只维持目前的运输基础设施网络,就需要约830亿欧元。
- 中国的运输基础设施扩张预算拨款为GDP的9%,德国为1%。

根据美国一项研究报告[Leduc 12],"联邦公路所在州每收取一美元联邦公路补助金,将使该州的年度经济产量提高至少两美元。2009年《美国复苏和再投资法案》向运输部拨款400亿美元,用于在国家公路和其他公共基础设施方面的支出。"总之,维护和养护是极为重要的资产管理活动,本章提供了在所有基础设施资产的服务生命周期中系统规划和执行这些资产管理活动的指导方针。

11.1.2 了解维护的概念

任何类型的基础设施在建成后,便需要养护和运营管理。在实际中,关于养护的定义和对其的理解,人们有很大的分歧,特别是在养护和修复的分界线上。例如在房屋基础设施中,通常用诸如改造、翻修和更新这样的术语而不用修复。

在公路和桥梁领域,养护和修复的分界线被实践所模糊。通常按照设计部门、养护部门和施工部门这样的组织线来划分,有时则根据资金来源的不同而定。历史上,联邦资金在美国从没被用于路面和桥梁的养护。因而养护作为修理工程,使用地方资金,而与此同时修复工程则使用联邦资金。

一些组织和机构最初根据"工作是怎么完成的"来定义养护和修复。如果是由机构内部的力量完成的,就称为"养护";如果是依据合同外包来完成的,就称为"修复"。然而随着时间的推移,这些情况也发生了变化。举例来说,现在美国公路和桥梁的养护和修复一样都可得到联邦资金。除此之外,基础设施私营化趋势的增强也在模糊养护和修复的分界线。

因为基础设施的类型是如此之多,本书仅讨论与养护和修复的定义相关联的职能或全局性议题。同时,也会提出关于养护和修复的简明和相对精确的定义。

一种意义上,根据所涉及设施的类型,养护可以被理解为包含加油、换灯泡、填补坑洞、修补裂缝等与此相关的日常工作项目。

另一种意义上,养护依然没有被很好地理解。记得前面讨论过的系统概念和系统方法论,在这个过程中有两个很重要的步骤:①问题的辨识;②问题的定义。为了真正地理解养护并能够利用这种理解去提高基础设施的管理水平,从职能意义上说,必须清晰地辨识和明确地定义养护。

11.2 定义

为了更好地定义养护以利于对基础设施进行管理,先要去看看别的行业和各种与土木工程类基础设施有关的文献,这是非常有用的。有些领域实际上已经做了许多工作,特别是航天和航空领域。在土木工程类基础设施领域,诸如供水和处理污水设施,这些既涉及养护又涉及运营的设施也有可以利用的经验。

查阅一些文献发现,有一个比较成熟的概念就是以可靠性为中心的维修(Reliability-Centered Maintenance,RCM)。这种以可靠性为中心的维修概念最初被用于军用和民用的飞行器和太空活动中，并逐步发展起来[King 86]。在通常失败即意味着死亡的飞行中，它起到了至关重要的作用。本章稍后将更详细地讨论以可靠度为中心的养护，尽管本节给出的定义已涉及 RCM 概念。

在以可靠度为中心的养护概念中，就没有提到修复。养护、修复活动的全部范围，甚至重建和更换都可被归入养护的定义。这并不符合所有基础设施的要求，但是其概念以及定义对于协助我们实现目标是有用的。

11.2.1 养护术语的定义

日常养护、矫正性养护、预防性养护、主动养护和被动养护等术语在实际中经常被用到。另外，还有其他一些术语也会被用到，如定期更换、状态养护、状况监控、保养任务、返修任务（修补、大修、重建）、更换任务和受时间控制（相对于受状况控制）的活动等。

几乎所有的资料都提到进行常规养护活动的需求。一个例子就是定期给汽车换油。如果是定期进行的话，这既是预防性养护，也是日常养护。此外，日常养护这一术语也适用于基于时间的养护。例如，一个野外工作队在他们负责的养护区域内走过每座桥梁，去填补坑洞、清洗排水管和修补搭板等。预防性养护就是在问题发生之前采取行动并定期地去做。然而并不是所有的"日常养护"在本质上都有预防性。矫正性养护是一种事后行动，它是去补救某处明显的损坏或缺陷，因此也可以称为"被动养护"。

"主动养护"一词通常用于养护人员自行决定的工作，或基础设施资产管理系统中计划的工作，以防止可能发生的衰退或失效。预防性养护和主动养护是相似的。在美国联邦公路管理局执行了 GASB 34 资产管理框架之后，另一项"路面养护"在州高速公路机构、沥青工业和材料供应商中得到了广泛的应用。路面养护主要是为了延长公路的寿命而进行的预防性养护。

状况监控引出状态养护（On-Condition Maintenance, OCM）的概念。在这种活动中，要做定期的检查以监控基础设施的状况，这种养护相当于是基础设施的状况的一个函数，据此来安排养护活动。在航空航天领域，换油、换轮胎等工作作为一种保养任务，按照定期更换（Hard-time Replacement, HTR）的模式执行。返修任务如更换发动机也可视作定期更换。在几个返修循环以后，老的组件完全被新的组件替代。这些概念通常并不适用于路面或桥梁维护，仅部分适用于供水工程、污水工程和其他的公共设施维护。

我们将维护的定义限定在两个基本部分：主动或预防性养护和被动或矫正性养护。本章稍后也会给出修复的定义。

查阅字典，养护被定义为"保持有效的状况、工作秩序和修理的活动"。一个更加详细的功能定义提出，养护是在一个具体的使用环境下，为满足可维护性的要求，处理所需的规定程序、任务、指令、人事、资格、设备和资源等。于是我们给出了一个简单明了的养护定义："养护是为了保持某个组成部分、系统、公共设施资产或者设施能够如其先前所设计和建造的使用功能要求运行而必须实施的一组活动。"在这个养护定义的范围之内，可以定义大量的各类养护。

实施预防性养护（主动养护）是为了延缓或防止某个组成部分或系统恶化或失效。

实施矫正性养护（被动养护）是为了修补损坏或使基础设施在失效后恢复到符合运营或使用功能要求的状态。

日常养护是有规则地或按计划所做的任何养护工作。它在本质上一般也是预防性养护,但也可能是矫正性养护。

定期更换是在一定时间后,不管这个组成部分是否损毁都要更换的养护活动。因此,它是日常养护的一种类型,但是也可能是矫正性养护或预防性养护。

状态养护则是为阻止状况监控活动指出的即将发生的衰退或失效所做的一种养护。从定义上讲,它也是一种预防性养护。

紧急养护被一些人定义为必须立即去做的养护,以防止即将发生的损毁或功能失效。典型的例子就是一座桥有一根钢梁断裂,或者一座桥被一艘经过的驳船或轮船碰撞,导致桥墩开裂。

以上各种养护之间的关系如图11.1所示。矫正性养护和预防性养护之间一个最主要的区别就是失效或破坏是否已经发生。在许多情况下,没有明显的失效点可以被确定,因此,两者之间的分界线如图11.1中阴影区域所示。

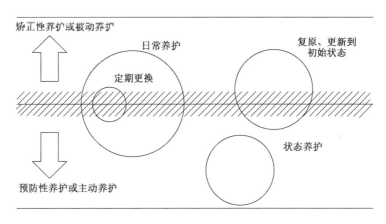

图 11.1　各种养护之间的关系

11.2.2　历史遗产的养护标准

美国内政部已经制定了对待和保护历史遗产的标准(以下简称"养护标准"),这些标准自从20世纪70年代中期一直被国家公园管理机构采用。根据这些标准,有4种处理措施强调保留和修复所有古建筑,简述如下[Weeks 96]。

11.2.2.1　保护

养护标准将保护定义为"为了维持一个历史遗产的已有形式、完整性及其材料而采取一些必要措施的行动或过程"。与保护标准有关的主要思想如下:

- ◆ 按照历史上的使用方式来使用该遗产,或者寻求新的用途,以最大限度地保留其与众不同的特点。
- ◆ 保留历史特色(遗产的历史连续性)。
- ◆ 稳固、加强和保全现存历史材料。
- ◆ 最小限度地替换必要且同类的结构材料(材料匹配)。

11.2.2.2 修复

养护标准将修复定义为"通过修补、改造和增建,使得一个历史遗产能与其他财产和谐共存地被使用的行动或过程,与此同时保留了那些传承其历史、文化或建筑价值的部分或特征"。与修复标准有关的主要思想如下:

- 按照历史上的使用方式来使用该遗产,或者寻求新的用途,以最大限度地保留其与众不同的特点。
- 保留历史特色(遗产的历史连续性),在修复时不能歪曲历史发展。
- 修补已退化的特征。用一个相称的特征替换严重退化的特征(可以用替代材料)。
- 新(增)建或改建不应该破坏历史材料或特色。新的工作应该与旧的工作有所区别,但仍然须与它相容。

11.2.2.3 复原

养护标准将复原定义为"精确地再现一个历史遗产的形状、特点和特色,使其如同曾经在一个特定时期出现过的那样的行动或过程"。这是通过去掉它在历史上其他时期的特征并再现其在恢复时期失去的特征来完成的。与复原标准有关的主要思想如下:

- 按照历史上的使用方式来使用该遗产,或者寻求新的用途以反映遗产在恢复时期的特征。
- 稳固、加强和保护恢复时期的特征。
- 用一个相称的特征替换严重退化的特征(可以用替代材料)。
- 根据文献和实物证据复原恢复时期缺失的特征。不要作出混淆历史时代和歪曲史实的改变。
- 不要实施从未建造的设计。

11.2.2.4 重建

养护标准将重建定义为"通过新的建造,再现一个不复存在的遗迹、景致、建筑、结构或物体的形式、特征和细节的行动或过程,目的是在一个特殊的时期并在其历史位置上复制它的外貌"。与重建标准有关的主要思想如下:

- 不要重建一个遗产已消失的部分,除非公众认为这种重建是必需的。
- 根据文献和实物证据去重建。
- 重建之前进行一项全面的考古调查。
- 保护任何遗留的历史特征。
- 再现遗产的外貌(可以使用替代材料)。
- 确认重建的资产有如当代的再创造。
- 不要实施从未建造的设计。

11.3 可养护性

可养护性在公共设施的管理中已经成为一个重要的概念。例如,城市快速路和桥梁每天通行超过20万辆车,因此要关闭这样的设施是非常困难的,即使在晚上的某一个短暂时刻。理想的公共设施资产管理将平衡在中断交通养护时期的高用户费用与不中断交通养护时期为了维持设施运营所必需的额外费用。这种平衡包括可养护性的成本和效益。

在引用文献中,可养护性以不同的方式被定义。基本的定义可简单地陈述为"养护一个设施或一个系统的便利程度"或者"实施养护所必需的平均净时间的倒数"。另一个定义是"在保证养护工作中养护工人的安全并达到一个期望的准确水平的同时,按照简便和成本最低的方法实施养护的能力"。

可养护性也是一个考虑未来养护便利性的设计要素。根据最低成本、最小环境影响和最小资源消耗原则,在设计阶段养护人员和设计者之间直接的沟通和交流能够明显地提高设计的可养护性。

可养护性常常与可达通道或"可达通道范围"有关。可达通道及其范围涉及是否能够到达需保养或修理的区域。对于有机械和电力装备的设施来说,可达通道及其范围是一个重要的因素,如废水和水处理厂及水电站,这些地方各设备单元的间距和位置是很重要的。它也与桥梁有关,例如,康涅狄格桥(The Connecticut Bridge)的嵌板掉了下来,原因就在于一根被一块薄板覆盖的连接销钉锈蚀,但其位置又不容易被检查发现而进行维护或替换。

因此,可养护性是一种内在的设计特征。Blanchard 等[Blanchard 95]以一种更加客观的方式定义可养护性:

可养护性是设计和安装的一个特征,表示为一个项目在给定的时期内,当按规定的程序和资源对其实施养护时,将该项目维持或者复原成一种特定状况的可能性。

11.3.1 可养护性的评估方法

可养护性必须考虑以下问题:

- ◆ 如果可养护性注定是一种内在的设计特征,那么它必须体现设计者对最终产品的想象力。然而,显而易见的是,建成的最终产品并不能完全被设计者所掌握。因此,可养护性的实际特征与从设计中理解的那些特征可能是不同的。
- ◆ 一个基本的问题是,可养护性在一个系统的寿命周期内是否与实施养护活动的频率有关。在某种意义上我们或许可以讲,可养护性应该根据平均修理时间(Mean Time to Repair,MTTR)来简单地表达[Smith 93]。然而,这还是不能反映如同 Blanchard 等定义的那样,在一个给定的时期范围内的可能性问题[Blanchard 95]。

可养护性所依赖的设计特征是如此的多变,其相互关系是如此的复杂,以至于不能确定一个涵盖所有因素的单一指标来表示已知系统所期望的可养护性特征。美国国防部的报告提到了以下可养护性的评估方法[DOD 66]。

11.3.1.1 定性的可养护性

定性的可养护性作为一种要求,是一个系统设计过程中具体化要求的一般性表述,例如复杂性最小化、分项和部件的可到达性及内置的自检测特性。这些定性的表述可以作为设计过程的可养护性目标。

11.3.1.2　定量的可养护性

一种定量的可养护性要求就是,执行一个给定类型的任务所必需的可用资源或时间的确定性表述。如同本章稍后将要讨论的那样,可养护性的程度是与该系统执行特定功能的有效性同时发挥作用的。如下所述,平均修理时间是常常被用来衡量可养护性的一种尺度。MTTR 是在一个给定的时期内修理一个项目或系统所必需的时间的平均值。用来衡量可养护性和有效性的其他重要参数还有平均停机时间(Mean Down Time,MDT),它是指在一个给定的时期内设备不工作的总时间的平均值;平均无故障工作时间(Mean Time Between Failures,MTBF),它是指在一个给定的时期内某个部件工作总时间的平均值。

11.3.2　可养护性分析

可养护性分析准确地定义了一个系统的可养护性要求,并规定设计者和机构要依据即时的信息负责系统的设计和发展,这些信息包括如何有效地达到已建立的修理时间目标。

进行可养护性分析的第一步就是以定性或定量要求的形式建立可养护性控制目标。为了确定每个子系统的可养护性定量要求,必须安排好子系统的修理时间,以使其平均值低于整个系统允许的 MTTR。

由于系统的 MTTR 就是其基本的可养护性要求,所以有必要在系统中尽早地开发出一种方法来分配和控制每个子系统的 MTTR。这种分配通过确定每个子系统的有效停工时间对整个系统停工时间的影响,并且针对整个系统已建立的 MTTR 来评估这些影响,从而对每个子系统进行操控。

11.3.3　可用性概念

可用性是一个系统或其组成部分当需要时能够运行的可能性。可用性计算公式可以表示为:

$$可用性 = MTBF/(MTBF + MTTR) \qquad (11.1)$$

可用性要求是设计过程的一个主要目标。因此,对于一个给定系统的可用性目标,要指明具体的需求,关于可靠度依据 MTBF,关于可养护性依据 MTTR。下一节将要讨论的权衡法为这些设计目标提供了一种最佳组合。

11.4　与养护有关的设计目标权衡法

权衡法本质上是分析过程,在此过程中,一个复杂的设计问题(涉及从几个可能的设计变量中选出一个)被拆分成许多较小的问题。每个问题都按照所有的系统参数来研究,这些参数有可靠度、可用性、安全性、生产和进度。最后,建立一个效果最佳的设计方案。总体目标是建立一个寿命周期分析程序,它考虑了各种其他的设计要求或数据源,如图 11.2 所示,还包括可靠度和可养护性数据。

可用性、可靠度和可养护性之间有一种明确关系。可靠度和可养护性按变化的比例共同发挥作用,进而得出一个特定的可用性水平。显然,如果一个确定系统的可用性不能通过强调可靠度而经济性地实现,那么就只能通过设计更好的可养护性来实现。

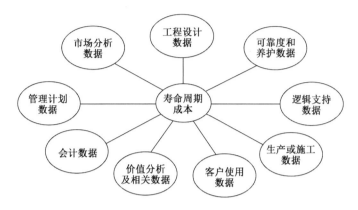

图 11.2　寿命周期分析程序的数据源[Blanchard 95]

可养护性是最终确定系统最佳就绪状态的最重要因素。仅仅通过提高设计的可靠度来实现系统就绪的尝试,通常被证明在经济上是不可行的。这种情形下的备选方案极大地强调了可养护性的作用。所有可养护性设计特征的组合,与成本及每个子系统相关的 MTTR,都必须予以考虑,以寻求最佳的满足系统可养护性要求的组合。

以下是进行权衡法研究时设计目标的优先次序[Anderson 90]：

第 1 位:系统的有效性；

第 2 位:运行的可用性；

第 3 位:可靠度、可养护性、支持；

第 4 位:可靠度、可养护性和支持的参数。

11.5　修复

与航空航天工业和其他与机械相关的活动相反,土木工程类基础设施通常使用修复并将其作为该 IMS 的一个主要要素。修复在字典中的定义是"使某些东西恢复到先前状况或状态的活动"。而如先前所讨论的,养护则被看作使某些东西持续保持"一种现有的状态"的活动。这两种不同的定义隐含了这两种活动在时间安排上的不同。既然在持续保持和逐步恢复之间画出一条线来是如此困难,那么很明显,修复与养护之间的分界线仍是模糊的。实际上,养护和修复之间的划分常常是依据政策和法规的,影响划分的因素可能与工程规模和投入某个特定活动的资金相关。例如,美国州际公路计划中前二十年联邦资金没有包含养护资金,但是包含了修复资金。无数的事实证明因为缺乏资金,在一些政策下一些机构取消对设施养护的资助,只有当设施功能衰退到依据美国联邦公路管理局的规定足够被判定为功能性缺陷时,才可以投入修复资金,以使其恢复到当前的标准。"功能性缺陷"的含义在这种情况下意味着该设施需要升级,以维持当前的标准。

修复常常与设施在某种功能上的改变有关。一座老的机场或航空基地或许只能运行小型飞机或承受轻负荷,但是它可以被修复成一个重型运输飞机机场或轰炸机空军基地。在某些基础设施里,修复被定义为"采取补救措施去解决或纠正因为荷载或自然因素(环境、地震、水灾)引起的缺陷的过程"。因此,修复常常涉及工程性质的改变,现代化改造及在很多情况下,规模、范围、功能或几何上的改变。

一些学者指出,当修补或养护不能解决观察到的问题时才进行修复。对于涉及机械和电力装备的设施确实如此,如废水处理厂和供水厂。实际上,连续养护不能"维持起初的状况",而是需要"复原"(或修复)到这种状况。这也意味着养护和修复在运作或规模上的差异。即使养护得再好的基础设施也会在功能上持续衰退,直到最后达到需要修复或恢复的程度。

在实践中有两个主题是很明显的:一是通常认为修复涉及的工程规模要比养护大,二是修复涉及改造或升级。为了更清晰地理解修复,以下是关于修复的简明扼要的定义:修复是使一个构件组合系统或设施恢复到一种改良的或变更的状态所涉及的一组活动。

在这种定义下,填补坑洞、封堵裂缝、粉刷墙壁和更换灯泡仍然属于养护。事实上,在这种定义下,任何定位为修理并使某物返回到它的起初状态的活动都应该被称作养护。这个定义很适合飞机制造业,但在那里并没有用到修复这个术语。它也与美国联邦公路管理局的修复定义之一相吻合,即通常只有当一条道路或一座桥进行结构上或功能上的升级时才可得到联邦资金。由此可以推断,修复更多地发生在不断升级和改造的公路、桥梁及其他基础设施上,但并没有发生在飞机制造业中。

前面的定义突出了公共设施资产管理的结果:我们不能只简单地在某种单一状态下养护设施——我们也必须不断地升级、改善设施以使它们更加现代化,既要满足现有要求,又要适应不断变化的服务需求。因此,一些设施在它们的整个寿命周期内升级为完全不同的形式或结构,就像波音747并不是缓慢地随着时间发展到波音767的!因此,除了对设施的可养护部分进行中间阶段的持续养护外,修复带来的逐步发展也给基础设施的管理者带来了复杂而有趣的挑战。

11.6 以可靠度为中心的养护

可靠度通常被定义为"一个组成部分或系统在给定或预期的运营环境下,在规定或要求的时期内,圆满地执行其预定功能的概率"。随着时间的推移,令人满意的性能是一种与材料性质、自然环境和荷载变化相关的概率状况。

一个复杂的基础设施的可靠度取决于其单个组成部分的可靠度。令人满意的系统使用性能只有当所有或大多数组成部分都圆满地实现其使用功能时才能实现。即使组成部分的可靠度轻微降低都可能大幅降低整个系统的可靠度。

有关失效率随时间变化的数据通常是对基础设施及其组成部分进行可靠度预测的基础。根据其在寿命周期中所处位置的不同,一个系统可能会有不同的失效率。弄清楚失效机制的细节及其原因很重要,因为只有这样,正确的设计、养护或运营活动才能够按照规定的可靠度实施。

对于各种各样的电力和机械装置，Moubray 总结了 6 种失效概率与龄期关系的基本趋势[Moubray 92]，如图 11.3 所示。A 型是众所周知的"浴盆曲线"，失效概率一开始高，所谓早期损坏或强化试验，随后一段时间相对稳定，末端是损耗区(失效概率提升)。其他类型的趋势都是在这个基本趋势的基础上变化。已经证明，一个稳定的失效概率，预示着某物可能在某个时间像其他东西一样失效，如图 11.3 中的 E 型所示，这种情况更适用于电力系统和某些机械系统。

结构组成部分以及大多数公共基础设施，一般具有低的或不显著的失效概率，直到接近它们"结构寿命"的末端，这时失效概率开始上升，如图 11.3 中 B 型所示。因此，龄期被视为影响一个基础设施系统失效概率的主要决定因素。

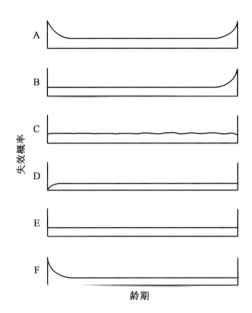

图 11.3　6 种失效模式或类型图[Moubray 92]

可靠度是一种设计属性，这意味着系统的可靠度是按照设计过程目标的实现情况来建立的。更广泛地讲，设计也涵盖了系统必须如何运营和养护，是建立能够实现的固有可靠度的唯一决定因素。良好、合理的养护程序对实现"潜在的"可靠度至关重要。可养护性是"内置的"，但并非必然就有可靠性——尤其是在一个复杂的系统里。

可靠度概念是一些当代的基础设施设计实践的一部分。可靠度因子是在 1986 年版的《AASHTO 路面结构设计指南》中被引入的[AASHTO 86]。在大多数结构设计规范中，安全系数是一种间接实现设计可靠度的方法。然而，这些安全系数基本上都是主观的，所起的作用就像复杂设计问题中的人为不可预知因素。

可靠度工程学提倡对系统技术要求进行综合复查，以确保所有目标和辅助要求都完全包含在内。设计过程中应该认识到一个完整的寿命周期养护计划对实现系统的固有可靠度的重要性。遗憾的是，设计过程中这一方面常常被摆在次要的位置。

可靠度概念在基础设施管理中是非常有用的，并且基础设施的龄期与使用性能之间存在明显的关系。尽管这种关系容易变化，但其在建立合理的性能预测模型过程中的益处是怎么估计都不会过高的。这些模型告诉我们在特定状况下特定基础设施的运营可靠度，进而帮助我们拟定不同的施工和养护备选方案，并允许选择初始设计和未来养护策略最合理的组合。

基础设施一旦建成，随后的管理目标就是运用设计中的可靠度和可养护性水平，在基础设施的整个寿命周期中维持其使用功能。以可靠度为中心的养护提供了一种可靠的方法来实现这个目标。

一般地，对于一座专门的机场、发电站、水处理厂等，可以运用 RCM 方法，以一种合理有效的方式，建立一个详细的养护计划。然后根据这个计划持续实施养护工作，直到要对设施进行改造。该计划贯穿整个系统的运营寿命周期。

RCM 的基本目标是根据失效的风险和后果对养护活动进行优先级排序。利用 RCM 方法建立一个详细的养护进度计划,其首要且最基本的步骤就是进行失效模式与影响分析(Failure Mode and Effects Analysis,FMEA)。FMEA 是把设施的一个故障强加到系统和组成部分上以达到某种预期的水平,接着对每个组成部分的不同失效模式、失效概率及其后果进行系统性评估。完成评估后,就可以配置各种养护措施,即在权衡经济可行性和实践可行性的同时,使产生严重后果的风险降到最低。在极少的情况下,如果发现有致命缺陷又不能将风险降低到可接受的水平,那么就要重新设计该过程。这种类型的问题常常被设计中的冗余系统或后备系统予以解决,这样的话,失效可以在主要系统中发生并被探测到,并能在不影响总体性能的情况下实施矫正性养护。

详尽地讨论 RCM 错综复杂的特征并不在本书讨论的范围之内,但是可以认识到它有相当大的潜力应用于基础设施的管理中,有待读者进一步研究。

11.7 养护管理

养护管理是一个涉及整个基础设施 AMS 的重要领域。从广泛及一般意义来讲,养护管理意味着在基础设施的寿命周期里,确保在恰当的时机采取合适的养护措施。然而,在过去的 40 年里,这个术语有了更为具体的含义,它通常与维护管理系统联系在一起,甚至维护管理系统这个术语也有很多含义。通常 MMS 在概念上与制造业中的一种生产控制过程相似,涉及建立一个数据库来记录数据,尤其是与各种养护活动相关的工作成本及工作量方面的数据。例如在 20 世纪 60 年代和 70 年代,全美国的公路部门和其他国家都建立过这样的数据库[Jorgensen 72,Buttler 75]。这样的 MMS 包括记录工作成本、工作量、劳动时间及与公路网络日常运营相关的信息。

MMS 先于 AMS 出现许多年。特别是早期的 AMS,其原型就是路面管理系统和桥梁管理系统。然而,MMS 并不像 PMS 那样成功。尽管 MMS 也需要采集数据、定位基本信息数据和识别细节,但当试图利用这些数据界定一个更加具体的范围时,如一个特定路段的养护费用,要想把路面养护的费用从割草、排水沟养护及其他养护活动的费用中分离出来几乎是不可能的。要想获得公路上任一给定里程(或单指路面)的足够具体的数据来建立用于寿命周期成本分析的养护费用模型,也是不可能的。

尽管美国和许多其他国家已经非常注重对这些系统的宣传推广,但是对 DOT 涉及的日常工作进行培训和实际贯彻的重视程度依然不够。因此在一个公共设施资产管理系统中,系统的大多数输入值和输出值都太宽泛而不具备实用价值。

本书的作者检查过已有 10 年历史的维护管理系统,但那段时期的数据从来都没有被用过。这些 MMS 是在试图获取养护成本信息以用于 PMS 和 BMS 的寿命周期成本分析时才被开发出来的。例如,在许多场合都可以发现,对于一段特定的公路里程,其范围内的所有养护费用都被累计在同一个文件里,根本没办法把挖补和填充裂缝的具体费用从割草和画线等费用中分离出来。

在开发桥梁管理系统的时候,本书作者发现在大多数情况下,一座小桥上的所有养护费用都在某给定时期内被汇总在了一起,要想把关于修补、清洗排水孔和修理栏杆的费用分开是不可能的。

在定义一个 IMS 时,可以开发一个养护管理子系统(Maintenance-Management Subsystem,MMSS)并将其连接到 IMS 的基本数据库上。在那些规律运行的基础设施类型(即水处理厂、污水处理厂等)中,它将是一种运营和养护管理子系统(Operations and Maintenance-Management Subsystem,OMMS)。例如,在道路和桥梁中,除了在要求重大交通管制的情况下,运营通常扮演较为被动的角色。

养护的相关功能至少都要涉及状况评估、预防性养护任务、矫正性养护任务和文件资料整理。状况评估和整合基本信息是更广泛意义上的 IMS 的一部分。

图 11.4 显示了状况评估、运营、预防性养护和矫正性养护之间的一种相互关系[Grigg 88]。所有这些从基本信息数据角度来讲,都与该系统或该网络有关系。

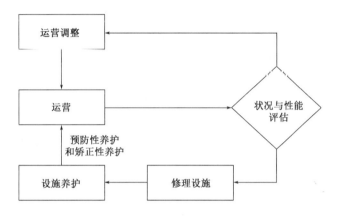

图 11.4　运营和养护之间的联动关系[Grigg 88]

矫正性养护需要一个决策:观察到的缺陷或损坏是否严重到有充分依据可以进入计划-编制-预算(Planning-Programming-Budgeting,PPB)循环,进而申请基本建设预算;或者是否轻微到足够的程度可以从现场维修预算中被划出。在某种程度上,这取决于所涉及的成本。

如果这个问题是主要的,PPB 会整合相关的新标准以及新需求的信息,并可能将该需求纳入修复的范畴。然后养护、修复和更换之间将形成一种联动关系。由于预算编制和计划过程之间的相互关系,应由相同的工作人员参与修复和新设施的计划和预算编制工作。

最终,养护管理还涉及一些详细的活动,如工作程序、考勤牌、工程记录、进度表和人员分工等。城市研究所对 62 座城市在养护管理上的实践和经验进行了调查,调查结果显示,良好养护的基本原则是众所周知的,但所缺乏的就是对它们的应用[Urban 84]。策略的选择涉及对可选方案的系统性识别,它包括如下一些内容及其组合:

- ◆ 仅做紧急性的维护;
- ◆ 首先维护性能最差的设施;
- ◆ 当安排好相关工作后,实施某些反常规的养护(机会性养护);
- ◆ 应用先前规定的养护循环;
- ◆ 修补那些高损毁风险的组成部分;
- ◆ 实施预防性养护;

- ◆ 减少对设施的磨损;
- ◆ 比较养护策略的经济优势。

如果能严格执行以可靠度为中心的养护方法,因为其损毁的风险和后果是极端严重的,通常会解决与选择正确策略相关的大多数问题。

11.8 公共设施资产管理的运营

在公共设施资产管理最广泛的意义中,运营和维护设施都是必要的。正如我们所知的公共设施资产管理系统,它们并不企图直接进行运营管理。换句话说,建立这些系统是为了管理设施运营范围内的养护活动。因此,IMS应用的环境及其需要存在的原因就是它必须支持设施运营,这是非常重要的。当制订桥梁或道路养护计划时,必然会发生交通延误、绕道或中断,因此很显然必须要考虑这种运营环境。其他类型的基础设施甚至要求在管理系统和运营环境之间发生更加紧密的合作,如建筑物、大坝、电力设施以及机场、航空基地和石油化工厂等。

Grigg解释了IMS及其运营环境之间的某些相互作用,并表明IMS的最初设计是依据该设施确定的使用性能目标,但这也常常受到政府官僚主义的影响[Grigg 88,12]。在绝大多数案例中,一个设施的寿命周期中至少有3个特征截然不同的阶段:①规划和设计;②建造;③运营和养护。运营和养护一般是寿命周期中持续时间最长的且常常是最重要的。必须始终记住,最初设计应该包括一份养护进度计划,这意味着在制订计划时需要对运营有充分的了解,但是在建造完成后其灵活性会大幅度降低。

由Grigg和其他作者概括的这些概念指出了设立运营管理目的和目标并定义运营管理方法和规则的价值,这将促进工作人员直接管理IMS。这是有效的公共设施资产管理过程的一个至关重要的部分。

一种运营管理行为的整体目标就是在组织机构内部提供最大化的生产力。这将引出性能测定、效果和效率的概念。依据生产来衡量一个机构的输出是有意义的。对于那些具有主要运营组成部分的基础设施类型而言,根据实际生产力与理论生产力的比较来衡量其运营管理的效果是十分重要的。

11.8.1 质量控制和质量保证

质量控制是运营以及基础设施管理的其他各方面(尤其是施工)的重要组成部分。正如我们所知,高质量的产品不仅是竞争的最好手段,而且是生存之根本,因此质量控制变得越来越重要[ASCE 88]。我们已经知道得到高质量产品的最好方法就是在第一时间做正确的事情。在今天的基础设施管理里,有许多活动与质量控制、质量保证以及质量持续改进(Continuous Quality Improvement,CQI)或全面质量管理(Total Quality Management,TQM)有关。

11.8.1.1 定义

以下是质量控制和质量保证的定义:

质量控制代表操作的技术和活动,其目标在于既要监控一个过程,又要消除引起令人不满意的性能的原因。QC 指的是技术细节,是制造者和建设者用来确保其材料及产品被正确地加工或建造的方法。

质量保证被定义为"为了确保一件产品或一项服务能满足给定的质量要求所必须做的有计划的活动"。质量保证是确保在项目的每一阶段进行质量控制和服务,并监督和记录应用于各项活动合适的验证的过程。

质量保证是依据统计学概念,在最终产品规范(End-Result Specifications,ERS)中的一个关键的考虑因素。ERS 中与性能相关的标准的不断应用将会演化为长期的性能要求。这将是欧洲缔约程序在演化方向上的一种进步。

所用材料和所执行工作的质量直接影响一座基础设施的使用寿命、养护成本、服务水平和养护费用。质量可以被定义为"一件产品(例如材料和加工方法)提供功能(如服务能力)上和结构上的性能及设计寿命的特征"。QC 确保具体的"配料"被混合和放入,以使产品达到期望的性能水平。QA 需要验证、审查和评估与质量相关的所有活动。随着向最终产品规范前进,承包商、分包商、供应商承担 QC 的责任(如过程控制),而代理机构、顾问利用 QA 评价合格性。

11.8.1.2 质量控制的范围

从承包商或供应商的角度出发,在 ERS 的框架下,质量控制的范围涉及如下内容:
- QC 是用来确保产品或工作得到认可的方法。
- 承包商或供应商必须要建立一套检查、抽样和测试(过程控制)的 QC 系统。
- 如果没有 QC,承包商或供应商要等到产品或工作被代理机构认可、调整价格,甚至被拒绝时,才知道产品或工作是否已达到合适的质量水平。
- 代理机构或许对 QC 并不作规定,但它是必需的。

11.8.1.3 质量保证的范围

从代理机构的角度出发,QA 的范围可以概括如下:
- 我们需要什么?(规划和设计)
- 我们怎样去定购它?(施工计划和技术要求)
- 我们确实得到我们定购的产品了吗?(检查、抽样和测试)
- 如果没有得到定购的产品应该怎么办?

①接受不合格产品(临界的或分界线以下);
②不接受(修补或拒绝);
③估算价格调整(惩罚)。

- 如果得到的产品比定购的更好应该怎么办?(奖励)

11.8.2 全面质量管理

随着向 ERS 或保修规范前进,改进工作质量的需求在增长。改进后的质量将对奖励与惩罚条款有直接的影响,相应地,承包商因此通过 TQM 的新理念寻求帮助。伙伴关系作为

TQM 总体构成所必需的一个部分,快速地成为代理机构和承包商之间约定和沟通的一种项目策略。

随着强调客户-供应商关系、雇员介入决策、将团队工作作为一个过程进行严格分析、统计质量控制、将引导作为管理重点等,TQM 把所有与持续改善质量和提高生产率相关的活动都整合起来。这是 TQM 的本质定义,已经在工程和施工领域中得到推广[FHWA 93]。

11.8.2.1 TQM 的基本原理

Deming 提出必须通过行政管理履行以下义务来提高质量、生产率和竞争力[Deming 86]:

(1)建立改善服务和产品的恒定不变的目标,以保证竞争力、保住生意和提供工作机会。

(2)采纳新理念。管理人员必须清醒地面对挑战、知道他们应承担的责任和接受领导地位的变化。

(3)建立与检查的唯一依赖关系,以实现质量目标。首先,通过保证产品质量来免除大量的检查。

(4)停止基于价格标签来决定是否开展生意的做法,以总成本最小化为目标。基于一种忠实可靠的长期关系,对任何一个分项都为其确定一个单一的供应商。

(5)坚持不懈地改进服务和生产系统,以提高质量和生产率,稳定地降低成本。

(6)开展在职培训。

(7)构架领导层(管理工人和生产),以帮助人和机器更好地工作。管理的领导权以及生产工人的领导权都需要全面检查。

(8)消除忧虑,使每个人都可以为本单位有效工作。

(9)打破部门之间的屏障,使各部门的人们成为一个团队。

(10)取消原有的为劳动力设计的口号、训词和指标,要求零缺陷和新的生产力水平。

(11)取消生产工作面上的工作报价;取消按目标、数字的管理,代之以领导权。

(12)保护计时工人、管理人员和工程人员以创造性劳动为荣的权益。

(13)建立一个富有活力的教育和自我提高计划,从行政主管开始。

(14)使组织里的每个人都为实现改革而工作。

以下重要的概念都包含在全面质量管理理念中:

质量战略——TQM 最重要的方面,是决策者和行政主管的义务。

以顾客为中心——TQM 的核心。顾客指的是内部(在组织内)顾客以及外部的顾客(最终用户和公众)(公共代理机构也有顾客)。

雇员参与——雇员介入本组织的活动和该过程的其他步骤同等重要。人们考虑革新,意味着所有雇员都要介入与质量相关的活动,包括分析和解决有关特殊问题。

以过程为中心的方法——TQM 把重点从早期的产品质量或服务质量转向过程质量。如果该过程有很高的质量,那么产品注定也有很高的质量。

问题解决手段——基本的管理手段也适用于 TQM。这些基本的管理手段包括统计学方法、检查表、直方图、因果曲线图、试验设计、多变量分析、分层、控制图、设计审查、失效分析以及可选方案战略的分析等。

持续改善——每个组织都需要改进,这是实施 TQM 最重要的方面。

确定基准点——针对主要竞争对手,测试自己的产品和服务、商业实践及相关活动,这是一个持续的过程。

以人为本——雇员和管理人员在企业良好和较差时期相互信任,才能形成一个有生机、肯奉献的团队。

寿命周期养护计划——减少故障、最大化机器操作效率、延长寿命和鼓励无养护设计,有助于建立一个训练有素和有动力的团队。

11.8.2.2　TQM 的执行及其成本

没有一个充分的质量保证系统,质量波动可能会导致额外的生产成本。质量保证系统如 ISO 9000 ~ ISO 9004 标准的建立可能会使质量稳定在一个预先确定的水平。然而,TQM 是通过强化以顾客为中心,而不是更注重符合规范,来不断地提高质量的。

TQM 的贯彻将导致利润增加而雇员利用率降低,与此同时降低了成本,减少了停机时间的损失,也减少了废品和投诉,这是我们所期望的。图 11.5 显示了过程检验相对于产品检验所减少的质量成本[Hayden 89]。

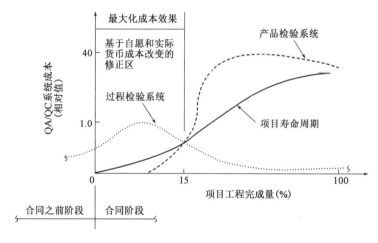

图 11.5　过程检验相对于产品检验所减少的质量成本(参照 [Hayden 89])

把对基础设施的管理当成一个过程,并贯彻 TQM,可提供无数的裨益,包括来自行政决策者大胆积极的投入和公众参与的可能性提高。路易斯维尔市的机场扩建项目是在规划和实施阶段,顾客和公众积极参与的一个极好的例子[Michael 96]。

11.8.3　ISO 9000 标准的作用

被称为 ISO 9000 的新系列质量标准由国际标准化组织(International Organization for Standardization,ISO)建立。欧洲经济共同体已采用该标准,极大地推动了质量保证计划的应用。现在 ISO 9000 系列质量标准是世界范围内被广泛接受的质量保证标准,但它仍在改进过程中。本质上讲,它是一块进入完整的 TQM 过程的敲门砖。随着更多的行业了解和应用这些质量标准,会出现一些问题,将来会针对这些问题出版修订版和补充版的质量标准。ISO

9000有几种类别,包括ISO 9001~ISO 9004。选择合适的质量管理体系应考虑以下6个因素:

(1)设计过程的复杂性。
(2)设计成熟期。
(3)生产过程的复杂性。
(4)产品、服务的特征。
(5)产品、服务的安全性。
(6)经济性。

当美国许多公司正在成为ISO 9000质量管理体系的认证用户时,ANSI/ASQC标准Q91、Q92、Q93和Q94里的规定是对一件产品或一项服务在技术性规定要求方面的补充说明(http://www.ansi.org/和http://prdweb.asq.org/)。这些标准在技术上分别等效于国际标准ISO 9001~ISO 9004[ASQC 87]。

以下是ISO 9000和ANSI/ASQC标准使用领域的简单清单:

- ISO 9000—1987(ANSI/ASQC Q90—1987),质量管理和质量保证标准——选择和应用指南。
- ISO 9001—1987(ANSI/ASQC Q91—1987),质量体系——在设计或开发、生产、安装和服务过程中的质量保证模型。适用于在设计或开发、生产、安装和服务阶段中供应商能确保符合规定要求的情况。
- ISO 9002—1987(ANSI/ASQC Q92—1987),质量体系——在生产和安装过程中的质量保证模型。适用于在生产和安装阶段供应商能确保符合规定要求的情况。
- ISO 9003—1987(ANSI/ASQC Q93—1987),质量体系——最后检查和测试阶段的质量保证模型。适用于在最后检查和测试阶段供应商能独自确保符合规定要求的情况。
- ISO 9004—1987(ANSI/ASQC Q94—1987),质量管理和质量体系要素——指南。适用于设计一种有效的质量管理体系,在保证公司利益的同时满足顾客的需要和达到顾客的期望。一个架构良好的质量管理体系是一种有价值的管理资源,可以在考虑风险、成本和效益因素的基础上优化和控制质量。

美国已经开展若干项旨在提高质量的全国性活动,AASHTO已经开始为公路行业制定QA/QC指导规范。这项指导规范是大量已经建立和使用质量保证规范的各州经验的总结,一些州从20世纪60年代中期就开始使用质量保证规范了[FHWA 93]。ISO 9000质量管理体系加强了在产品质量管理过程中雇员和管理者参与的重要性。把雇员参与和连续性改善过程的TQM原则与ISO 9000~ISO 9004标准整合起来,为行业组织提供了更好的方法。

11.8.4 自动化、劳动生产率和管理方法在基础设施建设和维护中的作用

美国建筑工业学会是一个在国家和国际层面上的组织,由100多家主要会员公司组成,已经有各种各样的研究人员和从业者参与其中。其中包括美国得克萨斯大学奥斯汀分校、佐治亚理工学院、肯塔基大学,中国长安大学,以及加拿大滑铁卢大学、卡尔加里大学和阿尔伯塔大学等高校的研究人员。

这些研究人员的研究方向主要是自动化在建筑方面的应用,包括活动和进展追踪[Ahmed 12,Shahi 13,Turkan 13,Razavi 10]。在这方面的研究上,他们已经开始广泛使用传感器和3D技术,包括摄影测量和激光扫描,应用了复杂的点云分析算法。

几乎在所有的基础设施领域、工业和公共机构的建设和维护中,生产率都是一个亘古不变的主题。一些研究人员[Goodrum 11,Young 11]已经在这个领域做了大量的工作,并且在技术、材料和供应链方面都形成了相关的劳动生产力的研究成果。

施工和养护中的管理方法在应用中可能会有所不同,但基本上与本书中所描述的框架是一致的。例如,在废水收集中值得注意的是文献[Rehan 13]中描述的框架。另一个例子是,使用自动化的价值跟踪,以及使用与4D项目进度相关联的3D传感技术的进度跟踪已在文献[Turkan 12,13]中进行了描述。

总之,自动化(包括传感技术、机器人技术和信息技术、生产力和安全性)以及管理方法(包括组织方面、生命周期分析、优化、绩效建模、调度和执行)都在基础设施构建和维护方面提供了前沿的技术。

参 考 文 献

[AASHTO 86] "AASHTO Guide for Design of Pavement Structures," American Association of State Highway and Transportation Officials,Washington D. C. ,1986.

[Ahmed 12] M. Ahmed,C. T. Haasand,and R. Haas, "Using Digital Photogram metry for Pipe-Works Progress Tracking," *Canadian Journal of Civil Engineering*,Vol. 39,No. 9,2012,pp. 1062-1071.

[Anderson 90] R. T. Anderson,and L. Neri,*Reliability Centered Maintenance:Management and Engineering Methods*,Elsevier Applied Science,New York,1990.

[ASCE 88] American Society of Civil Engineers,*Quality in the Constructed Project*,manual of professional practice,Vol. 1,1988.

[ASQC 87] American Society for Quality Control,*American National Standard*,*ANSI/ASQC 094-1987*,*Quality Management and Quality System Elements—Guidelines*,Milwaukee,Wis. ,1987.

[Blanchard 95] B. S. Blanchard,D. Verma,and E. L. Peterson,*Maintainability:A Key to Effective Serviceability and Maintenance Management*,John Wiley and Sons,New York,1995.

[BMWi 08] Federal Ministry of Economics and Technology (BMWi), "Mobility and Transport Technologies:The Third Transport Research Programme of the German Federal Government," April 2008,www. bmwi. de,accessed on October 20,2011.

[Buttler 75] B. C. Buttler,and L. G. Byrd, "Maintenance Management," *The Handbook of Highway Engineering*,Section 25,Van Nostrand Reinhold,New York,1975.

[CBI 12] "Better connected,better business," Report,Confederation of British Industry (CBI) and KPMG LLP,United Kingdom,September 2012. http://www. kpmg. com/UK/en/IssuesAndInsights/ArticlesPublications/NewsReleases Pages/for-digital-infrastructure-according-to-CBI-KPMG-Infrastructure-Survey. aspx,accessed October 15,2012.

[Deming 86] W. E. Deming,*Out of the Crisis*,Massachusetts Institute of Technology,Cambridge,Mass. ,1986.

[DOD 66] "R and D Material:Maintainability Engineering," *Publication 705-1*,U. S. Department of Defense,Washington D. C. ,1966.

[FHWA 93] Federal Highway Administration, "Construction Quality Management for Managers," *Publication No.*

FHWA-SA-93-071, Demonstration Project 89, Office of Engineering and Office of Technology Applications, Washington D. C. ,1993.

[FHWA 09] FHWA, Transit and Congestion Pricing, A Primer, FHWA-HOP-09-015, Office of Innovative Program Delivery, Federal Highway Administration (FHWA), U. S. Department of Transportation, Washington D. C. , April 2009.

[Gerritsen 09] E. J. Gerritsen, "White Paper: The Global Infrastructure Boom of 2009—2015," Commentary, *The Journal of Commerce Online*, May 19, 2009. http://www.joc.com/commentary, accessed August 29, 2011.

[Goodrum 11] P. Goodrum, C. Haas, C. Caldas, D. Zhai, J. Yeiser, and D. Homm, "Model to Predict the Impact of a Technology on Construction Productivity," *ASCE Journal of Construction Engineering and Management*, Vol. 137, No. 9, 2011.

[Grigg 88] N. S. Grigg, *Infrastructure Engineering and Management*, John Wiley and Sons, New York, 1988.

[Grigg 12] N. S. Grigg, *Water, Wastewater and Stormwater Infrastructure Management*, Second Edition, CRC Press, Boca Raton, Fla. , 2012.

[Hayden 89] W. M. Hayden, *The EffectiveA/E Quality Management Program: How To Do It*, short course notebook, American Society of Civil Engineers, New York, 1989.

[Jorgensen 72] Roy Jorgensen Associates, "Performance Budgeting System for Highway Maintenance Management," *NCHRP Report 131*, Transportation Research Board, National Research Council, Washington D. C. , 1972.

[King 86] F. H. King, *Aviation Maintenance Management*, Southern Illinois University Press, Carbondale, Ill. , 1986.

[Leduc 12] S. Leduc, and D. Wilson, "Highway Grants: Roads to Prosperity?" FRBSF Economic Letter, Federal Reserve Bank of San Francisco, November 26, 2012. http://www.frbsf.org/publications/economics/letter/2012/el2012-35.html, accessed November 30, 2012.

[Michael 96] R. S. Michael, "Building Support for Airport Expansion," keynote address, 24th International Air Transportation Congress, Louisville, Ky. , June, 1996.

[Moubray 92] J. Moubray, *Reliability Centered Maintenance*, Industrial Press, New York, 1992.

[Razavi 10] S. Razavi, and C. Haas, "Multisensor Data Fusion for On-Site Material Tracking in Construction," *Automation in Construction*, Vol. 19, No. 8, 2010, pp. 1037-1046.

[Rehan 13] R. Rehan, Unger, M. A. Knight, and C. Haas, "Financially Sustainable Management Strategies for Urban Wastewater Collection Infrastructure—Implementation of a System Dynamics Model," *Tunnelling and Underground Space Technology*, online available January 2013.

[Shahi 13] A. Shahi, J. West, and C. Haas, "Onsite 3D Marking for Construction Activity Tracking," *Automation in Construction*, Vol. 30, March 2013, pp. 136-143.

[Smith 93] A. M. Smith, *Reliability Centered Maintenance*, McGraw-Hill, New York, 1993.

[Turkan 12] Y. Turkan, F. Bosche, C. Haas, and R. Haas, "Automated Progress Tracking Using 4D Schedule and 3D Sensing Technologies," *Automation in Construction*, Vol. 22, March 2012, pp. 414-421.

[Turkan 13] Y. Turkan, F. Bosche, C. Haas, and R. Haas, "Towards Automated Earned Value Tracking Using 3D imaging Tools," *ASCE Journal of Construction Engineering and Management*, Vol. 139, No. 4, April 2013, pp. 423-433.

[Uddin 13] W. Uddin, "Value Engineering Applications for Managing Sustainable Intermodal Transportation Infrastructure Assets," *Management and Production Engineering Review*, MPER, Vol. 4, No. 1, March 2013, pp. 74-84.

[Urban 84] H. P. Hatry, and B. G. Steinthal, *Guides to Managing Urban Capital Series*, Vol. 4: *Guide to Selecting Maintenance Strategies for Capital Facilities*, The Urban Institute, Washington D. C. , 1984.

[Weeks 96] K. D. Weeks, and H. W. Jandl, "The Secretary of the Interior's Standards for the Treatment of Historic

Properties: A Philosophical and Ethical Framework for Making Treatment Decisions," *Standards for Preservation and Rehabilitation*, *ASTM STP 1258*, American Society for Testing and Materials, Philadelphia, Pa., 1996, pp. 7-22.

[Young 11] D. Young, C. Haas, P. Goodrum, and C. Caldas, "Improving Construction Supply Network Visibility by Using Automated Materials Locating and Tracking Technology," *ASCE Journal of Construction Engineering and Management*, Vol. 137, No. 11, 2011, pp. 976-984.

第12章　新材料或替代品

12.1　引言

许多年以来,土木工程主要应用大量的标准材料,包括常规的钢材、硅酸盐水泥混凝土、沥青混凝土、陶土(砖和管)、玻璃、木材及天然集料等,偶尔也会应用一些新材料。传统的设计、维护和施工程序都是围绕这些常规材料及其组合来进行的,如钢筋混凝土路面和带接缝混凝土路面。历来的土木工程结构设计和传统的结构用钢材以及钢筋混凝土的设计一直联系在一起。好几代工程师都学习并使用这些常规材料,教科书里也都是与这些常规材料相关的概念。

设计指南和设计手册对这些传统材料也进行了详细的阐述,如波特兰水泥协会的路面设计手册[PCA 84]、由沥青协会(Asphalt Institute,AI)制定的各种各样的设计手册[AI 87,91]、美国钢结构学会的设计手册[AISC 94],以及美国混凝土学会的各种手册[ACI 72,84,92]。

当然19世纪人们也尝试过一些新材料。然而,新材料被成功使用的频率和采用新材料面临的困难常常阻碍了新材料的发展。

沥青路面的加州承载比(California Bearing Ratio,CBR)设计方法就是一个很好的例子,1965年以前,这种设计方法在美国陆军工兵部队和沥青协会得到了广泛的运用,而且至今一直在世界各地被使用[USACE 58,61]。CBR设计方法是一种经验方法,基于在传统的碎石材料上覆盖一层相对薄的传统沥青混凝土。1962年,美国国有公路管理员协会的道路试验完成[HRB 62]。该研究表明承担反复交通荷载的材料的效能取决于材料本身的质量而不只是铺设的厚度。而CBR设计方法并没有考虑这个概念,现在一般不使用了。同样,AASHO道路试验验证了波特兰水泥混凝土路面的设计在许多方面都需要调整,已经在美国国有公路运输管理员协会(AASHTO)路面设计指南[AASHTO 93]中进行了修正,该指南在21世纪初已更新[AASHTO 08]。

类似的例子也可以在建筑行业找到,如Ferguson等[Ferguson 88]提出的一种经验方法,它改进了钢筋混凝土结构和建筑构件设计中钢筋使用方面的经验知识。随着高强度混凝土、精细磨硅酸盐水泥、高强度钢筋的出现,新材料仍在不断发展中。桥梁使用高强度钢和钢筋混凝土建造,可以确保结构长期的完整性和安全性。

使用新型建筑材料的一个例子是新曼港大桥,它是当时世界上最宽的桥梁,于2012年12月1日在加拿大不列颠哥伦比亚省两个方向开放。这座有10车道、长850m的斜拉桥和1号高速公路的部分工程总造价为33亿美元。在这个标志性建筑物的建造中,消耗了以下材料:建筑钢材13000t,混凝土15.7万m^3,钢筋28000t,288条电缆(总长45km),251根桩(总长16km),108个沉箱,10万m^3的挡土墙,2.5万t用于新桥面的沥青,310万m^3的土方工程(数据来源:推持,2012年12月7日,通过@ portmannbridge2)。

许多新型创新材料像纤维强化塑料,在20世纪80—90年代并不容易被标准规范和设计团体接受。最主要的原因是从新材料被发明到证实其长期性能之间存在时间滞后;另一个原因是用旧的设计标准可能并不是实现使用新材料的技术的最好方法,它可能是代价比较昂贵的甚至是失败的。这个在桥梁技术方面就表现得非常明显,桥梁一直都是人类使用材料成果的永久性载体[Bridge 95]。每种新材料被研制出来以后,在把它运用到大跨度桥梁设计之前,总要花30~40年时间去赢得工程师们的认可和信任。例如,在熟铁被发明不久后的1779年就建成了第一座铁桥,然而熟铁第一次在创世界纪录的桥梁跨度中使用却是1816年。

如图12.1所示,桥梁跨度出现了三次飞跃:第一次是19世纪中叶熟铁大量生产时;第二次是19世纪后期可以获得可靠钢筋时;第三次是1930年,那一年高强度钢丝被应用于大型悬索桥中。这种趋势表明,自1770年以来桥梁的最大跨度每100年增长了3.5倍。

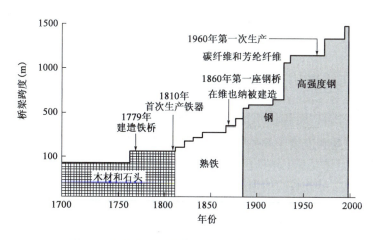

图12.1 世界最长跨度桥梁建设的历史趋势[Bridge 95]

对于未来的建筑,钢材总是首选材料之一,因为其焊接和连接技术以及较高的屈服强度都在不断提高。混凝土技术也在迅速地改善,使得在较短时间内就能获得很高的强度。而高级复合材料和FRP材料在结构形式、抗腐蚀性、更高的强度-质量比方面展示了一些新特征,如图12.2所示(参照[Jacobs 94])。

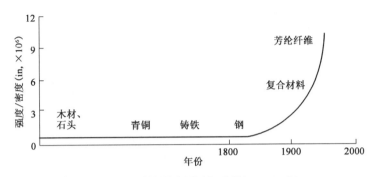

图12.2 工程材料的发展历史(参照[Jacobs 94])

12.2 应用新材料的实例

有大量在传统基础设施中尝试应用新材料的例子,其中有成功的,也有失败的。成功的例子包括高强度钢筋和高强度混凝土的应用,以及20世纪50年代连续配筋混凝土路面引入连续钢筋。即便CRCP得到了广泛运用,但引入新材料作为单一设计过程的结果仍比较困难。其他最近成功应用新材料的例子是复合材料和纳米材料技术。在过去几十年中,新型复合材料经过实验室测试和现场演示评估研究后,已经在实践中得到了应用。例如,小汽车和皮卡车的保险杠以前一般使用铬钢来制造,现在主要用热塑性复合材料制成(每个保险杠上都有一个小横截面的隐蔽钢条)。此外,使用热塑性复合材料可以减少与铬有关的环境危害,同时通过减少使用贵金属而带来长期效益。

12.2.1 CRCP

20世纪50年代最初美国得克萨斯州适量引进了一些CRCP[McCullough 60,68]。早期的成功使人们把它看成了一种"万灵药",因为它提供了非常平滑的骑乘质量以及方便的无接缝施工,使用起来非常方便。然而建成不久就出现了问题。

最初的设计以钢筋和混凝土的强度特性为基础,把足够数量的钢筋放置在混凝土的中部以牢牢地控制裂缝,但是混凝土本身会开裂以释放集中的拉应力。这部分设计工作虽然良好,然而并没有考虑到无接缝的较薄的钢筋混凝土板产生的挠度明显增大,结果是路面以下的底基层和路基在短短2~5年里就失效了。随后这种路面支承体系的失效导致路面产生更大的挠度,随之而来的是路面孔洞和损毁。得克萨斯州交通厅立即指出了这些问题,随即修改了它的设计,继续建造路面并取得了成功。修改后的设计,路面厚度比原先的203mm(8in)厚了50~102mm(2~4in)。这种改进是设计、施工、养护和数据反馈相互作用的结果。

另一个与CRCP相关的问题是需要不同的施工技术。CRCP刚开始发展的时候,大多数公路承包商都使用传统的模板摊铺设备。然而由于CRCP采用连续钢筋,其本身要求无模板摊铺。当路面承包商学会了铺筑这种新路面的时候,施工成本迅速得到降低。遗憾的是,这样的成功并没有在佛罗里达州和印第安纳州的一些主要工程中出现。据报道,那里的施工、检查和监督是不够的。失败的CRCP工程导致了毁灭性的早期损毁,致使FHWA不再推荐建造这种类型的路面。到1996年,这种推荐还是暂停状态。如果提出新概念时就已经建立了一种有效的基础设施管理系统,那么在这种情况下,该系统将会有一种良好的自动应对技术,不仅可以应对设计概念的变化,而且可以应对施工和维护需求的变化。

12.2.2　CORTEN钢材建筑施工

某些新材料在正确使用时可能是有价值的,但有时却被用错了。一个例子是在奥斯汀市的得克萨斯大学校园中引入一种新型的房屋材料。CORTEN钢材的概念[Bradford 93]是让钢材"故意氧化或生锈",假设这样的氧化会迅速发生并在钢材表面均匀地形成一种坚硬的、不可渗透的薄层,就可以防止钢材进一步生锈和腐蚀。1970年,一位建筑师接受了钢材生产商的建议,在奥斯汀市得克萨斯大学通信大楼上使用这种新型钢材作为面饰材料。这种材料就如设想的一样,经氧化后在表面产生了红褐色的锈。然而,表面的锈并不如期望的那样能阻止钢材进一步生锈,锈层下的钢材在随后的5~6年内全部生锈。结果是许多部分不得不被替换,最后不得不在房屋上安装一个全新的花费巨大的表面金属包层。这种新型钢材已经成功地作为一种结构性材料被应用,但是并不适合用在建筑物的表层。

12.2.3　Chemcrete沥青混凝土混合料

Chemcrete是另一个没有经过充分评估就过早被采用的新材料的例子。在20世纪70年代末期,某公司开发了一种叫作Chemcrete的新型材料。声称这种材料是沥青混凝土施工的一种"万灵药"。它能形成非常坚固的路面,因此被称为"坚固的路面"。遗憾的是,那些倡导者并没有充分地认识到,沥青混凝土的混合必须满足几个要求才能成功地达到其性能。这些要求不仅包括稳定性,而且包括强度、柔度和耐久性。该公司还招聘了路面领域的几位知名专家去帮助提升其产品质量。然而,实验室测试和现场试验仅观测了非常短的时间,并没有对材料的耐久性进行合适的评估。结果是使用Chemcrete的路面很快并很严重地开裂,出现了极严重的早期破坏。几年后该产品被停止出售。若正确应用基础设施管理系统,或者在这种情况下使用路面管理系统,都有可能在试验的最早期就显露出新材料的这些缺陷。

12.2.4　土工织物的使用

在路面施工中,还有一种材料在使用中既有积极作用又有消极作用,这种材料就是纤维织物或土工织物。

从1960年起,各种无纺纤维织物(大多数使用聚丙烯纤维)的生产商一直在寻求扩展它们的产品市场。路面似乎是一个有吸引力的目标,生产商们开始积极努力地去开拓它们的产品在路面修复中的使用市场。这些纤维织物又被市场炒成了"万灵药",能防水(因为在现有旧路面上贴了黏结层)和防止产生沥青混凝土加铺层的反射裂缝。电视和杂志的广告中展现了各种城市的工程师使用这些纤维织物去修补街道,并具有明显的速度和质量优势。这些广告从来就没有提及裂缝根本没有消失,而仅仅是被延迟了1年或2年。它们也根本没有指出这样一个事实:使用这种纤维织物的成本相当于多加铺了1英寸或几英寸厚的沥青混凝土,而后者能显现出更好的路用性能。

另一方面,当被铺在湿软路基上作为一种隔离介质时,纤维织物作为一种施工技术,有许多成功和有效的例证。纤维织物或土工织物的使用能为铺筑粒料材料而不刺入软基提供一个隔离层,并且节省大量的费用、时间和材料,免去了等待干燥的条件或压缩集料到软基里,这样使用纤维织物是有价值的,并符合经济便利测试。纤维织物作为一种排水层,在一些情况下用来封闭排水的管沟也是可行的,尽管黏土颗粒有可能阻塞纤维织物并限制了期望的排水效果。

在20世纪90年代末和21世纪初,升级版的热电网格被用来最大限度地减少和延缓路面施工中的反射开裂。由于在专利设计中使用了高强度的玻璃和碳纤维,这些编织产品在理论上更加耐用,并且能够抵抗由反射产生机制所引起的应力,能更有效地修复破坏的沥青路面。大多数已发表的文献显示,在本地成功使用的实例只有一年甚至更短时间的评估。但要再一次声明的是,在建立可靠的标准来支持向供应商的索赔之前,长期的性能评估是很重要的。

12.2.5 聚合物在施工中的应用

12.2.5.1 聚合物

聚合物材料技术的好处体现在生活中的许多领域,包括体育用具、汽车零件和汽车车身修补、按钮、航天航空工业、自行车、乐器和家具等。大多数产品都是用铸型聚合物或纤维增强复合材料制成的。

12.2.5.2 铸型聚合物产品

聚合物和粉末复合材料在施工中的应用并不新鲜。铸型聚合物产品已经被应用于许多方面,从房屋家具(如厨房操作台和浴室)到轰炸效果的快速修复[Dawson 95]。

铸型聚合物是一种没有增强的粒状复合物,它把聚合物、填料和添加剂混合以满足具体的应用要求,填料占材料总体积的比例高达90%。在各种材料混合以后,它们之间发生聚合反应并变硬[Dawson 95]。

甲基丙烯酸甲酯(Methyl Methacrylate Acrylic,MMA)和不饱和聚酯树脂(Unsaturated Polyesters Resins,UPR),邻苯二甲酸和异苯二甲酸,占据着凝胶基大理石制品和固体表面的市场,用它们制成的产品包括厨房、浴室和水疗中心的家具设备。用高质量树脂制造的固体致密表面和无孔产品能够被切割、打磨和无缝连接。建筑师和规范制定者可以充分利用聚合物的这些特性,再加上其耐腐蚀性和耐化学性,为建筑及室内装修提供创造性的设计。

原聚酯和聚氨酯普遍用于装饰性铸件和铸塑软模具。聚酯、环氧树脂和乙烯基酯是预铸聚合凝结物中起支配作用的基质树脂,用于制造诸如公用设施拱形门和电解采矿槽等产品。它们也可用于野外,如聚合凝结物复合材料罩面用于金门大桥引桥[Dawson 95]。使用一种聚合凝结物罩面层可在几个小时之内开放交通,而传统的硅酸盐水泥混凝土要求14~28天的养护时间。

12.2.5.3 聚合物改性沥青

沥青与砂子和选好大小的集料一起进行热拌、乳化并冷拌及封层,用于铺筑停车场、街道、公路和机场道面。在重交通荷载的道路上,车辙已经成为主要损害及导致路面性能差的主要原因。聚合物改性沥青正逐步流行,可以改善沥青路面的热弹性行为和实际使用性能。用沥青或聚合物改性沥青拌制的混合料是粉末复合材料,并且它们的应力-应变行为可以用分析高级聚合物基纤维增强复合材料的微观力学来分析[Plaxico 95,96]。聚合物改性沥青由于其性能优于原始的沥青黏合剂而被广泛应用在路面施工中[Uddin 03]。

12.2.6 纤维强化塑料在结构上的应用

12.2.6.1 综述

在过去30年中，聚合物纤维强化塑料普遍被称为高级复合材料，已经在格栅、楼梯踏步、梯子、管和罐，以及抗化学腐蚀性能要比结构性能更重要的石油化工厂和化学工业里有许多应用。在这些应用中，复合材料的性能比钢材、混凝土和木材都要好。航空航天业已经在非结构部件使用这些高级复合材料，因为它们具有质量轻、强度重量比较高以及对温度变化和火有超级抵抗力的特点[Technology 95]。航空业一般使用以钛和高强度钢材为主的金属复合材料。但到了21世纪，为了降低大型商用飞机的整体空载质量以获得较高的燃油效率，航空业越来越多地使用FRP等聚合物复合材料。

波音公司B787飞机(俗称"梦想飞机")50%的结构，其中包括整个机身和大部分的机翼，都是用碳纤维增强材料制成的。这比B777中使用的FRP高出约4倍，其中含有12%的碳复合材料[Forbes 12]。这使得B787比任何型号的飞机都轻得多，它可以像B777一样以0.85马赫❶的最快速度飞行，但是消耗的喷气燃料减少了20%，而且减少了20%的排放量[Forbes 12]。这意味着更短的旅行时间和更少的国际旅客转机。B787的飞行范围不断扩大，它可以从休斯敦到奥克兰进行不间断飞行，而搭乘B777则需要在洛杉矶进行中转。

聚合物高级复合材料在土木工程结构市场和施工行业中的应用已经相当滞后。IAMS能够向业主、运营者和设计者展示先进的高性能聚合物建筑材料在实现低养护、长寿命和改良结构性能方面的重要性。所有施工领域，尤其是滨水地区、近海结构物、地震引起的桥梁损坏而需翻新等，正在探索应用聚合物高级复合材料。另一应用领域是钢筋混凝土结构的修复，存在的主要问题是在一种恶劣环境下因钢筋腐蚀引起结构的寿命缩短。使用FRP产品能够明显延长和增强这些结构的寿命和性能。FRP产品的轻量化使得装载容易且装配费用减少。随着低成本制造方法的实现，用聚合物树脂基和纤维物制成的FRP材料将日益流行起来。

12.2.6.2 FRP材料的选择和应用过程

FRP材料的正确使用及其应用过程，是其在结构强度和基础设施资产的翻新改进中取得成功和长久应用的关键。FRP复合材料在本质上是各向异性的，这应该是其在创新设计上应用的优势。FRP的3个基本限制：由于蠕变效应引起的强度的长期损失；由于树脂基可能吸水引起的剥离和纤维材料退化；在碱性环境下的耐久性问题。这些限制应该在设计应用中予以适当的考虑。用以下例子来说明FRP材料的创新应用。

海军FRP码头 1995年5月，美国海军设施工程服务中心(Naval Facilities Engineering Service Center, NFESC)在加利福尼亚州休尼梅港(Hueneme)的先进水技术试验场(Advanced Water Technology Test Site, AWTTS)安装了一座全复合材料的人行栈桥，以测试复合材料在海

---

❶ 1马赫＝340.3米/秒。

上结构中的应用情况。该试验码头全长48m(160ft)，由几跨组成。新码头的复合材料部分由两跨组成：一段玻璃纤维复合甲板和一段碳纤维及环氧树脂棒预应力的混凝土甲板。这些甲板是建筑生产力提升研究(Construction Productivity Advancement Research,CPAR)合作计划的一个成果,此计划是由复合材料学会、陆军工程兵部队建筑工程研究实验室和南达科他州矿业和技术学校合作实施的[Technology 95,Iyer 95]。该甲板设计可以承受行人荷载、抵抗海水作用,甚至在最大潮时全部被淹没,能经受潮汐冲击时由波浪引起的循环荷载作用。

桥梁支柱的抗震改进措施。Seible 和 Innamorato [Seible 95]根据加利福尼亚州交通厅(Caltrans)资助的一项研究,确立了混凝土桥梁支柱可能的三种基本失效模式：①支柱剪切失效；②受弯塑性铰区的混凝土约束失效；③支柱中钢筋搭接接头的分离。

一种可靠的翻新措施应该考虑所有三种可能的失效模式。这样的翻新改善措施包括钢制柱筒包套桥梁柱。对于有规则圆形截面的传统圆柱,钢制外套可以分成两半装配,安装时再扣在一起并用水泥浆填充；对于不规则的截面或其他形状,钢套的装配是比较困难的。对于桥梁支柱的加固和修复,从功能性的观点来看,用复合材料包裹和缠绕是一种有效的备选方案,可提供环箍约束。Seible 和 Innamorato [Seible 95]总结了一种自动化的连续碳纤维包裹系统的基本原理,该系统通过在水平方向或90°方向缠绕预浸碳纤维束来弥补横向加固的缺陷,从而提供所需的横向约束、夹紧和纵向弯曲约束。这种创新的复合材料改进系统,通过在整个柱子的外表连续包裹碳纤维来确保缠绕碳纤维束的锚固作用,并使用一种自动化的缠绕系统严密控制和监测层叠厚度。

12.2.6.3　规范和审查机构的责任

对于新出现的材料如FRP复合材料,制定验收测试标准和规范是规范和审查机构的职责。特别地,各机构对那些时间紧迫而且要保证生命安全的基础设施的结构应用感兴趣,例如桥梁的抗震改造与结构构件的修复和加固。Caltrans [Sultan 95]在这个领域已经开始进行一个积极的计划,对FRP复合材料的性能进行验证：

- ◆ 纤维织物的强度和性能；
- ◆ 树脂的强度和性能；
- ◆ 复合材料的强度和性能；
- ◆ 作为一个结构构件或系统的行为；
- ◆ 设计方法的正确性。

针对FRP复合材料的耐久性,应该检验其抵抗水、紫外线、高温、盐水、碱性环境、冻融和火的能力。表12.1列出了一份重要问题的清单,这些内容是每一个审查机构都应该去检查的,以便取得FRP技术资格并实施任何经批准的FRP材料的制造和安装[Sultan 95]。

取得FRP技术资格并实施的检查清单[Sultan 95]　　表12.1

1. 产品文件资料

2. 过程理解

3. 材料类型

续上表

4. 材料物理性质
5. 复合材料的长期耐久性(化学和物理的)测试
6. 生产、混合和应用中的质量控制
7. 纤维含量、孔隙、树脂比
8. 特殊复合材料的设计指南
9. 安全因素
10. 损坏和失效模式
11. 充分的技术要求
12. 可重复性和连续性
13. 可接受的野外安装方法
14. 连接性能的疲劳效应
15. 动荷载作用下的性能
16. 持续加载下的测试
17. 供应商和产品设计者的资格
18. 固化温度
19. 运输与搬运
20. 维护问题

12.3 应对资源减少

20世纪40—60年代，美国和许多其他国家都在快速地进行建设。美国著名的建设包括州际公路系统，纽约、芝加哥、洛杉矶和其他大城市的迅速崛起，以及房屋、下水道、供水、大坝和相关基础设施的建成。这种建设是随着历史上最大规模的战争——第二次世界大战的结束而兴起的。在战争期间为了设施和设备的快速建设而不计成本地发展起来的技术，仍然应用于新的国家基础设施的建设中。尽管这种方法能够成功地完成建设任务，但是它导致自然资源的巨大消耗。

仅美国州际公路系统的建设就消耗了美国许多地区大量的优质集料。越来越严格的规范要求及越来越高质量的材料已经产生了一种后果，即制造商和生产商提供这样的材料变得更加困难。在某些情况下，这已经使材料成本高得令人生畏。而基础设施管理系统能够根据这些材料的局限性，合理地考虑材料的效益和成本，并提供一种有效、经济的方法，去使用一些所谓的边缘性材料。

自从20世纪80年代早期开始，世界各地特别是北美洲已经开始关注环境问题，材料再利用、再生和一些材料的再循环。这个问题有两个方面：①环境问题引起材料使用需求的改变；②再生的、再循环的材料或其他废料的潜在的成功使用。

20世纪80年代，钢铁廉价出口和"倾销"行为对美国的钢铁行业造成了严重冲击，以至于原材料的钢铁生产几乎退出了制造业。然而，在20世纪90年代末，美国钢铁工业开发了一项新技术，可以用回收的废钢废料来生产钢铁。美国国内约有90%的钢材是通过回收来的废钢废料生产的[Mittal 12]。

12.3.1 环境影响

最近几十年,在基础设施发展中用到的某些材料会对环境造成影响,其中已经有很多被人们所了解。一个广为人知的例子就是石棉。在1970年之前的大约50年里,石棉作为一种绝缘材料在房屋中被使用,特别是在加热通道和加热导管周围,并作为一种防火材料以喷涂形式被用在结构钢材和钢筋混凝土梁周围。它也以压制石棉板和波形板的形式被用作一种壁板和屋顶材料,甚至在沥青混凝土中作为一种填料,以替代一定类型的细集料。随后的环境测试显示,石棉是致癌物质,它在建设中的应用被禁止,并开始从许多建筑部位被移走。这个问题有两方面内容可以通过合适的基础设施管理系统解决:①发展新材料去代替石棉;②就地处理石棉的维护和移除步骤。遗憾的是,人们一直用非常昂贵的补救方法来去除石棉。而且全面的成本和效益评估更清晰地表明,移走石棉的效益是微小的,而扰动和移除石棉造成的损害要比把它封存和留在原地引起的损害更大。

这是一个由于外部因素(即公众的恐惧和某些行业的利润动机)而否决了良好的系统分析的例子。这并不是说应该忽略环境方面的因素,而是说应该以一种现实的观点按照总成本和效益进行全面评估。

12.3.2 环境安全保护备选方案

沥青工业提供了已证实会造成环境问题的现有材料,并开发出取代它们的保护环境安全的备选方案。特别是1970年之前在美国和世界各地,为了建设低交通量的道路以及为高质量施工的路基和基层打底,广泛使用稀释沥青,即用汽油和柴油稀释的沥青冷底子油膏。稀释沥青的易挥发成分,即汽油和柴油,挥发到大气中造成空气质量问题,特别是在城市区域。改变沥青的黏度和可运输性的替代方法:①加热材料;②用水把它稀释成乳状液。在过去的30年里,为了改善乳化沥青的质量以替代溶于石油(馏出物)的沥青,已付出了相当大的努力。

在路面施工中,使用聚合物纤维和废轮胎橡胶作为改性剂,已经以不同的形式进行了试验。在密西西比州维克斯堡附近的I-20高速公路进行实地试验后,这些聚合物纤维在6个月内便从混凝土路面上脱落。这是一个没有充分进行试验测试的新产品的失败例子。另一个例子,在热拌沥青混合料中使用非常细小的废轮胎橡胶(直径为$80\mu m$甚至更小尺寸),其在密西西比州北部的I-55高速公路的测试中体现出极佳的现场性能,更优于高性能沥青路面沥青胶结料和其他聚合物改性沥青黏合剂[Uddin 03]。

在施工和拆除过程中,对环境安全保护和废物的处理,是另一种减少集料、钢材以及自然资源消耗的方法。美国海军海上系统司令部(Naval Sea Systems Command,NAVSEA)总部在华盛顿特区成功完成了2.5亿美元的搬迁和重建"设计建造"项目,证明了防止污染的做法是有效的。该项目建设和环境管理的一些突出特点包括[Gonzalez 05]:

- 一个100万ft^2(约10万m^2)的综合体,拥有5000多名员工。
- 八层楼的停车场,有超过1500个车位。
- 每月支付费用超过1000万美元,现场有600名建筑工人。
- 污染防治计划包括:①移除新海军舰艇上的煎锅;②配备用于飞机吊架的新型荧光灯

具;③建立塑料废物压实和处理系统。
- ◆ 《国家环境保护法》(National Environmental Protection Act,NEPA)合规项目包括:①环境友好的地表径流排水和处置设施;②统一的排放标准;③改进监测与保护海洋生物和生态系统的声呐探测。
- ◆ 持续性考虑:承包商将所有旧的被拆除的砖、混凝土和钢材搬运到其他场所进行回收或应用。

垃圾处理基础设施建设的一个例子是垃圾废料填埋场的设计和建造,以及对危险材料的处置。政府机构必须对危害环境安全的基础设施废物处理进行规定,并对公司和私营实体实施这些规定。一些案例研究如下:

- ◆ 2005年8月29日,卡特里娜飓风于密西西比湾沿岸登陆后,海岸线半英里以内超过90%的建筑物被摧毁,飓风影响了250mi的海岸线和100多英里的内陆地区,摧毁了15万美元的财产。2005年的卡特里娜飓风、威尔玛飓风和丽塔台风在密西西比州、路易斯安那州、亚拉巴马州、阿肯色州、佛罗里达州和得克萨斯州的部分地区留下了87000mi^2(225330km^2)的废墟。2005年,密西西比州有60个垃圾填埋场,到2006年增加至69个。开发新垃圾填埋场的一个原因是处理数百万吨的因飓风造成的碎片垃圾[Uddin 10a]。
- ◆ 纽约市已经开始实施有助于减少城市温室气体排放的措施。这些措施包括75%的垃圾填埋场沼气回收捕获率和固体废物回收利用。自从2001年关闭了新的垃圾填埋场后,纽约市产生的所有固体废物都被运到城市以外的垃圾填埋场或废物能源设施中[NYC 07]。
- ◆ 2011年3月,日本东北部发生地震和海啸后,核电站的低辐射核废料安全存储是避免发生核电站灾难的最关键的问题。然而,将核废料运送至专门的存储地点遭到了当地社区的抵制。全球核电站运营商都面临着安全问题和可能引发灾害事件的社区危害风险。开发和改进处理核废料的方法和材料需要进行进一步研究。

12.4 新方法和新材料在基础设施中的应用的思考

涉及提供基础设施的机构怎样才能着手考虑新材料、新方法和新设计的应用呢?任何一个机构都不会忽视创新,而且也不想陷于那些肆无忌惮的市场促销圈套中。解决这种问题最好的办法就是建立正规的IAMS。然而,在过渡期间一般的系统化管理概念还是能有所帮助的。第一步就是查看当前所用的标准或典型程序。第二步就是确定将与这些标准对照的替代方法。第三步就是编列必须在对照中用到的所有准则。性能、强度、稳定性和使用寿命当然是首要的,但在某些情况下,更重要的标准可能是可维护性、再循环潜力、本地材料的使用、环境影响、能源影响和政治需求。编列这些先验性因素是重要的,也就是说,在进行比较之前先列出。

对任何议题中涉及的因素和成本(不仅仅是经济成本),列出完整的清单是至关重要的。如果初步比较时没有考虑到所有相关的因素,那么要根据其他补充因素来重新调整最终解决方案是非常困难的。人们总是倾向于最初的解决方案,或者在"第一个解决方案"似乎不合适时,添加那些他们更喜欢的解决方案的因素。这种方法是不客观的,而且与真正的客观研究方法相比,几乎不可能得出有意义的结果。

一套定义明确的基础设施管理系统一开始就将提供包括绝大部分因素的清单及所必需的方法。然而,没有哪个系统是完美的,在提出问题的过程中,基础设施管理团队的判断力是至关重要的。如果能有一个跨学科的团队来协助提出问题、定义解决方案的标准和参数、考虑替代方法和定义最具潜力的解决方案,并且形成一个更好的解决方案,那就更好了。这些都应该在形成固定的思维模式之前完成。即使是一个计算机化的 IAMS,也不能做决策,而只是提供一种处理大量数据和信息的有组织、有效的方法,这对于做决策是至关重要的。

12.5 应对天然集料资源的减少

最近 100 年中,美国一直在建造大型的土木工程项目。这些民用工程大多使用天然集料。几乎任何土木类基础设施项目 90%~95% 的建筑材料都是由集料构成的,要么单独作为一种集料基层,要么作为沥青混凝土、硅酸盐水泥混凝土或陶土的主要成分。它们也是任何稳定类材料的可选成分。在世界上许多地方,天然集料几乎被耗尽,使用人造材料、废弃材料、再循环材料,或已被现行规范认为不合格的低质量的集料,来替代天然高质量集料资源的需求十分强烈。

历史上,土木工程师们已经在规范中对高质量作了具体规定。这种规范假设在一种绝对意义上,高质量意味着应该只有很少或没有失效的可能,但如果做比较就会发现符合这种高质量要求的情况很少。看来有必要调整规范标准,以接受那些并不满足过去使用的极高标准的集料。从长远来看,这样的材料能够应用良好并且成本更低。Saeed 建立了实现这个概念的一种方法[Saeed 96]。

12.5.1 评估包括废弃和回收材料的一种 IAMS 子系统

并不是所有材料在质量上都相同,质量本身有一个宽泛的标准变化范围,从刚度和初始强度到耐久性和长期性能。新材料生产中的能源消耗和供应缩减都与质量有关。为了评估新材料以及废料和再生材料(Waste and Reclaimed Materials,WRMs),Saeed 开发了一种 IAMS 子系统[Saeed 96]。

明显的例子是在基础设施施工、维护和修复中大量使用材料的建筑业。这是由于:①资金缩减;②高质量材料的供给接近限制使用的临界点;③由于城市区划法限制,开辟新的采石场很困难;④运距和运输成本的增加;⑤社会关注和环境污染;⑥土地使用成本增加;⑦在天然集料生产中急切需要减少能源消耗量。

1996 年之前,没有一种用于设计的方法能考虑与材料选择相关的所有各类因素。被称为 WRM 评估系统的材料独立评估系统[Saeed 95]是为得克萨斯州交通厅的一项研究计划建立的,然而它可以被应用到所有类型的基础设施。该方法考虑 4 种属性:①技术的;②经济的;③社会的;④环境的。在根据当地信息对材料进行初步筛选后,该系统就开始运作。这个筛选过程能确保所建议的材料在通过子系统的筛选之前,对于其可能的用途,具有一定的最低限度的物理、化学、力学和热学基本性质。这个方法在不同的强度和性能种类与经济、环境和社会问题之间进行了权衡。经济性地评估社会和环境问题是困难的,在这种考虑下,Saeed 提供了一种考虑专家意见和公众意见的方法。该方法的框图如图12.3所示。

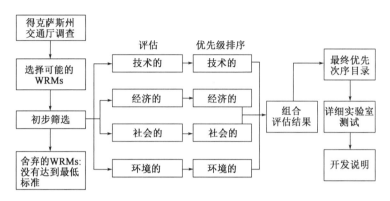

图12.3　材料选择中因素评估方法框图[Saeed 95]

在美国,每天新产生巨大数量的废弃材料。对于一些机构和个人而言,使用这些废弃材料已经成为一种责任,能够保护世界自然资源,也能够减少对天然集料的依赖[Saeed 95,TGLO 93]。

在废弃材料使用的技术文献中,常常用到再循环这个术语。再循环在本质上是选择一件产品,在它的有用寿命已经结束之后,重新把它制造成一件新的、有用的产品,而不是扔掉它。重复使用是指不断重复地使用一件产品,并保持它当初的形式而不需要转变成新的东西。回收,正如Wood等人所定义的那样,是一件废弃的材料从它原先的位置被移走,在其他位置上被重新使用或再循环的过程[Wood 89]。

交通基础设施的施工、维护和修复(Maintenance and Rehabilitation,M&R)是昂贵的,而且需要使用大量的材料。在这些活动中,使用WRMs也是比较贵的,但有时使用废料及再生材料比使用传统材料更有优势。这些优势的突出点就是,维护能源和自然资源之间的守恒以及对环境和现有公路几何特征的保护[NCHRP 90]。

在实验室里为了使WRMs表现出某些特征,典型方法一般是从技术角度评估它们,并将研究结果与规范标准里的标准自然材料进行比较。这并不是一种有效的方法,因为这些废料及再生材料在质量上通常与天然集料不同。然而,它们确实有很高的社会、环境、经济价值。

有很多原因促使机构在交通基础设施建设和M&R活动中考虑使用WRMs[Han 95]。这些原因包括本地天然集料的缺乏、废料处置的成本高、对环境保护的承诺、天然和废弃材料的可用性、政治压力、环境安全性及其他。成本效益、性能、可用性、政治氛围是决定一种材料是否适合在建设中使用的四种最基本的因素。

需要用IAMS子系统客观评估有意义的材料推荐。在该子系统中,结论可以按性质分为技术上的、经济上的、社会上的和环境上的。需要用一个简单的方法来评估基础设施建设和M&R活动中WRMs的潜在应用。

12.5.2　评估子系统

在进行初步筛选后,任何WRM评估方法都必须考虑应用这些废料和再生材料的技术、经济、社会和环境问题。为了在交通项目中使用评估子系统,一个技术评估单元必须根据一种材料要求的物理、化学、力学和热学性质评估 WRMs。技术性质注定是重要的,将会在实验室进行研究,以评估 WRMs 的技术性。

经济评估单元必须确认使用废弃材料在某种经济意义上是最可行的。这个单元必须考虑与 WRMs 的施工集料的生产有关的所有成本,并与生产天然集料时和处理废弃材料时产生的成本相比较。

社会和生态的意义通常是不能直接用金钱来衡量的。然而,社会评估单元应该考虑社会以及政府和私营部门通常所表达的兴趣或愿望。

评估使用 WRMs 影响环境的因素包括一些与技术、经济和社会评估直接或间接相关的某些因素。环境评估单元必须衡量实际的影响,而不是按人们的主观感觉。

在所有 4 个评估单元中,任何 WRM 评估方法都需要客观的数据。在某些情况下,客观信息不存在或很难量化时,诸如环境影响和社会价值,就应该用主观数据来补充。

12.5.3 当前的问题和 4R 实践

北美和欧洲国家需要通过调整 4R(即回收、再利用、再循环、减少浪费)政策来解决总体资源不断减少的问题,并寻找创造性的方法来减少资源浪费。指定机构正在考虑 4R 基础设施应用实践,并期望能将它越来越多地应用于其他建筑项目,因为各机构都承认可持续发展的重要性。

FHWA 和国家沥青技术中心(National Center of Asphalt Technology,NCAT)在路面回收方面发表了大量的文献资料。Tighe 和 Gransberg 进行了一项综合研究,对可回收、可替代和可再生的高速公路材料进行了广泛的文献调查[NCHRP 11]。该研究显示了美国 42 个州 DOT 机构和加拿大 7 个省交通运输部门的调查结果,具体如下:
- ◆ 许多机构在沥青路面中使用再回收的屋顶瓦片和轮胎橡胶。
- ◆ 少数机构在沥青和混凝土路面中使用再回收的玻璃和铸造砂。
- ◆ 粉煤灰(燃煤电厂的副产品)主要用于混凝土路面。

不同的回收技术可被用来改善特定的路面损坏或满足路面结构要求。以下讨论提供了常见的回收利用和其他 4R 实践方法以及优点[Uddin 08]:
- ◆ 回收的优点包括:减少施工成本,保护集料和黏合剂,保护现有路面的几何特征,保护环境,节约能源,有效利用自然资源,降低用户延误成本。
- ◆ 混凝土路面的回收方法包括:破碎稳固(带铺装层),橡胶化(带覆盖层),以及碾碎用作粗集料。透水或多孔混凝土用于混凝土铺路的环保型地表径流工程。
- ◆ 沥青路面的回收方法包括:热拌回收、热就地回收、冷就地回收、全深度回收和再生沥青路面(Reclaimed Asphalt Pavement,RAP)。

大多数州 DOT 规范包括使用沥青混合料铺设 RAP。密西西比州 DOT 要求,在所有高速公路中 RAP 占有 10% 的比例。据估计,10% 的 RAP 可以节省 7% 的总建筑成本。一些国家 DOT 机构甚至在沥青铺路项目中要求使用更高比例的 RAP。需要说明的是,必须注意避免 RAP 劣化和早期失效,同时使用回收利用方案,例如在现有沥青路面上出现剥离情况时就应限制其在路肩或次要道路上的使用。另外,需要进行全面评估,来确定交通量大的高速公路上 RAP 使用百分比的上限,以避免其早期失效。

12.6 与能源有关的问题

在选择基础设施设计、施工和维护技术时,与经济学相比,能源消耗有时是一个更重要的独立问题。在石油进口国如智利,虽然沥青路面的经济性可以被接受,但当地波特兰水泥工业的战略问题和支持可能需要系统概念的应用。即使在能源相对丰富的美国,国际收支平衡也大力表明,有必要研究系统的能源效率及其整体业绩和经济状况[Solminihac 92,Jones 93]。

IAMS 提供了管理道路基础设施的方法,以减少维护问题,减少恢复延误和车道关闭时间。因此,改善基础设施管理可以节省能源。交通基础设施的规划、设计、施工和维护的协调可以减少车辆延误和交通拥堵,并节省数百万加仑的汽油和柴油燃料。

从技术上讲,考虑节能或不考虑节能的 IAMS 之间没有太大区别,区别主要在于系统中使用的变量。一般来说,应该更多地关注与当前和未来的用户成本、燃料消耗等相关的决策变量,以考虑节能。虽然与节能相关的变量可能难以量化,但它们可以间接用于决策,就像其他问题一样,在从规划、设计、施工到维护的所有活动中都可以考虑能源消耗。

关于路面问题,一种节约能源的方法是应关注更好的网络层面的规划设计、材料使用、施工和维护,以长期节约能源。更好的设计延长了路面的使用寿命,减少了路面施工期间的延误,缩短了修复周期并节省了燃料。另一种节约能源的方法是回收现有材料。回收现有材料节省了制造新材料所需的能源。它进一步减少了对能源的消耗和与旧材料处理相关的成本。

由得克萨斯大学 Chen 等人开发的城市道路管理系统(Urban Roadway Management System,URMS)是第一个在中小型城市应用的综合路面管理系统之一[Sohail 95]。它为公共工程部门的管理人员和工程师提供了一个基于计算机的工具,以协助他们的工作,包括规划、设计、施工和维护。对于那些想要评估相关"能源成本"的机构来说,URMS 可以用于减少能源消耗。

在 21 世纪初,强调可持续性与减少能源利用和废气排放的做法,促进了热沥青的发展。与传统热混沥青相比,热沥青可以在较低温度下生产和压实[Hutschenreuther 10]。使用经二氧化钛处理的砖/铺路石(在人行道和停车场)可以吸收空气中的 NO_2(对流层臭氧的前体物)和排放物中的烟雾,在夏季的几个月时间里,在下雨之后,这些吸收物可以被冲入下水道带走[Uddin 10b]。这些新的铺路材料的长期性能尚未得到充分的评估。

4R 实践减少了原材料的加工,有利于环境可持续性和节能。综合加工和水泥制造消耗了大量的能源并产生大量的二氧化碳气体。据估计,水泥熟料生产过程中的二氧化碳排放量是非燃烧相关的二氧化碳排放量的最大来源。2010 年,该排放量占全球二氧化碳总排放量的 4%。

美国已经在建设液化天然气(Liquefied Natural Gas,LNG)货运走廊网络,截至 2012 年,已建设完成了 30 个液化天然气车辆加油站,为由 LNG 供电的 18 轮车提供燃油服务(http://edition.cnn.com/2012/12/07/us/trucking-gas-future,2012 年 12 月 7 日访问)。LNG 加油基础设施需要在整个美国范围内扩大应用规模,利用北美储备丰富的天然气作为燃料,可减少 20% 的二氧化碳排放量。美国的许多地方散布着其他可再生能源(风能和太阳能)。但是,除非这些利用可再生能源的基础设施与国家电力网络联网,否则它们无法有效提高国家的电力能力。显然,这一重要的生命线基础设施需要作出如本书中介绍的 IAMS 实例所示的相关调整和改进。

12.7 本章小结

基础设施管理者在提供最好的基础设施效益和节能减排的社会效益的过程中依旧面对着复杂的议题。如同本章所述的那样，探讨新概念和新材料已被列入议题。尽管没有介绍全面的细节，但还是列出几个例子以供参考。

希望本章给出的例子能促使读者、参与最优化基础设施资源的管理者和运营者，把IAMS作为一种工具协助他们的工作。本书第5部分所介绍的例子也能够在这方面帮助读者。

参 考 文 献

[AASHTO 93] *AASHTO Guide for the Design of Pavement Structures*, American Association of State Highway and Transportation Officials, Washington D. C. ,1993.

[AASHTO 08] "AASHTO Mechanistic Empirical Pavement Design Guide," American Association of State Highways and Transportation Officials, Washington D. C. ,2008.

[ACI 72] "A Design Procedure for Continuously Reinforced Concrete Pavements for Highways," *ACI Journal*, American Concrete Institute, Detroit, Mich. ,1972.

[ACI 84] *Design Handbook: In Accordance with the Strength Design Method of ACI 318-383*, American Concrete Institute, Detroit, Mich. ,1984.

[ACI 92] *Concrete Slabs on Grade: Design, Specifications, Construction, and Problem Solving*, American Concrete Institute, Detroit, Mich. ,1992.

[AI 87] "Thickness Design-Asphalt Pavements for Air Carrier Airports," *Manual Series No. 11*, Asphalt Institute, College Park, Md. ,1987.

[AI 91] "Thickness Design-Asphalt Pavements for Highways and Streets," *Manual Series No. 1*, Asphalt Institute, College Park, Md. ,1991.

[AISC 94] *Load and Resistance Factor Design: Manual of Steel Construction*, American Institute of Steel Construction, Chicago, Ill. ,1994.

[Bradford 93] S. A. Bradford, *Corrosion Control*, Van Nostrand Reinhold, New York,1993.

[Bridge 95] "Keynote," *Bridge Design and Engineering*, Oct. 1995, pp. 19-20.

[Dawson 95] D. K. Dawson, "Cast Polymers Capture Sophisticated Markets," *Composites Technology*, Vol. 1, No. 3, September/October 1995, pp. 17-20.

[Ferguson 88] P. M. Ferguson, J. E. Breen, and J. O. Jirsa, *Reinforced Concrete Fundamentals*, John Wiley and Sons, New York,1988.

[Forbes 12] G. Walther, "Fly The Dreamy Skies: Will Boeing's Long Awaited Dreamliner Change the Game for International Travelers?" *Forbes*, March 12,2012, pp. 104-106.

[Gonzalez 05] H. S. Gonzalez, "Construction and Pollution Prevention Program: Naval Sea Systems Command Head Quarter Relocation Project," ITE Lecture, April 21,2005, *Construction Engineering and Management Lecture Notebook* (Ed. W. Uddin),2009, pp. 177-184 (unpublished).

[Han 95] C. Han and A. M. Johnson, "Waste Products in Highway Constructions," *Proceedings, Sixth International Conference on Low-Volume Roads*, Transportation Research Board, Washington D. C. ,1995.

[HRB 62] "The AASHO Road Test Pavement Studies," *HRB Special Report 61D*, Highway Research Board, National

Academy of Science, Washington D. C. ,1962.

[Hutschenreuther 10] Jürgen Hutschenreuther, "New Pavement Technology Developed by the Use of Warm Asphalt Technologies," Presented at *2010 International Conference on Transport Infrastructure*, Sao Paulo, Brazil, August 4—6,2010.

[Iyer 95] S. L. Iyer, "Design and Construction of FRP Cable Prestressed Navy Pier at Port Hueneme, California (CPAR Program)," *Proceedings, Fiber Reinforced Plastics Workshop*, sponsored by the Federal Highway Administration and TRB Committee A2C07, January 1995.

[Jacobs 94] J. A. Jacobs, and T. F. Kilduff, *Engineering Materials Technology*, Instructor's Manual, 2nd ed. , Prentice-Hall, Englewood Cliffs, N. J. ,1994.

[Jones 93] M. A. Jones, "Cost Differences between Expediting and Standard Urban Freeway Construction," *Master's Thesis*, the University of Texas at Austin, December 1993.

[McCullough 60] B. F. McCullough, and W. B. Ledbetter, "LTS Design of Continuously Reinforced Concrete Pavements," *ASCE Journal Highway Division*, Vol 86. No. HW4, December 1960.

[McCullough 68] B. F. McCullough, and H. J. Treybig, "A State Deflection Study of Continuously Reinforced Concrete Pavement in Texas," *Highway Research Record 239*, Highway Research Board, National Research Council, Washington D. C. ,1968.

[Mittal 12] *Design and Construction of Steel Sheet Piling Structures Course Lecture*, Arcelor Mittal, Skylinesteel, Nucor-Yamato Steel, San Francisco, Ca. , March 2012.

[NCHRP 90] J. A. Epps, *Synthesis of Highway Practice Report 160: Cold Recycled Bituminous Concrete Using Bituminous Material*, National Cooperative Highway Research Program, Transportation Research Board, National Research Council, Washington D. C. ,1990.

[NCHRP 11] National Cooperative Highway Research Program, "Sustainable Pavement Maintenance Practices," *Research Results Digest 365*, Transportation Research Board, Washington D. C. , December 2011.

[NYC 07] New York City (NYC) Mayor's Office, "Inventory of New York City Greenhouse Gas Emissions," New York City Mayor's Office of Long-Term Planning and Sustainability, April 2007. http: // www. nyc. gov/ planyc2030, accessed September 15,2010.

[PCA 84] *Thickness Design for Concrete Highway and Street Pavements*, Portland Cement Association, Skokie, Ill. ,1984.

[Plaxico 95] C. A. Plaxico, R. M. Hackett, and W. Uddin, "A Micromechanical Analysis of the Viscoelastic Response of Resin Matrix Composites," *Proceedings, International Conference on Fibre Reinforced Structural Plastics in Civil Engineering*, Madras, India, December 1995, pp. 99-108.

[Plaxico 96] C. A. Plaxico, W. Uddin, and R. M. Hackett, "A Micromechanical Model for Asphalt Materials," *Proceedings, Fourth Materials Congress, American Society for Civil Engineers*, Washington D. C. , November 1996, Vol. 1, pp. 761-770.

[Saeed 95] A. Saeed, W. R. Hudson, and P. Anaejionu, "Location and Availability of Waste and Recycled Materials in Texas and Evaluation of their Utilization Potential in Roadbase," *Research Report 1348-1*, Center for Transportation Research, the University of Texas at Austin, Austin, Tex. , October 1995.

[Saeed 96] A. Saeed, and W. R. Hudson, "Evaluation and Use of Waste and Reclaimed Materials in Roadbase Construction," *Research Report 1348-2F*, Center for Transportation Research, the University of Texas at Austin, Austin, Tex. , August 1996.

[Seible 95] F. Seible, and D. Innamorato, "Earthquake Retrofit of Bridge Columns with Continuous Carbon Fiber Jackets," *Report No. ACTT-95/08*, Vol. II: *Design Guidelines, Report to Caltrans*, Advanced Composites Technology Transfer Consortium, University of California, San Diego, Calif. , August 1995.

[Sohail 95] F. Sohail, "Implementation of the Urban Roadway Management System," *Master's Thesis*, the University of Texas at Austin, August 1995.

[Solminihac 92] H. de Solminihac, "System Analysis for Expediting Urban Highway Construction," *Ph. D. Thesis*, the University of Texas at Austin, May 1992.

[Sultan 95] M. Sultan, "Caltrans Program for Performance Testing of Fiber Reinforced Plastics for Seismic Retrofit and Rehabilitation of Structures," *Proceedings, Fiber Reinforced Plastics Workshop*, sponsored by Federal Highway Administration and TRB Committee A2C07, January 1995.

[Technology 95] "Naval Test Pier Gets Composite Catwalk," *Composites Technology*, Vol. 1, No. 3, September/October 1995, pp. 5-6.

[TGLO 93] G. Mauro, *Texas Recycles: Marketing Our Neglected Resources*, Texas General Land Office, Austin, Tex. , 1993.

[Uddin 03] W. Uddin, "Viscoelastic Characterization of Polymer-Modified Asphalt Binder for Pavement Applications." *Applied Rheology Journal*, Vol. 13, No. 4, 2003, pp. 191-199.

[Uddin 08] W. Uddin, "Pavement Recycling Practice in the U. S. ," *Recycling Symposium*, 2008 *ICTI, First International Conference on Sustainable Transport Infrastructure*, Beijing, China, April 24—26, 2008.

[Uddin 10a] W. Uddin, "Flooding, Ecological Diversity, and Wildlife Habitat Studies by Geospatial Visualization and Remote Sensing Technologies." *Proceedings, International Conference on "Biodiversity is Our Life"*—Center for Biodiversity and Conservation, Shah Abdul Latif University, Khairpur (Mir's), Sindh, Pakistan, December 29—31, 2010, pp. 239-254.

[Uddin 10b] W. Uddin, "Environmental, Energy, and Sustainability Considerations for Life-Cycle Analysis of Pavement Systems." *Proceedings, International Workshop on Energy and Environment in the Development of Sustainable Asphalt Pavements*, US-China Workshop, Xi'an, China, (sponsored by U. S. NSF and China NSF), June 7—9, 2010.

[USACE 58] "Engineering and Design-Flexible Pavements," *EM-1110-45-302*, Waterways Experimental Station, U. S. Army Corps of Engineers, 1958.

[USACE 61] "Revised Method of Thickness Design of Flexible Highway Pavements at Military Installations," *Technical Report No. 3-582*, Waterways Experimental Station, U. S. Army Corps of Engineers, August 1961.

[Wood 89] L. E. Wood, T. D. White, and T. B. Nelson, "Current Practice of Cold in-Place Recycling of Asphalt Pavements," *National Seminar on Asphalt Pavement Recycling*, Transportation Research Board, National Research Council, Washington D. C. , 1989.

第4部分

经济分析、寿命周期分析及MRR规划

第13章 维护、修复及重建（MRR）政策和备选处理方案

13.1 引言

在第11章中已经述及MRR（维护、修复或翻新及更换或重建）的战略问题。事实上，"战略"指的是一种计划方法，它包括维护、修复、翻新和重建的定义和界限，对这种战略的主要元素的描述，还包括可维护性的概念、设计阶段对未来维护和修复的细致考虑、以可靠度为中心的维护、维护管理系统及正在进行的工作等。

通过比较，"政策"这个词涉及一套为实现机构制定的战略所需要的规则和指南，而战略考虑了完成实际工作的方式。战略还包括如下内容：

- 建立一个维护、修复的模式或整个公共资产管理系统的运行模式。
- 决定这项工作是需要外包，还是由本机构完成。
- 决定或细化相关的政策，例如保护（预防性维护和及时修复）或反应性措施（仅开展矫正性活动或处理临时出现的问题）。
- 确认需考虑的MRR备选处理方案，反过来也要确认那些满足某些假设条件的可行方案。
- 规定评价MRR措施的实施效果的程序。
- 规定MRR数据的采集和报告。
- 明确环境影响和政策的重要性。

13.2 维护管理系统

第1章已经勾画出了基础设施资产管理系统的总体框架（图1.7）。它可以适用于任何一种基础设施资产的管理。特别地，在这个框架内回顾管理系统的运行模式是很有用的。有一种方法，已经用了几十年，就是维护管理系统（见11.7节）。事实上，大多数维护管理系统都是一种生产控制过程，尤其是道路和高速公路等公共资产的维护管理系统。图13.1描述了大部分维护管理系统的基本运行模式或功能范围。

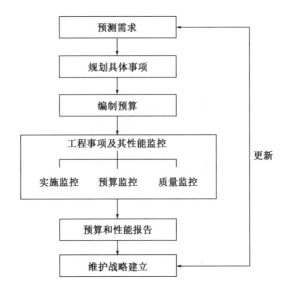

图 13.1　大部分维护管理系统的运行模式或功能范围

在图 13.1 中,维护管理系统的功能范围已经存在了 35 年或更久,几乎没变过。美国国家公路合作研究计划(National Cooperative Highway Research Program,NCHRP)[NCHRP 94]所做的研究表述如下:

> 目前的维护管理系统是适合所处时代的,它帮助维护工作进行计划、预算、监控和评估活动,而且促使形成标准化的方法和生产力指导方针。但是,这套系统最初形成后发生了很多变化,这样的话,目前的系统仍需要作进一步改进。

NCHRP 的研究报告还指出:大多数维护管理系统使用的是一到两年的展望而不是多年规划。它们采用集中式的方法规划、安排进度和实施控制,这些事情对于现场人员而言是沉重的负担,而且不能足够灵活地调整工作计划和安排时间,以应对变化,并且没能将不同的服务水平度量或质量标准整合起来,也没有能力根据目前的外部资源利用程度来调整资源需求。最后,NCHRP 总结说目前的维护管理系统无法及时产生不同管理级别的报告,所有的这些不足都应当在未来的维护管理系统中予以重视,最好作为与 IAMS 同步进行的一部分内容。事实上,NCHRP 的报告还特别建议,下一代维护管理系统的建立应当基于路面管理系统的一些工程、经济及管理原则整合的经验。

与维护管理系统或其他基础设施资产管理系统中可能考虑的运输形式有关的另一些信息资源,可参考美国公共工程协会的著作《公共工程管理实践》(*Public Works Management Practices*)。它也推荐一些关于公共工程管理服务的准则和程序[APWA 91]。

13.3　私人维护合约

将重建和修复工程外包已经在美国、加拿大和其他国家的几乎所有基础设施领域中广泛使用。然而,通过比较发现,道路、供水、排污管道、楼房、公园及公用设施等的日常维护一般还是由内部机构来完成。对这种情况合乎逻辑的解释就是由于历史原因(即事情一直就是那么做的),有一种观念认为固定的队伍更容易响应短期的快速需求。尽管一些人声称这种方式很有成本效益,实际上在大多数情况下,这是一种获取政治职位的便利机制,政治候选人由此可在当地获得选票。

近年来,维护工程的私营化呈上升趋势,特别是在公路行业,并且还涉及基础设施的其他领域,如建筑物维护。澳大利亚提出了一项引人注目并且雄心勃勃的倡议,即其在1995年左右与承包商签订了一份长达十年的全程道路维护合同,涉及悉尼东北地区的2000km长的车道[TEACC 96],包括路面、大约200座桥、600多个交通信号灯、护栏、公路用地、路缘石和排水沟、指示牌和排水系统(即在公路用地范围内的所有设施)。在这种情况下,维护有一个相当广泛的定义,包括了从日常养护、应急性工作(如路面坑洞的修补)到预防性和矫正性工程及重建等工程。这种合同是基于性能的,即必须符合某种确定的长期性能指标及实现资产保值目标。它代表了承包商和道路运输管理局(Road Transport Authority, RTA)之间一种真实的伙伴关系。这份合同涉及的工程价款达1.7亿澳元,采用的是定期总包付款方式。

13.4 确定 MRR 替代处理策略

接着第11章的讨论,MRR政策有三个要素:①MRR干预等级标准;②有单价和生产数据的MRR备选策略方案;③每种策略的寿命预估或者一个合适的性能模型。选择一个合适的政策主要取决于大量的技术、经济因素。广义地讲,MRR政策应该包括下面一些类别。

13.4.1 维持原状政策

维持原状政策是指对设施不采取任何明显的维护措施,直至设施状况恶化到完全废弃、需要重建或更换时为止。如果计划用一个新设施置换旧设施(满足不断变化的要求和需求),或者将要实施的修复或复原无法延长设施期望的寿命年数,这种政策可能是一个可行的策略。维持原状政策可以作为一个计算其他备选方案的基值,如果是三年内投资的更新工程,这种政策会比较有效。

13.4.2 日常维护政策

日常维护政策一般是指采取定期的维护措施来保持设施状况和服务水平,有时也称其为预防性维护。一般按年度总包干的形式开支。这种政策适用于典型的常规工作,如定期割草,公共区域、公园和道路的一般性清扫;电气设备(诸如电梯、水泵和空调单元)的常规维护及清洁。

13.4.3 应急性维护政策

应急性维护涉及一套紧急行动政策,以避免由于事故和自然灾害引起的危害性故障和突发事件,还包括为应对使用者和公众抱怨而采取的措施。紧急维修是针对事故(例如火车出轨、危险物质泄漏、输气管爆裂及地下水管损坏)和自然灾害(例如地震中桥梁和房屋的倒塌、滑坡、洪灾、龙卷风及飓风)导致的结构性损坏和失效而进行的维修。

13.4.4 计划性 MRR 政策

计划性 MRR 政策包括定期维护、更换和重建。这种类型的政策特别适用于基于既往经验的情况(例如钢桥的油漆、路面标志线、建筑物外部涂层、住宅建筑排水沟的更换及对供水系统的水泵和辅助设备进行定期维护),也适用于:①定期更换(例如住宅建筑的木瓦屋顶,由于已知这种屋顶材料的平均寿命,一般在 20 年左右都是要更换的);②有成本效益的设备更换、重建策略(例如每隔 15 年对桥面重新铺装沥青)。计划性 MRR 政策不同于预防性养护,因为它是更长期的,通常为五年或更长时间。

13.4.5 响应状况的 MRR 政策

响应状况的 MRR 政策是基于预先选择的、合适的性能指标临界值,根据这个指标临界值来确定主要的修复、更新和置换、重建工作。认真确认这些性能指标的临界值很重要。典型的例子有供水管的破裂频度、渗漏量,或者桥墩附近的冲刷等级。良好的性能预测模型对适时安排预算是很有帮助的。

13.4.6 MRR 措施数据库

在前述政策或某种原因下采取的所有 MRR 措施的数据库对更新维护计划并评估其效果是非常有用的。至少,这个数据库应该包括 MRR 工作规范、工程的时间安排、度量单位、单价、期望寿命、生产率及实施措施后的状况改善程度等。另外,记录每一种措施实施前后的状况评估情况是很有必要的,以历史记录模式建立的数据库对性能建模非常有价值。

13.4.7 MRR 政策的经济分析

关于竞争性 MRR 政策在寿命周期的基础上的经济分析将在第 14 章详细讨论。在这点上,应特别注意对前述政策的总体经济性进行比较。这种比较基于对竞争性战略的详尽分析,并且可能揭示一些诸如在一定条件下,计划性 MRR 政策或响应状况的 MRR 政策是否更具有成本效益的情况。

13.5 MRR 备选处理方案在道路方面的应用实例

Haas,Hudson 和 Zaniewski [Haas 94]提到关于路面的 MRR 战略及分析方法的详尽实例。维护处理取决于路面的表面类型及用途、典型病害、衰减规律[Haas 94,Roberts 91]。战略公路研究计划对各种维护战略的长期性能进行了评估,并定期发表文献报告。对于柔性路面,表面处理、加铺沥青薄层及灌缝通常为全局性的预防性养护处理方式,而表面修补则是局部的矫正性养护处理方式,主要的修复预选方案包括热拌沥青加铺层、水泥混凝土加铺层、表面再生及重建。对于刚性路面,接缝的清理和修复,路面板的更换、修补及加铺沥青薄层一般作为预防性养护处理方式,修复备选方案包括热拌沥青加铺层、水泥混凝土加铺层及重建。

重交通道路产生的噪声迫使人们采用一些特殊的处理方法,例如在公路用地两边建隔音墙。不断创新的用热塑性塑料制成的新型材料被证明是免维护的,并且表现出了相当强的吸声性能(与常规的混凝土材料相比),而且可以降低隔音墙的高度。一个典型实例就是在洛杉矶Ⅰ-5高速公路上采用聚碳酸酯材料使隔音墙的高度降低。

2011年的维护实践研究[NCHRP 11]显示4R干预措施在维护中很常见,如废旧轮胎橡胶的回收利用。但是,该研究显示,49家美国和加拿大公路机构调查的受访者中,只有21%认为噪声污染是他们维护方案要解决的一个重要问题。同样,调查对象也不关心水质问题或环境可持续性问题。这些研究结果表明,至少在被调查机构中,噪声和水质问题不在其维修工作计划中。该机构的观点与公众的可持续发展观点不同。公众作为交通基础设施资产的主要利益相关者,主要受到额外噪声和水质差的影响。

13.6 供水主管道的MRR备选方案实例

通过对老化的供水系统管理的破损和维护问题进行分析,可以确认有3个MRR规划的关键环节[O'Day 84]:①渗漏;②主管道的破裂;③风险分析。必须意识到公用设施的主要故障风险、损坏风险和由于失效带来的损失。这种损坏可能导致洪灾、交通中断、火灾以及给受其影响的商业活动造成物质损失。一般情况下,一条直径为122cm(48in)的主管道一处破裂要比直径为15cm(6in)管道的破裂所引起的损失大得多。这里有3种通用的MRR备选的基本方案或措施:一般维护(主管道的清理、设备的检修、阀门的保养、处理设施的清洁)、检修(主管道的衬套、修理)以及替换(主管道的转接)。表13.1列出了供水系统的主要问题和采取的维护措施。

供水系统的主要问题和采取的维护措施[O'Day 84]　　　表13.1

问 题	MRR 措 施
主管道积垢和内部腐蚀导致的水质问题	主管道清洁、负极保护、设备维修(预防性维护和矫正性维护)
主管道积垢导致的低压和高水头	主管道清洁(矫正性维护)
阀门和水龙头状况不佳,或由于更换不及时或无替换件导致无法正常使用	设备维护(日常维护和计划性维护)
由于接头漏水、主管破裂、检修漏洞导致的供水系统漏水	漏水调查和修复、检修漏洞的检查和取消不必要的检修(条件响应型/预防性维护)
主管道内部或外部劣化导致的主管道破裂	主管道破裂修复

在主管道发生结构性恶化而经常破裂时,其维修或更换决定变得至关重要。水管的服务期评估在第7章中已讨论。可以使用以下评估标准做出更换决定[Stacha 68]:

◆ 预计未来的维修费用。
◆ 主要部件更换的初始成本。
◆ 未来破裂的公共风险。
◆ 未来破裂给公众造成不便的频率和严重程度。

- 主管道是否有充足的液压。
- 未来的可能会影响破坏模式的街道和/或公用设施建设计划,并通过联合建设改变成本。
- 主要的重建建筑活动造成破坏的严重程度。

创新的预防性维护是指在原位衬里改进泄漏控制和修复现有的主管道,如 Insituform 过程[News 94]。这种衬里采用热塑性技术重建劣化的压力管道,而不依赖于管道的结构特性。第 14 章对泄漏控制和修复以及破裂主管道更换的经济分析进行了讨论。

13.7 下水主管道的 MRR 备选方案实例

美国的城市供水和污水处理系统由净水部门监管。下水道收集社区和商家产生的废水,通过适当处理废水来实现污染控制。必须定期维护排水池、沟槽和井中的过滤系统。大面积暴风雨后,应检查和清理积水洼地。下水道和涵洞的波纹钢管已使用了多年[AISI 90],采用外部沥青涂层,这些管道的寿命可以延长 25%;在管道周长底部 25% 处采用仰浇沥青或混凝土铺装的方式,可延长其 15~35 年的使用寿命。最常用的渗透维护方式包括用真空泵清洗水池和管道、用压缩空气喷嘴清理和冲洗井。修复劣化钢管的方法包括对大直径管道安设混凝土底拱,对小直径管道换新衬里,使用喷射混凝土衬里和水泥浆替换旧衬里[AISI 90]。

供水主管、下水道主管也可以采用新型热塑性材料加衬里,以提供一种耐酸碱的而且结构牢固的修复、检修备选方案[News 94]。华盛顿郊区卫生委员会(Washington Suburban Sanitary Commission,WSSC)是专门为马里兰州蒙哥马利县和乔治王子县提供水和下水道服务的,它对大量项目中的直径为 15cm(6in)和 25.4cm(10in)下水道管的更换、安设内衬里及使用现场成型方法的费用进行了对比,比较结果如表 13.2 所示。从结果发现,使用新型的无开槽现场成型技术会明显节省费用,且这种方法不用开挖[Thomasson 82,Urban 84]。

下水道重建技术的 WSSC 费用比较[Urban 84] 表 13.2

工程类型	每英寸的开挖或更换成本(美元)	每英寸滑模加衬里的预估费用(美元)	每英寸使用现场成型法的实际费用(美元)
污水管线,直径 25.4cm(10in)和长 88.5m(295ft),全部工作涉及铺面的替换及 5 个检修层的重新连接	222	150	52
污水管线,直径 15cm(6in)和长 96m(320ft)长,全部工作涉及铺面的替换及 9 个检修层的重新连接	80	150	50
污水管线,直径 25.4cm(10in)和长 684m(2280ft),该工程的 27% 涉及铺面的替换,不包括检修层	69	60	52
污水管线,直径 25.4cm(10in)和长 428m(1425ft),该工程的 80% 涉及铺面的替换及 6 个检修层的重新连接	84	80	52

13.8 建筑物的 MRR 备选方案实例

建筑物一般比其他类型的基础设施有更多的组成部分。它的有效寿命可能会因为这些组成部分中的一个或多个部分(结构、基础、机械、屋顶)失效而缩短。鉴于视觉、装修外观的原因,装修、设备和家具对房屋业主和使用者来说可能是重要的。但是,建筑学和工程方面的状况评估主要集中于其功能和结构的完整性。Harris 定义了建筑物的 6 个功能子系统来说明其所提供的服务,任何一个功能失效都会导致总体功能失效[Harris 96],这 6 个功能子系统如下所列:

(1)结构——使变形降到最小和防止裂缝发生。包括基础、压实地基、挡土结构、承重墙、柱、梁、大梁、桁架和撑杆等。

(2)竖直截流端——提供挡雨设备。包括外墙的非结构部分、折叠板、窗户、门和窗台。

(3)水平截流端——收集和运送沉淀物。包括屋顶材料、檐沟、水落管、排水口、储水池、集水坑、泵和下水道。

(4)气温恒定——保持适当的温度、湿度和氧气水平。包括加热设备、通风设备、空调、风道、控制器、壁炉、隔热体、风扇、泵、马达及其他必要设备。

(5)水力设施——供水与污水收集和排放。包括供水主管线、配给系统、管道设备、油脂收集器、热水器、井、泵、储槽、排水管、阀门、通风孔、生活污水管、化粪池、消防栓和消防设备。

(6)能源配给——动力配给及附加产品的收集。包括燃料和各种类型的能源及废料回收设备、电力设备、配线、计量设备、煤气管线、油箱、泵及压力调节器和控制器。

很明显,有许多潜在的 MRR 备选方案已经关注上述 6 个功能子系统的失效和退化问题,读者可以查阅不同行业和公共机构的详细资料,尤其是国家科学院建筑研究局(Building Research Board, National Academy of Science, Washington D. C.)的出版物。

13.9 MRR 备选方案效果的评估

MRR 备选方案的可行性评估一般要考虑以下指标:
- 经济效益。
- 技术效果。
- 视觉或审美效果。
- 公众或业主的满意度或接受度。
- 环境影响。

经济效益一般根据等额年金法,在寿命周期的基础上进行评估,如第 14 章所述。技术效果一般是根据方案提供给用户的性能和服务情况来评估的(见第 8 章的性能模型),因此它也是任何基于寿命周期的经济效益评价的一个不可或缺的组成部分。

有时评价道路、桥梁、挡土墙、公园、建筑及其他各种类型基础设施的视觉或美学效果也是很重要的,业主和用户比较看重这些内容。最简单的评价方法应该由一个质量和外观等级构成,例如:①优秀;②良好;③一般;④差;⑤不合格。也可以采用更复杂的评价方法,这取决于视觉或美学效果在整个效果评价中所处位置的重要程度。显然,这方面对公园和公共服务设施而言是重要的,如博物馆、学校。

类似地,也存在公众或业主的满意度问题。这是一个相当普遍的问题,根据业主的要求,可能包括经济、技术和视觉效果。目前很少用 IAMS 系统评估对这些要求的综合满意度。

通常根据相应的联邦、州和地方法规制定的环境影响评定条款来评估环境影响的效果。如果满足法规中规定的标准,则这种公共设施一般是符合环境要求的。换句话说,就是其被判定为合格。当然,如果合格,就会有一个在所考虑范畴内的效果范围。

13.10　MRR 数据的采集和报告

13.1 节提到,一个全面的政策内容不仅包括 MRR 数据采集和报告,还包括采集和报告的方法。第 4、5、6 章详细讲述了数据需求、数据分析、数据库管理以及采集数据和处理数据的程序等方面的内容,在此不再赘述。但有必要强调,必须确保机构的政策具有决定以下基本信息的能力(见 13.4 节):

◆ MRR 活动和处理政策的实施是在何地、何时,以及达到何种程度、质量、范围。
◆ 基础设施的造价、所遇到的问题和期望寿命。

除了以上内容,正如第 4、5、6、8 章所讨论的那样,还需要各种各样的数据来评估 MRR 活动和处理政策的实施效果和建立性能模型。

13.11　对环境影响的意识和政策

大多数 MRR 活动都要求符合环境法规或政策,即要求考虑每一项 MRR 活动的影响,但小型检修或更新除外。

通常,环境影响评估包括对自然环境的扰乱、产生有害的副产品和排放物、对人造设施的干扰、产生的噪声及对公众健康的影响。如前所述,有必要与联邦、州和地方的相关环境部门协商来决定涉及哪些环境要求。

传统上,详细的环境影响评估是耗时的,涉及手工检查、与多个机构签订许可协议,以及整个人工工作流程。然而,在 2000—2005 年,由美国 DOT 与国家航空航天局联合赞助的全面五年研究,着力实施机载和空载遥感与空间技术,以加速推进基于 1969 年《国家环境保护法》指导方针[DOT 02,Uddin 04,Xiong 04]的环境影响评价进程。读者可以在这些参考文献中查阅关于这些技术和案例研究的细节。

13.12 本章小结

本章不可能囊括各种类型基础设施的所有可能的 MRR 政策,而只是描述考虑一系列可能性范围的必要性,包括新技术。一个人不能总是迷恋于那些过去的方法,应该按照新方式,建立一个更为全面、有效的 IAMS 系统,以有限资金获取更大的效益。

参 考 文 献

[AISI 90] *Modern Sewer Design*, American Iron and Steel Institute (AISI), Washington D. C., 1990.

[APWA 91] *Public Works Management Practices*, American Public Works Association (APWA), Chicago, Ill., 1991.

[DOT 02] Department of Transportation, "Achievements of the DOT-NASA Joint Program on Remote Sensing and Spatial Information Technologies: Application to Multimodal Transportation, 2000-2002," U. S. DOT Research and Special Program Administration, Washington D. C., April 2002.

[Haas 94] R. Haas, W. R. Hudson, and J. P. Zaniewski, *Modern Pavement Management*, Krieger Publishing Company, Malabar, Fla., 1994.

[Harris 96] S. Y. Harris, "A Systems Approach to Building Assessment," *Standards for Preservation and Rehabilitation*, *ASTM STP 1258*, American Society for Testing and Materials, Philadelphia, Pa., 1996, pp. 137-148.

[NCHRP 94] National Cooperative Highway Research Program, "Role of Highway Maintenance in Integrated Management Systems," *NCHRP Report 363*, Transportation Research Board, National Research Council, Washington D. C., 1994.

[NCHRP 11] National Cooperative Highway Research Program, "Sustainable Pavement Maintenance Practices," *Research Results Digest 365*, Transportation Research Board, Washington D. C., December 2011.

[News 94] "Buyer's Guide," *Civil Engineering News*, Vol. 6, No. 2, March 1994, p. 43.

[O'Day 84] D. K. O'Day, "Aging Water Supply Systems: Repair or Replace," *Infrastructure—Maintenance and Repair of Public Works*, Annual of the New York Academy of Science, Vol. 431, December 1984, pp. 241-258.

[Roberts 91] F. L. Roberts, P. S. Kandhal, E. R. Brown, D. -Y. Lee, and T. W. Kennedy, *Hot Mix Asphalt Materials*, *Mixture Design, and Construction*, NAPA Education Foundation, Lanham, Md., 1991.

[Stacha 68] J. H. Stacha, "Criteria for Pipeline Replacement," *Journal of American Water Works Association*, May 1968.

[TEACC 96] "The New Force in Road Maintenance," *The Earth Mover and Civil Contractor*, August 1996, pp. 31-37.

[Thomasson 82] R. O. Thomasson, "In-Place Sewer Reconstruction Proves Cost-Effective," *American City and County*, February 1982.

[Uddin 04] W. Uddin, "Air QualityProject—Remote Sensing Tunable Laser Measurements of Air Pollution," *Technology Guide NCRSTE_TG004*, Center for Advanced Infrastructure Technology, The University of Mississippi, The National Consortium on Remote Sensing in Transportation—Environmental Assessments (NCRST-E), U. S. DOT Research and Special Program Administration, Washington D. C., June 2004.

[Urban 84] H. P. Hatry, and B. G. Steinthal, *Guides to Managing Urban Capital Series*, Vol. 4: *Guide to Selecting Maintenance Strategies for Capital Facilities*, The Urban Institute, Washington D. C., 1984.

[Xiong 04] D. Xiong, R. Lee, J. B. Saulsbury, E. L. Lanzer, and A. Perez, "Guidance on Using Remote Sensing Applications for Environmental Analysis in Transportation Planning," *Report WA-RD 593-2*, Oak Ridge National Laboratory/Washington State Department of Transportation Environmental Office, Olympia, Washington, August 30, 2004.

第14章 寿命周期成本和效益分析

14.1 引言

将经济学分析的原理运用到基础设施项目中,表现为两个基本层次:第一,确定一个项目的总体经济可行性和时间安排,这在与其他项目相比较或竞争时是经常要做的;第二,一旦选定某个项目并进行计划和预算编制时,就要求获取最大的经济效益。这种项目内的经济分析都是通过计算满足项目总体要求的各种备选方案的费用和效益来实现的。从经济分析的角度来看,基础设施资产管理两个层次间的主要区别就是所需信息和详细资料的数量不同,而基本原理则是相同的。

本章内容既有经济原理介绍,又有将其应用到经济分析中的一些方法,这种分析是任何基础设施资产管理系统中都至关重要的组成部分[Army 86,DOI 83,TRB 85,Hudson 97]。本章提供一个包括寿命周期效益分析和成本分析的实例,用来说明一些基本原理和方法。更详尽的分析可以查阅相关工程经济教材。

14.2 基本原理

在工程经济原理和经济分析方法方面有相当多的资料,其中适用于基础设施资产管理的主要包括以下内容:

- ◆ 必须明确所分析的层次。例如,是一系列项目级的或网络级的支出计划,还是项目内的优化问题。
- ◆ 经济分析只为某个管理决策提供支持,并不能独立地代表一个决策。
- ◆ 这些决策的标准、规则或指南必须在经济分析之前就能被独立地建立起来,尽管这种标准可能是简明的,例如寿命周期成本的最小化。
- ◆ 经济分析本身与一个项目的融资是没有关系的。这种融资考虑可能会限制可行项目的数量(在网络级上),还可能限制某个特定项目的可用资金数量,但是它们并不能影响经济分析本身的方法和原理。

- 在时间和其他资源的约束下,经济分析应该尽可能多地考虑可行的比选方案。
- 所有的比选方案应该被放在相同的生命周期或时间周期内进行对比,生命周期的选择,应该能在某个合理的可靠度下预测分析中涉及的因素。在做选择最佳方案的决定时,应该考虑不确定性。
- 如果可能的话,基础设施项目的经济分析应该包括业主成本、用户成本和收益评估,以及社会成本和收益的全寿命周期评估(Life Cycle Assessment,LCA)。
- 对成本和收益的全寿命周期评估可以帮助证明创新、长效的替代方案,这可能不是基于初始成本单独选择的。
- 设计和施工项目的价值工程应用已在9.5节中讨论,同时还要求对分析期间的成本和收益进行生命周期评价。

14.3 成本与效益因子

14.3.1 业主成本

业主成本是指那些由业主支付的预算内和预算外成本。外部或外生成本,如因基础设施施工导致的用户使用延误、空气污染造成的公共卫生费用(一般称为"用户费用")以及环境对生物多样性和生态系统的破坏(一般称为"社会成本"),可能会在整个经济分析中与业主成本混在一起,从而影响机构的决策,但是它们并不被包含在机构的预算中。

一个公共机构在进行基础设施项目比选方案的经济分析时所考虑的主要初始成本和经常性费用如下:

- 初始基本建设成本。
- 养护及保护交通的费用。
- 未来预期的MRR费用。
- 项目期末回收值或残值(也可以称为"负成本")。
- 工程和管理费用。
- 借款费用(如果项目不是从当期收入中筹资)。

14.3.2 非业主费用

非业主费用可能涉及基础设施和设备的用户费用,也可能是由非用户引起的费用,而且包含社会成本。三类非业主费用如下:

- 用户费用

①在设施上占用的时间及时间延误;
②服务中断引起的费用;
③运营费用(车辆、轮胎等);
④事故/碰撞及财产损失;
⑤由于进行MRR活动所延误的时间。

- 非用户费用

①建设活动造成的邻近设施服务中断或事故；
②资产估值降低所引起的社会成本；
③噪声污染、排放产生的公共卫生成本和其他影响(视觉、美学等)。

- 社会成本

①与水污染、土壤污染和空气污染相关的成本；
②与环境对生物多样性和生态系统的破坏有关的成本；
③与能源、运输、森林砍伐相关的二氧化碳收集和封存成本。

以上有些费用是难以量化的。但在交通运输领域，量化用户时间占用成本、时间延误费用及碰撞相关费用和运营费用已经取得了显著进展[TRB 85,Uddin 93]。对于非用户费用，交通运输领域的大部分工作都集中在排放物、噪声等问题上。

近年来，为公众卫生费用与空气污染和烟雾造成的生产力损失量化开发了合理的社会成本模式。车辆排放物的治理费用和其他有关社会费用的货币价值已被确定，并发现空气污染的可衡量费用很高，足以证明需要大量开支来降低车辆排放率[Small 95]。根据 Murphy 和 Delucchi[Murphy 98]所述，总社会成本约占运输成本的33%，同时，总社会成本的约1/3是空气污染成本。未考虑的其他社会成本包括湿地和农田损失、财产价值变动、历史财产损失、股东权益和城市扩张。如果由美国环保局监督的美国任何城市(地区)的空气污染程度超过所建立的空气污染阈值，该城市(地区)就会被宣布为"不达标区域"，并可能失去用于建设交通项目的联邦资金。因此，社会公共卫生费用可以成为总生命周期成本的重要组成部分。

社会公共卫生费用为车辆行驶里程、平均速度、交通量、点排放源(行业、机场、发电厂等)和气候数据[Uddin 05,06]的函数。例如，针对美国密西西比州牛津市一个农村的一项研究显示了以下生命周期的用户成本和社会成本[Uddin 06,11]：

(1)状况良好至状况不良的道路的车辆运营成本是每年每英里18~29美分。
(2)与撞车事故和与安全相关的成本为每年每英里55美分。
(3)与车辆排放和空气污染有关的公共卫生费用为每年每辆车每英里13美分(14.12节提供了此成本计算的更多说明)。
(4)社会总费用是撞车事故成本和公共卫生费用的总和，即每年每辆车每英里68美分。

14.3.3 效益

一项基础设施项目随着直接成本或间接成本减少，在经营、土地使用及总体价值、美学、社区活动方面的收益会增长。但是该效益也随着14.3.2节所列用户费用的直接减少而增加。效益包括：

- 项目产生的额外税收或总收入。
- 用户由于运营成本(车辆、轮胎等)降低而节省的费用。
- 降低服务中断成本和减少时间延误。
- 因交通堵塞缓解造成的燃油费用的减少。
- 排放量、与空气污染相关的治理费用以及生产力损失的减少。
- 二氧化碳和其他温室气体的排放减少。

估量或计算效益时,有必要定义设备或基础设施的特征,因为这会影响前面提到的用户时间成本、事故费用、运营费用等,还可能影响服务水平、外观或美学等级。但是,首要因素是服务水平,它可以按照一系列不同的方式来估量,这取决于所包含的基础设施组成,而且服务水平会对效益产生主要的影响。

为项目评估分配效益时,必须考虑是否应包括基础设施自身产生的或转化产生的用途,通常这个问题在涉及整个项目时才被提出来。

这个问题会涉及所采用的公共政策观点[Winfrey 69]:一种观点是"销售观念",认为用途和资源无关;另一种观点是纯粹节省的观念,认为在整个分析期内只考虑现有的加上正常的用途增长。在交通项目中通常使用第一种观念。这样,在计算公共设施改善项目的费用和效益时包括全部预期用途,就并非不合理了。

14.4 分析期或寿命周期

确定分析期长度的原则是不要超过可靠预测期。对于短期或不确定性高的项目,10年可能就是其上限。对于其他长期项目,如桥梁或建筑结构,50年或更长期限都可能是合理的。但是,超过50年期限的费用现值或未来效益可能并不显著,这主要取决于所用的折现率。大多数交通项目的研究采用20~30年的时间范围。50年的分析期可用于水管材料。分析期也可以根据预估使用寿命来确定。第3章(表3.1和表3.2)和第8章(表8.1)列举了使用寿命的例子。选取一个特殊期限是机构要考虑的基本决策方针,而且这个期限还会变化。

14.5 折现率、利率和通货膨胀率

用折现率或资金时间价值将预估的未来费用或效益与现值参数联系起来,为资金使用备选方案的比较提供了一种方便且容易理解的方法。但是,折现率不可能与利率完全相同,因为利率是与实际的借款或投资货币(职能成本)相关联的。

通货膨胀率与每个人都息息相关。但是,在经济分析中是否或怎么样考虑它却是一个很复杂的问题。一般来讲,利率与通货膨胀率之间的差值代表一项投资的真实回报率,所以,使用这个差值作为折现率是比较合理的,有很多机构就是采用这一差值。例如,在1996年,美国和加拿大的利率是5.5%~6%,通货膨胀率为1.5%~2%,其差值或平均折现率大约为4%。这个比率也是长期以来北美经济的近似增长率。当然,一个机构会根据政策来确定是用一个较高的折现率还是较低的折现率。还有,如果折现率对投资比选方案的比较级别有影响,一些机构会寻求一个折现率的范围。

对于标准的IAMS的经济分析来说,通货膨胀率仅仅在选取一个实际折现率时才用到,它并没有直接作为经济分析的独立因子,这主要由于:

- ◆ 通货膨胀率是很难预测的,而且它仅仅是把另一个不确定因素引入评估中。如果考虑它,效益和费用都会因为通货膨胀率而增加,所以它们的相对值仍然是相同的。
- ◆ 经济分析的目的是为决策提供依据。引入通货膨胀的因子并不能保证结果会更可靠,

或者说选到一个更好的备选方案。
- 以实际不变美元值计算的各比选方案的通货紧缩率在经济分析中是比通货膨胀率更好的一种工具。对目前的决策者来说,它还有更多内在的含义。

某些工程师坚持认为,有必要将通货膨胀率引入经济分析中,如果忽视它就会导致成本被低估,而且提交的预算也可能不正确。其实,这一争议误解了经济分析的目的。一旦选定方案,就要做一份专门的预算和融资分析来确定对现金流的需求。预算分析通常包括通货膨胀率以及实际的资金来源,如税收、联邦拨款、债券、融资等。

14.6 残值

一些机构在做经济分析时经常用到残值或回收值。残值对建筑物、道路和路面结构更为重要,因为它涉及可重复使用材料的实际价值或寿命周期末的额外残余使用寿命。对于那些正在枯竭的资源,材料的价值在未来会显得越发重要,尤其是通过再生或再加工方式实现新的应用时。

某种材料或结构单元的残值取决于若干种因素,诸如数量、所处位置、寿命周期末时的损害程度、龄期、耐久性、预期使用率等,它可以表示为某种新材料或结构单元本身原始成本的百分比,但不包括安装和加工的增值费用。

14.7 经济分析方法

大量的经济分析方法都适用于基础设施投资备选方案的评估,可以分为以下几类:
- 年度等值成本法,或简单地称作"费用年值法"。
- 现值法,包括:
①费用现值法;
②效益现值法;
③收益减去成本,通常称作"净现值法"。
- 回报率法。
- 效益成本比法。
- 成本-效益法。

除上述方法外或作为上述方法的一部分,需要在权衡或交叉优化的情况下考虑多因素成本和收益。例如,比较桥梁和路面的投资,这可以通过多种方法来进行,方法包括从基于上述任何方法所获得的结果的简单排序到使用多属性效用理论(将在第15章进一步讨论)。

14.7.1 年度等值成本法

这种方法将分析期内所有的初始建设成本和所有的未来连续性支出都换算成等额年度支付形式,用公式表示如下:

$$AC_{x_1,n} = crf_{i,n}(ICC)_{x_1} + (AAMO)_{x_1} + (AAUC)_{x_1} - sff_{i,n}(SV)_{x_1,n} \tag{14.1}$$

式中:$AC_{x_1,n}$——对于比选方案 x_1,n 年使用寿命或分析期内的年度等值成本;

$crf_{i,n}$——利率为 i 和时间为 n 年的等额年度支付资本回收系数,$crf_{i,n} = i(1+i)^n / [(1+i)^n - 1]$;

$(ICC)_{x_1}$——比选方案 x_1 的初始建设投资成本;

$(AAMO)_{x_1}$——比选方案 x_1 的年度平均维护费用和运营费用;

$sff_{i,n}$——利率为 i 和时间为 n 年的等额年度支付偿债基金系数,$sff_{i,n} = i/[(1+i)^n - 1]$;

$(SV)_{x_1,n}$——残值,如果有的话,为比选方案 x_1 在 n 年末的残值;

$(AAUC)_{x_1}$——如果有的话,则为比选方案 x_1 的平均年用户成本。

对政府官员来说,年度等值成本法的主要优点就是简单且容易理解,它也允许对预估寿命不相同的预选方案进行比较。除非凭直觉,否则它不能被用来确定这个项目在经济上是否合理,因为在评估中并不包括效益。因此,对各比选方案进行比较必须以单独的成本为基础,而且假设有相同的效益。服务于公众的桥梁就适用于年度等值成本法。

费用年值法是直接比较年度等值成本的方法。

14.7.2 现值法

现值法或者只考虑费用,或者只考虑效益,或者两种一起考虑,包括使用一个合适的折现率将未来的费用、效益的总和折算成现值,折算费用或效益的系数的计算公式如下:

$$pwf_{i,n} = 1/(1+i)^n \tag{14.2}$$

式中:$pwf_{i,n}$——某个特定 i 和 n 的现值系数;

i——折现率;

n——款项开销或储蓄的年数。

现值法可用以下公式表示:

$$TPWC_{x_1,n} = (ICC)_{x_1} + \sum_{t=0}^{n} \{pwf_{i,t}[(CC)_{x_1,t} + (MO)_{x_1,t} + (UC)_{x_1,t}]\} - pwf_{i,n}(SV)_{x_1,n} \tag{14.3}$$

式中:$TPWC_{x_1,n}$——比选方案 x_1 在分析期 n 年内的费用价值总和;

$(ICC)_{x_1}$——比选方案 x_1 的初始建设投资费用等;

$(CC)_{x_1,t}$——比选方案 x_1 在第 t 年的建设投资费用等,其中 $t < n$;

$pwf_{i,t}$——折现率,第 t 年的现值系数为 $1/(1+i)^t$;

$(MO)_{x_1,t}$——比选方案 x_1 在 t 年内的维护费用和运营费用;

$(UC)_{x_1,t}$——比选方案 x_1 在 t 年内的用户费用;

$(SV)_{x_1,n}$——残值,若有的话,则为比选方案 x_1 在分析期 n 年末的残值。

当分析期末发生额外资金支出时,可将费用现值用在年度等值成本法中,也就是说,此时初始使用寿命短于分析期,并且还需要考虑未来维护、更新、重建或修复的费用。在这种情况下,年度等值成本公式中应包括用户费用:

$$AC_{x_1,n} = (Eq. 14.1) + R_1 pwf_{i,a_1} + R_2 pwf_{i,a_2} + \cdots + R_j pwf_{i,a_j} - (1 - y/L)(R_1, R_2, \cdots, R_j) pwf_{i,a_1,a_2,\cdots,a_j} \tag{14.4}$$

式中:$AC_{x_1,n}$——对于比选方案 x_1,分析周期为 n 年内的年度等值成本;

$R_1, R_2, \cdots, R_j$——第 1,2,$\cdots$,j 次 MRR 处理的费用;

$a_1, a_2, \cdots, a_j$——第 1,2,$\cdots$,j 次 MRR 处理的时间到分析期末的年数;

y——最后一次进行 MRR 处理的时间到分析期末的年数;

L——最后一次 MRR 处理后的预估寿命,以年计。

效益现值可以采用与费用现值一样的方法来计算,计算公式如下:

$$\text{TPWB}_{x_1,n} = \sum_{t=0}^{n} \text{pwf}_{i,t} \left[(\text{DUB})_{x_1,t} + (\text{IUB})_{x_1,t} + (\text{NUB})_{x_1,t} \right] \tag{14.5}$$

式中:$\text{TPWB}_{x_1,n}$——比选方案 x_1 在 n 年分析期内的效益现值总和;

$(\text{DUB})_{x_1,t}$——比选方案 x_1 在 t 年内发生的直接用户效益,等于比选方案 x_1 在 t 年内发生的间接用户效益(如果有的话);

$(\text{IUB})_{x_1,t}$——如果有的话,则为比选方案 x_1 在 t 年内发生的间接用户效益;

$(\text{NUB})_{x_1,t}$——如果有的话,则为比选方案 x_1 在 t 年内发生的非用户效益。

净现值法遵循前面的方法,简单地讲,净现值就是效益现值与费用现值的差值。显然,如果一个项目从经济角度论证,效益必须大于成本才能产生收益,即净现值为正。净现值法的计算公式如下:

$$\text{NPV}_{x_1} = \text{TPWB}_{x_1,n} - \text{TPWC}_{x_1,n} \tag{14.6}$$

式中:NPV_{x_1}——比选方案 x_1 的净现值;

其余物理量含义同前。

然而,对于大多数基础设施项目比选方案,式(14.6)中的 x_1 并不是直接适用于 x_1 本身,而是适用于它与其他一些适宜的比选方案(如 x_0)之间的差异。仅考虑直接用户效益 $(\text{DUB})_{x_1,t}$,这些都将被视为用户节约(由运营成本、时间占用成本、事故成本降低引起的)并通过 $x_1 - x_0$ 实现。

对某些基础设施,比选方案 x_0 可能是没有任何资金支出的基本方案(当要求不断增加维护和运营费用来维持设施的运行时)。此时净现值法可以表示为:

$$\text{NPV}_{x_1} = \text{TPWC}_{x_0,n} - \text{TPWC}_{x_1,n} \tag{14.7}$$

式中:NPV_{x_1}——比选方案的净现值;

$\text{TPWC}_{x_0,n}$——比选方案在一个分析期内的费用现值总和,其中 x_0 可能是标准的或基本的方案(或其他可行的互斥预选方案 $x_1, x_2, \cdots, x_n$);

$\text{TPWC}_{x_1,n}$ 同式(14.3)中的含义。

现值法有很多固有的优势,使其相较于传统的年度等值成本法和成本-效益法特别适用于基础设施领域。这些优势如下:

(1)一个项目的效益和费用是相关的,并且可以表示为一个单一值。

(2)在阶段性的发展中,不同使用寿命的项目可以直接且方便地进行比较。

(3)非货币费用和效益都可以用现值法表示。

(4)非货币效益(或费用)可以主观评估,用成本-效益评估法处理。

(5)结果可以表示为项目的结算总额。

(6)计算简单明了。

但是,现值法也有如下几个缺点:

（1）当那些唯一性预选方案的效益只能通过简单计算其费用现值进行估计时，现值法就不适用了。

（2）一次性总额支付方式的结果，对于某些人来说，不如回报率或年度成本容易理解。在某些情况下，按这种形式进行成本求和可能会成为投资的障碍，因为这个成本总额看上去要比预算大很多。

14.7.3 回报率法

回报率法（有时也称为"内部收益率法"）同时考虑成本和效益，并且通过使一个项目的成本和效益相等来确定折现率。将年度等值成本等于年度等值效益时的利率作为折现率，即：

$$AC_{x_1,n} = AB_{x_1,n} \tag{14.8}$$

式中：$AC_{x_1,n}$——比选方案 x_1 在分析期年数内的年度等值成本；

$AB_{x_1,n}$——比选方案 x_1 在分析期年数内的年度等值效益。

同样，回报率也可以用费用现值正好等于效益现值时的利率表示，即只要使式（14.3）与式（14.5）相等就可以了：

$$TPWC_{x_1,n} = TPWB_{x_1,n} \tag{14.9}$$

在应用回报率法时，首先将每个比选方案与标准或基本比选方案进行比较来确定效益的差别，然后用式（14.9）或式（14.8）计算出比选方案 $x_1, x_2, \cdots, x_n$ 的回报率。但这仅仅是与基本比选方案的比较，还需要计算出比选方案 $x_1, x_2, \cdots, x_n$ 之间的效益差别和相对回报率。这是在初次费用持续高涨的各比选方案之间的费用增长过程中产生的。这种建立在成对比较基础上的过程，将会排除其他方案而选出一个具有最高回报率的预选方案。

比选方案可能有也可能没有经济上的吸引力，这主要取决于可接受的最低回报率。例如，如果我们决定一项投资必须至少有15%的回报率才是在经济上可行的，那么任何小于这个回报率的比选方案都会被否决。

回报率法的主要优势就是能够被大多数人理解。回报率很容易被理解为投资回报，因为它和一般的商业术语有关联且含义很相近。但必须记住，回报率不是金融术语中的"实际"利率。

14.7.4 效益成本比法

效益成本比法现在已经广泛应用于基础设施领域，特别是大型项目，如水坝和大堤。其表达式为一个比选方案的效益现值和费用现值的比值，或者是年度等值效益与年度等值成本的比值。这个效益是通过对比选方案进行比较而得出的。依据大部分工程经济学人士喜欢用的现值公式，效益成本比可表示为：

$$BCR_{x_j,x_k,n} = (TPWB_{x_j} - TPWB_{x_k})/(TPWC_{x_j} - TPWC_{x_k}) \tag{14.10}$$

式中：$BCR_{x_j,x_k,n}$——在 n 年分析期内，比选方案 x_j 与比选方案 x_k 相比较的效益成本比（其中，x_k 产生较大的效益，并且表示较大的投资）；

$TPWB_{x_j}$、$TPWC_{x_j}$——分别为比选方案 x_j 的效益现值和及费用现值和；

$TPWB_{x_k}$、$TPWC_{x_k}$——分别为比选方案 x_k 的效益现值和及费用现值和。

对一组建议的比选方案的效益成本比的计算，首先使用式（14.10），通过与标准或基本比选方案比较来完成。比值大于1.0的比选方案需要以增量的方式进行比较,涉及费用连续高涨的预选方案,要在支出递增的基础上计算效益成本比。采用式(14.10),按这种成对比较的方法,将会找出具有最大经济期望值的预选方案。

效益成本比法也有一些缺点。一个主要的缺点就是,这个比值的抽象特征对某些人来说是难以理解的;另一个缺点就是可能出现混淆,即维护费用的减少量应该是做分子还是做分母,以及把费用减少看作"效益"还是"负成本"。

14.7.5 成本-效益法

如果可以建立明显、适当的效益度量指标,就可以用成本-效益法比较各比选方案。该方法广泛用于路面领域。其中,某个比选方案的效益是这样计算的:性能曲线(即服务能力与使用年限的曲线)下的面积乘交通量和路段长度。采用这种形式,它就变成了车辆运营成本(Vehicle Operating Costs,VOC)的一个代名词,因为VOC一般是难以直接确定的,这也成了对具有不同性能曲线的比选方案进行比较的便利方法。

那么,成本-效益比就是效益除以设施整个寿命周期内费用现值和所得的比值。它与所谓的"成本-效益比"的术语字面定义相反,但它就是这样使用的,因为比值的增加通常代表更有吸引力的比选方案,就像效益成本比增加一样。在成本-效益法中,由于各量值单位的混合,上述比值的实际数值只是在比较时才有用,它们是成本-效益法的真实指标。

举一个简单的例子,有一个设施,其效益是与某时间段内服务中断的次数有关的,如图14.1所示。比选方案 x_1 包括初始投资成本25万美元及第7年时的修复费用8万美元。根据估测,分析期末的残值为2.5万美元。比选方案 x_2 要求有40万美元的初始投资费用,分析期末估计的残值有6.5万美元。x_1 和 x_2 的占地面积分别为165m^2 和265m^2,假设每个比选方案的维护费用相当少,而且每个方案处理的交通量大致相等。

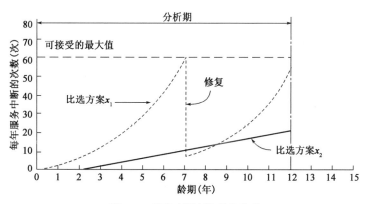

图14.1 服务中断次数-效益关系

效益 E 的计算如下:

$$E = 曲线下的面积 \times 占地面积 \tag{14.11a}$$

$$E_{x_1} = 442 \times 165 = 72930 \tag{14.11b}$$

$$E_{x_2} = 620 \times 265 = 164300 \tag{14.11c}$$

对于使用4%的折现率和分析期为12年的比选方案,费用现值 C 的计算如下:

$$C_{x_1} = 初始费用 + 第7年的修复费用 \times \text{PWF}_{y=7} - 第12年的残值 \times \text{PWF}_{y=12} \quad (14.12\text{a})$$

$$C_{x_1} = 250000 + 80000 \times \frac{1}{(1+0.04)^7} - 25000 \times \frac{1}{(1+0.04)^{12}} = 295178 \quad (14.12\text{b})$$

$$C_{x_2} = 400000 - 65000 \times \frac{1}{(1+0.04)^{12}} = 359401 \quad (14.12\text{c})$$

成本-效益比 E/C,就等于:

$$E_{x_1}/C_{x_1} = 72930/295178 = 0.25 \quad (14.13\text{a})$$

$$E_{x_2}/C_{x_2} = 164300/359401 = 0.46 \quad (14.13\text{b})$$

按照一个比较基础,分析期或寿命周期内比选方案 x_2 相对 x_1 有更大的吸引力,即使它的成本相对高些。

14.8 如何选择一个合适的经济分析方法

选择最合适的比选方案的经济分析方法,要考虑如下几个因素:

◆ 初始投资费用相比于未来的预期支出,其重要性如何?通常,政府官员和私营机构主要关心的是初始费用。例如,一项经济分析指出,对于一个特定比选方案,初期较低的初始投资可能会导致将来更多费用。而且,决策者相对来讲更偏向于考虑较低的资金支出,尤其是在资金短缺的情况下。

◆ 对于决策者来说,哪种分析方法是最容易理解的?所采用的方法从技术上讲,对于要处理的问题可能并不是最合适的,但要提供必要的决策、支持和认识,因此要有很高的可用性。

◆ 怎样的方法能满足某个特定机构的要求?现值法更适合公共设施,而年度等值成本法可能更适合私营设施。

◆ 效益或效果的度量要被包括在分析中吗?公共机构使用的任何不考虑比选方案之间效益或效果差值的方法都是很不完善的。但是,对于私营机构而言,各种不同的比选方案具有相同效益的这种隐含假设可能会令人满意的。

14.9 折现率的作用

如 14.5 节所述,被大多数机构所选择的折现率是一个政策性决定,而且通常是贷款利率和通货膨胀率之间的差值。如 14.7.5 节中的例子,采用了 4% 的折现率。

通常希望评估经济分析结果对折现率高于或低于计算折现率的敏感程度。描述这种折现率变化的一个简便方法如图 14.2 所示[AISI 90],它反映了用式(14.2)计算的结果,即采用 3 个不同的折现率计算 1 美元现值花费在未来某个时段的价值。影响效果显示,低折现率对未来花费影响显著,高折现率对未来花费影响较小。例如,1 美元在未来 25 年的花费,按折现率 3%,其净现值 NPV 为 48 美分;而按 6% 的折现率,NPV 为 23 美分;折现率为 9% 时,NPV 为 12 美分。注意,关于 1 美元在未来 75 年的花费,按 6% 和 9% 的折现率计算,NPV 都为 0,而在折现率为 3% 的情况下,NPV 大约还有 11 美分。

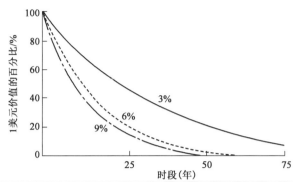

时段 (年)	不同折现率下1美元价值百分比(%)		
	3%	6%	9%
0	100	100	100
25	48	23	12
50	23	05	01
75	11	0	0

图14.2 1美元在不同时段使用时按不同的折现率计算出的现值百分比[AISI 90]

14.10 在公路上的应用

14.10.1 高速路、道路、桥梁以及其他运输资产

Haas、Hudson 和 Zaniewski [Haas 94]提供了道路和公路路面寿命周期分析的详细实例。车辆运营成本是道路用户费用中的一个重要组成部分,它主要取决于车辆类型、车速、路面几何参数及等级、路面状况等。因路面状况改善或拥堵减少而导致的车辆运营成本的减少量可以被认为是用户效益。美国联邦公路管理局和世界银行组织开发出应用于路面寿命周期分析的车辆运营成本模型[Zaniewski 82,Watanatada 87;Uddin 87,93;Paterson 92]。

据报道,鉴于越来越多的车辆技术和不同的路面状况,VOC 模型在一项研究[NCHRP 12]中得到了更新。桥梁管理系统生命周期成本分析开发也得到了认可 [Hudson 87]。

考虑全球农村人口向城市转移的趋势和城市人口流动的需求,强烈需要实施土地可持续利用和运输管理政策以减少化石燃料的使用、排放,避免交通拥堵。其举措包括选择公共交通工具取代私家车出行。使用 LCA 代理费用和用户/社会福利可以帮助出行者选择新型的公共交通技术,尽管可能具有较高的初始投资成本。为了说明基于各种假设的个人快速运输系统(Personal Rapid Transit,PRT)的生命周期效益和成本分析,下面比较了"多式交通联运政策不变"的基本替代方案[Uddin12]的优点和成本:

◆ 基础替代方案意味着10年分析期的模式组合和交通模式相同,给出以下内容:

①10 年以上 10km 路网的建设/维护费用为 3000 万美元。这包括每 5 年铣削和重建沥青路面。

②道路维修所增加的用户成本 10 年达 200 万美元。

③在交通高峰时段因拥堵引起平均每人每年延迟 25h 而造成的用户延迟成本 10 年达 7300 万美元。在计算中忽略了由于拥堵而浪费的燃料成本。

④10 年的总生命周期成本是 1.05 亿美元(3000 万美元 + 200 万美元 + 7300 万美元),假设折现率为 0。10 年内没有任何收益或 NPV 为 –1.05 亿美元。5 年的总成本为 5250 万美元,NPV 为 –5250 万美元。

◆ PRT 替代方案:假设高架线路上 30 ~ 40mi/h 的 PRT 系统,每千米将耗资 400 万美元,但因为节能、轻便、零排放的车辆技术,年运营成本低。假设 20% 的车主在日常交通中将使用 PRT 而不是驾驶私家车。

①建设 10 年以上 10km 长的 PRT 总成本为 4500 万美元(每年 50 万美元的运营和维护成本)(折现率为 0)。

②假设每个人使用 PRT 系统每年节省 25h,每小时 16 美元;避免浪费 15gal 的燃油和石油,每加仑 3 美元。

③根据每年总用户节省 900 万美元,10 年的生命周期收益是 9000 万美元(折现率为 0)。

④10 年来,净现值等于 4500 万美元(9000 万美元 – 4500 万美元)。5 年内 NPV 为 0。

◆ PRT 替代方案在满载运行 5 年以上后才能有收益。乘客收入将为业主、机构和运营商增加收益,在这个简单的分析中不予考虑。

◆ 此外,新型 PRT 车辆技术的社会效益是二氧化碳减排量大约为 100 万 t[Uddin 12]。其他间接效益包括减少空气污染以及增加新的与 PRT 相关的制造和服务工作机会。

14.10.2 基础设施资产建造

美国国家标准与技术研究院报告[CDA 96]概述了应用 LCA 来评估使用的新技术材料,如使用纤维强化塑料改造和修复地震区域的桥梁。根据这份报告,可以使用生命周期成本法的最小 NPV 来满足多式联运地面运输效率,它要求生命周期成本在运输相关结构的设计中被予以考虑。美国第 12893 号行政命令要求在每个项目的使用寿命期间对联邦基础设施投资的成本进行核算[CDA 96]。

有关非腐蚀性轻质 FRP 板桩技术,已在 9.5 节用价值工程讨论分析用于保护沿海道路,已经研究用于堤坝重建并显示为首选替代方案[Durmus 12]。在整个生命周期建设中,与传统混凝土板桩相比,FRP 板桩替代方案便宜 25.8%,维修费用在 50 年分析期内以 5% 的折现率计算。详细研究可以参考有关文献。

类似地,其他基础设施资产可以使用成本和收益的 LCA 来评估替代技术,如可再生能源技术(风力发电机、太阳能电池板等)、绿色建筑和生态友好的土地开发。

14.11 在供水管和下水道主管系统中的应用

在大多数发展中国家,饮用水管网泄漏或水污染常常造成严重的公众健康问题。"在发展中国家,多达80%的疾病与水质和卫生条件差有关"(资料来源:Twitter tweet,2012年8月16日,通过urb.im@ urb_im48mRT @ nonprofitcoffee)。工业化国家也未能免受由于管道老化及开挖时意外挖断引起的漏水问题的影响。

在供水管和下水道工程中,通过经济分析来比较MRR的维修及更换工作已经被许多城市的公共机构使用,例如纽约市、得克萨斯州达拉斯市、华盛顿特区、华盛顿州西雅图市[O'Day 84,Steinthal 84,Thomasson 82,Urban 84]。一般情况下,当主管道有结构上的缺陷和频繁断裂记录时,会优先选择更换方案。表14.1显示了达拉斯市供水主管预选方案经济分析的结果,该方案是根据早前的断裂记录,按照20年分析期计算得出的最低寿命周期成本的预选方案。

达拉斯市供水主管预选方案的经济分析结果[Steinthal 84] 表14.1

主管直径	发生断裂的年份											
	1971	1972	1973	1974	1975	1976	1977	1978	1979	1980	1981
15cm (6in)		/	/						/	///	////	///
											/////	

在最近4年内每年的断裂数 = 16/4	主管的长度 = 250ft	每年每1000ft的断裂数 = (16/4)/(250/1000) = 16
累计检修成本	360.34 × 16/4 × 75.477 = 108789.53(美元) (美元/断裂)(断裂数/年)(CAF)	
累计更换成本	20.5 × 250 × 0.1095 × 20 = 11223.75(美元) (美元/ft)(ft)(CRF)(年数)	

注:分析20年间检修和更换一个已知的供水主管的成本。每当供水主管断裂数超过每年每1000ft 1.8处时(最近4年中),上述假设了12.4%的利息(针对CAF)和9%的债券(针对CRF)。其中,CAF为资金额系数,CAF = $[(1+i)^n - 1]/i$,CRF为资金回收系数,CRF = $i(1+i)^n/[(1+i)^n - 1]$。

每个比选方案的收入损失、时间损失的费用,引起的不便等,都应当被包括在有关分析中,这种分析把用户费用的减少量当作"效益"。一套有价值的泄漏控制计划能提供相当可观的效益,远远大于鉴别并修复泄漏段所需的费用,如O'Day所述。下面这个例子来自1981年开展的美国主要供水公用事业研究项目,结果发现有596处泄漏的位置并对其进行了修复,在200mi长供水管线的供水系统中每天有1220万gal的水被白白浪费掉[O'Day 84]:

花在公用事业人员、咨询、设备上的泄漏探测费大约为20.4万美元,相当于在调查地区的200mi的供水管线中,每英里探测费用为1000多美元。修复的总费用是24.3万美元,探测和修复费用总和为44.7万美元。通过这个泄漏控制计划项目节省下来的未来供水损耗的价值,相当于未来供水、废水处理和泵水费用的现值。这些节省下来的净现值估计30年内接近660万美元。也就是说,这费用为44.7万美元的泄漏控制和修复计划项目,将会在20年内节省估计600万美元的水处理和泵水费用。

上述实例表明,由于节省所获得的效益是费用的13.42倍。对于每英里2000美元的探测和维修费用来说,水损耗将显著减少,未来主管断裂的诱因也将减少,而且200mi供水主管中只有1mi需要更换[O'Day 84]。表14.2列出了关于污水主管材料类型选择的生命寿命周期成本分析实例。

污水主管材料类型选择的生命周期成本分析实例 表 14.2

数据分析及方法	比选方案 A	比选方案 B	比选方案 C
描述	镀锌波纹钢管(CSP)*	沥青涂层 CSP	钢筋混凝土管(RCP)
初始成本	195000 美元	214500 美元	230000 美元
其他成本	48750 美元*	—	—
设计寿命	50 年	50 年	50 年
折现率	9%	9%	9%
现时成本	195000 + 48750 = 243750(美元)	214500 + 0 = 214500(美元)	230000 + 0 = 230000(美元)
现值法 (9%折现率)	195000 + 48750 × 0.0318 = 196550(美元)(最低)	214500 美元	230000 美元
等额年度成本 (50 年 9%折现率)	17930 美元	19560 美元	20980 美元
现金流 差值法	比选方案 A	比较比选方案 A 和 C 比选方案 C	差值
第 0 年	195000 美元	230000 美元	35000 美元
第 40 年	48750 美元	—	48750 美元
合计	243750 美元	230000 美元	13750 美元
回报率(%)	为了避免比选方案 A 中 48750 美元的未来开支,比选方案 C 中增加了 3500 美元的初始成本,导致内部收益率为 0.83%(小于 1%),这对于初始投资来说是非常低的回报率		
残值的影响	不明显,残值即使达到原始成本的 30%,还是未达到初始费用的 5%		

注:* 比选方案 A 需要用初始费用的 25%进行管道内维护,以保障镀锌波纹钢管(48750 美元)预计 40 年的寿命。

14.12 在建筑物上的应用

建筑物有效使用寿命的预测更加复杂,因为建筑物结构的整体性除了与建筑材料和各种功能子系统的性能有关外,还取决于许多因素。过去,这些复杂性通常会阻碍在建筑物设计和 MRR 计划中应用常规的寿命周期成本分析方法。在《先付还是后付》(*Pay Now or Pay Later*)[BRB 91]报告中,建筑研究委员会(Building Research Board, BRB)提供了寿命周期成本分析的一般性指导方针,并给出了一个该方针在退伍军人事务部(Department of Veterans Affairs, VA)里应用的实例,VA 拥有和操控着美国最大的医院系统(172 个医疗中心、2000 栋建筑物)。VA 采用 40 年的分析期、5%的折现率进行寿命周期成本分析[BRB 91],该研究总结出 7 种可以减少业主成本的因素:

(1)减少对设计和施工的约束。
(2)建筑构件的标准化和公用设施系统的集中。
(3)改善空间利用和机械系统的工艺布局。
(4)更具成本效益的养护和较小的替换,使用性能更优和易获得的材料。

(5)供热、通风和空调的最优化。

(6)更好的设计布置,以改善家务管理。

(7)更具成本效益的修复预选方案。

一间医院的寿命周期总成本是其初始费用的8.7倍。但是据估计,目前所节约的费用大概为寿命周期成本的10%。

美国国家标准与技术研究院开发了一种被称作建筑寿命周期成本(Building Life-Cycle Cost,BLCC)的计算机软件,并且已经被列入国际上推广标准化的寿命周期成本分析方法中[AIJ 93,BS 92,CSA 94,Frohnsdorff 96,NIST 95]。美国材料和试验协会(ASTM)提供的建筑维护、维修和更换数据库(Building Maintenance, Repair, and Replacement Database, BMDB)软件可以为建筑物寿命周期成本分析提供估计数据[ASTM 90]。BMDB 软件应用人工和设备评级、材料地区调节因子、成本上涨因子和折现率来生成维护成本。材料成本(按1986年的美元价格计算)以华盛顿特区为基价,并通过地区调节因子将其调整为其他地区的价格。表14.3列出了用于生命周期成本分析的BMDB 软件[ASTM 90]生成的一组数据实例。

由生命周期成本分析软件 BMDB 生成的数据实例(参照[ASTM 90])　　表14.3

资源和单位成本——所有25年的养护和维修成本的现值(每度量单位按美元计)

(a)构件描述	度量单位	每年的维护和维修			单位成本(美元)
		人工	材料	设备	
建筑					
屋顶					
屋顶覆盖物					
组合屋面	ft²	0.00488	0.03171	0.00244	0.14
在旧屋顶上铺新膜					
改性沥青或热塑性材料	ft²	0.00248	0.03218	0.00119	0.09
膜材更换维修					
热固化	ft²	0.00174	0.02202	0.00088	0.06
膜材更换(热固化)					
石板瓦	ft²	0.00259	0.01458	0.00124	0.07
石棉水泥瓦	ft²	0.00254	0.03402	0.00122	0.09
瓷砖	ft²	0.00217	0.02934	0.00103	0.08
卷材屋面	ft²	0.00754	0.01556	0.00386	0.18
屋顶整体更换(卷材)					
木瓦	ft²	0.00259	0.02384	0.00140	0.08
新瓦更换旧瓦					
金属制品	ft²	0.00204	0.01546	0.00103	0.06
玻璃钢标准温压屋面	ft²	0.00232	0.06266	0.00113	0.11
混凝土密封板屋面	ft²	0.00601	0.01643	0.00297	0.15
混凝土密封板 RF4	ft²	0.00544	0.01175	0.00282	0.13
混凝土浇筑密封	ft²	0.01374	0.08807	0.00692	0.39
玻璃钢屋面	ft²	0.00463	0.06266	0.00236	0.16

续上表

资源和单位成本——所有25年的养护和维修成本的现值(每度量单位按美元计)

(a)构件描述	度量单位	年	替换和高成本任务			单位成本（美元）
			人工	材料	设备	
建筑						
屋顶						
屋顶覆盖物						
组合屋面	ft²	28	0.04938	0.7049	0.02469	1.79
在旧屋顶上铺新膜	ft²	14	0.02414	0.6996	0.01207	1.23
改性沥青或热塑性材料	ft²	20	0.05659	0.8586	0.02829	2.11
膜材更换维修	ft²	20	0.05659	0.8586	0.02829	2.11
热固化	ft²	20	0.03683	0.6996	0.01841	1.51
膜材更换(热固化)	ft²	20	0.03683	0.6996	0.01841	1.51
石板瓦	ft²	70	0.06885	6.042	0.03442	7.56
石棉水泥瓦	ft²	70	0.05437	0.7519	0.02718	1.95
瓷砖	ft²	70	0.10169	3.074	0.05084	5.32
卷材屋面	ft²	10	0.04141	0.74963	0.0207	1.66
屋顶整体更换(卷材)	ft²	10	0.04141	0.74963	0.0207	1.66
木瓦	ft²	40	0.04118	0.74497	0.02059	1.65
新瓦更换旧瓦	ft²	20	0.02996	0.4346	0.1498	1.1
金属制品	ft²	30	0.36265	2.173	0.18132	10.17
玻璃钢标准温压屋面	ft²	20	0.04543	6.0155	0.02272	7.02
混凝土密封板屋面	ft²	60	0.06123	24.07419	0.03061	25.42
混凝土密封板 RF4	ft²	300	0.04342	24.07419	0.02171	25.03
混凝土浇筑密封	ft²	500	3.81056	18.03219	1.90528	102
玻璃钢屋面	ft²	20	0.04133	6.0155	0.02066	6.93
玻璃钢屋面整体更换	ft²	20	0.04133	6.0155	0.02066	6.93

城市周围的自然林地被转化为混凝土沥青表面和建筑物导致了"城市热岛"效应。这可能与能源需求增加、烟雾条件、温室气体等有害排放物有关[Uddin 09,12]。根据卫星图像中密西西比州牛津市农村城镇的建筑表面积增加量和交通量增加的估计值,计算出了全寿命周期的社会公共卫生成本。以下关键结果与该研究相关,以评估2001—2004年期间大型商场建设和周边商业发展的不利影响[Uddin 05,06]:

◆ 研究场所的建筑表面(沥青、混凝土和建筑物)的面积增长了14.4%,代替了自然表面(草、树、泥)。

◆ 施工后的建筑面积增加近300%。

- 开发地区面积加权平均表面温度升高 1.9°C(3.4°F),或比施工前上升 3.9%。
- 利用综合多因素 O_3 预测模型[Boriboonsomsin 04]预测的日最大 8h 平均地面臭氧(O_3)浓度增加了 16.7%,这是土地开发、基础设施建设和交通量增长的耦合效应的结果。
- 与车辆废气排放和空气质量下降相关的呼吸系统疾病的公共卫生费用与生产力下降成本是每辆车每英里 13 美分,约占该研究所有社会总成本的 19%。

上述例子不应该被视为反对发展。相反,它表明任何发展都不仅仅影响设备成本和收入的直接经济效益。

14.13 本章小结

经济分析是公共设施资产管理一个不可或缺的组成部分。如本章及参考文献所述,其方法和应用过程可能会有所变化。但是,如果要从 IAMS 获得期望的结果,经济分析是不应被忽视的。很多机构都有经济分析方法,但并没有有效利用它们,这些方法都是相对简单和直观的,并且可以被直接写成代码,编入所采用的 IAMS 软件中。

建议公共机构和专业服务提供者努力适应近几十年来开发的新成本模式和方法,包括生命周期公共卫生和社会成本。这可以提醒业主和设计者注意新的基础设施建设不应仅考虑初始建造成本。

参考文献

[AIJ 93] Architectural Institute of Japan, *The English Edition of Principal Guide for Service Life Planning of Buildings*, Tokyo, Japan, 1993.

[AISI 90] *Modern Sewer Design*, American Iron and Steel Institute (AISI), Washington D. C., 1990.

[Army 86] "Economic Studies for Military Construction Design-Applications," *TM 5802-1*, Department of the Army, Washington D. C., 1986.

[ASTM 90] ASTM, "Building Maintenance, Repair, and Replacement Database (BMDB) for Life-Cycle Cost Analysis," *A User's Guide to the Computer Program*, American Society for Testing and Materials, Philadelphia, Pa., 1990.

[Boriboonsomsin 04] K. Boriboonsomsin, "Transportation-Related Air Quality Modeling and Analysis Based on Remote Sensing and Geospatial Data," Ph. D. Dissertation, Department of Civil Engineering, The University of Mississippi, May 2004.

[BRB 91] Building Research Board, *Pay Now or Pay Later*, National Research Council, Washington D. C., 1991.

[BS 92] *Guide to Durability of Buildings and Building Elements, Products and Components*, BS 7543:1992, British Standards Institution, London, UK, 1992.

[CDA 96] "NIST Develops Methodology to Evaluate Life-Cycle Costs of Composites in Bridge Applications," *Composites Design and Applications*, March 1995, pp. 6.

[CSA 94] *Guideline on Durability in Buildings*, CSA S478, Draft 9, Canadian Standards Association, September 1994.

[DOI 83] "Economic and Environmental Principles and Guidelines for Water and Related Land Resources Implementation Studies," *Report PB 84-199405*, U. S. Water Resources Council, Department of the Interior, Washington D. C., 1983.

[Durmus 12] A. Durmus, "Geospatial Assessment of Sustainable Built Infrastructure Assets and Flood Disaster Protection," M. S. Thesis, Department of Civil Engineering, The University of Mississippi, August 2012.

[Frohnsdorff 96] G. Frohnsdorff, "Predicting the Service Lives of Materials of Construction," *Proceedings, Fourth Materials Engineering Congress*, Washington D. C., November 1996, pp. 38-53.

[Haas 94] R. Haas, W. R. Hudson, and J. P. Zaniewski, *Modern Pavement Management*, Krieger Publishing Company, Malabar, Fla., 1994.

[Hudson 87] S. W. Hudson, R. F. Carmichael III, L. O. Moser, W. R. Hudson, and W. J. Wilkes, "Bridge Management Systems," *NCHRP Report 300*, National Cooperative Highway Research Program, Transportation Research Board, National Research Council, Washington D. C., 1987.

[Hudson 97] W. R. Hudson, R. Haas, and W. Uddin, *Infrastructure Management*, McGraw-Hill, New York, 1997.

[Murphy 98] J. J. Murphy, and M. A. Delucchi, "A Review of the Literature on the Social Cost of Motor Vehicle Use in the United States," *Journal of Transportation and Statistics*, 1(1), 1998, pp. 15-42.

[NCHRP 12] National Cooperative Highway Research Program, "Estimating the Effects of Pavement Condition on Vehicle Operating Costs," *Research Report 720*, Transportation Research Board, Washington D. C., 2012.

[NIST 95] Personal communications of W. Uddin with G. Frohnsdorff, Chief of Building Materials Division, National Institute of Standards and Technology, 1995.

[O'Day 84] D. K. O'Day, "Aging Water Supply Systems: Repair or Replace," *Infrastructure—Maintenance and Repair of Public Works, Annals of the New York Academy of Science*, Vol. 431, December 1984, pp. 241-258.

[Paterson 92] W. D. O. Paterson, and B. Attoh-Okine, "Simplified Models of Paved Road Deterioration based on HDM-III," in *Transportation Research Record 1344*, Transportation Research Board, Washington D. C., 1992.

[Small 95] K. A. Small, and C. Kazimi, "On the Costs of Air Pollution from Motor Vehicles," *Journal of Transport Economics and Policy*, January 1995, pp. 7-32.

[Steinthal 84] B. G. Steinthal, "Infrastructure Maintenance Strategies—Governmental Choices and Decision Methodologies," *Infrastructure—Maintenance and Repair of Public Works, Annals of the New York Academy of Sciences*, Vol. 431, December 1984, pp. 139-154.

[Thomasson 82] R. O. Thomasson, "In-Place Sewer Reconstruction Proves Cost-Effective," *American City and County*, February 1982.

[TRB 85] Transportation Research Board, "Life-Cycle Cost Analysis of Pavements," *Synthesis of Highway Practice No. 122*, National Cooperative Highway Research Program, National Research Council, Washington D. C., 1985.

[Uddin 87] W. Uddin, R. F. Carmichael III, and W. R. Hudson, "A Methodology for Life-Cycle Cost Analysis of Pavements Using Microcomputer," *Proceedings, 6th International Conference, Structural Design of Asphalt Pavements*, Ann Arbor, Mich., Vol. 1, 1987.

[Uddin 93] W. Uddin, "Application of User Cost and Benefit Analysis for Pavement Management and Transportation Planning," *Proceedings, 4R Conference and Road Show*, Philadelphia, Pa., December 1993, pp. 24-27.

[Uddin 05] W. Uddin, K. Boriboonsomsin, and S. Garza, "Transportation Related Environmental Impacts and Societal Costs for Life-Cycle Analysis of Costs and Benefits," *IJP-International Journal of Pavements*, ISSN 1676-2797, Vol. 4, No. 1-2, January—May 2005, pp. 92-104.

[Uddin 06] W. Uddin, "Air Quality Management Using Modern Remote Sensing and Spatial Technologies and Associated Societal Costs," *International Journal of Environmental Research and Public Health*, ISSN 1661-7827, MDPI, Vol. 3, No. 3, September 2006, pp. 235-243.

[Uddin 09] W. Uddin, C. Brown, E. S. Dooley, and B. Wodajo, "Geospatial Analysis of Remote Sensing Data to Assess Built Environment Impacts on Heat-Island Effects, Air Quality and Global Warming," *Paper No. 09-3146, CD*

Proceedings, 85th Annual Meeting of The Transportation Research Board, Washington D. C. , January 11—15, 2009.

[Uddin 11] W. Uddin, "Life Cycle Assessment of Sustainable PavementSystems," *Proceedings, 5th ICONFBMP, International Conference Bituminous Mixtures and Pavement*, Thessaloniki, Greece, June 1—3, 2011.

[Uddin 12] W. Uddin, "Mobile and Area Sources of Greenhouse Gases and Abatement Strategies," Chapter 23, *Handbook of Climate Change Mitigation* (Editors: W. - Y. Chen, J. M. Seiner, T. Suzuki, and M. Lackner), Springer, 2012, pp. 775-840.

[Urban 84] H. P. Hatry, and B. G. Steinthal, *Guides to Managing Urban Capital Series*, Vol. 4: *Guide to Selecting Maintenance Strategies for Capital Facilities*, The Urban Institute, Washington D. C. , 1984.

[Watanatada 87] T. Watantada, C. G. Harral, W. D. O. Paterson, A. M. Dhareshwar, A. Bhandari, and K. Tsunokawa, *The Highway Design and Maintenance Standards Model*, Vols. 1 and 2, Johns Hopkins University Press, Baltimore, Md. , 1987.

[Winfrey 69] R. Winfrey, *Economic Analysis for Highways*, International Textbook Company, Scranton, Pen. , 1969.

[Zaniewski 82] J. P. Zaniewski, B. C. Butler, G. Cunningham, G. E. Elkins, M. S. Paggi, and R. Machemehl, "Vehicle Operating Costs, Field Consumption and Pavement Type and Condition Factors," *Final Report*, Federal Highway Administration, Washington D. C. , 1982.

第15章 优先级排序、优化和工作计划

15.1 引言

由第8章可知,当一项基础设施或其组成部分的服务能力或质量达到某种不可接受的水平或干预水平时,就必须对其采取一定的措施。这一水平可以表示为达到年度服务中断的最大容许次数、某项设施的最大容许用户延误时间和管网的最小流量等。换句话说,即组成部分或设施达到了需要对其采取措施的状态。此类措施包括MRR,或仅仅增加例行养护,以保证其不超过干预水平。

如果某项设施正处于干预水平,那就是一种"现时需求"。未来的需求则要根据其性能或衰减预测模型来确定,即预测该组成部分或设施达到干预水平所需要的时间,例如对于图14.1中的比选方案 x_1 来说为7年。

如果拥有充足的资金(即不受限制的预算),所出现的任何需求都能被满足。但通常情况下,大多数基础设施的预算都是有限的或受限制的。在这种情况下,就必须根据在什么地点和什么时间采取什么样的行动或措施进行优先级排序。本章主要讨论如何建立可以用来确定优先次序的程序、优化法在优先级分析中的作用、编制预算和制订受限预算条件下的工作计划。

优化法在优先级分析中尤为重要,因为它为决策者分配稀缺资源提供了支持。但是实际上分配资源有多种手段,从真实优化分配到不同程度的次优化分配。这些问题与优化中的整合多因子效应都将在之后讨论。

15.2 优先级排序的框架:从简单排序到多因子优化

如图15.1所示,优先级排序包含4个步骤:①获取信息;②处理和解释信息;③确定目前和未来的需求;④优先级分析并得出结果。另外,还有一些关键的与下面内容相关的因素:衰减或性能模型、干预水平、预算限额、所选规划周期、可用的比选方案。

图15.1中优先级排序框架的实际模型、方法和程序,可以从非常简单到非常复杂。例如,优先级排序可能只简单地包含某项基本的技术档案数据、年度工作规划周期、需求决定、优先

级分析和根据工程评价得出的推荐工作计划。而在极端情况下,它也可能包含综合性的数据库、多年规划周期、多因素衰减模型、用于确定可行的预选方案的决策分析过程、基于数学规划方法的优先级分析、基于优化法制订的工作计划。

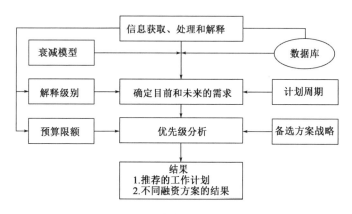

图 15.1 优先级排序的框架

在分层的基础上,这些方法可按以下内容进行分类:

(1)基于能够应用于诸如工厂的多产品链、遗传算法和神经网络的运筹学或数学规划的最优模型(如线性、动态、整体等规划)。

(2)基于边际效益(效益被加权计算并作为一些难以量化的利益的替代品)的启发式或近优化算法。

(3)个人资产或集体资产的管理者对保存、保障、安全等方面商业案例的处理方法,但其优化程度未知。

(4)任意的最优判断的分配方案,可能最适合小型机构。

无论使用哪种方法,最终结果必须回答如下问题:

(1)应对哪一个项目或基础设施的哪些组成部分采取措施?

(2)采用何种措施(MRR)?

(3)何时完成?

任何一种符合图 15.1 中所示框架并能同时回答以上所有这些问题的方法都不会是简单的。但是,如果要在现有可用资金和预算有限的情况下制订一个真正最优的开支计划,就必须考虑和评价所有如哪个(which)、什么(what)、何时(when)等问题的可能组合。

MRR 改进项目的计划周期不必和寿命周期经济分析期一样。事实上,它通常会更短,因为寿命周期经济分析期一般都会达到 20 年以上,而维护项目的计划周期一般只有 1~5 年。

这样,问题就变成什么才是一个既合理又有用的修复或改造项目规划周期。它可以是一年的规划,也可以是多年期规划。一年的规划很方便,但无法考虑修复项目的可选方案年数。因此,考虑优化时应该剔除时间因素。

下面一些关于修复项目规划周期的指导方针被认为是合理的,并且在实践中得到验证:

(1)基础设施网络或其子网络(道路、管道分布系统等)的规划周期为 5 年,在这些领域,对未来资金的需求有显著的不确定性;或者说超过 5 年,即使建立试探性的优先级计划也没有意义。

（2）其他网络的规划周期为10年，尤其是当需要评估或多或少的资金水平的长期战略影响时。

一种非常实用的方法是制订一个5年或10年期的计划。然而，考虑到不确定性会随着时间的推移而增大，更实用的方法是先确定头2年或3年的计划，然后每年或者每两年进行一次更新。按照这种方式，就可以在成本或标价低于预估额时机动地将一些项目提前1~2年实施。另外，如果成本高于期望值，就可以将一些第一年计划的项目推迟到第二年或以后实施。

15.3　优先级分析方法

有很多方法可以确定优先级，从简单的主观排序到真正的优化方法，在优化方法中，"什么项目，何时进行，位于何地"等所有可能的组合都以输出参数或客观函数的形式进行评价，随后将对此进行讨论。表15.1总结了优先级分析方法分类及其优缺点。

用于优先级分析的方法分类及其优缺点　　表15.1

方法分类	优点和缺点
根据对项目的判断进行简单的主观排序	快捷、简便；有主观偏见和互相矛盾之处；可能远达不到最优
基于诸如服务和状况水平等参数的排序	简单、易用；可能远达不到最优
基于经济分析和/或风险敞口参数的排序	合理、简单；应该更接近最优
采用数学规划模型进行逐年优化	不太简单；可能接近最优；没有考虑时间的影响
利用边际成本-效益方法进行近似优化	合理、简单；接近最优
基于数学规划模型，考虑"哪个、什么和何时"效应的综合优化方法	最复杂；可以产生最优项目（效益最大化、成本最小化）
遗传算法	广泛应用于求解优化问题的启发式搜索
神经网络	能给出接近最优结果的非线性数学模型

简单的主观排序在大多数情况下都很容易实现，但其结果不是最优的资金支出方案或不太可靠。此外，除了在可选情况少并且优先级的确定也相对简单的情况下，它明显地违背了基础设施管理系统的原则。然而，也可使用与基础设施有关的交通量、流量、使用量等，对排序进行加权，这样就可以得到一个更加合理且更有说服力的结果。这种结果可能仍未达到最优，尤其是在每个项目都可能存在相当数量的比选方案和时间组合的情况下。

如果排序包含了经济分析，将更能保证得到一个接近最优的结果。逐年优化方法不一定会比前述方法在总体上更接近最优，但其接近最优的可能性更大。

15.3.1　基于排序的优先级设定

网络级的资金预算决策通常是基于排序或等级评定标准的。而等级的评定是和总体的优先级得分相关联的，这个得分是通过采用适当的权重去调节项目的重要性和安全性得到的。例如，达拉斯市对雨水改善项目的分类是基于：①可能的人员伤亡；②住宅区域、商业区域或周围地区可能发生的洪水，其深度会阻碍应急车辆的通行[Steinthal 84]。

达拉斯市和密尔沃基市给水主管项目的初步优化分别基于"每年每333m(1000ft)管道的破裂数"和"每年每33m(100ft)管道的破裂数"指标。西雅图的大型给水主管项目的优化都是基于一个复合的总体评定,考虑了如下因素[Steinthal 84]:

- 衬里的外观检查(0~10分)。
- 衬里对水质的影响(0~10分)。
- 管道内的腐蚀情况记录(0~10分)。
- 10年内的泄漏情况记录(0~5分)。
- 给水主管对区域供给的必要性(0~5分)。

Hatry和Steinthal[Urban 84]参考了许多公共工程机构的优先级设定过程,归纳出以下几类等级评定标准:需求、环境因素和资源。

另一种基于风险敞口的排序方法见文献[Antelman 08]。它被称作任务依赖索引(Mission Dependency Index,MDI),是由美国国家航空航天局、海军设施工程司令部(Naval Facilities Engineering Command,NAVFAC)和美国土木工程海岸警卫队联合开发的。MDI对资产元素或组件的功能使用内在依赖风险评估矩阵,并在资产元素(多因素模型)之间采用相互依赖风险评估矩阵,以得到每个从非关键到关键的资产元素的组合MDI得分。

15.3.2 近似优化方法

基于边际成本-效益分析方法的近似优化法广泛应用于道路和路面领域[Haas 94],也可以应用于许多其他基础设施领域。它可以得出与精确优化方法基本相同的结果,其步骤如下:

(1)考虑分段(组成构件)、比选处理方案、规划周期中的年份等的每一种组合(即"哪个、什么及何时"的组合)。

(2)计算每种组合的效益E(即性能曲线下的面积加用途、长度和面积等权值,见14.7.5节)。

(3)计算每种组合中每种比选处理方案的成本C,即费用现值。

(4)计算每种组合的成本效益CE,即效益除以成本的值。

(5)为每个分段选取具有最佳CE的预选处理方案及其年份的组合,直至用完预算。

(6)为每个分段计算所有其他策略的边际成本-效益MCE,公式如下:

$$\text{MCE} = (E_s - E_r)/(C_s - C_r) \tag{15.1}$$

式中:E_s——第5步所选组合的效益;

E_r——用来作比较的组合的效益;

C_s——第5步所选组合的成本;

C_r——用来作比较的组合的成本。

(7)如果MCE为负值,或者$E_r < E_s$,那么用作比较的策略就会被淘汰;否则,就用它取代第5步所选取的组合。

(8)反复进行以上步骤,直到规划周期中任何年份都不能再做进一步的选择(即预算耗尽)。

15.3.3 基于优选法的优先级排序

基于数学规划模型的优选法可以被用来确定一年期或多年期项目的优先级排序,使用这一方法得到的优先级排序结果并不代表本质上的优先级。更确切地说,所选择的预选方案可满足某一特定的目标函数(即某个值最大,如效益值;或某个值最小,如成本值)。在数学规划模型中使用的公式表达式包括一些线性规划和动态规划方法的变量。线性规划(Linear Programming,LP)是一种对多年期项目进行优先级排序非常有用的表达方式,因为它可以建立项目时间安排和效益损失间的转换模型。每一种可能的实施、行动、年份都可以被看成一个独立的预选方案,再加上内部项目备选方案和网络级内的项目及分段,这样就可以把所有可能组合都考虑到并进行比较。在 T 年的规划期内,使 m 个项目(每个项目有 k 个项目内备选方案)的总目标值最大化的 LP 模型的公式表达式如下:

目标函数:
$$\text{Max} \sum_{i=1}^{m} \sum_{j=1}^{k} \sum_{t=1}^{T} X_{ijt} B_{ijt} \tag{15.2}$$

约束条件:
$$\sum_{t=1}^{T} \sum_{j=1}^{k} X_{ijt} \leq 1 \quad (i=1,2,\cdots,m) \tag{15.3}$$

$$\sum_{t=1}^{T} \sum_{j=1}^{k} X_{ijt} D_{ijtt''} \leq B_t \quad (t=1,2,\cdots,T) \tag{15.4}$$

$$X_{ijt} \leq 0 \tag{15.5}$$

式中:X_{ijt}——第 t 年(规划期共 T 年)建设、分段 i(共有 m 个分段)采取第 j 个比选方案(共 k 个比选方案)的决策变量;

B_{ijt}——第 t 年建设、分段 i 采取第 j 个比选方案的年度效益,全部以折现率 R 折现到基年的现值;

$D_{ijt''}$——第 t 年建设、分段 i 采取第 j 个比选方案,在第 t'' 年发生的实际施工或维护成本;

B_t——第 t 年的预算。

X_{ijt} 是一个离散变量,当所选择的项目为第 t 年建设的第 i 个分段时,其值为 1;否则,其值为 0。

式(15.2)是用来最大化利润的目标函数。净效益(效益减去成本)的最大化是非必要的,因为建设和维护成本是专门在年度预算的限额内分配的。因此,没有必要将成本折现到基年来计算项目的净现值。

式(15.3)表明一个 X_{ijt} 组合是唯一的。也就是说,在分析期内同一个分段不能被选中两次,不论其是否已经建好。如果一个项目受到限制(如政治干预等),那么其约束就会变成等式之一(即 $X_{ijt}=1$)。

式(15.4)表示了在规划期内每年不能突破的预算限额。它表明全部 X_{ijt} 成本中的 m 个分段和 k 个比选方案的总和必须小于或等于预算 B_t。

式(15.5)是所有线性规划问题的一个共同约束,它表明不建设项目是不可能收回建设成本的。

应该注意到,在 LP 模型中成本是直接被考虑的,直到规划期结束。之后,由于没有预算限额,成本也就不用考虑了。正是这个原因,规划期之后每年产生的成本,在分析时通过间接地从各年度效益中减去这些成本来考虑。

15.3.4 多因子优化

多因素或多个组件的情况可能发生在使用优化法进行资源分配的场景中。这在某些时候可以被看作一种交叉优化。例如,桥梁与人行道比较,或者水处理和分配与废水处理比较。以伊利诺伊州为例,将多属性实用程序(Multi Attribute Utility,MAU)理论[Gharaibeh 06]用于解决交通设施资产争夺有限资金的问题。此过程包括开发单个资产的单属性效用(Single Attribute Utility,SAU)函数,然后将这些 SAU 组合成整体 MAU 函数。这在实践中相对比较复杂,它依赖于通过经验输入定义的决策标准,但是程序能够进行基于客观情况的资金分配。

15.3.5 优化中的遗传算法和神经网络

遗传算法时常被应用于解决优化问题[Baucr 94],它们对候选解使用一个搜寻的启发式教育法来建立新的群体。对每一代群体中的每一个个体,都用一个适应度进行评价,在当下这代群体中随机筛选出新的一代群体,依次循环,直到适应度达到最优解的要求。

神经网络则是另一种被广泛应用于最优化或近似优化领域的工具[Reed 99]。它们由一个非线性数学模型组成,其原理是以神经系统的工作方式为基础的。模型中的简单单元被链接在一起以生成一个综合系统。

15.4 编制预算和财务计划问题

有若干种方法可以用来制定基础设施的预算,包括:

(1)通过往年的情况推导,并根据系统的增加或增长进行调整(如供水网络增长了5%,并根据通货膨胀进行了调整)。

(2)基于需求或状况-响应编制预算(见 13.4 节),即计划会对期望的性能指标或状况做出反应。

(3)基于一个性能期望值或服务指标(随后会变成一种财务计划工具)制定预算。

(4)基于资产网络或系统要达到的一个最佳服务水平来制定预算。

(5)基于由机构规划者或行政人员或经选举产生的机构确定的承担能力来制定预算。

以上所有方法都面临的一个关键问题就是预算是否被分解或分离成不同的开支类别,包括:①维护和修复;②新建;③重建。传统上,许多较大的机构(特别是州交通厅)都已经通过为维护和基本建设设立各自独立的开支计划来运作了。这在某种程度上是一个组织架构问题而不是一个理性的政策问题(即维护部门和计划部门可能都只对自己的计划负责)。在第 13.3 节所述私营化道路网的情况下,这就不再是什么问题了,因为单一的实体(承包商)会对所有的工程负责,并且有能力将预算调至最优。

第 1 种方法,通过外推和微小调整来制定预算,已经广泛应用于道路、供水系统、下水道、公园、建筑物和其他各种基础设施组成部件的维护中。它相对简单,并且使用往年的经验。但它代表的是通常意义上的商业活动,因此可能会包括不是最优的资金使用方法,并且可能会对创新产生不利影响。

第2种方法,基于需求或状况-响应来编制预算,尤其在维护方面,是非常合理的,因为它只涉及需要的开支。但是,它依然可能导致远不同于预算的实际开支。特别是在严重的、不可预见的情况下,诸如一个极寒冷的冬季或洪水灾害期,都可能导致大量的破裂或服务中断而需要额外的维护工作。

第3种方法,基于性能水平期望值编制预算,这可能是非常合理的,而且可以形成一个高度稳定的系统。例如,考虑一个城市的休闲活动路网,用一个范围为0~10的综合状况指数来对其进行评估。图15.2显示了该路网在每年0美元到每年20万美元的4种预算水平下,平均状况指数的变化情况。初始时,4种预算水平下的平均状况指数约为5,随着时间推移,初始的平均状况指数停留在预算水平②(每年10万美元)上。如果该平均状况指数代表的是最低性能期望值,那么每年至少需要在MRR上花费10万美元才能使该路网达到最低性能。

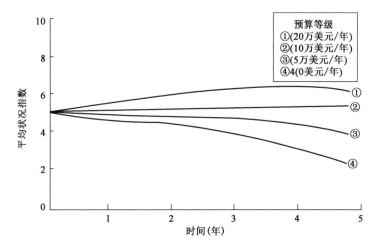

图15.2 在不同的年度预算等级下某个城市的休闲活动路网的平均状况指数的变化情况

第4种方法,制定预算来使某些因素达到最佳,如效益,这可能是最合理的一种方法,但又可能与支付承担能力相冲突。在该方法中,开支会处于使边际效益接近于零的水平。也就是说,增加预算不会增加任何效益,只是一种"镀金"的效果。一个比较恰当的例子就是公路网,即节省车辆运营费的代价是,为使路面更平整或通行能力更强而增加开支。但是,从某种意义上讲,车辆运营成本持平,额外支出将成为"镀金",其效果并不能得到保证。

第5种方法,基于支付承担能力制定预算,这种方法似乎在道路、医院和各种其他公共资产领域中相当流行。但是,如果将支付承担能力设置在一个过低的水平,将会导致严重的问题并使资产贬值。这种方法只会在那些相当富有的机构真正起作用。

15.5 预算分配问题

当不同的功能类别、不同程度的交通状况或用途被包含到同一项分析中时,预算的分配就会变得相当困难。例如,从纯经济角度考虑(即效益最大化),由于交通量悬殊,一个州的交通部门会将预算分配给主要城市中心的高速公路,而分配给低交通量的乡村道路的预算,即便有也是很少的。另一个例子就是，基于总体服务量的考虑，拥有相对较少病人的小城镇医院或偏远地区的医院只能获得最小限度的资金支持。但是在大多数情况下，从政治和社会角度来看，这是不可接受的，因为每个人都有权利得到某个水平的医疗服务。

因此，政策或政治决策通常会保证这些低容量设施有最低限度的服务水平及得到应有的保障，而且会分配部分预算来满足这些目标。这就表明政策决定与经济优选水平交织在一起。

15.6　金融模型

与预算相对应的当然就是金融。显然，预算手段必须基于必要的融资或收入。在公共部门，这通常包括以下一个或多个方面，取决于这个部门是联邦的还是省属的，是国家的还是地方的：

- 相关服务的使用费（如每个月的水费、高速公路的通行费）。
- 财产税（地方部门的主要收入来源）。
- 普通税收（如收入、消费品、燃料等涉及的税收）。
- 来自上级政府的费用（如联邦或省对地方部门的拨款）。
- 其他，如公共资产销售、交通违章罚款。
- 资产公有变为公私合有（PPP），其范围可以从金融到设计，从建造到运营。

最后一方面正在成为世界各地许多领域基础设施的一种选择，可以在各种出版物中发现，包括定期由世界银行出版的出版物，2013年在中国大连举办的首届PPP国际会议论文集以及其他出版物[Haas 13，Queiroz 13]。

经济合作与发展组织（OECD）的一份综合出版物讨论了基础设施的融资问题，特别是绿色城市基础设施。以下工具是适用的：

- 公私合作关系。
- 税务投资财政（通过将来的税收吸引民间融资）。
- 来自开发商的发展变化。
- 贷款、债券和碳融资/碳交易。

国际上有许多公私合营的案例，包括绕行多伦多的加拿大E-407高速收费公路、2012年纽约和芝加哥的基础设施银行概念、国际银行针对非洲国家基础设施提出的贷款公告等。现有大量的文献可以引用，读者叮以通过谷歌或维基百科进行搜索。

15.7　工作计划

一个优先级排序或优选法、不考虑类型的过程，其最终结果将是一份推荐的工作计划。这通常是按照一系列的分段、部件或单元来做的，包括它们的位置、应该采取的行动或措施的类型（如管道换衬和路面处置）及预估的成本。通常，这些行动或措施都会以年为单位来完成。下一个有效的步骤应该是建立一个工作日程表、资源的分配计划（人力、材料和设备）及适应工作计划的质量控制和保证计划。

应该注意到,任何工作计划的质量是和其使用的数据、模型和假设紧密相关的。通常,在制订计划之前可以较好地收集到数据,但是在数据收集期和计划建立期之间,各种状况都可能发生;另外,优先级排序或优选法模型也可能没有覆盖到路网中每个独立分段应该考虑的所有因素。在大型机构里,计划通常是由中心办公室执行的,因此可能需要地方工程师来进行调整,以保证计划的可执行性。基础设施管理系统和优先级排序工作提供了决策支持,但是它们不会做出决定,做决定通常留给决策者或政府部门来完成。

15.8 制度问题

资产管理系统的成功在很大程度上依赖于制度的提出和解析。这也与许多因素有关,诸如地理位置、资产类型、政治管辖权等,以下为大多数公共机构共有的因素:

(1)组织架构:集中与地方性决定;简单与综合组织;内部应用与性能指标;适应变化的能力;资金对结构的影响;系统知识的保留。

(2)组织决策的形成:足够多关于政策、战略、网络和工作水平的信息;风险承担公司;做决策的透明性;长期持续需求的整合。

(3)组件系统的位置:分离的或整体的办公室;沟通渠道;结合度;组件系统特殊性的保留。

(4)技术的使用:保留领域专家;新技术或改进技术对投资的需求或占用;对新技术的评价。

(5)技能:现有经验或培训基础;周期性的升级;未来领袖能力组合;相对外包而言的内部技术或知识要求;对损耗的替换或裁员/人才计划。

(6)在适当资产领域的公私合营;政治和社会认可度;利益相关者的福利和消费;保证合适的商业规则和实践。

(7)资产评估:最合适评估公共设施资产的方法(如市场价值、重置价值、减记重置成本等);对资产市场价值的追踪;与利益相关者的联系。

(8)利益相关者关于资产条件的交流;适当的措施;效率;方法(如网页、定期出版物等);可理解性;对问题的响应。

参 考 文 献

[Antelman 08] Albert Antelman, James J. Demprey, and Bill Brodt, "Mission Dependency Index—A Metric for Determining Infrastructure Criticality," *ASCE Monograph on Infrastructure Reporting and Asset Management*, American Society of Civil Engineers, 2008.

[Bauer 94] R. J. Bauer, *Genetic Algorithm and Investment Strategies*, John Wiley & Sons, New York, 1994.

[Gharaibeh 06] N. G. Gharaibeh, Y. C. Chia, and P. L. Gurian, "Decision Methodology for Allocating Funds Across Transportation Infrastructure Assets," *ASCE Journal of Infrastructure Systems*, American Society of Civil Engineers, Vol. 12, No. 1, 2006, pp. 1-9.

[Haas 94] R. Haas, W. R. Hudson, and J. Zaniewski, *Modern Pavement Management*, Krieger Publishing Company, Malabar, Fla., 1994.

[Haas 13] R. Haas, and L. C. Falls, "Realistic Long Term Warranty Sustainability Requirements for Network Level PPPs," *Proceedings 1st International Conference on Public-Private-Partnerships*, Dalian, China, August, 2013.

[Queiroz 13] Cesar Queiroz and A. L. Martinez, "Legal Frameworks for Successful Public-Private Partnerships," In *The Routledge Companion to Public-Private Partnerships*, edited by Piet de Vries and Etienne B. Yehoue, Routledge, New York, pp. 75-94. http://www.routledge.com/books/details/9780415781992/, accessed April 18, 2013.

[Reed 99] R. D. Reed, and R. J. Marks, *Neural Smithing: Supervised Learning in Feedforward Artificial Neural Networks*, MIT Press, Massachusetts Institute of Technology, Cambridge, Ma., 1999.

[Steinthal 84] B. G. Steinthal, "Infrastructure Maintenance Strategies—Governmental Choices and Decision Methodologies," *Infrastructure—Maintenance and Repair of Public Works*, Annals of the New York Academy of Sciences, Vol. 431, December 1984, pp. 139-154.

[Urban 84] H. P. Hatry and B. G. Steinthal, *Guides to Managing Urban Capital Series*, Vol. 4: *Guide to Selecting Maintenance Strategies for Capital Facilities*, The Urban Institute, Washington D. C., 1984.

第5部分

基础设施资产管理系统的开发、实施和实例

第16章 集成基础设施资产管理系统（IIAMS）的概念

16.1 背景

我们可以为某一特定类型的基础设施建立管理系统，比如路面或桥梁，由此我们可以设想，建立一套覆盖两种或多种类型相近设施的集成管理系统应是可行的。本章旨在举例说明这个设想的正确性，并阐述其成功实现的过程。

在公共或私人机构内使用集成IAMS的目的，是为决策者提供处理好的定量数据，让他们可以用这些数据来检测各种备选方案的效果。集成IAMS所提供的组织方法能帮助他们更有效、更高效地管理基础设施。

管理系统中的各种组成部分已经在许多机构里"生根"了，但机构常常没有把它们按照综合的、系统化的模式协调起来。协调管理子系统可以为推荐候选项目、评估纠正缺陷的不同策略以及评估未来需求的趋势建立规范的程序。为了将这些因素联结起来，集成基础设施资产管理系统（Integrated Infrastructure Asset Management Systems，IIAMS）必须使预测模型具体化，以推测状况趋势、评估需求，以及分析未来投资或编制预算方案。AMS还可以辅助决策者建立短期和长期解决方案。

几十年来，路面管理系统为AMS的发展提供了有价值的重要指引，主要体现在以下三个方面：

1. 州级交通运输系统（如美国联邦政策指南中所述）
- 路面。
- 桥梁。
- 安全。
- 交通堵塞。
- 公共交通运输。
- 联合运输设施。

2. 城市基础设施

除了与州级交通运输系统相同的设施以外，还包括：
- 供水。

- ◆ 污水。
- ◆ 交通信号、标志、标线。
- ◆ 应急服务。
- ◆ 电力。
- ◆ 垃圾收集。
- ◆ 回收。
- ◆ 排水。
- ◆ 停车设施。

3. 主要公共设施——公用的和私有的
- ◆ 机场。
- ◆ 核电站。
- ◆ 炼油厂。
- ◆ 公园和娱乐场所。
- ◆ 其他。

描述了合理的集成系统的框架后，上述三个应用领域将在后面几节讨论。

16.2 集成系统的框架

随着各种决策支持系统的建立和应用，有必要考虑它们可能而且应该被协调起来的方式。同样，还需要考虑如何将这些结果集成到战略规划中，作为应用主管信息系统(Executive Information System, EIS)执行管理过程的一部分。一般来说，已开发的单独系统(如PMS、BMS、ITS、交通监控等)只是在各种系统开发者之间进行非正式协调，集成系统可以弥补缺乏整体协调这个主要的缺陷，并可成为政策制定者的工具，使他们能以经济利益最大化的方式对交通或其他基础设施进行投资。比如说，大多数国家不再在封闭环境下制定交通运输政策，包括美国在内。这些国家的优先事务(如经济发展方面)直接受交通运输战略的影响，反之亦然。

交互方式是分析多准则决策问题的最佳方法，因为它容许直接采用决策者的判断。这样，交互作用就能保证在可行范围内，基于对各种准则相对容许的权衡方案的评估来做决策。多变量分析技术已被开发出来协助分析行业里的这类问题[Hoskins 88, Hsiung 91]。要恰如其分地将实体环境反映出来，需要将足够的结构和细节合并到AMS中，不过数据的详细程度必须有所限制，以减少决策者的负担。

第1章给出了一个普通的基础设施资产管理系统的总体框架图(图1.7)。一个使用了最少的假设的IAMS将可以通过整个管理系统或其中任何部分的响应信息的所需技术来进行决策。可以根据定性反应或定量反应对可接纳的合理备选方案进行筛选或排序，这主要取决于可用资料的类型、决策者要求的复杂程度以及管理系统中被重点关注的要点的详细程度。

16.3 管理系统中的共同方面

好的管理系统有许多共同之处，它们都有分析模块、易于更新的中央数据库、兼容的经济分析模型、优化模型,可能还包括基于 GIS(地理信息系统)的图形界面等。此外,基础设施或设施管理系统必须配置改建和养护设备,详见第 11 章。下面分别对这些共同之处作简要的介绍。

16.3.1　中央数据库

一个好的数据库和数据处理系统是任何管理系统的中心。数据库不等于管理系统本身,但它是管理系统所必需的。只有向管理系统提供可用的数据,管理系统才能运行。独立建立起来的管理系统拥有各自的数据库,数据库中通常会出现许多重复的数据项,而更重要的是它们的定位和数据识别很可能是不一致的。数据库必须具备灵活性,这样在升级分析模块组件或添加新组件时,也能对数据库进行更新或修改,以使其能为新的子系统或变动部分提供所需要的数据。数据库还应允许添加新的基础设施类型。数据库设计和开发的详细内容参考第 4 章和第 5 章。

16.3.2　模块分析工具

所有的管理系统都必须具备分析工具,用来处理中央数据库内的有关数据,产生有助于管理的信息和建议。分析工具包括概括统计表和图形的生成、经济分析、效益-成本分析、决策方法、优化过程、统计分析、衰减率分析。集成管理系统应能灵活地使用模块分析工具,而且所使用的分析工具应能随新技术的发展而较容易进行更新。由集成 AMS 统一管理的各种基础设施组成部分,应使用一致的分析工具。这种一致性应包括通用的或兼容的优化方法和寿命周期成本分析方法。

管理系统的模块性要求分析工具独立于数据库。中央数据库中的单位成本资料、衰减率、基础设施类型、功能级别等要保持更新。根据数据需求确定分析工具、执行模型或者进行分析,输出结果后再返回管理系统。在开发新模块时,管理系统的其余部分必须包括三个主要方面(数据库、分析工具和用户界面)。输入数据从中央数据库中提取,分析在子模块程序中执行,控制、交互作用和输出审查则在用户界面执行。数据需求以及界面和输出类型的一致性是维持一个无缝集成的管理系统所必需的。在联合分析中,如涉及多种资产(包括路面、桥梁、标志和安全设施)的高速公路分析,必须合理地使用来自所有系统的通用数据。

16.3.3　地理定位与识别

地理信息系统的出现已有一段时间了,并在世界各地得到广泛应用。所以几乎可以肯定,如今开发的集成管理系统都是包含 GIS 的。GIS 提供了一个连贯、通用的地理数据库位置参考系统,数据空间的可视化以及关于数据库的平台,这将使数据收集、处理和存储中出现的误差和混乱降到最低程度。

16.3.4　用户友好的图形界面

任何管理系统的输出设置对于其能否成功应用都是至关重要的。一长串详细的打印输出或列表数据不便于管理者用来做决策。管理系统的功能包括屏幕上的按钮控件,工作环境的图形可视化,可视化输出和报告,屏幕上的图像、音频和视频及其他实用的改进功能。这样的图形界面不但增强了 AMS 输出结果的应用,还使管理系统的功能更强大,用户更乐于使用。

16.3.5　兼容的效益-成本经济分析

任何基础设施管理系统都需要进行有效的生命周期成本分析或效益分析。同一机构里的所有基础设施子系统的这些分析必须保持一致,比如州、城市、私人企业或机场。使用 AMS 将有助于确保经济一致性,包括单位成本、利益和有效性标准的定义、折现率、分析周期、用户和业主费用的定义、服务标准水平和目标。

16.3.6　资源的全局考虑和配置

如果一个机构有各自独立的管理子系统,就需要在机构内部分别为各子系统分配资源。因此,供水、排水、路面、交通控制、桥梁等的预算是分开制定的。这样一来,即使在某一具体设施上的支出可能达到最优,但总预算仍有可能只是次优的。AMS 应该提供整体的考虑和资源的分配。然而,对于"国家储备"资金项目,如桥梁、安全和其他改进项目,某些约束仍存在。这些可以作为单个子系统中的约束来处理。

16.3.7　养护与设备改建的对比评估

所有设备和基础设施都会退化,直到最终无法满足功能或结构上的使用要求。结构退化会导致安全或运行问题。实体状况差的设施会造成美观、运营和安全上的问题。管理系统必须能够将预算划分为"及时维护"或"需要资金改善"。这需要准确地建模和分析维护活动的成本和效果,以延长设施的使用寿命或更好地进行设施维护,以便将维护成本与资金改善替代成本进行比较。

16.4　PMS 与 BMS 的共同点

美国国家公路合作研究计划选用了最初创立路面管理系统大部分理论的且富有原创性、创新性思想的团队,来从事桥梁管理系统的最初定义研究[Hudson 81,87;NCHRP 73]。尽管具体的细节有所变化,但 PMS 和 BMS 采用的系统技术的概念和程序是一样的。两个系统都可应对机构处理事务的方式的变化,但要求清晰明了地输入参数、应用模型及输出结果。两种系统都需要采用清晰的模型来评价设施的效果和估算费用,还需要一个可以根据成本和效益的关系进行优化的系统输出函数。

实质上,BMS 的建立广泛而有效地借鉴了早期路面管理系统的发展成果和经验。这个经验对于其他单独的管理系统和集成基础设施资产管理系统也是同样适用的。

16.5　州级管理系统

州级基础设施资产管理系统在美国 40% 的州已经处于一个比较高的发展水平。如前所述,路面管理系统的开发和实践在桥梁管理系统的概念和应用开发方面提供了宝贵的指引。其他国家在相关管理系统实施上则进展缓慢。一个集成的系统框架应该为全面的和一致的发展提供保障。16.1节列出的美国联邦政策指南中的6种管理系统,其中任何一种都可以成为IMS总体框架里的子系统。它们能在一个中央数据库上运行,而中央数据库则包含每个子系统的所有数据。

Sinha和Fwa[Sinha 87]概述了一个整体公路管理系统的构想,他们将一个综合公路管理系统想象成一个三维矩阵模型,如图16.1所示。

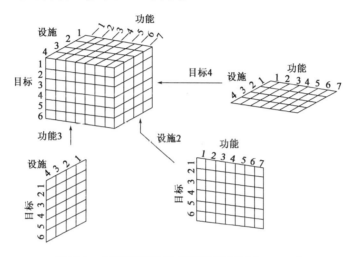

图16.1 公路管理系统的三维矩阵模型结构[Sinha 87]

三维分别指公路设施、运营功能和系统目标。表16.1列出了这三个维度中每一维度的可能元素。所构建的三维矩阵模型表明,公路机构在公路系统中有许多设施需要管理。机构的整体目标可以被清楚地定义出来,机构可以根据实现这些目标所需的工作将管理任务分成运营功能的集合。系统中的每种设施都需要这些运营功能,并通过这些运营功能实现系统的总体目标。从图16.1来看,公路管理过程的本质就是多重目标的实现。

公路管理系统各个维度的元素 表16.1

公路设施维度元素	运营功能维度元素	系统目标维度元素
路面	规划	服务
桥梁	设计	状况
路旁	施工	安全
交通控制设备	状况评估	费用
—	养护	社会经济学因素
—	改善	能源
—	—	数据管理

根据美国联邦政策指南,美国各州最初采用的集成IAMS应该是由以下单独的管理系统(或AMS的子系统)构成的:①路面;②桥梁;③安全;④拥挤;⑤公共交通;⑥联合运输——加上其他可能继续增加的类型。其结构应有足够的灵活性,允许有子系统形式上的变化和模型输入输出上的变化,如有需要,还应允许将一个子系统细分为易于模拟的较小单元。

16.6 市政基础设施资产管理系统

集成基础设施资产管理系统对城市行政机构或地方行政机构有着同等重要性。就一个典型的市政当局所提供的多种服务来说,基础设施资产管理系统可以辅助行政人员和工程师有效地管理和维护公用设施资产。本节描述了已经在具备基本市政子系统的市政基础设施资产管理系统(MIAMS)中应用的框架。为了给出一个广泛的应用大纲,本节将在概念层次上展开讨论。

图 16.2 介绍了得克萨斯州交通厅使用的一种可视化的不同子系统整合和联动的方法。不同子系统交互作用的模型见表 5.1。公共交通、桥梁和路面这三者的管理有着密切的联系。比如,较大的城市中许多主干街道都会受到重载公共汽车的损坏,这就很好地说明了这一点。在都市规划组织(Metropolitan Planning Organization, MPO)的交互作用下,桥梁、路面、交通拥挤、安全和公共交通之间有着很紧密的联系。

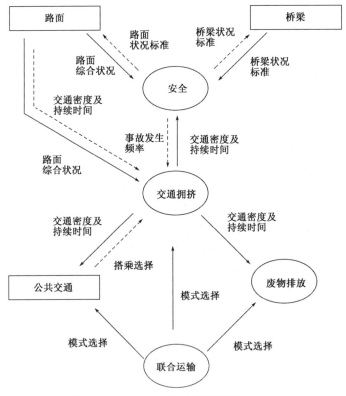

图 16.2 主要的模型整合和联系(依据 TxDOT)

16.6.1 MIAMS 的系统定义

美国公共工程协会(APWA)从公共工程角度提出了城市基础设施的一个定义[Stone 74],如下所述:

公共工程是指由公共机构开发或拥有的,执行政府职能,并提供用水、用电、废物处置、交通及类似服务,能促进完成共同的社会和经济目标的一些实体结构物和设备。

根据以上定义,APWA 进一步列出了 18 种公共工程和环境设施类别。按照产业利益和专业利益集团聚类,市政基础设施可分为如下 6 个类别:

◆ 道路类(道路、街道和桥梁);
◆ 交通服务类(公共交通系统、铁路、港口和机场);
◆ 供水类(供水、废水处理系统,包括排水沟);
◆ 废弃物管理类(固体垃圾管理系统);
◆ 建筑物和户外体育设施类;
◆ 能源生产和配送类(电力和煤气)。

潜在的综合性 MIAMS 和确定的子系统之间的联动关系如图 16.3 所示。

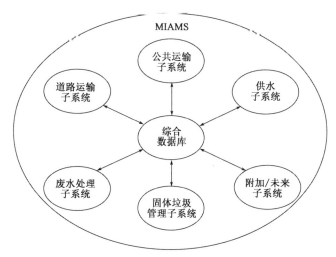

图 16.3　APWA 认可的 MIAMS 及其子系统

几乎所有的城市都在使用这套子系统,而绝大部分或全部子系统都是由市政当局所有或控制的。它们的规模很大,一般需要网络级监管。因此,图 16.3 所示的 6 个最重要的系统,应该在开发初期就被选定。在一个综合的 MIAMS 中,所有子系统都应该被建立起来并整合到总系统中。

系统元素和范围定义完毕后,下一步就是目的和目标的确定。目的可以被定义为一个预期可达到的理想化的"最终状态"。目标(任务)是目的运行的体现。它们必须是可测量的和可达到的,定义的可达到性并没有考虑资源的可利用性和预算约束。就定义来说,目的的本质是全面且广泛的,目标则是为达到某一个目的而需要做什么的明确表述。从具体的每个子系统的目的和目标的定义中,可以透视 MIAMS 的目的和目标,而总目的则是完成共同的社会和经济任务(目标)。

系统开发过程的下一步是建立子系统模型,包括对每个子系统或子系统的基本模型进行构建、标定和确认。设计出来的系统,无须在现实世界的系统里直接试验,就能够对比选方案的效果进行预测。在这点上,应制定预估各种比选方案效果的基本要求。但是在生成备选方案前,需要建立一套标准,以评价比选方案完成目标的程度。

为了便于理解每个子系统的需求、模型、过程等,应为每个子系统建立一些基本系统分析步骤或分析流程图,如图 16.3 所示。

有用且即时的信息的有效收集和传播对任何企业的管理都是至关重要的,要开发一个全面的基础设施资产管理系统,最重要的是建立一个中央数据库,允许信息流在各子系统间往返,或在所需的工作间往返。这样才能为整个 MIAMS,尤其是为每个子系统建立一个更全面、更高效、更及时的信息流。

尽管每个子系统的具体信息需求有所不同,但广义的信息概念适用于所有子系统。首先,每个子系统都需要分段识别信息,如果有一个公共系统能够供各子系统交叉引用则更好。其次,每个子系统都需要关于系统性能和系统需求的历史数据,还需要子系统的特有数据,诸如设计和施工参数、几何数据和维护记录。最后,每个子系统还需跟踪经济效果、业主和用户的使用费用。

设计这些数据需求单元时,需要考虑将它们集成到通用数据库的便利性。为了方便将来的开发,建议将数据分成"必需的"和"期望的"两种。

16.6.2 MIAMS 中的地理信息系统

近年来,地理信息系统已经广泛地应用于各种管理领域,比如自然资源管理、野生动植物保护和环境保护。GIS 已经在基础设施的多个领域中应用,包括交通系统及其组成部分,如路面和桥梁。得克萨斯大学已经开始研究 GIS 在城市道路管理系统中的应用(GIS-URMS)[Zhang 93,96]。这项研究证明了 GIS 作为一个平台在开发集成基础设施资产管理系统方面具有强大的潜力。

地理信息系统是一个用来管理空间描述性数据的计算机数据库管理系统,如图 4.5 所示。该数据库中包含空间分布实体的信息(以点、线或多边形表示),以及用于捕捉、储存、检索、显示、关联和分析定位的及非定位的数据的工具,详见第 4 章。

GIS 有三个要素:地理数据库、属性数据库和地理关系数据结构。

地理数据库有三个固有特征:位置、描述和随时间发生的变化。它的结构形式可以是网格、向量或不规则三角网(Triangulated Irregular Network,TIN)。

属性数据库处理能够识别地理特征的所有描述性非地理信息(变量、名称和特征)。例如,湖泊可以通过其名称、水位、水质、化学成分、盐度、水温等属性来确认。

地理关系数据结构涉及地理信息系统的主要功能之一,即建立地理数据库中要素的位置与其在属性数据库中的相应描述之间的关系。地理信息系统通过地理关系数据结构实现位置数据和属性数据之间的连接。

16.6.3 MIAMS 中央数据库

开发一个全面的城市基础设施资产管理系统,最重要的一个问题就是子系统之间及它们与外界之间的数据交换和通信。数据管理有三种公认的方法:

- ◆ 关系方法;
- ◆ 层次方法;

◆ 网络方法。

到本书的外文版写完为止,可以在微型计算机上使用的关系数据库管理系统有 dBase、FoxPro、Oracle 和 Rbase。关系 DBMS 可以通过公共数据区,如位置标识符、区段标识符或者数据库中的其他数据项,在设定的子系统中进行有效的数据交换和通信。图 4.3 给出了一个可以在 MIAMS 中应用的集成数据库。

16.7 成套设施管理系统

全面的基础设施资产管理系统的第三个重要应用就是"成套设施"的管理。这些设施包括机场、核电站、大型炼油厂等。每套设施都具备一种主要功能,但都需要运行许多单独、独立的子系统。

比如说,一个机场需要道路、停车设施、候机楼、飞机停机坪、滑行道和飞机控制设施。其他所有这种类型的设施都有许多子系统,必须组合起来才能产生所需的效果。在这点上,IAMS 的主要功能是把各个子系统和它们之间的相互关系整合起来。比如说,机场的吞吐量可能受到众多子系统中任何一个的影响,如果通行道路不足或停车空间不足,机场的总容量就会下降。候机楼建筑、登记处设施、行李处理设备、登机口数量、飞机停放设施和空中交通管制设施也对机场有同样的影响。假如以上这些子系统中有任何一个管理不善,就会限制机场的吞吐量。

基础设施资产管理系统的概念应该可以有效地整合机场子系统。乘客也在考虑范围内,因此共用数据库应该包括起飞和降落时刻表,以及相关的乘客到达、交通延误、天气情况、乘客需求和其他因素。

成套设施在某些方面比其他管理系统应用更容易处理,同时在某些方面也会更难处理。易于处理是由于大多数设施位于一个共同的位置,例如机场场地,所以管理起来比较容易。但是当一个机构比如纽约和新泽西州的港务局,要在一个大都市区域内运营三个机场时,情况就会变得复杂了。不过,处理紧密联系的设备的过程,是基础设施资产管理系统的一个很好的应用机会。

至于更难处理方面,不同于诸如路面或桥梁的管理,成套设施的管理包括了那些必须处理的各种各样的困难。在机场,范围包括从地面通道到机场的所有行李处理及复杂的空中交通控制。本章不对这些共同的多种多样的因素作详细论述。但是只要对这些领域的任何部分进行大量的研究和开发,就能充分发挥出统一资产管理系统(Unitized Asset Management Systems, UAMS)的效益。

与 UAMS 概念相关的主要事项,包括在设施内部发掘和利用 GIS 来明确客流和设施的邻近程度。把所有因素联系在一起的关系数据库对成套基础设施管理系统也是至关重要的。

需要能够描述每个单独的子系统是如何运作的模型是 UAMS 的一个重要环节。不过事实上,即使不采用 UAMS,运行某个设施也需要这样的模型。换句话说,建立 UAMS 并不会增加开发这些单独模型的难度。它只是对这些模型的要求更明确了,并且要求管理团队细心地考虑这些单独模型的输入、输出及其相互作用。总而言之,从前面对桥梁管理和路面管理的讨论来看,这种更明确的要求可能会给操作人员造成不便,还可能会给他们带来一定的压力,但由于它要求更详细地考虑主要因素,所以实际上是非常有益的。

总的来说,目前 UAMS 还是欠开发的基础设施资产管理系统,但它的发展潜力巨大。私营公司如沃尔玛(Walmart),就为处理其货物库存和服务开发了一个具有一定技术水平的 UAMS。沃尔玛还研究开发了共用储备配置和通用培训方法,从而使公司在较广的范围内保持同一标准。UAMS 的开发应受到重视,尤其像机场和公园这样的公共设施,以及核电站这样的须重点控制的设施。又比如,UAMS 能对垃圾处理的整体方面做出评价,效果比分别研究单个部分要好。所需的步骤如下:①应用一般管理系统的原则,如本书所述;②定义设施的各个部分;③正确地模拟正在管理的系统;④为系统开发一个特定数据库;⑤评估会出现的问题;⑥建立评估问题的监测方法;⑦按照活动和时间的安排以最大成本-效益方式提出纠正问题的方法。

16.8　实施和制度议题

路面和桥梁管理系统的开发和实施已经投入了相当多的资源。不过,正如许多作者所指出的那样[Smith 91,Haas 94],影响路面管理系统成功实施的最大问题是制度方面的问题。有些机构自 20 世纪 70 年代早期就已经着手开发路面管理系统,但到本书外文版编著时(2012年)该系统仍不能被有效应用。为了保证将来开发的集成系统能真正应用,有必要集中力量解决制度上的问题和打破内部的阻碍。

在这个方面,美国交通部已经取得了很大的进步,但在机场和其他领域却没有什么发展。一个很好的克服了复杂制度方面问题的持续时间较长的案例是 1984 年 Street Saver 为都市交通委员会(Metropolitan Transportation Commission, MTC)建设的 IAMS。特别要感谢 Roger Smith、Sui Tan、MTC 以及其他在本章参考文献中被列出的作者提供的详细的摘要。

MTC 位于有 100 座城市的美国西海岸,是旧金山湾区 9 个县的运输规划、协调与融资的代理机构。它的职责包括州级地方运输规则的制定和联邦级别的 MPO(辖区内有 730 万居民、42600mi 长的地方公路和街道、23 个运输机构以及 7 处收费桥梁)。它的总部位于加利福尼亚州的奥克兰[MTC 12a],并与许多旧金山湾区和加利福尼亚州交通厅的地方性机构合作,它的职责有负责 6500mi 国道的建造、经营和管理。作为地区性的 MPO,MTC 是联邦资金的管理者,并对如何将地方性资金花费于地方街道和道路养护负责。

1981 年,在几个公共工程管理者的倡议下,MTC 开展了一项关于调查在旧金山湾区 1700m 地方街道和道路的维护和修复费用年存在 1 亿美元差额的研究。这项研究预计,在当时的情况下延期维修资金需要的数额在 3 亿~5 亿美元范围内,并且指出地方机构需要一个决策支持系统来管理地方街道和道路的 M&R 需求。这项研究也使得第一个路面管理软件被用于帮助地方机构解决网络级别的 M&R 问题。1984 年,MTC 路面管理程序由六个旧金山湾区的用户为试点启动。经修改和完善它已经能够适应城市和县城的复杂需求,完整的程序于 1986 年开始运行[MTC 12b]。路面管理程序和软件之后被命名为 StreetSaver®,截至本书外文版编著时,其已经被用于旧金山湾区所有的机构及超过 250 家其他美国机构,这些机构多数位于加利福尼亚州、俄勒冈州和华盛顿州。一个用户群仍然在继续提高和完善这款软件及其组件。

作为运行时间最长的市政路面管理软件,MTC 人行道管理程序的成功应用部分是因为 MTC 对用户训练服务、随叫随到服务、预算服务、更新系统服务、连续反馈服务都提供支持

[MTC 12b]。用户界面的鲁棒性、相对简易性、改善的持续性、对软件的支持都使得用户能够在进行路面管理时更有效地操作这款软件。多年之前,MTC设立了路面技术援助计划(Pavement Technical Assistance Program,PTAP)来帮助旧金山湾区的机构实施和维护它们的路面管理程序。开始时实施路面管理程序是最重要的,现在越来越多工作的重点在于保持数据更新并帮助这些机构准备报告和展示设施状态,这样公共工程的人事部门就能向市政局、县部门、MPO或州部门展示道路和街道的M&R需求。实际上的支持由一个有路面管理和路面视察经验并使用过StreetSaver®软件的咨询公司提供。该项目由联邦拨款援助,并每年支持大约50个旧金山湾区机构[MTC 12b]。它包括综合数据质量管理计划[Smith 11],并已经帮助了大量提供路面管理帮助的咨询公司培养旧金山湾区以外的能够使用StreetSaver®软件的机构。

MTC使用StreetSaver®软件及其分析工具进行了大量的需求研究,研究结果已在一些出版物中发表或出版,如2006年的"Bay Area Transportation State of the System"[MTC 06]。一个地方性的街道与道路工作组织在公共工程人事部门成立了,它是更好的街道和道路M&R需求资金的倡导者。该组织为MTC提供道路和街道资金需求方面的建议。在他们以及StreetSaver®路面管理软件的帮助下,MTC为当地道路和街道的需求资金制定了一项地方性资金政策,该政策倡导资金的分配不仅要根据需求,更需根据性能。这项政策鼓励行政辖区致力于路面保护而不是进行一些差的资金分配。不管未来如何,过去几年在地方公路和街道的投资已经增加了6倍,其原因部分是从StreetSaver®中产生的信息以及它的分析[Romell 11]。

MTC的StreetSaver®路面管理系统中的程序和分析工具已经被地方机构、运输规划部门、MPO、联邦机构及私人实体广泛使用,以演示地方道路和街道的资金需求,分析多种投资和分配方法,支持基于资金分配的性能实施。尽管软件的使用并非总是带来资金增加,但它已经带来了独立机构的资金增加,旧金山湾区地方性道路和街道分配的联邦资金增多,对提前防治处理的更多资金分配以及给使用StreetSaver®软件的机构带来了难以直接计算的其他好处。

16.9 综合IIAMS概述

在编著本书时,一套最具挑战性的IIAMS已经在科威特出现[Abdel Kader 96,Al-Kulaib 97]。该IIAMS是为科威特公共工程部和水利电力部开发的,其包括的主要单独系统见图16.4。其中有一些关于系统实施的发布信息,以下列出的信息可以为读者开发自己的系统提供一些指导。

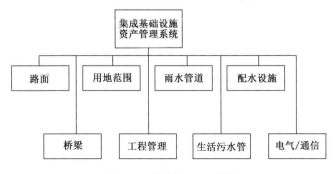

图16.4 科威特IIAMS范围

这是一个很有挑战性的系统,它没有提及训练,但它考虑了由于复杂性、缺乏长期资金、低认可度或缺乏训练而停止运行的可能性。

1. 道路系统

(1) 路面管理系统。

(2) 桥梁管理系统。

(3) 路权特征管理系统(Right-of-way Features Management System,RFMS)。

2. 公用事业系统

(1) 生活污水管网管理系统(Sanitary-sewer Network Management System,SANS)。

(2) 雨水管网管理系统(Storm-sewer Network Management System,STMS)。

(3) 总水管网管理系统(Water Main Network Management System,WNS)。

(4) 电气/通信管理系统(Electrical/Communication Management System,ECMS)。

3. 系统集成

(1) 空间数据管理(Spatial Data Management,SDM)。

(2) 工作管理系统(Work Management System,WMS)。

科威特 IIAMS 的主要特征有[Abdel Kader 96]:

◆ 在数据和用户界面对各个系统模块进行全面的解释;

◆ 使用第四代语言(Fourth-generation Language,4GL)数据库管理器,服从结构化查询语言;

◆ 在客户/服务器环境下运行 IIAMS;

◆ 数据库独立于系统模块,因而客户应用程序可以通过各种 4GL 数据库获取数据;

◆ 客户应用程序可以在系统中使用图形用户界面;

◆ 全面的 IIAMS 数据库,包含所有公共基础设施组成部分的数据域;

◆ 能在集成的全局基础上管理数据;

◆ 有能力生成可理解的表格和图形报告综合集,包括标色地图和数码图像;

◆ 具有安全性,限制用户在若干级别的登录;

◆ 与现有 GIS、管理信息系统、维护管理系统兼容;

◆ 能基于单个的组件系统和多系统来进行网络级分析;

◆ 既能在局域网运行,又能在广域网运行;

◆ 允许以后扩展的开放式结构;

◆ 能在最短响应时间内运行;

◆ 能对每个系统组成部分的状况与性能做单独和整体的评估;

◆ 能为整个 IIAMS 和每个子系统制订优化的多年修复和养护优先级计划;

◆ 能通过工程管理系统,处理服务请求、分析工作负荷、进行性能跟踪和管理工作订单等历史资料;

◆ 能自动调整维护和修复对策,以适应变化的服务水平;

◆ 能自动辨认和评估综合工程(如道路和环境卫生);

◆ 与预算编制过程具有交互性;

◆ 能提供任何单个基础设施的全面集成的、网络级的电子地图,可接入将来的 GIS 接口;

◆ 能用阿拉伯语和英语接收输入数据和生成报告。

像沃尔玛或主要购物中心这样的大公司建立综合管理系统是可行的。如果是这样的话,它们就不会是公有的或私有的。后文第18章列出了这些系统的可能来源。

16.10 规模较小的机构案例研究

16.9节概述了一个从未实施的综合集成AMS,由于领导阶层的更替或可能其综合性过高以至于机构准备不足。它本身就是一个实施的教训。需要记住的是,一个AMS的广泛度与复杂度需要与机构吸收和接收它的能力相匹配。

进一步地,以下为三个实践案例研究,包括美国的一个县与两个更小的城市。它们规模较小,但提供了一个更有针对性的机会。

16.10.1 案例研究1:佛罗里达州皮尼拉斯县

皮尼拉斯县是佛罗里达州人口最为稠密的县,也是一个很受欢迎的度假目的地。皮尼拉斯县的公共工程管理部门对整个县的运输基础设施负责(表16.2)。为了在预算减少时应对人口增长和发展旅游产业的需求,该县的公共工程管理部门实施了一个资产管理系统。

机构的基础设施信息表　　　　表16.2

地理—基础设施—机构			
人口数	100万人	道路长度	1100mi
表面积	607m^2	桥梁数	130座
公共工程数	440个	经营预算金额	大于5000万美元

以下是经管理审计确定的实施AMS的好处:
◆ 能够证实需要的资源,识别需要的工作,开展最佳的工作计划以最大化地利用资源。
◆ 建立自动化系统以告知管理人员有关的工程计划和已经完成的工作。
◆ 当最佳的管理方法已经制度化之后,建立有效的方法以进行工作的计划、预算编制和执行。

该县将维护管理作为首要工作。在经历了一个严格的软件选拔过程之后,该县选择了AgileAssets公司的维护管理软件项目。同时,该县也致力于发展商业实践和政策。该县于2006年10月挑选、购买、配置并安装了一个基于网络的维护管理系统,花费了三个月来建立这项软件的结构。用于交通、雨水、排水、蚊虫控制、植物保护的管理系统被整合进MMS,同时也整合进了GIS、矢量控制、性能和项目计划以及其他系统。该维护管理系统的其他功能包括与其他县系统的数据转换与整合,以及训练位于14个地区的75个系统使用者。

最初,项目实施集中于23项工作活动,花费了80%的资源。截至2010年,已经有超过140项工作由MMS管理。这项方案已经替换了超过40项旧的软件系统与数据库。

现在公共工程完全通过资源、费用、位置和效益来追踪维修工作,包括追踪100%的所有服务需求。另外,每一项设备都被记录,并进行生产力分析以比较实际效益来计划下一步的工作。系统中典型的用户自定义工作指令流程图如图16.5所示。

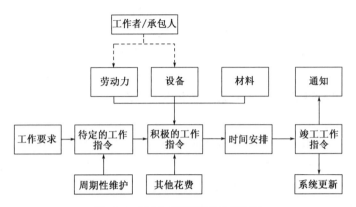

图16.5 用户自定义工作指令流程图

其中,合理管理资源的一项收益就是该县的割草运营提升。其生产力提升的同时需求资源和投诉减少了,如图16.6所示。这些结果都归因于更加有效地利用设备和供给,分阶段的更接近工作需求的供给,建立日程安排,建立质量和数量标准,同行互查以提高积极性并分享已经学到的课程,包括积极的和消极的经历。

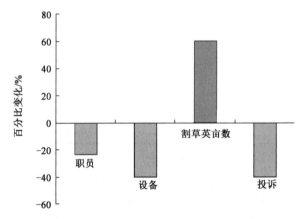

图16.6 有效的资源利用带来的割草方面的提升

在成功地实施了MMS之后,该县又扩展了资产管理的范畴。2009年5月,AgileAssets公司的基于网络的路面管理系统和桥梁管理系统也上线了。通过扩展一个共同的系统基础,该县如今将MMS、BMS和PMS有效地整合到一起并在县级优先权下协调各项工作和活动。在2010年,皮尼拉斯县的公共工程管理部门列出了使用资产管理系统的以下益处[Bartlett 11]:

- ◆ 高级管理、监理以及所有的职工共同参与最佳计划的确定,并通力合作,有着相同的目标,还在组织中形成一种团队精神。新系统也使得合作更为简单。
- ◆ 效率、决策、组织开发、经营责任、计划、报告、信息收集速度以及透明度都在组织中得到优化。
- ◆ AgileAssets公司开发的系统消除了两个其他计算机系统的需求,节省了超过50万美元的预算。
- ◆ 2010年,割草部门通过更好地匹配质量、数量、库存与方法,单独节省了超过170万美元。

- 自从2003年以来,劳动力资源减少了81657个小时和70个设备,而更多的工作却被完成了。
- 完成单位工作每个小时需要的资源从2007—2008年节省了45%。
- 在2004年,来自新系统的年开支节省量预计会在200万~300万美元,但记录的预算节省大于600万美元,同时在工艺改进中还能节省600万美元。

16.10.2 案例研究2:特拉华州纽瓦克市

即使是很小的机构,也能在资产管理中获益。对于仅有很少资源可以利用的基础设施管理小型机构,资产管理尤为重要。也就是说,小型机构必须保证资产管理有效且高效实施。

特拉华州纽瓦克市就是这样的一个例子[Kercher 11]。很多年来,纽瓦克市一直使用一个老旧的基础PMS来管理中心线长度共80mi的街道。每一年,该市都会执行一项路面条件调查,输入数据,并进行维修需求分析。这一调查项目会为每一个管理路段选择最合适的维修措施、计算维修成本,并根据基于简单的通过条件和交通等级这两个主要权重因子确定的优先次序对潜在的维修项目进行排序。

多年以来,路面网络的条件持续下降(即更低的平均PCI等级分数),总的积压维修费用持续上升。2010年,新市长想建立一个能够设计未来网络条件同时最优化地使用有限资源并分析绩效目标的PMS。该市选择了AgileAssets公司的路面分析系统来提供需要的功能。

初始软件项目中的数据包括存货属性、路面条件历史信息、路面类型、危险类型、费用、基础决策树框架。这些数据被直接输入新系统。为了完善新系统的配置,对于定期检修、功能恢复、结构修复和重建这四种维修类型,个体的危险指数和复合PCI被组合建立为一个性能模型的家族。

年度预算编制过程从包含现在和未来工作计划项目的城市预期工作计划开始,然后,进行多约束优化分析,确定不同资金水平和约束条件下的全局网络PCI。一旦筹资水平被确定了,下一个5年的预算工作计划也就形成了。该计划列出了所有项目要素,包括类型、花费、符合约束分析的年维修需求。

城市顾问进行的初步分析的结果清楚地表明了使用能够预测未来状况的软件项目的重要性,更关键的是,展示了其进行优化分析所带来的益处。在每年100万美元的资助水平下进行了一项10年分析,最差优先分析表明网络PCI会从72下降至44。当多约束分析允许软件以最佳的网络收益方案自由地最优化预算时,PCI仅下降至56。更重要的是,维修花费分析清晰地表明了最优化带来的货币收益。对于最差优先分析,积压的维修花费从1400万美元增长至3800万美元,而最优化分析只有3100万美元的积压事务花费。可见,10年期最优化分析减少了700万美元的积压事务花费(图16.7)。

在2010年,多约束分析结果出来之后,城市顾问理事会决定接下来的10年,路面网络不能继续恶化这么多。该市希望路面网络PCI应该增加5个点,达到77个点,并进行了一项未来10年的年出资等级研究以达到目标(图16.8)。市政局认可了为实现PCI在10年内达到77个点的目标所需要的资金增加量。同时,这些分析显示在接下来的10年内全部积压成本将减少到1200万美元,这相比2010年减少了(图16.9)。该市也同意开展路面保护项目以支持最优化的包括大量的表面涂层和薄路面覆盖层的工作计划。

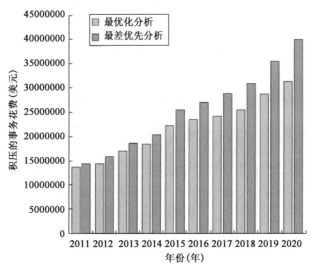

图 16.7　最优化分析减少积压事务花费

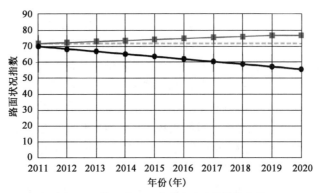

图 16.8　第 10 年 PCI 达到 77 个点的筹资水平

（译者注：原文中无图例，译者认为——为 PCI 逐年变化数据。）

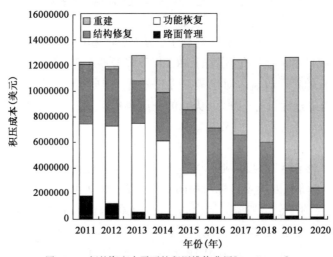

图 16.9　新的资金水平下的积压维修费用[Kercher 11]

16.10.3 案例研究 3：特拉华州威尔明顿市

本案例位于特拉华州威尔明顿市，说明了一个机构是如何计划着将 PMS 扩展到在运输系统之外更广阔的 AMS。

威尔明顿市使用 PMS 来管理中心线长度大约为 165mi 的街道已经超过 10 年了[Kercher 12]。PMS 提供了一份关于使用联合成本进行路面维修的总结报告，该市的市政工程部门希望能够预测短期资金投入所带来的长期结果。同时也想要能够分析和建立绩效目标，故选择 AgileAssets 公司的路面管理分析软件来实现这一功能需求。

该市没有用于路面维修的优先专项资金来源。街道仅仅在资金充裕时才能被重新铺砌，经常存在几年都没有铺砌路面的情况。自从 PMS 开始实施之后，该市证明了恒定资金流的必要性。因此，在接下来的 6 年内，该市分配了超过 1100 万美元的资金来进行路面保护、修复和重建。

系统的最初配置是为了反映原始的路面管理系统设置。然而，在初次实施之后，该市还需要进行包括项目级别修补、分析在内的多个 PMS 的修改。该市自从修埋了一些使用年限超过 100 年的恶化了的排水沟和输水管之后，又进行了大量公共设施修补，一个"显著修补"的分析决策系统产生了。

"显著修补"项目的目的是识别出潜在的能够通过修补特别差的一块或几块区域而获得显著改善的人行道段，而不需要修复整个人行道。为了证明用于"显著修补"的投资是可行的，该市完成了诸如优化工作水平决策树、性能模型、提升规则等一些软件修改。这些修改是提供工作水平情景分析服务所必需的，这样才能收获来自专用的"显著修补"项目的好处。

威尔明顿市的人行道项目还包括对人行道进行其他改进提升，包括 ADA 违规问题、排水系统以及城市所有和私人所有的公共设施等。为了改善短期和长期预算、通信和项目协调，该市试图将人行道管理拓展到更广阔的资产管理中。

城市顾问已经开始将系统扩展到人行道/ADA 提升、公共设施（首先是内部下水管和水处理设施，然后是外部的设施如汽油和电力设施）和排水系统。这在内部将有助于改善通信和项目协调，同时在外部将改善州的 DOT、州运输、当地学区和个休设备公司。

管理系统的行人设备部分包括人行道、ADA 违规问题和缺失的行人设施清单。该系统包含制定动态 ADA 服从过渡计划的功能，这包括坡道、人行道、障碍物、人行横道和公交车站台。将已完成的维修项目以及新报告的 ADA 违规问题输入软件后，将更新过渡计划，从而为工程师和规划师提供最新信息，根据土地使用（密度、分区等）、到学校的安全路线，靠近公交车站和学校等因素对选定的项目进行优先级排序。行人设施管理系统的优点包括：

- 有效且高效地单独开发 ADA 服从过渡计划或结合去学校的安全路线计划进行开发。
- 随着提升的完成自动更新过渡计划。这可以通过将完成了的基本工程项目输入建设历史和完成了的工作指令来实现。
- 工作计划与如人行道、排水系统、公共设施、交通标志、交通信号等关联的资产整合。道路使用权管理系统可以提供有关道路使用权、地役权、公用设施等位置信息，这将非常有帮助。
- 随着联通性工作的完成，关联信息将会被加入积极的人行道设备清单中。

基础设施资产管理系统最初用于处理两类问题：协调街道铺砌和排水系统提升，项目计划内的掩埋式设备维修以及城市设施资产管理提升。设施资产包括水平（线性的）资产，如下水道系统和配水管道系统，以及相关的附属物，如检修孔、阀门、消防龙头、压力释放阀等；垂直的（点）资产包括污水净化厂、泵站、井和高架储油罐。

基础设施资产管理系统的设置遵循人行道管理系统的模型，包括管道和材料类型、决策树、修理类型和性能模型。基础设施资产管理系统与人行道管理系统的主要区别是最小化风险而不是最大化收益（最大化收益是资金最优化情景分析的基本目标）。

16.11 本章小结

关于基础设施资产管理系统还有许多其他的案例可以引用，但是上述这些案例给读者展现了一个可以实现的目标的清晰画面。我们感谢特拉华州纽瓦克市 Kercher 工程的 Alan Kercher 先生提供了他参与的并在参考文献中描述的真实案例。

参 考 文 献

[Abdel Kader 96] M. O. Abdel Kader, and A. A. Al-Kulaib, "Kuwait Integrated Infrastructure Management System," *Proceedings*, *International Road Federation Asia-Pacific Regional Conference*, Taipei, November 1996.

[Al-Kulaib 97] A. A. Al-Kulaib, M. O. Abdel Kader, M. A. Karan, J. Powell, and G. Johnston, "Integrating Road Management with Other Infrastructure Assets Management in Kuwait," prepared for *the International Road Federation XIII World Meeting*, Toronto, Ont., June 1997.

[Haas 94] R. Haas, W. R. Hudson, and J. P. Zaniewski, *Modern Pavement Management*, Kreiger Publishing Company, Malabar, Fla., 1994.

[Hoskins 88] J. C. Hoskins, and D. M. Himmelblau, "Automatic Process Control Using Reinforcement Learning in Artificial Neural Networks," *Proceedings*, *1st Annual Meeting*, *International Neural Network Society*, Boston, Mass., 1988.

[Hsiung 91] J. T. Hsiung, and D. M. Himmelblau, "Development of Control Strategies via Artificial Neural Networks and Reinforcement Learning," *Proceedings 1991 ACC*, Boston, Mass., 1991.

[Hudson 81] W. R. Hudson, and R. Haas, "Development, Issues, and Process of Pavement Management," *Pavement Management*: *Proceedings of National Workshops*, *FHWA-TS-82-203*, Federal Highway Administration, Washington D. C., June 1981, pp. 25-35.

[Hudson 87] S. W. Hudson, R. F. Carmichael Ⅲ, L. O. Moser, W. R. Hudson, and W. J. Wilkes, "Bridge Management Systems," *NCHRP Report 300*, National Cooperative Research Program, Transportation Research Board, Washington D. C., 1987.

[Kercher 11] A. Kercher, "Pavement Management Report," Kercher Engineering Inc., Newark, Delaware, June 2011.

[Kercher 12] A. Kercher, "Expansion of Asset Management for the City of Wilmington," Presentation by Kercher Engineering, Inc., Wilmington, Delaware City Public Works Department, October 2012.

[MTC 06] Metropolitan Transportation Commission (MTC), "Bay Area Transportation State of the System," Oakland, Ca., 2006.

[MTC 12a] MTC Homepage, "About MTC," Oakland, CA. http://www.mtc.ca.gov/about_mtc/about.htm, accessed December 18, 2012.

[MTC 12b] MTC, "Pavement Management Program (PMP) Homepage," Oakland, CA. http://www.mtc.ca.gov/services/pmp/, accessed December 18, 2012.

[NCHRP 73] W. R. Hudson, and B. F. McCullough, "Flexible Pavement Design and Management—Systems Formulation," *NCHRP Report 139*, Highway Research Board, National Research Council, Washington D. C., 1973.

[Romell 11] T. Romell, and S. Tan, "Performance-Based Accountability Using a Pavement Management System," *8th International Conference on Managing Pavement Assets*, Santiago, Chile, 2011.

[Sinha 87] K. C. Sinha, and T. F. Fwa, "On the Concept of Total Highway Management," *Transportation Research Record 1229*, Transportation Research Board, National Research Council, Washington D. C., 1987.

[Smith 91] R. E. Smith, "Addressing Institutional Barriers to Implementing a PMS," *Pavement Management Implementation*, American Society for Testing and Materials, Philadelphia, Pa., 1991.

[Smith 11] Roger Smith, Sui Tan, and Carlos Chang-Albitres, "Distress Data Collection Quality Management in a Regional Agency," *Eighth International Conference on Managing Pavement Assets*, Santiago, Chile, 2011.

[Stone 74] D. C. Stone, *Professional Education in Public Works/Environmental Engineering and Administration*, American Public Works Association, Chicago, Ill., 1974.

[Zhang 93] Z. Zhang, W. R. Hudson, T. Dossey, and J. Weissman, "GIS Applications in Urban Roadway Management Systems," Center for Transportation Research, The University of Texas at Austin, Tex., April 1993.

[Zhang 96] Z. Zhang, "A GIS Based and Multimedia Integrated Infrastructure Management System," Ph. D. Thesis, The University of Texas at Austin, Tex., August 1996.

第17章 可视化IMS：一套可实施的公共设施资产管理系统及应用

17.1 引言

前面的章节讨论了公共设施资产管理系统的各个概念和各组成部分。但是，要使IMS带来实实在在的效益，最重要的是运用这些概念并把这些组成部分集成到一个有效的实施性系统中。尽管在其开发初期，没有哪个IMS的综合实施性能是完美的，但关键是先要开始，然后才能对它进行后续改善。

本章本应该解释当下（截至2012年）资产管理系统或者基础设施资产管理系统的工作细节，但是这不可能做到，因为最好的、最广泛运用的系统是私人拥有的，其运营细节是不能透露的。因此，本块内容分三个部分：①我们将描述一个已公开的工作制度，即可视化IMS[Zhang 96]，向读者说明AMS/IAMS的各个部分是如何工作的；②我们将提供给读者一份已知的约在2012年的AMS/IAMS卖主清单；③我们将详述三个最知名和最成功的供应商，包括来自已知客户和供应商来源的信息。后两部分将会在第18章中讲述。

因此，本章将介绍在奥斯汀市得克萨斯大学开发的一个实施性的可视化IMS，它基于GIS平台，并整合了多媒体[Zhang 96]。下面将介绍可视化IMS的总体描述、主结构和主要运行功能，同时还提供了一些数据流程图和计算机操作窗口图。

17.2 可视化IMS的总体描述

可视化IMS是一个基于GIS、集成了多媒体的公共设施资产管理系统，最初主要是公共工程机构为自身应用而开发的。目前它包括三个子系统：道路系统、供水系统和废水系统。可视化IMS的主要目的在于对输入数据进行一系列合理、有效的分析，以求用最低的总成本就能有效地将有关的公共设施维持在指定的最低服务水平以上。可视化IMS是用Avenue程序开发的，它使用一种面向对象的GIS编程语言，能处理数字数据和图形对象。可视化IMS可在Windows环境下运行，在该环境下友好的用户图形界面使操作更加方便。它可以作为IMS单独运行，也可以用来改善其他IMS的用户友好性和可视化。可视化IMS和其他决策支持系统的主要区别在于,可视化 IMS 集中利用了 GIS 和多媒体技术的优势,能够直观地处理多样化的数据和信息,对它们进行空间分析,并输出图形结果。

可视化 IMS 的运行分成两部分:①基于决策模型的分析运算;②基于 GIS 和多媒体整合的可视化运算和绘图运算。

17.3 可视化 IMS 的分析运算功能

可视化 IMS 的分析运算功能分为 6 种类型,分别用 6 个模块来执行:①数据库;②模型设置;③性能评估;④规划;⑤预算分配;⑥近似性分析。图 17.1 说明了 6 种分析运算功能类型和每种类型下的具体功能。对于前 4 种类型,每个子系统(道路、供水或废水)都有各自对应的模块。预算分配和近似性分析模块是对整个系统而言的,每个模块中都分别包含三个子系统。

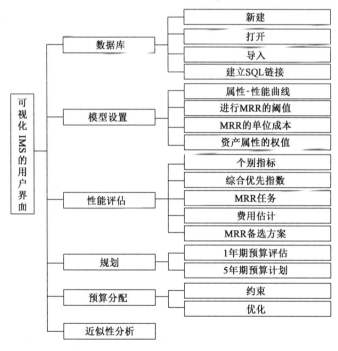

图 17.1 可视化 IMS 的 6 种分析运算功能(参照[Zhang 96])

17.3.1 数据库及数据输入

数据库是所有决策支持系统的关键组成部分,比如可视化 IMS。可视化 IMS 程序需要 5 组输入数据:①地理数据,用来确定特定基础设施特征的坐标方位;②基本信息数据,提供现有实体基础设施特征的技术档案;③状况数据,进行有关性能的各种评估和分析时必不可少的数据;④政策和成本数据(依照权重系数和单位成本);⑤多媒体数据,诸如视频和图像,对基础设施状况进行可视化时使用。

准备所需数据库的方法主要有两种:第一种是将现有数据库转换成可视化 IMS 兼容的数据库;第二种是建立新的数据库,并将收集好的现有数据输入进去。可视化 IMS 的标准数据输入窗口如图 17.2 所示。为经济起见,在进行现场数据采集前,用户应检查现有数据库,看它能否被可视化 IMS 所用。由于拥有开放式的数据导入导出界面,可视化 IMS 能加载各种各样的现有数据。可视化 IMS 还可以通过它的 SQL 链接,获取存储在其他 SQL 兼容数据库中的数据,如图 17.3 所示。

图 17.2 可视化 IMS 的标准数据输入窗口(参照[Zhang 96])　　图 17.3 建立 SQL 链接以获取数据的示例(参照[Zhang 96])

17.3.2 模型设置

如前所述,可视化 IMS 被设计开发为通用系统,而不是具体的应用系统。在可视化 IMS 中使用的模型基本上都是通用模型。当这些模型使用默认参数时,用户应多加注意,这一设置的目的就是让用户用当地的经验和实践来标定或替换模型的默认参数和曲线。在模型的设置中,以下曲线和参数是需要经常修改或更新的:①基础设施属性值与标准化性能值之间的隶属关系曲线;②需要进行 MRR 的性能阈值;③MRR 的单位成本;④资产属性的权值。可视化 IMS 的用户友好的图形模型编辑器使模型设置的过程更为简便,如图 17.4 所示。用户能通过图形模型编辑器在计算机屏幕上交互式地修改模型曲线。

17.3.3 性能评估

性能评估的主要用途之一就是选择和排序拟进行 MRR 的候选项目[NCHRP 79,Haas 94]。评价模型所需的输入值包括:①资产的属性测量结果,如道路子系统中的路面状况指数;②MRR备选方案的单位成本;③可用预算。图 17.5 举例说明了根据综合优先指数(Overall Priority Index,OPI)选择 MRR 候选方案的过程。综合优先指数模型是考虑对 MRR 决策过程有重要影响的属性进行加权综合而产生的。MRR 候选方案选择就是从 OPI 评估开始的,故需要使用到 OPI 模型和属性数据库里存储的状况数据,然后根据基础设施状况指标值确定每个 MRR

分段的维护和修复措施的级别,再计算每个分段指定的 MRR 费用。

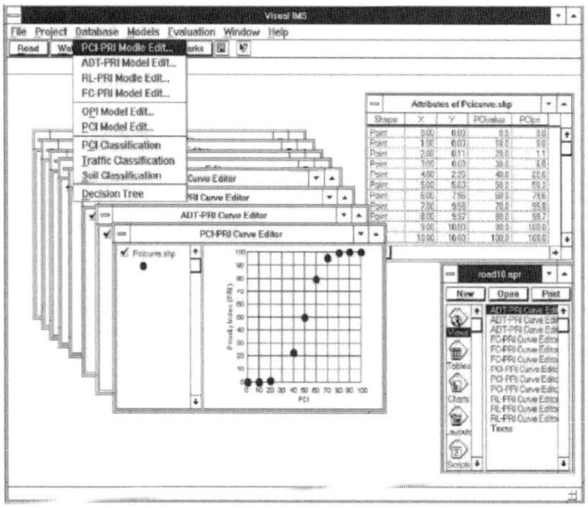

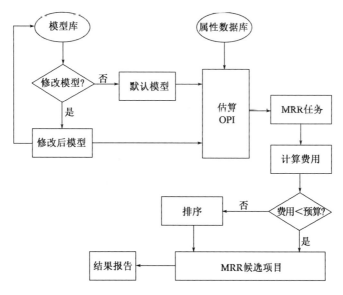

图 17.4　可视化 IMS 的图形模型编辑器(参照[Zhang 96])

图 17.5　MRR 候选项目选择过程(参照[Zhang 96])

如果所有分段的总估算费用没有超出可用的预算指定,就可以根据各分段的需求对它们进行 MRR;否则,就要根据它们的 OPI 值对 MRR 分段进行优先级排序。通过向列表中添加下一个优先级较高的部分,直至达到预算限制,从而得出最终的 MRR 候选项目表。

17.3.4　预算规划

预算规划是建立在基础设施性能指标(Performance Index,PI)和性能预测模型的基础上的[Zhang 96]。图 17.6 显示了预算规划的分析过程。算法首先计算每个基础设施系统性能的长度加权平均值,然后将计算所得的 PI 平均值与用户期望的 PI 值相比较。如果计算的 PI 值低于期望的 PI 值,算法就会继续进行 MRR 任务分配、费用计算、项目分段优化,并重新估计 PI

值,而总成本将会被写进输出报告。如果计算所得的 PI 值比期望 PI 值高,算法直接开始预测下一年的 PI 值。这个过程会不断重复,直到进行至 5 年规划期的最后一年为止。图 17.7 举例说明了一个 5 年预算规划分析的标准输入和输出数据。

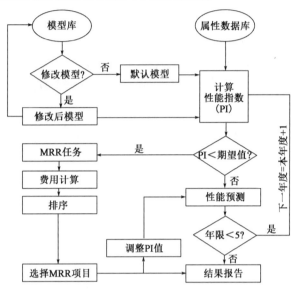

图 17.6 预算规划的分析过程(参照[Zhang 96])

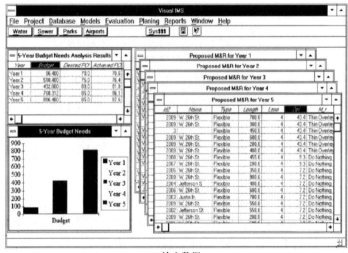

a)输入数据

b)输出数据

图 17.7 5 年预算规划分析的标准输入和输出数据(参照[Zhang 96])

用户输入在规划期内的期望平均性能水平,输出数据包括 MRR 候选项目和达到指定性能所需的预算。年度预算以表格和图形形式输出。

17.3.5 预算分配

预算分配模块的目标是在限定可用预算的约束下使基础设施系统的整体性能达到最优[Aguilar 73]。优化预算分配的分析过程如图 17.8 所示。预算分配的分析是基于存储在模型库里的一组曲线进行的,每条曲线分别描述了特定基础设施子系统里可用预算级别和对应性能级别之间的一种关系。这些关系曲线是根据属性数据库中的设施状况数据建立起来的,当状况数据改变时,这些曲线也需要重新标定。为了确保具体的子系统至少能获得最低额的资金,用户可以为每个子系统规定一个最低预算级别。当然,最低预算的总额不得超出可用预算总额。然后优化算法就会进行分析,并报告结果。基础设施不同子系统间进行优化预算分配分析所需的标准输入和输出数据如图 17.9 所示。

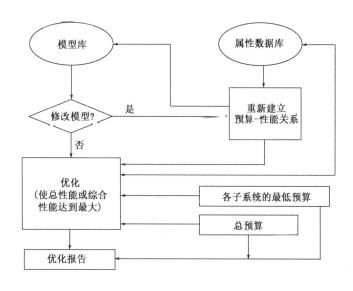

图 17.8　优化预算分配的分析过程(参照[Zhang 96])

17.3.6 近似性分析

近似性分析是可视化 IMS 最重要的空间分析功能之一,其目标为提高 MRR 的整体效益。实现这个目标最有效的途径,就是将有关基础设施系统的所有 MRR 工程都按系统化协调的方式安排。按这种方法,能规划好所有位于同一地理位置的 MRR 工程,并按最有效、最经济的顺序共同实施。例如,任何与废水管道有关的问题都应在 GIS 部分加铺之前加以识别和修复。近似性分析需要输入以下数据:①地理数据,描述所涉及的基础设施的几何位置;②从评价模块中获得的 MRR 候选项目。近似性分析的输出就是那些设施的 MRR 状态特征,这些特征都与被安排进行 MRR 的特定设施相关。

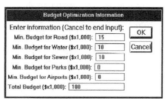

a)输入数据

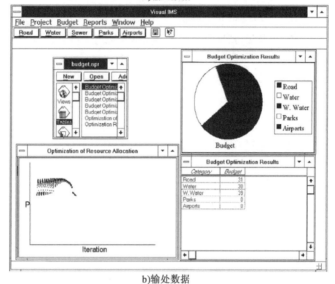

b)输处数据

图17.9　优化预算分配分析的标准输入和输出数据(参照[Zhang 96])

17.4　可视化 IMS 的操作与绘图操作

可视化操作与绘图操作是可视化 IMS 的另一个重要部分。它增强了分析运行过程,并支持分析结果的演示。能够应用于基础设施管理的可视化操作与绘图操作功能可分为 6 种,如图 17.10 所示。

①地图显示:包括非常广泛的图像运算操作,比如放大地图的某个指定部分,以便更近距离地观察设施的某些特性,以及编辑图例以获得最佳视觉效果。可以通过图像添加/删除功能将新的设施系统添加上去。为了更好地表达,还可以进一步对属性数据进行分类和按颜色编码,如图 17.11 所示。

②特征选择:允许以对话的形式选取设施的某些特征进行分析,可以通过鼠标单击目标框选取与图像相关的表格记录或用查询操作来进行选择。

③空间查询:用来检查与指定的某种设施属性或一组属性有关的信息是否满足一定的标准。比如说,复杂查询构造器可以帮助用户找出 PCI 值小于 55 且年平均日交通量大于 35000 的所有路面,并将它们特别标识出来。

④空间分析:"主题中主题的选择"和"空间联结"是可视化 IMS 中可用的两种空间分析功能,前面讨论过的近似性分析模块就是基于"主题中主题的选择"建立的。

⑤多媒体链接:允许在相应的设施图像特征上添加多媒体信息,如视频、音频、图像和文本。进行屏幕查询时,可同时获取和使用附加上去的多媒体信息,如图 17.12 所示。

⑥地图生成:有效地呈现分析结果是可视化 IMS 的重要功能。在可视化 IMS 中,分析结果和有关信息能以表格、图表、地图以及定制版面的集合形式等格式输出。最终文档可以图形文件导出或打印。

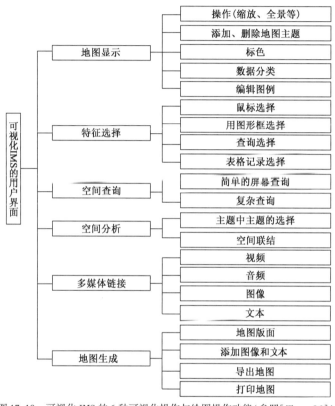

图 17.10　可视化 IMS 的 6 种可视化操作与绘图操作功能(参照[Zhang 96])

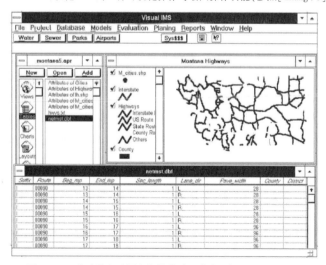

图 17.11　公路基本地图和相关的路面信息(参照[Zhang 96])

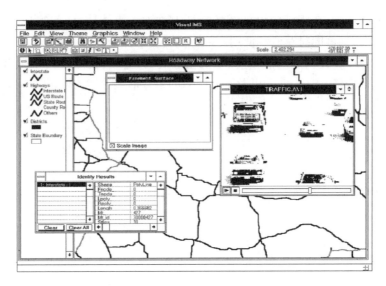

图 17.12　可视化 IMS 的多媒体信息显示功能(参照[Zhang 96])

17.5　硬件、操作系统和存储器

要想在个人计算机(Personal Computer,PC)上成功安装和运行可视化 IMS,个人计算机必须满足最低配置要求,且在要求的操作系统下运行,还有足够的硬盘空间、随机存取存储器和虚拟内存。下面是对这些要求的介绍:

硬件要求:包括计算机的 CPU、硬盘、显示器、定点设备、声卡和扬声器。

- ◆ 计算机 CPU　计算机必须与 IBM 兼容,并至少具有 80386 或更高型号的微处理器,还应配备一个硬盘和一个媒体/磁盘驱动器。
- ◆ 硬盘　可视化 IMS 的安装至少需要 20MB 硬盘可用空间。
- ◆ 显示器　需要视频图形适配器(Video Graphics Array,VGA)或更高分辨率的显示器。
- ◆ 定点设备　需要一个微软鼠标或兼容的定点设备。
- ◆ 多媒体设备　如果用户想使用可视化 IMS 的所有多媒体功能,就需要正确安装并配置声卡、CD-ROM 和扬声器。

操作系统要求:为了在 PC 上运行可视化 IMS,需要采用 MS DOS 5.0 操作系统或其更新版本,或采用如下 Windows 操作系统之一:Microsoft Windows 3.1、Windows for Workgroups 3.11、Windows NT 3.1 或其更新版本。

存储器要求:至少需要 8MB RAM 才能运行可视化 IMS。但是,建议使用 16MB 或更大容量的 RAM 来进行更高效的操作,特别是当用户希望同时使用可视化 IMS 运行其他应用程序时。另外,至少还需要 12MB 的文件交换空间作为永久或临时虚拟内存。

注意,上述配置只是单机 PC 运行可视化 IMS 所需要的。在分布式网络上运行可视化 IMS,如局域网环境,所需的软硬件要求将会有所不同。

17.6 用户培训

GIS 平台和多媒体集成渠道的特性使可视化 IMS 的操作比一般的 PC 程序要复杂,因此有必要对用户进行适度培训。GIS 的基础知识将有助于用户理解可视化 IMS 的概念和原理。

据估计,具有一般计算机知识水平(即了解 Windows 操作系统并知道如何运行 Windows 应用软件)的工程师需要接受两天的培训,才能使用可视化 IMS 的基本功能进行分析。使用可视化 IMS 的更复杂的应用程序将需要接受额外的培训,这取决于工程师先前的知识水平。

这个早期版本的可视化 IMS 的主要目的是演示在本研究中开发的概念、方法和模型。程序里包含所有的主要功能模块。可视化 IMS 的进一步改善将在后期资金投入后继续进行。

17.7 IMS 的应用

只有运行或应用于解决实际的工程问题,IMS 才能发挥作用。本节介绍关于可视化 IMS 的几个案例。这些案例证明,可视化 IMS 不仅可用作综合性管理系统,还可以用来增强现有的管理系统。其中一个案例还介绍了如何将可视化 IMS 的概念应用到其他管理问题中。

为了测试可视化 IMS 程序和证明前面各章讨论的概念,这里提供了 3 个案例分析:案例分析 1 示范了如何在现有的管理系统中实现可视化 IMS 共同运行;案例分析 2 阐明了如何运用可视化 IMS 的分析功能来解决基础设施管理中的工程问题;案例分析 3 展示了如何将可视化 IMS 的概念运用到其他管理程序中。

17.7.1 案例分析 1:蒙大拿州 TRDF PMS

得克萨斯研究与发展基金会为蒙大拿州开发了一个支持路面管理系统的可视化 IMS,这是可视化 IMS 的一个重大应用项目。如前所述,本案例分析的目的在于演示可视化 IMS 如何和现有的管理系统共同运行,并改善现有系统的用户友好性和可视化功能。

蒙大拿州使用的 TRDF PMS 基于 Windows 平台系统,由一个与 SQL 兼容的数据库管理系统,即 Powerbuilder,开发而成。尽管 PMS 能进行各种复杂的路面管理分析,但它没有 GIS 界面,而用户却越来越需要能提供图像描述分析结果的 GIS 界面。这个案例分析的主要任务包括:①开发可视化 IMS 与 TRDF PMS 之间的交互界面;②为蒙大拿州道路体系建立基本地图;③将路面属性数据记录和对应的地图特征关联起来;④集成多媒体数据。该案例中使用了台式电脑和便携式电脑或笔记本电脑。

17.7.1.1 可视化 IMS 和 TRDF PMS 之间的交互界面

建立前述界面的主要目的是方便两个计算机程序之间的数据通信,实现途径有两种:第一种是将 TRDF PMS 的分析结果导出为 dBase 文件,由可视化 IMS 直接读取。第二种是在 TRDF PMS 数据库和可视化 IMS 之间建立 SQL 链接,使 IMS 可以直接检索 PMS 分析的结果表。

17.7.1.2 基本地图绘制

蒙大拿州基本地图的绘制采用了"国家交通地图集数据库:1995 年"(National Transportation Atlas Data Bases:1995,NTAD-95)。NTAD-95 由 DOT 的交通统计局建立并免费运行[US-DOT 95]。NTAD-95 中的原始数据以固定数字格式的 ASCII 文本文件存储,任何 GIS 软件都不能直接读取这种格式。为了解决这个问题,编写了一个计算机程序,从 ASCII 文件中提取出描述蒙大拿州高速公路网络的经纬度坐标数据,并将提取出的坐标数据重写为另一个 GIS 可读取的文本文件,如图 17.13 所示。

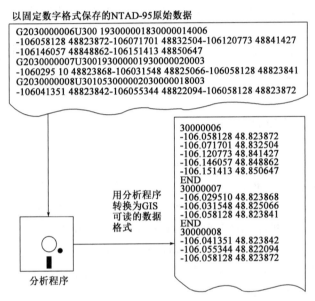

图 17.13　由 NATD-95 到 GIS 可读格式的转换

17.7.1.3 将路面属性与基本地图特征关联

在蒙大拿州 TRDF PMS 的分析结果中,路面截面用里程碑法表示。分析结果和与其对应的地图特征之间的关系是通过根据路面数据表的里程碑为其创建一个通用 ID 来建立的。然后,使用通用 ID 将路面数据连接或链接到基本地图上的相应区域。

17.7.1.4 多媒体数据

这个案例分析中还配备了一些多媒体数据,包括:①AVI 格式的交通视频数据;②BMP 格式的路面图像;③WAV 格式的声音解说数据;④TXT 格式的信息汇总数据。

17.7.2　案例分析 2:分析功能

在案例分析 1 中,对问题的分析主要是由 TRDF PMS 处理的。因此,案例分析 2 的目的是证实可视化 IMS 分析一些常见问题的能力。由于时间和资源的限制,案例分析 2 中采用的数据是近似数据,不是真实数据。基本地图上的基础设施特征是通过屏幕对话数字化产生的,背景是生成的。利用可视化 IMS 数据库模块开发了基础设施状况数据库。在开发的基础设施状况数据库中,对所有 6 类分析函数进行了测试。图 17.7 给出了一个典型的 5 年预算规划分析投入和产出的例子。在分析的案例中,输入是用户在规划期间预期的平均表现水平;输出包括 MRR 候选项目(突出显示的记录)和达到指定性能所需的预算。年度预算的产出以表格和图表两种形式列出。根据本案例研究的结果,所有功能模块都产生了合理的结果。

17.7.3 案例分析3：科布县交通局的概念性 IMS

案例分析 3 是由得克萨斯研究与发展基金会进行的,是对可视化 IMS 概念的直接应用。1995 年 12 月,科布县交通局(Cobb DOT)提议为其地面交通网络开发一个运输管理系统(Transportation Management System,TMS),要求在 TMS 中包含以下 6 种管理模块：

(1)道路基本信息模块;
(2)交通拥堵模块;
(3)桥梁养护模块;
(4)路面管理模块;
(5)交通信号模块;
(6)工单调度模块。

由于这 6 个模块必须在一个主系统下集成和运行,因此决定使用 GIS 作为集成平台。案例分析 3 的目标是为 TMS 进行概念设计。在对科布县的 TMS 要求进行分析后,我们发现可视化 IMS 的构想和框架非常适用于 TMS 的开发。因此,开发了应用于科布县交通局的可视化 TMS 概念模型。图 17.14 给出了为科布县交通局设计的可视化 TMS 的主要功能模块及其相互关系。

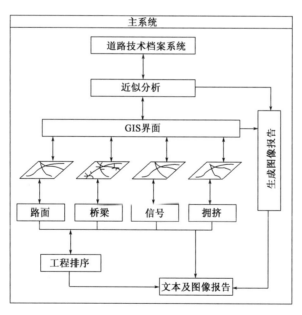

图 17.14　为科布县交通局设计的可视化 TMS 的主要功能模块及其相互关系

自从出现可视化 IMS 之后,许多其他 AMS 也被开发出来了,但是这些都是私人所有的,因此具体细节无从知晓。但是可以肯定地说,它们都遵循了可视化 IMS 的概念,因此仍然是可供研究的模型。需要说明的是,在 20 世纪 90 年代或更早开发出的应用软件应该升级,以与后来的操作系统如 Windows 2000、Windows XP、Windows Vista、Windows 7、Windows 8 等兼容。

在下一章,我们将着眼于私人商用现货(Commercial Off-the-shelf,COTS)系统以及它们的开发者和供应商。下一章关于可视化 IMS 概念的知识有助于读者在可能的用途中评估这些 COTS 系统。

参 考 文 献

[Haas 94] R. Haas, W. R. Hudson, and J. Zaniewski, *Modern Pavement Management*, Krieger Publishing Company, Malabar, Fla., 1994.

[NCHRP 79] "Pavement Management System Development," *NCHRP Report 215*, National Cooperative Highway Research Program, Transportation Research Board, Washington D. C., November 1979.

[USDOT 95] *National Transportation Atlas Data Bases: 1995*, BTS-CD-06, Bureau of Transportation Statistics, U. S. Department of Transportation, Washington D. C., 1995.

[Zhang 96] Z. Zhang, "A GIS Based and Multimedia Integrated Infrastructure Management System", Ph. D. Thesis, The University of Texas at Austin, Austin, Tex., August 1996.

第18章 可用的资产管理系统和商用现货供应商

18.1 概述

自从管理系统从人行道管理系统[Hudson 70;Haas 78,94]、桥梁管理系统[NCHRP 87]发展以来,资产管理系统的软件提供方式一般有以下四种:①自行开发;②由单个代理咨询机构开发;③购买和定制现成软件;④从合格供应商处订购商用现货软件或获取其使用许可。

正如预期的那样,在过去几十年中,AMS 软件的开发方式总体上实现了由上文①~④的转变。由于20世纪70年代还没有商业化的 AMS,所以各机构,如得克萨斯、华盛顿、马里兰等地的机构,自行开发了 PMS。逐渐地,一些机构意识到他们内部不具备独立开发 AMS 的能力,于是聘请技术顾问来开发 AMS(如亚利桑那州、堪萨斯州等)。到了1985年,商业系统已经可用,一些机构从 Deighton 和 ARE 公司(现在的 AgileAssets 公司)购买了简易 PMS 安装包。在1995年之后,绝大多数的机构和软件供应商意识到,通过前三种方式获得的软件是静态的,很快就过时了,如同在2005年发布 Windows 5 之后仍然使用旧版 Windows 1 系统。于是,从2000年起,大多数 AMS 软件都通过订购和授权 COTS 获取,可以定期进行改进和模块化更新,没有使用 COTS 的机构一直在苦苦挣扎。鉴于从2000年以来,COTS 已成为大多数新系统的组成部分,故此处主要讨论 COTS 系统,而非前文①~③的 AMS 软件开发类型。实际上机构对内部混合系统的开发已经停滞了[Hatcher 08,09]。机构在实施时与卖主一起开发一个系统,与机构开发并将主要组件输入一个标准系统之间是有明显界限的。后者是一种良好的销售手段,但从长远来看,前者更快捷、更便宜、更好和更多产。

18.2 COTS 资产管理软件回顾

18.2.1 不同资产类型的可用 COTS 供应商

找到了为不同资产类型寻找 COTS 供应商的两种来源,并对其进行了总结。之后,我们从中提取清单,并基于现有来源编制了第三份清单。清单中许多供应商规模都比较小,一些已经被并入其他公司,而另一些则干脆消失了。这些清单为读者提供了一个具有代表性的资源和信息列表,每个潜在用户都可以对其进行研究。

18.2.2 在基础设施资产管理中占主导地位的 COTS

对于我们来说,评价供应商已经超出了本书的范围。事前审查[Brunquet 07,Daisuke 09]显示,有三家供应商在北美洲机构中的 COTS 领域占据主导地位——Deighton、Stantec 和 Agile Assets公司。本书为读者总结了可用的资料来源,提供了适当的参考资料,读者可以从中查找详细信息。

18.2.3 来自加拿大研究机构的相关评价

2007 年,来自里尔中央理工学院的 Juliette Brunquet,一名滑铁卢大学的交换生,与 Ralph Haas 教授一起写了一篇题为《道路资产管理系统软件包的比较评估》的报告。在报告中,她概括了 COTS 的细节并用她的评价方法概述了 COTS 的多项性能。读者可以通过查阅该报告了解更多的信息。

Brunquet 将软件包清单浓缩成了 4 项,分别是 Atlas-EXOR(www.exorcorp.com)、dTIMS Deighton(www.deighton.com)、EMS-WASP-EMSSolutions(www.ems-solutions.com)以及 Agile Assets Management Suite-Agile Assets(www.agileassets.com)。其中,Atlas-EXOR 已经被 Bentley(www.bentley.com)收购。Atlas-EXOR 团队是一个基于 EXOR 的网络管理的合伙企业[Brunquet 07]。由于 EXOR 后来被 Bentley 收购,现在很难知道这个软件的具体适用程度,但值得读者花时间去查找更多的最新细节。

EMS-WASP-EMSSolutions 是一家澳大利亚和新西兰在公共设施产业中应用自己的资产管理软件的实践公司。截至 2007 年,它几乎没有从事关于道路资产管理的工作。然而,正如 Brunquet 所指出的那样,它可能有拓展的潜力,读者可以基于这种可能性实现自我更新。

剩下的两家公司,分别是得克萨斯州奥斯汀市的 AgileAssets 公司和加拿大的 Deighton 公司,它们依旧是资产管理领域的积极参与者。这两家公司都从 PMS 开始做起。AgileAssets 公司在 20 世纪 70 年代以奥斯汀研究工程(ARE)公司的名义被创立,Deighton 公司于 1983 年在 Rick Deighton 的领导下被创立。在早期的路面管理运营之后,这两家公司分别向不同方向发展。ARE 公司更名为 AgileAssets 公司,现在已经开发出了 17 个不同的资产管理软件包,这些软件包对州、县、市的机构都非常重要。它也根据特定客户的需求将这些模块以不同的大小整合进资产管理系统。1987 年,AgileAssets 公司将以前的路面管理系统扩展到了桥梁管理系统[TRDI 96],从那以后又开始不断扩展 AMS。

1983 年,Deighton 公司以一个简单的 PMS 为开端,开始在美国和加拿大的各种 DOTs 中进行小规模的实施。现在在它的软件已经被美国 19 个州的 DOTs 使用,并在 100 多个世界其他地区实施。然而,产品的应用与发展变幻莫测。例如,犹他州最近采用 AgileAssets 公司的 PMS 来补充 Deighton 公司的 PMS,因为它们觉得它们的路面系统需要更好的分析能力和模型性能。印第安纳州采用了 AgileAssets 公司的维护管理系统来与其之前配置的 Deighton 软件协同工作。AgileAssets 公司的 PMS 现在已经在 14 个州以及稍后提及的许多其他地方应用。我们在之后的详细讨论中增加了 Stantec 公司(www.stantec.com)。

18.2.4 道路管理 COTS 系统的目录(第 2 版)

2009 年,Daisuke Mizusawa 与 Sue McNeil 博士在特拉华大学为世界银行完成了一份由日本咨询信托基金资助的报告。表 18.1 列出了报告认为适用于世界银行的 COTS 系统。从清单中可以看出,作者总结了一个包括各种分系统在内的广泛网络,但其或许不能完全满足 AMS 的完整需求。然而,如果读者希望处理路面管理的某一个部分,这个报告是值得深入研究的。

COTS 系统清单[Mizusawa 09] 表 18.1

类别	系统	供应者/开发者	是否适用
路面管理系统	AgileAssets 路面分析师 5.0 版	AgileAssets	否
	道路 AIM	Axiom 决策系统公司	否
	Desyroute	法国桥路中央实验室	否
	HDM-4 2.0 版	HDM 国际	是(但不完全)
	HERS-ST	FHWA	是
	MAECH PMS	数据收集公司	是(但不完全)
	MicroPAVER	美国 Army-ERDC	是
	PAVEMENTtview®	CarteGraph	是(但不完全)
	RealCost	FHWA	是
	RONET	世界银行	是
	SMEC PMS	SMEC	是(但不完全)
	Stantec PMS	Stantec	是
	WDM PMS	WDM 公司	否
桥梁管理系统	AgileAssets	AgileAssets	否
	桥梁 AMS	Axiom 决策系统公司	否
	Exor 结构管理	Exor 公司	是
	NBIAS	剑桥系统公司	是
	PONTIS		是
	RoSy® BMS	AASHTO	否
	Stantec BMS	Grontmij/Carl Bro Stantec	是
综合管理系统	资产管理 NT	AASHTO	是
	资产管理 PT	AASHTO	是
	Confirm	MapInfo	否
	dTIMS CT	Deighton 联合公司	是
	Exor 高速路	Exor 公司	是
	HIMS	HIMS 公司	是
	ICON	GoodPointe 科技	是(但不完全)

续上表

类别	系统	供应者/开发者	是否适用
综合管理系统	INSIGHT	Symology 公司	是
	ROMAPS	Roughton 国际	否
	RoSy® PMS	Grontmij/Carl Bro	是
	SMART	Ramboli	是

18.2.5 可使用系统的更多参考资料

我们也收集了截至 2012 年 7 月各种类型的资产管理软件供应商的详细清单,见表 18.2。我们没有试图去评价这些公司。有的公司在运输等一些领域不是非常活跃,但这并不意味着它们不能提供很好的软件。读者可以通过网络、私人联系方式、产品评价等了解更多的细节。

供应商清单   表 18.2

名称	描述	网址
Accela 公司	聚焦于政府审批项目,但也从事市政资产管理项目	http://www.accela.com/
Advitam	专业从事资产管理的法国公司	http://www.advitam-group.com/
Aegis ITS 公司	专业从事资产管理的法国公司,办公场地在弗吉尼亚州及纽约市	http://www.aegis.com/
Aleier 公司	提供了一个综合的资产管理解决方案,包括其专有的计算机维护管理系统	http://www.aleier.com/
ALLMAX 软件公司	无信息	http://www.appliedata.com/home
应用数据系统公司	无信息	http://www.adsi-fm.com/
Aquitas 方案公司	无信息	
ARA	成立于 1979 年,致力于为国家安全和基础设施等领域的关键问题提供创新性解决方案	http://www.ara.com/
资产管理工程公司	无信息	
Assetworks 公司	30 年港湾管理服务,并拓展到其他资产管理类别中	http://www.assetworks.com/
Axiom 决策系统公司	为城市、县、州的基础设施资产管理提供服务和产品	http://www.axiom.com/
Azteca 系统	Cityworks 授权 GIS 来管理公共设施和进行以土地为重点的资产管理,并经 ESRI 验证	http://www.cityworks.com/
Bentley 系统公司(Exor)	参考 Exor	http://www.bentley.com/
剑桥系统学公司	运输专业公司,在运输领域提供智能的政策和规划解决方案	http://www.camsys.com/
CarteGraph	一个基于云处理的管理系统	http://www.cartegraph.com/
CCG Faster	无信息	http://www.ccgsystem.com/
CFAWinn	无信息	http://www.cfasoftware.com/
CGI(一家擅长资产管理的公司)	提供给政府完整的服务,并专注于基于确定框架的能力提升	http://www.cgi.com/

续上表

名　称	描　述	网　址
中国港湾工程有限责任公司(CHEC)	中国港湾管理系统有限公司专门从事基础设施管理系统的开发与实施	http://www.chec.bj.cn/
Chevin 港湾方案	无信息	http://www.chevinfleet.com/
CIBER®	一个国际领先的有着适用于私人和政府部门客户的先进设备的系统集成咨询公司	http://www.ciber.com/
CIP 计划者	无信息	
CitiTech 系统公司	CitiTech 的管理软件帮助城市和县更有效地管理基础设施资产、部门资源和工作需求	http://www.cititech.com/
Collective Fleet 公司	无信息	http://www.collectivedata.com
COWI	一家北欧领先的咨询公司,在工程、环境科学和经济等领域提供最先进的服务	http://www.cowi.com/
数据转换方案(DTS)有限责任公司	一家针对佛罗里达州 IT 咨询服务的供应商,涵盖的业务类别包括分析和设计、开发和集成	http://www.edats.com/
Deighton 有限公司	以资产管理的定位、分类和所有资产全寿命周期管理以及商业运营为目的,为资产管理公司开发、推广软件解决方案	
Delcan	为集成系统和基础设施提供解决方案,尤其是在运输和水行业	http://www.delcan.com/
设计信息技术	无信息	
DiExSys 有限责任公司	无信息	http://DiExSys.com/
DP 方案公司	无信息	http://www.dpsi.com/
E H Wachs	无信息	
EDI	有良好的客户服务记录	http://www.npedi.com/index
EMA 公司	30 多年来,EMA 一直致力于公用事业、政府和制造组织的技术和业务管理需求	http://www.ema-inc.com/
美国工程管理应用公司	于1991年在马里兰州成立,提供专业的基础设施管理软件服务,并努力弥合技术创新和工业应用之间的差距	http://www.emainc-usa.com/
工程地图方案	无信息	
EPAC 软件技术	无信息	http://www.epacst.com/
ESRI	无信息	http://www.esri.com/
Exor/Bentley	提供了一个完整的基础设施资产管理解决方案	http://www.exorcorp.com/
Fugro	无信息	http://www.fugro.com/
GBA 高级系列	专注于设计、开发和实现 COTS 软件在公共工程和公用事业中的应用	http://www.gbams.com/

续上表

名 称	描 述	网 址
Geo 决策/Gannett Fleming	1995 年以来，Gannett Fleming 在美国和海外提供高质量、全服务、多学科的工程服务和技术创新	http://www.geodecision.com/
Golder 联合公司	一家全球公司，专注于通过专业技术和客户服务提供地面工程和环境服务	http://www.golder.com/
GoodPointe 技术	该公司的管理系统软件帮助公共和私人基础设施的拥有者更有效地迎合管理和维护的需求	http://www.goodpointe.com/
IBM	无信息	http://www.ibm.com/us.en/
InCircuit	企业资产管理方案的供应商，与政府中的管理者一起工作 10 多年	http://www.incircuit.com/
Indus/MDSI	国际公司，集服务性的交货管理方案（SDM）供应商和合并的 MDSI 移动数据方案提供者功能于一体	
Hansen 信息技术	以前，Hansen 信息技术是一个帮助管理超过 450 家政府机构的应用软件的供应商	http://www.infor.com/
Inspect 技术系统公司	无信息	
Intergraph	无信息	http://www.intergraph.com/
ITIS 公司	一家专注于基于运输安全和 ROW 管理的"集成运输信息系统"的 IT 咨询公司	http://www.itis.org.tw/defoult.aspx
JACOBS 工程	无信息	http://www.jacobs.com/
Lawson 软件	无信息	http://www.lawson.com/
Ledge Light 技术公司	无信息	
Lucity	先前的 GBA 高级系列	http://www.lucity.com/
MaintStar 公司	无信息	http://www.mainstar.com/
Maximus	为政府和行业提供一系列独特的服务、产品和解决方案	http://www.maximus.com/
MDS 技术公司	无信息	
MicroMain	通过 CMMS/EAM 和 CAFM 软件的发展和实施为基础设施专业人员和领导者提供了解决方案	http://www.micromain.com/
MMM 集团	因向不同类型的客户提供高质量、高性价比和技术卓越的学科工程解决方案而备受推崇	http://www.3m.com/
Mott MacDonald	一家拥有十亿美元资产的公司，业务涉及交通、能源、建筑、水、环境、卫生、教育、工业、通信等各个领域	http://www.mottmac.com/
MRO	战略资产和服务管理解决方案领域的领先供应商。Maximo Enterprise Suite 是该公司基于 WEB 架构交付的旗舰解决方案	http://www.mro.com/
Opus 国际	国际多学科咨询公司	http://www.opus.co.nz/

续上表

名 称	描 述	网 址
Rauros	一家成立于2002年的咨询公司,与土木工程领域的新技术发展相关联	http://www.rauros.com/quienes_somos.aspx
Riva 建模	主要销售和支持战略性的长期物理资产计划软件,最初名叫 Riva 在线,是一个软件工具包	http://www.rivamodeling.com/
RKV 技术公司	一家为政府和商家提供信息技术解决方案的供应商	http://www.rkvtechnologies.com/
Ron Turley 联合公司	无信息	http://www.rtafleet.com/
SAP	联邦/中央、州/省和地方政府以共享服务交付模式部署 SAP 企业的解决方案	http://www.sap.com/
Sierra 系统	通过提供大范围的管理咨询、项目实施和应用支持服务来为客户服务	http://www.sierrasystems.com/
Stantec	一家加拿大知名的 PMS 和其他咨询服务的供应商	http://www.stantec.com/
Starboard 咨询有限责任公司	无信息	
Sungard 国有公司	无信息	http://www.hteinc.com/
Tata 咨询	来自印度的国际咨询公司	
国际技术联合公司	无信息	
技术联合有限责任公司	美国的一家信息技术咨询公司	http://www.tech-consortium.com/
Timmon 集团	无信息	http://www.timmons.com/
TISCOR	无信息	
TMA 系统有限责任公司	无信息	http://www.tmasystems.com/
全局资源管理	无信息	http://www.trmnet.com/
UR 国际公司	无信息	http://www.urinternational.com
WilburSmith 联合公司	一家基础设施咨询全服务的公司,提供一种特有的规划、设计、征税、经济和与建设相关的综合服务	http://www.wilburSmith.com/
WilsonMiller	无信息	
Woolpert 公司	提供规划、预算、实施、管理项目的咨询服务	http://www.woolpert.com/
WSP IMC	一个提供专业服务的管理和工程咨询公司	http://www.wspgroup.com/
WTH 技术公司	无信息	

基于前面的讨论和作者在资产管理领域的知识,我们将详细讨论以下三个供应商:加拿大安大略湖的 Deighton 有限责任公司、加拿大 Stantec 公司和美国 AgileAssets 公司。这3个公司显然对运输领域的资产管理涉入最深,尤其是在北美。它们在 PMS 领域有更强大的涉入是因为 AMS 在 20 世纪 60 年代末首次出现。还需要注意的是,维护管理系统为发展资产管理系统奠定了坚实的基础,因为大多数的资产都需要维护。AgileAssets 公司具有早期的 MMS 发展历史。

我们将讨论范围缩小到三个供应商并不意味着对其他 COTS 供应商的忽视。通过描述这些供应商,能够很好地阐明机构在采购 COTS 软件时应经历的评估过程。

18.2.6 评估供应商的指导

本书不评价或比较这些供应商。但是,读者可以在评估过程中使用以下指导方针。第一步是联系供应商并登录它们的网站,获得公开的信息。以下步骤可以帮助读者评价潜在的软件供应商。

1. 从公司网站和宣传册上开始,严格地评估它们的要求。
2. 从已经评估和描述了软件的实现和使用的实际用户中获取已发布的技术参考资料。
3. 联系至少 2~3 名现有用户,因为一名使用者可能会满足于现状。任何最近 2~3 年都没有更新的软件都是值得怀疑的。
4. 要求供应商在适当的地点进行详细的软件演示。提前准备好问题并做好应付供应商泛泛而谈的准备。还应该考虑这些问题和相关的关注点,例如:

(1) 系统的细节,包括使用的性能模型。有的 COTS 使用的默认值不适用于你的机构。

(2) 系统是否使用实际优化而不是优先级排序来增加成本效益?"优化"这个词经常被用于掩饰一些方法。

(3) AMS 实际使用的子系统和模型,不是他们宣传的,也不是他们将要开发的,而是指他们实际实现的。

(4) 针对独立的子系统提问,它们是如何运转和集成的?

(5) 如果每年举行一次供应商用户组会议,可以询问并参加的话,在那里你可以与几个当前的软件用户会面并讨论软件。

(6) 获取价格报价和具体包含的模块。不要按照价格购买。一些供应商以低成本提供一个 AMS 框架,然后在一些重要的细节收取额外费用。一般来说,一分钱一分货。

(7) 找出系统输出,与你所在机构的具体需求进行比较。注意增量爬行或诱饵转换。有些卖主售价很低,但鼓励你增加额外的东西,就像一个汽车推销员一样。这可能代价高昂,并且会极大地延迟系统开发。

一些 COTS 供应商声称,开放式架构可以适用于任何类型的资产,从灯杆到车队再到路面部分。其他供应商为个人资产提供完整且可定制的软件。验证性能表现是购买前进行调查的关键。以下各节将介绍三个主要的供应商。

18.2.7 Deighton 有限公司

18.2.7.1 dTIMS CT——Deighton 有限公司

以下信息是从文献[Deighton 10]和两个 AMS 软件的使用者[Hatcher 08,09]中获取的。

Deighton 已经经营超过 25 年,是交通基础设施资产管理的领导者。Deighton 已经从一家为特定用户提供 PMS 应用程序的小型公司发展成一个国际软件开发企业。现在在美国科罗拉多州、康涅狄格州、路易斯安那州、印第安纳州、缅因州、密苏里州、新罕布什尔州、北达科他州、俄亥俄州、罗得岛州、南达科他州、犹他州、佛蒙特州这些州都有这家公司的 PMS 应用。根据这家公司的说法,它的客户想要将 dTIMS CT 的先进功能应用于其他资产,如道路资产、桥梁和地下基础设施。Deighton 与具备其他专业知识的公司有合作关系。

它们声称更多的先进客户正在使用 dTIMS CT,不仅用来管理路面和桥梁,还用来管理安全和交通数据,并将其整合到一个分析网络。这些先进客户是谁、有多少都还不清楚。但能确定的是,其大多数客户仍然仅仅使用 Deighton PMS 模块。它们同时还报告目前 dTIMS CT 被全球 400 多家机构用来管理各种资产。但没有迹象表明这 400 多家机构具体是哪些。

显而易见的是,Deighton 为客户提供了一个有用的 PMS,目前美国 18~19 家机构使用这个系统证明了这一点。Deighton 正在开发更大的资产管理系统。目前尚不清楚的是,这种变化的发展速度有多快,以及有多少机构正在使用多个子系统。从两个已出版的报告和一两次关于 Deighton 系统的单独交流中,我们得到了一些有用的信息,如下所述。

18.2.7.2　科罗拉多州交通部资产管理实施框架

2010 年 9 月,Deighton 向科罗拉多州运输部门提交了一份报告[Deighton 10],这份报告描述了一个资产管理系统实施计划,但关于实施过程的内容在后来的出版物中并未被找到。

虽然 Deighton 的文献揭示了一个完整的资产管理系统,然而在文献[Deighton 10]的多个部分却提出了相反的观点。例如,报告表示"这将使得 CDOT 在将来能够测量和分析资产的安全性和机动性""随着 AMS 的完善,CDOT 将能够同时分析道路、桥梁、结构、涵洞、交通安全等资产并最优化这些资产的预算"。

其他关于 dTIMS CT 状态的声明可以从报告中得到,该报告还阐明了 dTIMS CT 的现状。报告中说:"PMS 将成为 AMS 的基础,而且已经在 dTIMS CT 中实施,因此初期工作非常少,每年的维护也非常少。"显然地,PMS 形成了 dTIMS CT 的基础。"CDOT 的桥梁管理是通过人工检验和使用 PONTIS 及其他软件包的半自动过程来完成的。"

18.2.7.3　总结

因此,虽然 Deighton 的报告表明 dTIMS CT 是一个全面的 AMS,但这似乎没有得到其报告的充分支持。如果 dTIMS CT 被努力开发的话,它有成为一个 AMS 的前景,读者应该意识到 dTIMS CT 现在并没有完全被开发。

18.2.7.4　dTIMS CT 在新西兰的实施

其他关于 dTIMS CT 的概念和详细信息在文献[Hatcher 09]中提供。根据该报告,高速公路局(原新西兰运输局)在国际顾问和其他方面的协助下,在新西兰实施了 AMS。在审查了几种备选方案后,该机构签署了使用 Deighton dTIMS CT 软件的合同。

Hatcher 指出,dTIMS CT 的软件配置"可以由业主承担,但 Deighton 将会提供额外的咨询服务"。不过,Hatcher 的一些论断是错误的。他暗示供应商 AgileAssets 具有硬编码业务逻辑,而 dTIMS CT 可以由供应商 Deighton 及认证顾问提供的软件咨询服务的所有者来配置。上述论断没有认识到,AgileAssets 已多年为各类运输资产的维护提供管理服务,并为道路、交通安全、桥梁等提供单独的管理系统。他认为,dTIMS CT 能够对主干道中的所有资产进行建模。然而,到目前为止,他们的大多数建模都是针对路面和铺面的。

Hatcher [Hatcher 08,09]描述了一些失误和失误,这些失误和延误发生在一个由当地机构和运输机构代表组成的财团试图自己实施 AMS 的时候。他指出一个好的 COTS 软件的价值在于被人们合理地实施,同时理解它的细节和使用,而不是"内部的"实施。Hatcher 表示,"在一个 PMS 中要尽量避免提供限定的答案"。我们并不同意这一观点。

18.2.8　AgileAssets 公司的资产管理能力

AgileAssets 是另一个广泛使用的 COTS 资产管理系统的供应商。它最初为 20 世纪 70 年代的 ARE 公司,然后变为 TRDI 公司,在 1994 年变成 AgileAssets 公司。除了早期的 PMS 实施,它还开发了桥梁管理系统的初步基础概念。

与其他供应商一样,AgileAssets 通常不会分享其软件的细节,但从它的网站(www.agileassets.com)和出版的文献中可以获得很多信息。它的产品概况见表 18.3,其中列出了 16 个分离的可用 COTS 系统。AgileAssets 列出了 34 个使用其软件的机构,其中有 11 个机构使用涉及 3~4 个 Agile 系统的 AMS。

AgileAssets 公司产品概况　　　　　　　　　　　　　　表 18.3

路面分析师(PMS)	安全分析师
桥梁分析师(BMS)	标志管理员
移动程序(现场数据收集)	权衡分析师(跨资产资金分配)
桥梁检测师	信号和 ITS 管理员
流动分析师(交通和拥堵)	系统基础
设施管理者(建筑通信等)	公用事业分析师
网络管理员	电信经理
车队和设备管理员	养护管理员(MMS)

18.2.8.1　AgileAssets 系统功能概述

就像所有的 COTS 供应商一样,AgileAssets 在除了表 18.3 列出的软件以外的内部操作方面,并没有提供特殊的细节,但有一些细节可以从已出版的文献[Hudson 11;Bhargava 11,13;Azam 13]和系统的使用者中获取。爱达荷州的交通部门和 AgileAssets 公司的职员描述了 PMS 和 MMS[Hudson 11]的集成,见图 18.1。

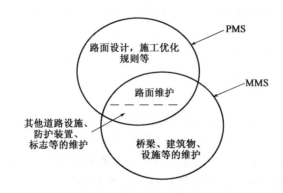

图 18.1　路面管理系统与维护管理系统的集成(参照[Hudson 11])

18.2.8.2 爱达荷州的集成 AMS

文献[Perrone 10,Pilson 10,Scheinberg 10]描述和总结了爱达荷州的 PMS 系统的组件,如图 18.2 所示。特别地,给出了包括 MMS 在内的其他输出系统。

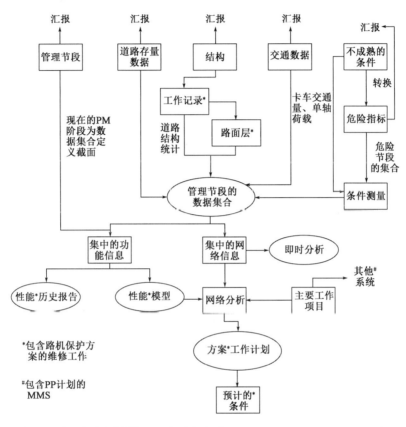

图 18.2 应用在爱达荷州的 PMS 流程图(参照[Perrone 10,Pilson 10,Scheinberg 10])

图 18.2 中列出的 PMS 系统的功能可以分为以下几类:①对软件使用 PMS 数据库中的数据的方式进行配置和控制;②PMS 数据库是从机构的各种组织单元中收集的 PMS 数据的存储库;③提供了用于分析路面性能和优化工作程序的功能;④报告定义了系统使用者展示路面数据和分析结果的方式。

爱达荷州采用了一种具有多约束和多年分析的整体优化方法[Scheinberg 10]。截至 2012 年,美国有 14 个州使用了 AgileAssets 公司的整体优化算法,而其他州则使用其他更为简单的方法,例如增量效益成本分析法、一般性线性规划法和简单排列法。

在爱达荷州实施的 MMS 是一个基于网络的系统,可以提供从战略规划到日常活动的综合资产维护管理功能[Pilson 10]。在其关键概念中,MMS 处理计划、调度、执行和管理机构基础设施资产维护工作。它也能与其他可用模块和外部客户端子系统整合,一起获取聚合数据并提供交易数据。

图 18.3 展示了 MMS 和 PMS 如何为总资产管理系统提供关键要素,以及如何从 PMS 和 MMS 开始,集成到 AMS 的 IDT 框架中迅速发展。

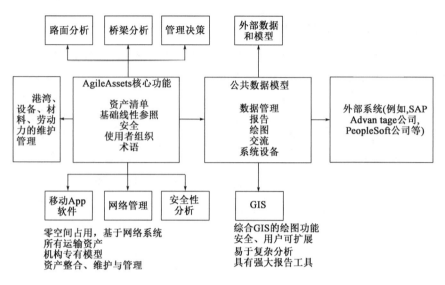

图18.3 资产管理集成的模块化框架(参照[Pilson 10])

18.2.8.3 其他案例

北卡罗来纳州 DOT 已经实施了一个集成的 AgileAssets 系统,包含 PMS、MMS、BMS 和资产权衡分析师(ATOA)[Bhargava 13]。文献[Bhargava 11]介绍了整合的框架和应用,并通过案例研究来揭示维护对网络环境的积极和稳定的影响。在文献[Azam 13]中,同一个团队概述了正在西弗吉尼亚州 DOT 的 SMS(安全管理体系)中实施的网络安全筛选概念。

18.2.9 Stantec 公司

18.2.9.1 介绍

从 Stantec 公司的简介和网站可知,Stantec 是一家由 Don Stanley 博士于 1954 年成立的全球咨询公司,拥有11000名员工,在北美190个地区以及其他国家设有办事处,是一个提供综合解决方案的团队。该公司总部位于加拿大阿尔伯塔省埃德蒙顿市,它为公共和私营部门客户提供从规划、工程和建筑,到环境科学、设施和基础设施项目的广泛服务。简而言之,Stantec 公司的业务贯穿人们的方方面面,比如饮水、出行路线、构(建)筑物、工业以及社区,等等。从本质上说,Stantec 公司致力于建设一个安全、高效、稳定、可持续的基础设施世界。

18.2.9.2 技术

Stantec 采用了大量的工程、建筑、科学和其他技术,基于企业的开放式架构和专用软件包,用于管理单个基础设施资产,包含如下基本功能:

- ◆ 适用于各种资产的数据收集;
- ◆ 状态评估;
- ◆ 数据处理;
- ◆ 地理信息系统;
- ◆ 全球定位系统;

- 基础设施资产性能模型和评价;
- 生命周期分析;
- 软件开发和实施;
- 路面、桥梁、交通、维护、水处理和分配、水管理等管理系统。

在采用这些技术的过程中,需要处理大量的数据。这需要大量的内部计算机设备和专业知识,以及使用外包数据存储和云计算。例如,雨水管理项目涉及详细的 GIS 地图、ESRI 的 Arcview 软件和 GPS 定位,所有这些都与系统运行、系统改进等整体基础设施计划相结合。

18.2.9.3 基础设施部门

Stantec 为以下基础设施部门提供服务:

- 建筑;
- 工业;
- 环境;
- 城市用地;
- 交通(机场、边境口岸、桥梁、智能交通系统、停车场、铁路、公路和高速公路、收费设施和中转站)。

每个部门都有一些子区域,如上述清单所列的交通。它的范围包括工业部门的 9~20 个子域。

访问 Stantec 的网站,任何感兴趣的人点击一个部门,通过在屏幕的底部点击单个照片,可获取示例项目的信息和浏览在该行业的各个领域 Stantec 能提供的服务。

18.2.9.4 重大项目实例

Stantec 在明尼苏达州、新泽西州、南卡罗来纳州、田纳西州和弗吉尼亚州、亚利桑那州的交通部门实施了路面管理。弗吉尼亚州在 2010 年替换了 Stantec。Stantec 还在加拿大几个省和直辖市实施了涉及 6 万多千米公路的路面管理系统[Haas 12]。

以下是一些代表性案例,以说明该公司实施管理项目的基础设施范围:

- 凤凰城水设施清单;
- 巴巴多斯固体废物管理;
- 亚利桑那州水牛野生动物建筑原型;
- 埃德蒙顿国家纳米技术研究所(项目管理);
- 印度纳希克机场设计;
- 科威特综合基础设施维护管理系统;
- 凤凰城水务服务库存;
- 北卡罗来纳州的马文溪社区发展;
- 加利福尼亚州克莱蒙特市停车场结构;
- 麦克唐纳的发展计划,有多个地点(自 1994 年以来);
- 美国 68 号双交叉交换站,列克星敦、肯塔基州。

参 考 文 献

[Azam 13] Md. S. Azam, U. Manepalli, and P. Laumet, "Network Safety Screening in the Context of Agency Specific Screening Criteria," prepared for the *92nd Annual Meeting of the Transportation Research Board*, Washington D. C., January 2013.

[Bhargava 11] A. Bhargava, P. Laumet, C. Pilson, and C. Clemmons, "Using an Integrated Asset Management System in North Carolina for Performance Management, Planning, and Decision Making," paper for presentation at the *91st Annual Meeting of the Transportation Research Board*, Washington D. C., January 2011.

[Bhargava 13] A. Bhargava, A. Galenko, and T. Scheinberg, "Asset Management Optimization Models: Model Size Reduction in the Context of Pavement Management System," prepared for presentation at the *92nd Annual Meeting of the Transportation Research Board* and publication in the *Transportation Research Record*, Washington D. C., January 2013.

[Brunquet 07] J. Brunquet, "Comparative Assessment of Road Asset Management Systems Software Packages," University of Waterloo, Canada, July 2007.

[Deighton 10] Deighton Associates Limited, "Asset Management Implementation Framework for Colorado Department of Transportation," Colorado DOT, Denver, Colorado, September 2010.

[Haas 78] R. Haas, and W. R. Hudson, *Pavement Management Systems*, Kreiger Press, Malabar, Florida, 1978.

[Haas 94] R. Haas, W. R. Hudson, and J. P. Zaniewski, *Modern Pavement Management*, Krieger Press, Malabar, Florida, January 1994.

[Haas 12] R. Haas, K. Helali, A. Abdelhalim, and A. Ayed, "Performance Measures for Inter-Agency Comparison of Road Networks Preservation," Proc., Transp. Assoc. of Canada Annual Conf., Fredericton, October 2012.

[Hatcher 08] W. Hatcher, and T. F. P. Henning, "Lessons Learnt: New Zealand National Pavement Performance Model Implementation," paper presented at the *7th International Conference on Managing Pavement Assets*, Calgary, Alberta, 2008.

[Hatcher 09] A. W. Hatcher, "Highway Agency Integrated Asset Management Program Decision Support Tools-Current State of Art," Summary Report, draft document, August 2009.

[Hudson 70] W. R. Hudson, F. N. Finn, B. F. McCullough, K. Nair, and B. A. Vallerga, "Systems Approach Applied to Pavement Design and Research," *Res. Rept.* 123-1, published jointly by the Texas Highway Department, Center for Highway Research of the University of Texas at Austin and Texas Transportation Institute of Texas A&M University, March 1970.

[Hudson 11] S. W. Hudson, K. Strauss, et al. "Improving PMS by Simultaneous Integration of MMS," presented at the *8th International Conference on Managing Pavement Assets*, Santiago, Chile, November 15-19, 2011.

[Daisuke 09] M. Daisuke, "Road Management Commercial Off-the-Shelf Systems Catalog," Version 2. 0, University of Delaware, February 2009.

[Mizusawa 09] M. Daisuke, "Road Management Commercial Off-the-Shelf Systems Catalog," Version 2. 0, University of Delaware, February 2009.

[NCHRP 87] S. W. Hudson, R. F. Carmichael, L. O. Moser, and W. R. Hudson, "Bridge Management Systems," *NCHRP Program Report* 300, Transportation Research Board, December 1987.

[Perrone 10] E. Perrone, "Bootcamp Training—Pavement Management," ITD MAPS Project, conducted by AgileAssets, Inc. for Idaho DOT, June 2010.

[Pilson 10] C. Pilson, "Bootcamp Training Manual for Maintenance Management," ITD MAPS Project, Version 1. 0, conducted by AgileAssets, Inc. for Idaho DOT, updated January 2010.

[Scheinberg 10] T. Scheinberg, and P. C. Anastasopoulos, "Pavement Preservation Programming: A Multi-Year Multiconstraint Optimization Methodology," prepared for presentation at the *89th Annual Meeting of the Transportation Research Board*, Washington D. C. , January 2010.

[TRDI 96] Texas Research & Development Foundation (TRDF), "Peru Bridge Management System," Ministry of Transportation, Communications, Housing and Construction, Republic of Peru, 1996.

第19章 实施AMS的益处

19.1 介绍

公共基础设施是公民和机构有效管理的主要资产。有的使用"资产管理系统"一词,有的使用"基础设施管理系统",但它们本质上是相同的。本书中使用AMS,但需要强调的是,好的AMS并不是一成不变的。太多人在各种会议上宣传他们正在做资产管理,但实际上他们只是在使用这一概念而非使用具备真正功能的管理系统。AMS要求现在的某些机构改变其观念和日常做法,也就是改变其一贯的模式。改变不是件容易的事,没有人一开始就能适应变化。信息可能在本质上是原始数据,这些数据足够丰富,有时候是廉价且易于获取的,有时难以筛选。通常获得的数据都是海量的,而要获得所谓的情报(指的是那些经过处理、评估且有意义的数据),就比较困难且花费很大,但它们对AMS更为重要。

AMS的模块、方法和程序提供了将原始数据转化为信息和情报的功能,以及为管理者和决策者提供必要的服务。它的目标为降低具体工程的政策风险和预算决策风险。要提供上述功能,必须具备以下几个先决条件:

- 决策者必须了解这项服务的重要性。他们应该能够理解该过程的有用性和局限性。AMS必须是可选择、可用和可信的。但情况并非总是如此,因为用于这一进程的资源往往不足或未获授权。
- 如果是基于可靠的技术和工程信息,并且已经进行了合理的权衡和影响分析,则涉及风险的公共政策最有可能被接受。

大部分人造系统(公共和私人),包括基础设施资产,都是在不确定和有风险的情况下进行规划、设计、构建、运行、修改或修复的。因此,在系统化公共设施资产管理的背景下进行的评估、量化、评价、风险评估及可靠性分析,对合理的决策有关键性的影响。

19.2 质疑公共设施资产管理的缘由

尽管AMS以各种形式存在了20多年,但公共机构的中、高级管理层对它仍有较多的怀疑。以下总结了产生这种怀疑的原因:

- 针对 AMS 的开发、维护和程序更新没有充分的规划和资源配置；
- AMS 的使用者不理解或者不相信这一过程；
- 缺乏适当实施和记录 AMS 的激励措施；
- 对模型的基础性科学研究不够充分；
- 模型的误用或系统的不正确运用；
- 过分强调使用"黑箱"式的电脑程序；
- 模型和方法的泛滥，以及缺乏可用方法的系统清单；
- 对某些 AMS 模型的不合理标定、确认和验证；
- AMS 开发者、用户和受益者之间缺乏沟通；
- 对 AMS 只是"手段"而不是"结果"的认识不足；
- 开发过程中缺乏一支多学科团队，比如说，许多机构没有统计人员；
- 决策者通常不了解 AMS 的优点、缺点和有关限制假设；
- 在早期阶段，缺乏足够的数据来合理运用方法；
- 没有充分地理解 AMS 真实的"成本"和"效益"。

怎样才能着手"推销"公共设施资产管理系统呢？关于 AMS 思想交流的过程与交流的内容同样重要。确定应该改变什么（做什么）要比决定如何改变（如何做）容易。如果要实现应用 AMS 这样的重大改变，就需要在一段时间内谨慎地协调好培训政策、人事和实践方式等方面并有秩序地进行一系列的转变。实现转变的过程和转变本身同样重要，尤其是当希望所进行的转变能够实现和获得应用时。至少 30 年来，人们一直认为，当新的领导者、决策者出现在机构中，他们会接受甚至要求使用现代化的管理系统来帮助他们做出决定。这在 30%～40% 州的 DOT 中已经被证明是正确的。但是，其余的要么忽略 AMS，不使用其分析结果，要么实际上拒绝在其机构中实施 AMS。机构内部对这些失败应用有许多不同的说法。不过 AMS 在许多机构中没有被有效地使用仍然是事实。

组织中存在一些障碍，它们通常阻碍变化，特别是阻碍采用现代系统技术。一个社会系统，例如公共机构，往往倾向于厌恶变化，习惯保持旧的政策和稳定的行动，因为后者被认为是"好的"。重大的改变，比如开发和实施 AMS，会引发复杂的反应。除非准确地确定组织不同部分之间的相互关系，否则组织可能会通过反应或惯性破坏预期的变化。

关于这种惯性的一个重要例子发生在美国一个州的 DOT。该州的立法机关和交通运输委员会任命了一个由高速公路利益相关方组成的一流委员会，委托该一流委员会研究公路质量恶化的问题，并试图为因提高运输网络质量而需要的额外资金或方法提供解决方案。该组织总结了他们为期一年的研究成果，指出该机构需要开发更好的 AMS，包括更好地处理和使用公路状况数据，并将人行道与桥梁管理和拥堵管理整合起来。该机构的回应是建立内部研究机构，并聘请当地大学人才在其现有的已使用 30 年的 PMS 和 BMS 上开发补丁，但是并没有考虑将两者整合，也没有将拥堵和安全管理纳入计划。目前还不清楚，为什么这个机构忽视了来自主要利益相关者和立法机关的指令，但一个可能的原因是与其组织有关。这个国家将其公路管理部门划分为若干个独立单位或部门，各个单位或部门的管理人员在选择本地区的项目时有很大的自主权，可以使用从中央办事处收到的一次性拨款。至少有一些单位或部门，也可能大部分部门/地区管理者希望保留自己在项目选择上的自主权，并在其部门内分配资金。因此,他们可能会拒绝发展真正的 AMS,因为他们不认为 AMS 能帮助他们做出正确的决定,而将其视为中央办事处剥夺他们权力和支配他们的拨款的一种方式。因此,他们可能会拒绝 AMS,因为他们认为 AMS 不是能帮助他们的主要工具,而是用于指示他们行动的工具。

如果各部门管理人员被召集在一起,接受一到两天的培训,了解一个好的 AMS 系统的细节、输出结果和目的,可能会消除这种误解。AMS 旨在协助他们,而不是命令他们,它可以向他们展示所在州各部门真实的财政情况和提供更高水平的服务。这只是可以引用的众多例子之一,但也是重要的一个,因为该机构似乎在规避其州内立法机关和主要利益相关者的指示。这应引起重视,因为该州的高速公路质量正在恶化,并且恶化正在加剧,这种恶化在很大程度上归咎于缺乏资金而无法进行必要的重建和维护。显然,资金减少有一定影响,但一个好的 AMS 可以将这种影响最小化,并且可以显著提高国家公路体系的整体质量。

具体来说,要成功地实施 AMS,必须进行以下操作。在刚刚描述的案例研究中,任务 3 似乎没有达成实质性的组织协议。

任务 1:阐明选择的要点。

任务 2:让决策者充分了解情况。

任务 3:就可行、公平和理想的行动方案达成实质性的、有效的组织协议。

我们需要特别注意如何以最佳方式传达 AMS 的好处。有几种方法可以做到这一点,不过,显而易见,良好的并有完整文字记录的案例分析是说明 AMS 效益的有效方法,但是在示例中须提供细节。目前,如第 18 章所述,在 AMS 供应商和用户会议上或在 AMS 实施成功的访问机构中获得这些信息是最好的。

这里提出来的任何方法,都要考虑执行公共设施资产管理和实施 AMS 的费用以及效益问题。关于费用的问题在下一节讨论,而各种效益将在以后讨论。

19.3　与 AMS 相关的成本

与 AMS 相关的成本,基本上可分为两大块:

(1) 开发和运行 AMS 的成本,以及使用和更新 AMS 所必需的且适当的数据——即实施 AMS 过程本身所需的费用。

(2) 基础设施本身的实际成本。更确切地说,是因为良好管理所节省的费用。

实质上,真正反映 AMS 效益的是在实际寿命周期的支出中节省下来的总费用。必须考虑总投资及相关成本,还有因有效实施 AMS 而实现的节约和收益。

许多问题都是在估算上述费用时出现的。显然成本可能变化很大,这取决于机构内的会计程序和方法。有些机构在其内部开展活动时根本不考虑运营费用和间接费用。另外,当同样的活动以合同或者咨询顾问的形式进行时,其间接费用显然被包括在投标价或者最后的合同价中。所有的成本价格必须在共同的基础上加以考虑,而且应该包括进行必需的工作发生的所有间接和直接成本。

获取用来评估成本-效益的费用数据是一项困难的任务,部分原因是目前完全实施 AMS 的机构还很少,这些机构通常没有对开发成本进行有效的比较和记录。就设施本身而言,与建设相关的成本可以记录下来,但它们通常发生在许多年之后,故很难在相同的基础上进行比较。更重要的是,设施的维护费用难以界定,很少有机构有良好的维护费用资料。

有几种方法是可以考虑的。这就要在半假设的基础上将成本集中起来做总体比较。可以借鉴个别机构的案例分析,尤其是在路面和桥梁管理方面已经开展了与承包商相关的 AMS 业务的案例,它们在这方面的成本数据会是有用的。

19.4　与 AMS 相关的效益

表 19.1 列出了与 AMS 相关的各种详细成本和效益,其中一些是针对高级管理层和决策者的政府收益,以及针对 AMS 操作人员(包括设计人员和维修人员)的技术层面的收益。表 19.2 总结了机构进行公共设施资产管理产生的效益(以公路为例)。表 19.3 则列出了机构进行公共设施资产管理承担的费用。表 19.4 提供了一个经济性比较的案例分析,包括了 AMS 的成本和效益。尽管不够全面,但它指出了所涉及的因素,并展示了可获得的显著利益[Haas 95]。

AMS 的效益和成本　　　　　　　　　　　　　　　　　　　　　　表 19.1

A. 一般因素	
所涉及的效益	所涉及的成本
实现了投资的价值量,机构将更有把握地做出正确的投资决策 改善了机构内部的协调性 促进了技术的应用 加强了沟通	系统开发 数据收集 系统的实际运行
B. 选择的具有代表性的效益和成本	
效益	成本
有能力保障、证实维护和修复计划; 确保计划能最佳利用公共资金; 减少了任意变更计划带来的压力(来自选民); 针对以下隐含意义的客观解决方案: ◆ 较低的投资水平 ◆ 较低的标准	开发和实施 人力资源分配 系统的实际运行
C. 高层管理者的效益和成本	
效益	成本
对以下情况做出全面的比较评估: ◆ 网络的当前状态 ◆ 未来的期望状态 客观解答以下问题: ◆ 保持目前状态需要的资金水平 ◆ 增减预算的潜在影响 ◆ 工作拖延的潜在影响 能向选举的议会或立法机构客观地证明资金支出和维护计划 确定推荐方案是可用资金的最佳利用方式 能合理地定义"管理费",即基本建设工程和维护工程费用的支出百分比(即 AMS 的成本除以支出)	数据收集 AMS 的开发和安装 人事 AMS 操作后续培训费用 人力资源分配

续上表

D.技术人员的效益和成本	
效益	成本
清晰地区别组织中的各种管理和运营单元 提高了对可利用技术的认识,并学会使用。加强了与设计、施工、维护和规划等的沟通 可用资金得到令人满意的最佳产值 能够评估减少资金、降低标准等的潜在影响(如上所述);同时也能够评估满足更高的标准的情况	必须改变以往的工作方式 可能需要额外的时间和精力更新技术和学习新程序 培训和教育费用 已经完成了大量工作,但需要某些更正和再培训

机构进行公共设施资产管理产生的效益　　　　　　　　　　　　　表 19.2

1. 项目养护和修复需求及其预算
2. 申请资金的正当理由
3. 评价投资子系统的有效性
4. 通过提供指定水平的服务来控制用户费用
5. 提高投资子系统的有效性
6. 提出在以下方面的改进方法:
   ◆ 规划
   ◆ 设计
   ◆ 施工
   ◆ 维护和修复
   ◆ 研究模型
7. 提高安全性
8. 项目优化排序计划
9. 掌握州级范围内的状况及基础设施的维护和修复需求
10. 提高了基础设施组合的服务能力级别
11. 节省了用户费用
12. 使用数据库来开发、改善性能模型
13. 通过及时维护和维修,降低了过高的维修成本

机构进行公共设施资产管理承担的费用　　　　　　　　　　　　　表 19.3

1. 部门内设置专门小组监察和实施 AMS
2. 根据 AMS 专门小组规定的目标和范围,建立系统所需的咨询服务
3. 数据采集
   a. 机构人力资源
   b. 培训
   c. 状况监测设备
      ◆ 交通车辆

续上表

	◆ 路况调查的数据记录仪
	◆ 自动化病害检测设备
	◆ 无损检测设备
	◆ 平整度测量设备
	◆ 施工验收(测试)
d.交通控制服务	
e.数据采集所需的出行费用和生活费用	
f.交通量或使用数据(例如 AADT、ESAL 和 WIM)	
4.数据处理	
a.人力(系统分析员、程序员、技术员)	
b.设备(电脑、终端、存储器和备份设备、计算器)	
c.生活用品	
5.准备数据分析和报告(对应于自动化 AMS 报告所节约的费用)	
a.人力(系统分析员、程序员、技术员)	
b.电脑和终端	
c.生活用品	
6.系统维护	
a.人力(系统分析员、程序员、技术员、电脑技术人员)	
b.设备维护	
7.对公共设施资产管理和 AMS 数据库的相关机构人员进行再培训	
8.管理费用	

早期案例研究:年度优先事项清单和主观规划方法的经济性比较　　表 19.4

费　用	现值(1979 年,美元)		
	AMS 成本	需求研究	差值
资本费用	8671961	8627988	43973
维护费用	1804406	1798209	6197
研究费用*	75000	0	75000
合计费用	10551367	10426153	125214
用户效益	110013920	98847056	11166864
净效益	99462553	88420903	11041650

注:* 表示 AMS 费用约为 200 美元/mi,注意需求研究不计入研究费用。

一个关键问题是,尽管有一些效益是可量化和可衡量的,但仍有一些是主观和笼统的。如果要将收益与成本对比以真正分析,必须将收益的基础统一起来。目前 AMS 中存在一个很大的问题,就是在 AMS 决策的计算过程中几乎完全不考虑用户效益。过去,为公众提供"足够的设施"就可以了。为用户提供更好的服务,降低用户的运营成本,从而提高用户效益的观念,尽管已经广泛用于世界银行对发展中国家的评估,但并没有在美国得到普及。

尽管已经做了一些工作,但是与其成本相比,关于及时维护和修复的综合性资料仍然不足。AMS 还提高了公众对管理过程的认识。作者在得克萨斯大学、滑铁卢大学、密西西比大学讲授路面和公共设施资产管理研究生课程时,发现事实的确如此,学生们出于各种各样的原因(有些人是导师指定选读的)选修了这门课程,后来他们都变成了 AMS 的忠实支持者,并带着为公众提供良好设施的热情回到工作岗位。

AMS 的收益难以量化的最后例子是将 AMS 技术应用到其他领域。比如,经过 10 年的 AMS 应用后,人们已将注意力转移到了 BMS 的开发上,现在它已经成为美国和其他国家的全国性标准[Hudson 87],其中部分是基于一款名叫 Pontis 的软件包[AASHTO 05]。

19.5 评估方法

成本和效益的各种比较方法也受到了一定的关注。本书作者们查阅了超过 20 篇文献,探讨了许多广泛使用的方法,从识别分析到一般的决策论等。在评价了各种方法后,以下将介绍最有可能的备选方法。

在某些群体中,目的和目标之间存在冲突。没有合理的数据量能消除所有这些冲突。在管理过程中,所有个体和团体在不同时间和位置发挥着各自的作用,要同时满足他们的需求是不可能的。然而,如果想以最经济的成本长期提供更优质的设施服务,那么就必须改善决策。

19.5.1 效益-成本准则

效益-成本分析或效益成本比是最著名的衡量工作效益的方法。之所以用效益-成本分析来讨论效益,是因为其他变化因子(如投资收益率)与效益-成本分析极其相似,有着同样的优点和缺点。由于效益-成本分析具有其理论基础,因此它能为效益比较提供有力的概念基础。然而,事实上,许多难题的出现常常限制了它的用途。效益-成本分析中最大的难题是难以将因素归类到效益或成本中去,也难以实际衡量真正的效益和成本。效益-成本分析中有许多无形的因素,而处理这些无形因素有如下 3 种方法:

(1)对它们进行主观分类,并归纳到分析中。

(2)如果不能进行主观衡量,可以用文字描述无形的效益,除了可测量的成本和效益外,这些无形效益也可供决策者参考使用。

(3)遗憾的是,在大多数情况下处理无形效益的方法就是忽略不计。

换言之,只对可测量的效果进行效益-成本分析的先入之见,常常致使人们忽略了无形效益,结果形成了一种顽固的偏见,使效益-成本法失效,或者出现了最严重的误导。

效益-成本分析中的另一个问题是关于"谁支付"和"谁受益"的问题。效益和成本是否发生在同一持股人身上,一直以来都是一个难以确定的问题。比如说,改善的维护资金使用计划是实施 AMS 的一项好处,它可以为机构增加效益,从而使公众或纳税人受益。另外,成本可能涉及工作任务的变动,或是需要对不同水平的职员进行额外培训。即使增加的是他人的利益,他们(职员)也必须接受这一点,并愿意"支付这个成本"。当然很多人不愿意这样做。

19.5.2 效益盈余量

效益-成本分析有许多不同的方式,其中一种是通过计算除了成本之外的效益盈余量来对比成本和效益。表19.4给出了使用此方法的一个简单的案例对比分析。由于该案例没有优于其他效益成本比的特别价值,因而不会得到进一步应用,仅用于解释效益成本比的概念。

19.5.3 目的实现

如果你尝试一下使用各种方法来分析成本和效益,并回顾一下对效益-成本分析和类似评估程序的批评意见,你可能会为决策者所要面对的看似不可抵抗的复杂境地而感到沮丧。你可能还会稍微理解首席执行官(Chief Executive Officer,CEO)或经理的处境,他们每天都必须对类似的复杂问题做出反应并找出解决方法。然后问题就是:我们究竟能做些什么来改善决策过程?扩大评估和决策过程的一个方法称为"目的实现法"[Dickey 83]。这个方法是对各个提议的目标进行比较,根据其影响效果评估可能的各选方案。在评估过程中使用定量化度量方法,尽管有些主观,甚至是有随机性的。但总体上讲,该过程就是要为备选方案建立各种准则或"目的"。然后对每个备选方案的每个标准进行定量度量或主观估计。然后对这些方案进行标准化,在总分为100分的基础上,选出能最大限度地完成或达到决策者目标的备选方案。这种方法只有在目标被严格指定时才有用。

19.5.4 成本-效益技术

成本-效益技术(C/E)是实现目标程序的另一种途径。C/E不是一个复杂的程序,其操作的基本前提是,当决策者获得明确的相关数据时,就能做出更好的决策。没有特别规定要将所有的效益和成本转换成同一计算单位,如美元。Dickey引用了Thomas和Schofer关于成本-效益方法的论述[Dickey 83]:

> 由于交通系统的许多结果和输出量都是无形的,或者说是难以用普通单位来度量的,所有关于转化为单一量纲的决策及由此进行的规划决策选择都不可避免地带有主观性,至少目前如此。
>
> 就目前来看,为规划方案抉择提供某种信息支持,且能辨识这些决策的复杂性的方法可能更实用。这个决策支持架构本身并不是要做决策,而是要为做出一个主观的但又系统化的明智选择组织所需的信息。但同时,这个架构必须足够灵活,允许即时采用所需要的更复杂的方法,比如实际使用中的效益-成本分析或方案评级的分析方法。

Dickey列出了评估架构所应满足的3种标准:

(1)除了其他信息外,应能利用效益-成本分析和类似方法的结果。

(2)系统应对价值、目的和目标(任务)有很明确的定位。

(3)它应该允许对目标之间的权衡或妥协进行清楚的比较,并且/或应该明确各种替代方案的相对得失。

效益的定义是"一个可选方案完成其目标的程度"。这个定义本身就有助于克服效益-成本分析方法的一个主要缺点,因为目标是明确规定的,并没有被包括在一个全面的效益条款之内。比如说,在效益-成本分析中,效益与用户费用、用户营业成本和用户时间的减少有关,但在特定情况下,人们可能不太关注这些因素中的任何一个。要完成目标,可能关系到一个完全不同的已明确的因素集合,而不只是关系到一个泛泛的"效益"所包罗的因素。

成本-效益方法有三重意义:
(1)在一定程度上模仿了实际的决策过程。
(2)它更明确地指明了分析者和决策者各自承担的责任。
(3)它更方便地提供了相关信息,并以易于理解的方式将相关信息组织起来,从而简化了决策过程。

19.5.5 搜索和选择

在关于交通系统分析的经典著作[Manheim 69]中,Manheim 研究了"交通系统分析的搜索和选择",并定义和总结了用于动态决策建模的 PSP(问题解决过程)。他对这个过程的概述如图 19.1 所示。

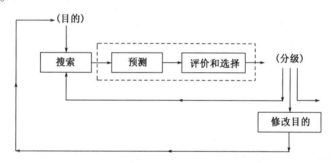

图 19.1　PSP 的基本循环[Manheim 69]

根据 Manheim 的观点,PSP 的重点在于行为。因为搜索和选择过程都涉及行为的生成和选择的基本过程,而这些基本过程是 PSP 的核心。但是,在 PSP 中还有很多其他活动发生,它们都可以帮助搜索和选择,并能修正运行背景。目的描述和修改过程也是特别重要的。

尽管对于决策者来说 PSP 是一个非常有用的过程,但从目前来看,它还不是适用于下一阶段 AMS 的方法。

19.5.6 统计决策理论

现实世界有许多不确定因素,人们很容易被复杂模型和精细计算(如收益-成本分析)得出的具体答案所吸引。实质上,这种分析总是存在着不确定因素。交通运输中至少有 3 种不确定因素:需求(如交通量)、技术和目的。无论预测模型有多精确,收集的数据量有多大,对未来交通、环境、路面性能和寿命的预测始终存在不确定性,未来养护费用和通货膨胀也同样如此。Manheim 概述了统计分层决策过程[Manheim 70]。他为复杂的交通规划理论提出了一种统计决策方法。不过,统计决策理论具有局限性,到目前为止这个方法并不是特别适用于 AMS。

19.5.7 识别分析

识别分析和分类都是多变量方法,包括将对象分成明确的集合且允许将新对象添加到已定义的集合中去。为获得最优的结果,分析者要寻找数值上的差别,以将这些采集的数值尽可能彻底且界线分明地区分开来。分类的目的在于将对象分成两个或更多的标号集,其重点是推出一条或多条规则,以便能够理想地将一个新对象归类到某标号集中。

分类功能可以当作分配器,反过来分配规则也可以作为识别程序。实际上,识别(区分)和分类(分配)之间的差别不是太大。进行识别分析的目标之一是为分类规则打下基础。

识别分析法在处理大量对象时非常有用,但并不适用于 AMS 的研究,因此我们不再进行更深入的讨论[Lee 85]。

19.5.8 多年最优化

虽然效益成本比(B/C)容易实施,但它有两个严重的缺陷:
◆ 这种方法只适用于一个约束条件的工况。
◆ 它仅用于解决单个周期分配问题,而 AMS 资金分配是多年的,并且有几个约束条件。
对于单年的,考虑以下问题和几个约束条件:
(1)最小化十年预算总额。
(2)提供 80% 的所有资产,其绩效指数至少为 80(1:100 的规模)。
(3)提供 95% 的主要资产,其绩效指数至少为 86。
(4)提供 90% 以上的区域资产,其绩效指数至少为 90。

采用 B/C 是无法解决非单个周期或单个周期多个约束条件的资金优化问题,即使面向某一年,因为其通常包含几个约束条件。

每年分配资金可能导致维护计划不佳。由于模型不考虑时间维度,它倾向于使用许多廉价的修复。相反,当在 10 年的时间内进行优化时,使用多年的算法可能会采用昂贵但高质量的处理方式,并在 10 年内获得更好的平均性能,同时节省资金。从按年 B/C 方法转变为多年最优化,可以节省 20% 费用。真正的成本优化通常需要很长的时间来进行计算,但采用上述 B/C 新算法可将较长的成本优化计算时间缩减至 10min 或更短的时间。

19.5.9 其他方法

用于决策的其他方法还有很多,其中有效益/风险分析和"取向和价值权衡法"。本书作者们已经做了相当规模的工作来搜寻方法,但目前没有其他适用于 AMS 的方法。

采用的评估必须是对决策者有用的。毕竟提供这些信息的目的是有助于说服决策者使用改善后的 AMS 方法。在 AMS 的开发过程中,必须充分地考虑决策者的接受能力。

19.5.10 方法总评

前面列出的 3 种方法有助于阐明 AMS 的价值。当然,效益-成本分析是必需的,比较分析一个样本案例的成本和效益,是使决策者相信 AMS 价值的有效途径。此外,成本-效益技术也需要进行额外的分析,这个方法应受到密切关注。

最后,我们应探讨目的实现法的一般概念。目前不清楚到底怎样应用该方法,因为它涉及每个决策者对目标的审查。如果能安排和几个决策者面谈来收集信息,则可以用假设例子来处理。

19.5.11 数据需求

重要的是提供所考虑的每种方法所需的数据。所有的方法都需要成本数据,成本主要有3种:开发和使用 AMS 的费用,以及基础设施所在地或网络级中的各种组件的实际费用。表 19.1 总结了 4 种应包含的费用数据类型,其中一些是现有数据,但必须谨慎地加以收集,其他费用数据可能易于收集。表 19.3 列出了所需费用数据种类的详细资料。

除了成本数据在 3 种方法中是都需要的外,其他数据需求在以下方法之间有所不同。

19.5.11.1 成本-效益

成本-效益方法需要表 19.1 和表 19.2 中所列出的效益数据。为尽可能多的效益类型获取定量数据也是非常有必要的。多数情况下很难获得准确的财务数据,所以只能通过估算来满足要求。此外,还有必要估计效益的来源和分配,也就是弄清楚"谁支付,谁收益"。

19.5.11.2 目的实现

目的实现法需要对决策者们的目标进行投入,以实现他们的基础设施网络。必须对决策者的预期目标进行量化或标准化评估。比如,它们会表现为"更高的服务能力水平""更长的平均寿命""减少用户延误时间"等形式。为了收集关于目标和标准化的资料,与几个机构管理者进行面谈是必要的。

19.5.11.3 成本-效果

成本-效果需要结构清晰的费用数据,更重要的是还必须明确规定目标,这些都是由决策者通过讨论或建议而定的。必须用清楚、定性的语言在众多目的中指定最终目标。同时,必须了解决策者们对这些目标的分级。

19.5.11.4 多年的最优化

这种方法将计算出使用为研究选定的约束条件所需的最低预算。

19.6 本章小结

收集足够的数据可以进行有效的比较,并向目标读者提供一个独特的、富有意义的方法。成本和收益很难量化,因此,需要更详细地审查成本-效益法和目的实现法。

我们应该确定 AMS 的效益,本章也讨论了如何更好地确定 AMS 的效益。无论如何,这个领域在过去的发展,清楚地揭示了优秀管理有着广泛、重大的综合效益。私营机构已清楚认识到这一点,在公共部门里也必将如此。本书提供的原理和方法应能有助于实现这个重大的目的。

参 考 文 献

[AASHTO 05] "Technical Manual of Pontis (Release 4.4), " American Association of State Highways and Transportation Officials (AASHTO), 2005.

[Dickey 83] J. W. Dickey, W. J. Diewald, A. G. Hobeika, C. J. Hurst, N. T. Stephens, R. C. Stuart, and R. D. Walker, *Metropolitan Transportation Planning*, 2nd ed., Hemisphere Publishing, McGraw-Hill Book Company, New York, 1983.

[Haas 95] R. Haas, and W. R. Hudson, "The Customers for Pavement and Maximizing Their Satisfaction," *Proceedings, Canada Transportation Conference*, Victoria, B. C., October 1995.

[Hudson 87] S. W. Hudson, R. F. Carmichael Ⅲ, L. O. Moser, and W. R. Hudson, "Bridge Management Systems," *National Cooperative Highway Research Program Report* 300, Transportation Research Board, National Research Council, Washington D. C., December 1987.

[Lee 85] H. Lee, W. R. Hudson, and C. L. Saraf, "Development of Unified Ranking Systems for Rigid and Flexible Pavements in Texas," *Research Report No. 307-4F*, Center for Transportation Research, The University of Texas at Austin, November 1985.

[Manheim 69] M. L. Manheim, "Search and Choice in Transport Systems Analysis," paper sponsored by Committee on Transportation System Evaluation and presented at the 48th Annual Transportation Research Board Meeting, *Transportation ResearchRecord* 293, Washington D. C., 1969, pp. 54-82.

[Manheim 70] M. L. Manheim, "Decision Theories in Transportation Planning," *Special Report No. 108*, Highway Research Board, National Research Council, Washington D. C., 1970.

第20章 可持续发展、环境管理与资产管理

20.1 介绍

可持续发展是一个有效和被广泛接受的概念,具有许多定义和用途。例如,美国交通部的联邦公路管理局现在称通过维护和更新可以连续使用的长寿命的路面为"可持续的路面"。我们更喜欢简单地称之为具有"良好的生命周期性能"。虽然可持续发展可能是英语中最被滥用的词之一,几乎所有涉及环境和生态问题的东西都可以用它来表达。但事实上,这个概念其实对长寿命资产尤为重要。

可持续发展和环境管理常常被结合起来讨论。但是,它们是不同但相互关联的。一方面,可持续基础设施肯定会涉及环境管理;另一方面,良好的环境管理可能表明需要严格限制空气污染,从而避免了可持续资产寿命的缩短。我们可以单独讨论这两个问题。早在1987年,布伦特兰委员会[Brundtland 87]为可持续发展给出了以下通用的定义:"可持续发展是符合现在需要的发展,并且不损害后代满足自身需求的能力。"这个定义足够广泛,今天仍然可以为我们服务。但是,对于个人、团体甚至整个社会来说,"需要"并不总是等同于"想要"。

FHWA有一个关于可持续交通的定义[NCHRP 11]。它的定义为"……以一种既满足发展需要又不损害后代生活质量的方式,提供特殊的流动性和可及性。一个可持续交通系统应该是安全、健康、可负担、可再生、公平经营、限制排放及使用新的和可再生的资源的"。因此,可持续发展和环境管理仍然是广泛的概念和观点。人们正在采取一些行动,但还没有完全将这些概念定量纳入资产管理系统,还有很多工作需要做。

这种行动上的延迟并不罕见。路面管理的概念是在20世纪60年代中期被提出的,早期的实施是简单的,首先进行故障调查和拨款修复最糟糕的路面。在设计的同时考虑维修的项目层面的概念难以被理解,因此基于这一理念的资产管理系统很难被国家主管机构采购。从那时起,这些系统已经发展为成熟的量化、多维的资产管理软件包,在世界范围内被使用。桥梁管理也是如此。在20世纪90年代,资产管理被广泛概念化,鼓励决策者在路面、桥梁、安全等一系列资产中考虑资源分配,而不是每种资产各自的分配。这种概念化方法是有益的,可能形成更好的资金分配。但是,直到最近10年,量化资产管理才使用自下而上的详细数据,并对其进行分析以做出对所有资产更现实的决策。

作为资产管理的一部分,可持续发展和环境管理目前处于概念阶段。我们正在做出有关这些问题的知情决策,这将在本书讨论的案例研究中得到展现。但是有很多未经测试的新因素,因此很难得到量化的、经过验证的答案。正如有人曾经说过,"预测总是困难的,特别是对未来的预测。"毫无疑问,我们必须预测的是可持续发展和环境管理对未来的影响。此外,我们必须认识到,"绿色"是不够的。可持续性是长期的,必须考虑以下方面的连续性和稳定性。

- ◆ 全寿命管理框架。
- ◆ 足够的资源/保护投资。
- ◆ 创新与新思想。
- ◆ 制度的效率和有效性。
- ◆ 数据与信息/分析。
- ◆ 技术改进。
- ◆ 保留和更新/知识管理。

20.2 与气候变化适应相关的可持续发展

20.2.1 气候变化风险的考虑

2010—2012年,在美国和世界许多国家发生了极热和干旱、超级风暴、飓风、洪水,这些自然灾害也许是由气候变化造成的。与极端天气相关的自然灾害会影响公众交通,破坏供应链和货运物流,损坏电力基础设施,并导致产生巨大的经济代价。负责公共基础设施的机构必须考虑与气候变化相关的风险。

机场有许多类型的基础设施资产,从人行道到建筑物、停车场、管道、桥梁、通信和商铺。最近的一份机场合作研究计划(Airport Cooperative Research Program,ACRP)报告综合了来自对美国和加拿大机场运营商的调查和现有文献,对与气候变化相关的风险和缓解这些风险的方法进行了分析。一些例子如下:

- ◆ 在加利福尼亚州奥克兰国际机场,海平面上升和飓风后堤防标准在设计变更中被认为是重要的。
- ◆ 加拿大多伦多皮尔逊国际机场的雨水系统审查和用水质量监管合规活动中考虑了气候变化风险。
- ◆ 极端天气事件和风险管理系统造成的干扰被认为是适应气候变化的重要因素,但这种方法并不是美国机场的正式做法。
- ◆ 哈兹菲尔德-杰克逊亚特兰大国际机场的可持续发展管理计划在2010年正式运行,它使用的是美国联邦航空管理局(FAA)提供的资金。为了机场的总体规划,开发与可持续发展管理和资产管理相关的内容。

20.2.2 持续性评定量表

可持续发展评级系统在一个共同的评级尺度上量化可持续发展活动。Greenroads是道路设计和施工可持续性评分的一个例子,它是由 Greenroads 基金会开发的,同时也提供了四个认证等级(www.greenroads.org,accessed December 12,2012)。

20.3 环境管理工作

20.3.1 在能量和环境设计方面领导阶层的作用

能源与环境设计领导力(Leadership in Energy and Environmental Design,LEED)是一个全面可持续发展评级体系,近年来在设计、建造和运营建筑物方面尤为突出。这是一个与可持续发展和环境管理直接相关的过程。它是由美国绿色建筑委员会(United States Green Building Council,USGBC)[LEED 08]开发的,LEED 由一套评估措施组成,在写这本书的时候,它已在美国和另外 30 个国家被使用,包括 7000 多个项目的体系。九个类别中最高的评级是铂金级,它代表建筑在能源使用、排放、环境等方面基本上是零"足迹"。例如,得克萨斯大学达拉斯分校的学生服务大楼是 2011 年该州第一所获得 LEED 铂金认证的学术大楼。美国绿色建筑委员会和加拿大绿色建筑委员会[LEED 08]在网上提供了 LEED 认证项目的目录。

应该指出,LEED 是一种设计工具,而不是性能度量工具,并不能根据具体气候状况进行修改。例如,缅因州的一栋建筑物在节水评级方面与亚利桑那州的一栋建筑物相同,但显然二者是不一致的。虽然 LEED 认证的建筑物的初始投资成本较高,但越来越多的证据表明,单单生命周期运营成本的节省实际上可能带来非常可观的投资回报。

要访问 LEED 系统和相关项目的大量信息,包括许多参考文献,你可以到维基百科和其他在线资源网站查询。

20.3.2 资源保护重大举措事例

在生产和加工材料、运输及铺路等方面会消耗大量的能源和其他资源。因此,再生沥青路面已成为广泛使用的材料。在大多数地区使用再生沥青路面是划算的;从本质上说,其本身是一种有价值的资源。另外,使用再生沥青路面使技术和工程的经济性和节能性也得到了提高。最近,另一种称为"热混合物"的材料使用得越来越广泛,其在混合时消耗较少的能量,并且可以在较低的温度下进行压实[Hutschenreuther 10]。有关这两种材料的总结如下。

在垃圾回收的早期,各机构尝试在主要高速公路上就地进行热回收。但是由于过去的风化、处理问题和旧的维护,很难预测回收的混合料的性能。因此,许多 RAP 路面迅速破坏,且花费巨大。经过多年的反复试验和测试,大多数高速公路机构现在限制在主要道路重建中使用的再生材料的数量占总比例的 10% ~20%,尽管更大的比例通常用于次要道路。总结的工程经验是,对混合物及其相关方面进行适当的工程设计是必不可少的,即使几乎没有证据表明它们将 100% 保持原始混合物状态。验证此类结果需要时间。好在现在已经有了大量的文献和经验,可以参考相关期刊如沥青摊铺技术杂志,国家组织如国家沥青路面协会(National Asphalt Pavement Association,NAPA)和美国沥青研究所、欧洲沥青路面协会(European Asphalt Pavement Association,EAPA)和澳大利亚沥青路面协会(Australian Asphalt Pavement Association,AAPA)。

对于热沥青混合料,随着时间的推移,行业已经确定适当的热混合密度是必不可少的,可以用合适的设备、程序、混合设计、温度等来实现。温混合物比热混合物更难致密化。现在需要加入添加剂以达到合理的密度。这将增加成本,添加剂本身也可能造成环境问题。虽然使用热混料的动机主要是节能,而且有越来越多的相关可用信息,但关于热混料在长期使用中的实际表现的证据仍有待确定。无论如何,比较成本、生命周期绩效、能源节约和各种排放是必要的。只有当这些因素被充分量化时,才能从真正意义上在资产管理系统中考虑温混合物的性能。

20.4 将可持续发展和环境问题纳入资产管理

针对公共和私营机构提供的基础设施服务,州、市和地方各级政府机构提出了减少温室气体排放的新目标。州、市和机场正在将可持续发展措施应用于新设施,以及更新和替换策略。今后需要进行研究,以确定可持续发展举措的真正价值。以下讨论旨在未来能将可持续发展和环境问题完全纳入定量基础设施资产管理系统。正如我们在一些引用的案例研究中看到的,目前已取得进展。

20.4.1 可持续实践概述

2011 年,NCHRP 研究评估了人行道上的可持续发展措施。他们以图 20.1 [CH2M Hill 09]为框架。在研究期间,该团队对美国各州和加拿大各省进行了调查。他们选择了表 20.1 所示的 8 个案例。我们没有足够的空间来介绍所有的 8 个案例,但我们将总结其中的两个案例:①来自安大略省多伦多市的"绿色铺路"(GreenPave);②纽约州交通部的"绿色 lite"(GreenLITES)。表 20.1 所示细节摘自 NCHRP 报告和相关参考文献[MTO 10,NCHRP 11]。

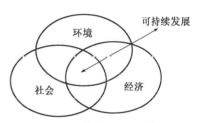

图 20.1 可持续发展基础模型

案例研究汇总　　　　　表 20.1

案例研究	机构/地址	入选理由
环境管理项目	亚利桑那州 DOT,菲尼克斯	DOT 的全面系统框架
运输可持续发展战略	俄勒冈州 DOT,塞勒姆	系统层次的空气质量和水质量评价
可持续的高速公路材料	华盛顿州 DOT,奥林匹亚	使用实用的和简单的方法评价持续性影响因子
绿色铺路项目	加拿大运输部门多伦多安大略湖	使用实用的和简单的方法评价持续性影响因子
污垢和碎石维修项目	宾夕法尼亚州保护委员会,宾夕法尼亚州	污垢和碎石维修的综合评价
绿色工程项目	宾夕法尼亚州 DOT,费城	关于城市持续性影响因子的综合概述
绿色 LITES 项目	纽约州 DOT,奥尔巴尼	利用适用于路面保护和维修措施的自我评价设计
可持续的陆地运输	新西兰运输部门,惠灵顿	为小容量的道路提供特殊指导

还有一些其他的可持续发展例证。例如,2008 年,俄勒冈州在波特兰以南的高速公路沿线安装了 600 台太阳能电池板,声称该公路是太阳能高速公路,将可再生能源用于道路照明和隧道电扇[Klinger 12]。作者进一步给出了欧洲的以下例子。意大利的 8 万多台太阳能电池

板每年生产1200万千瓦时电量,德国的1.6万多台太阳能电池板每年生产320万千瓦时电量。这些例子都说明了可持续发展措施如何改变未来景观。

20.4.2 案例研究:安大略省交通部绿色铺路项目

绿色铺路是一个新工具,它基于加拿大安大略省运输部门超过20年的绿色计划研究。该系统最近更新了人行道的绿色评级系统,主要评估路面设计和施工的"绿色"程度,不包括后续维护。绿色铺路从LEED认证中获得了一定主动性,也得到了绿色道路、GreenLITES和加拿大运输协会关于绿色道路的指导。表20.2总结了安大略省交通部(Ministry of Transportation Ontario,MTO)"绿色铺路"的主要特征及其与环境可持续发展影响领域的关系。

MTO 绿色路面影响因子案例研究 表20.2

持续性影响因子	内容描述/与路面保护和维修措施的相关性
原始材料使用/替换材料使用	• 被指导为最优化使用/可再生材料的再利用和最小化材料运输距离 • 分配了14分 • 为设计、建设和复原提供指导,也可以修改面保护和维修措施
服役路面监控和管理项目	• 包括长寿命路面、可渗透路面、减轻噪声路面和最小化热岛效应路面的可持续性设计的最优化 • 分配了9分 • 为设计、建设和复原提供指导,也可以修改面保护和维修措施
噪声 空气质量/排放	• 最小化道路噪声方法的使用指导 • 分配了9分 • 为设计、建设和复原提供指导,也可以修改面保护和维修措施
能源的使用	• 在决策中在燃料消耗方面提供指导
其他:创新和设计过程	• 表彰创新和努力以促进可持续路面设计的发展 • 分配了4分 • 为设计、建设和复原提供指导,也可以修改面保护和维修措施

绿色铺路通过MTO长期的绿色路面倡议(GPI),直接量化环境可持续性。GPI自1988年成立以来,回收了120多万吨骨料,减少了温室气体的排放。

- ◆ 88400t 二氧化碳。
- ◆ 720t 一氧化二氮。
- ◆ 15400t 二氧化硫。

上述数据在文献[Lane 10]中被提及,但目前尚不清楚这些结果是如何广泛传播的。当然,使用这种方法可以改善温室气体排放。绿色铺路可能是迄今为止为促进可持续发展而在资产管理方面做出的可量化的最大努力之一。

20.4.3 案例研究:纽约州运输部门的GreenLITES

GreenLITES是一项典型的针对纽约州交通部(New York State Department of Transportation,NYSDOT)建设项目[NYSDOT 09]的项目设计认证方案。该方案是综合性的,并参考了路面保护和维护处理,如金刚石研磨、裂缝密封和液体沥青处理。此外,它还对那些显著建立在绿色产品类别和目标之上或包含重大创新的实践给予了赞扬。到目前为止，该方案与相关规定是非常通用的，它可能有助于将这些实践添加到经批准的绿色活动清单中。如表20.3所示，该方法首次尝试量化绿色做法所带来的一些好处。

纽约州交通部 GreenLITES [NYSDOT 09]　　　　　　　　　　　表20.3

可持续发展影响因子	针对路面养护和维修的描述或与其相关性
原始材料使用/替换材料使用	• 侧重于限制原始材料使用和替换材料使用 • 通过积分获取、再生轮胎橡胶和再生沥青混凝土路面的利用等量化路面保护和维修
噪声	• 具体参考包括减少路面噪声的措施 • 基于金刚石研磨所得评分来量化路面养护和维修
空气质量/排放	• 侧重于通过合适的设备维护和适当的手段来减少对空气的影响 • 通过积分获取量化路面保护和维修
水质量	• 制定减少水流中的沉淀物和保证风暴雨水管理的协议方案 • 通过积分获取量化路面保护和维修
能源利用	• 减少电和石油消耗 • 通过为减少碳排放设计的积分获取量化路面保护和维修
其他:创新	• 用制度激励工程师们在符合项目精神的其他方面扩大项目的范围 • 通过创新和未列出类别的积分获取量化路面保护和维修

截至2012年，GreenLITES还不是一种可以被纳入资产管理系统的量化方法，而是一个基于电子表格的评级系统，但有成为一个量化工具的可能，以提高道路建设的环境可持续性。

20.4.4 案例研究:机场和航空业

航空基础设施为乘客和供应链利益相关者服务。据估计，在任何给定的时间，都有大约4000架飞机在美国领空飞行。在20世纪90年代，美国的航空二氧化碳排放量约为150万t，占世界总排放量的24%。然而，由于更好的空中交通控制和导航，更省油的商用飞机引擎的投入使用，以及高效的航线和航班安排，美国的航空排放量在21世纪下降了[Uddin 12]。机场正在努力采取一系列可持续发展措施，包括使用可再生能源产品、引进绿色屋顶替代传统的沥青瓦屋顶、制订和实施回收计划、使用省油和清洁的发动机来运行地面和空中设备以及车辆[ACRP 12b]。

作为航空运营可持续发展的一个例子，以下数据由航空行业提供[Delta 12]:

◆ 达美航空(Delta Air Lines)2007年推出第一个全面的机上回收计划。
◆ 通过管理机队减少环境足迹，消耗每加仑燃料的飞行距离比1978年高出120%(以今天的飞机为例)。
◆ 由第三方核实温室气体清单，并将其发布在非营利性的气候注册组织的报告中，该组织拥有计算、核实和公开报告碳足迹的既定标准。
◆ 达美航空公司在环保方面取得的进步使其在2011年北美道琼斯可持续发展指数中占有一席之地。

20.4.5 案例研究:纽约长期可持续计划

纽约市长期规划与可持续发展办公室制定的公共政策目标为,到2030年全市二氧化碳排放量要在2005年的基础上减少30%。图20.2比较了纽约市与其他大城市人均二氧化碳当量(CO_2e)排放量的可持续发展规模。纽约市其他可持续发展的成果如下[NYC 07]:

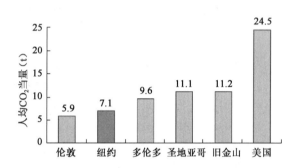

图20.2 纽约市相比其他城市的人均二氧化碳当量排放量的可持续发展规模

◆ 2005年,交通运输行业的二氧化碳排放量占总排放量的23%。据悉,由于使用公共交通工具,普通家庭每年平均可省30%的能源费用。据估计,在一个典型的工作日里,将有40%的人乘坐机动交通工具出行,产生的二氧化碳排放量只占交通工具排放量的12%,占总排放量的3%。

◆ 其他已实施的有助于减少纽约市温室气体排放的措施包括执行减排方案、街道植树计划、将路灯供能技术转换为更高效的技术、垃圾填埋场甲烷回收、使用替代燃料汽车和回收固体废物。

20.5 本章小结

好的资产管理系统需要使用公式、模型以及严格的数学和财务计算。它需要良好的工程设计,以及成本和收益的生命周期分析,以优化短期及长期的资金支出。它要求对资产组合、路面、桥梁、安全性、拥堵等方面进行权衡。现在是时候将可持续发展和环境影响纳入城市基础设施的资产管理。本章指出了这种需要,但迄今为止,除了作为在相对平等的选项中进行最终选择时使用的附加标准外,资产管理系统方面的大多数工作都缺乏对可持续发展和环境影响予以量化的具体细节。本文所包含的案例研究指出,一些机构已接近量化所需的标准,且随着信息的不断获取和分析,未来可能会有应用更为广泛的 AMS。

航空机构和城市正在通过减少废物、不良环境影响、碳排放和碳足迹,将可持续发展纳入其设施的运营中。在项目层面的应用之外,将这些环境管理和可持续发展目标纳入一个综合管理框架,是公共和私营基础设施资产的所有者和运营商未来面临的挑战。

参 考 文 献

[ACRP 12a] Airport Cooperative Research Program (ACRP), "Airport Climate Adaptation and Resilience," *ACRP*

Synthesis 33, Transportation Research Board, The National Academies, Washington D. C., 2012.

[ACRP 12b] ACRP, "Guidebook for Incorporating Sustainability into Traditional Airport Projects," *ACRP Report* 80, Transportation Research Board, The National Academies, Washington D. C., 2012.

[Brundtland 87] G. H. Brundtland, "Our Common Future," Brundtland Commission, World Commission on Environment and Development, Oxford University Press, Oxford, U. K., 1987.

[CH2M Hill 09] CH2M Hill, "Transportation and Sustainability Best Practices Background," *Proceedings*, AASHTO *Sustainability Peer Exchange*, Washington D. C., 2009, p. 32.

[Delta 12] "Flying Greener Skies," deltaskymag. com, September 2012, pp. 10-12.

[Hutschenreuther 10] J. Hutschenreuther, "New Pavement Technology Developed by the Use of Warm Asphalt Technologies," presented at the 2010 *International Conference on Transport Infrastructure*, São Paulo, Brazil, August 4—6, 2010.

[Klinger 12] R. L. Klinger, "The Future Is Bright for Solar Energy and Asphalt Pavements," *Asphalt*, Asphalt Institute, Vol. 27, No. 3, Fall 2012, pp. 16-20.

[Lane 10] B. Lane, S. Chan, and T. Kazmierowski, "Pavement Preservation—A Solution for Sustainability," *Proceedings*, *Annual Conf. of the Transportation Association of Canada*, Halifax, Nova Scotia, September 2010.

[LEED 08] "LEED Green Building Rating System for New and Major Renovations," Version 1. 0, Canada Green Building Council, Ottawa, Ontario, 2008.

[MTO 10] Ministry of Transportation (MTO), "Ontario's Transportation Technology Transfer Digest," Vol. 16, No. 1, Ontario, Canada, 2010.

[NCHRP 11] National Cooperative Highway Research Program, "Sustainable Pavement Maintenance Practices," *Research Results Digest* 365, Transportation Research Board, Washington D. C., December 2011.

[NYC 07] New York City (NYC) Mayor's Office, "Inventory of New York City Greenhouse Gas Emissions," New York City Mayor's Office of Long-Term Planning and Sustainability, April 2007, http://www.nyc.gov/planyc2030, accessed September 15, 2010.

[NYSDOT 09] New York State Department of Transportation (NYSDOT), "GreenLITES Project Design Certificate Program," Albany, New York, 2009.

[Uddin 12] W. Uddin, "Mobile and Area Sources of Greenhouse Gases and Abatement Strategies," Chapter 23, *Handbook of Climate Change Mitigation*, (Editors: Wei-Yin Chen, John M. Seiner, Toshio Suzuki and Maximilian Lackner), Springer, 2012, pp. 775-840.

第21章 基础设施资产管理的展望

21.1 简介

没有哪个技术领域能一直保持不变,公共设施资产管理也一样。IAMS 或 AMS 通过技术革新、适应用户需求的动态变化得以改进和发展。作者先在这里提出了大量的想法,然后由读者具体扩展。我们没有详述复杂的细节,而是选择在 4 个方面概述愿景和未来的方向,以期提供一个扩展顺序:

(1) 先进技术对 AMS 过程的支持和资助机制的创新。
(2) 依据长期使用经验改进 AMS。
(3) 广泛地应用 AMS,包括解决环境管理和可持续发展问题,使取得进展成为可能。
(4) 针对 AMS 的良好教育、贯彻和应用。

还有组织这些理念的其他方式,尽管上述 4 个方面可能有所重叠,但足以指出所需的发展方向。

21.2 先进技术对 AMS 过程的支持

现代资产管理以路面管理的形式出现,45 年来,其技术取得了长足的进步。主要的发展包括计算机规模的扩大和能力提高、自动化的数据收集和储存功能。这些变化将会持续并加速,在未来 20 年中,以下技术将对 AMS 的发展产生重大影响:

(1) 地理信息系统。GIS 已经被用于公共设施资产管理。GIS 和地理空间的应用,将大大地改善从地面、空中和卫星获得远程遥感数据的有效性。GIS 和地理空间的应用将随着地面、空中和空间技术的遥感数据的可用性提高而大大改善。随着开发和实施更易于使用和普遍适用的系统,它将在今后产生巨大的影响。

(2) 全球定位系统。全球定位系统早已在各种土木工程基础设施中应用,这些基于卫星的系统的准确性每年都在提高,而成本却在迅速降低。基础设施管理人员采集现场数据或实施养护,并通过 GPS 定位和直接识别编码,这将极大地增强 AMS 系统。

(3)更快捷、方便的数据库。50年前,穿孔卡片提供了数据存储和处理的最佳途径,同时还有机械分拣和高速线性磁带(一种有用的媒体,但不能提供随机访问)。当前的随机访问存储器已经提高了其存储和处理数据的能力及数量级。这种进步将会随着磁泡存储器及其他新技术的发展而持续。然而,需要注意的是,这种经济的数据存储技术很容易造成数据污染。应该谨慎地避免收集、存储和保留模糊或非特定的数据。一个典型的例子就是存储不必要的病害相片。相片所占的存储空间要比处理过的病害数据所占的空间大几百倍,而病害相片在其应用之前必须经过处理。因此,处理应该优先于储存。

(4)智能系统(Smart Systems)。本书中所谓的智能系统,指的是具有高质量、长寿命的传感器系统,这些传感器系统能监测设施中有意义的响应,并反馈响应数据来调整系统特性。这种系统在军事、空间、导航和瞄准装置中应用非常广泛。它们可以潜在地应用于特定类型的维护反馈活动的资产管理中。随着这种系统成本的降低,以及可靠性的提高,许多其他用途也将变为可能。

(5)良好的通信技术。通信是公共设施资产管理的关键部分。通信技术将会不断改善并且寻求其在AMS中的应用。但要再次强调的是,明智地使用通信技术是很重要的。我们可以举出滥用电子邮件、互联网的例子,因为它们显而易见。

(6)不明确的因素。据说挖金矿时,若挖出一个金块,往往会接着发现其他金块。在资产管理领域亦是如此。许多新的想法和应用将继续发展,超出我们的想象。

21.3 持续使用下的AMS改善

当AMS被一个特定的机构使用时,该机构自身就会得到改善,如运动员或音乐家的能力会随着实践和经验的积累而提高。随着汇集各机构的经验,AMS的改进进程将会加快,如同前文所述的COTS系统的改进。

(1)性能模型。最开始的时候,任何AMS都是采用近似的性能模型。当机构在管理系统中的路段或单元数据库中获得了5年、10年或更长时间的经验和历史资料后,性能历史数据可以用来改善性能模型。这样,AMS的过程预测也将随着时间推移和决策质量的提高而改善。

(2)更好的分段。在许多AMS系统内,有必要把网络级划分成若干段和子段,这种分段在一开始常常是近似的,但随着时间推移和系统的应用,分段会不断改进,包括动态分段。

(3)识别——定位。由于大部分网络或资产组合是在AMS系统实施时就预先存在的,因此并不总是能正确和完全地识别这些独立的部分。在AMS使用若干年后,识别和位置信息会在系统中得到改善。

(4)附加子系统。随着一个AMS的连续使用,可以增加一些额外的子系统,以极大地改善AMS系统的整体质量。

(5)灵活性——用户友好。AMS的输出报告和效用会随着多年使用而得到极大改善,尤其是在现有机构内。在系统诞生之时,并非总能精确地知道用户的需求,但随着时间的推移,用户需求会逐渐清晰。

(6)定性因素定量化的改进。使用AMS要考虑其考量定性因素的能力,诸如判断力和公众意见。这些定性因素对 AMS 过程至关重要,通过持续使用系统,可以极大地提高 AMS 对上述定性因素与其关系予以量化的能力。

21.4 广泛使用 AMS 取得的进步

随着 AMS 在各种领域的广泛应用,诸如供水和废水处理行业,将一些新技术和新理念集成到该系统过程中成为可能,这种方法是开拓下列新方向的一种重要途径。

(1) 新材料的评估和应用。可以采用某种合理的方式将新材料集成到 AMS 中。但是,如果没有 AMS 的存在,就没办法将新材料的价值与现有的成本较低材料的价值相比较。

(2) 新技术。新技术也是如此,一套 AMS 框架会为应用新技术提供一种理想的途径,而这些新技术在常规设计和养护工作中很少有机会展示它们的价值,除非经过成本高昂的试验和试错。

(3) 鼓励开发新材料。经验显示,一旦材料和技术专家知道 AMS 系统的存在,他们会加速开发新技术和新材料,因为开发者或发明者有更好的机会能看到他们的新产品和新方法被有效地应用。

(4) 制度方面的改善。AMS 在其他机构有效应用的事实将会促使其他潜在用户在制度方面进行改进。也就是说,目前还没有使用某种集成系统的机构可能会在与其他类似机构的比较中看到该系统的益处。

(5) 附加设施的集成。一个机构,诸如城市中心或城市,可能会从使用一个简单的仅包括街道和桥梁的 AMS 开始。但是,使用了这种系统后就可以鼓励其进一步扩展并附加一些设施,如供水、废水、下水道及在用地范围内的相关公用设施(如电话、电力、天然气等)。

(6) IMS 在成套设施中的应用。目前,并不是所有机场、公园机构及港口设施都在其基础设施中使用集成管理系统。随着今后在类似设施中这类系统实际使用的增加,将鼓励以前的非用户对其设施采用管理系统。这将有效地将成套设施的地理中心区位联系在一起。

(7) 自动数据采集。随着 AMS 应用的不断拓展,从服务提供商及承包商那里获得自动化数据采集服务变得非常容易。当市场变得足够大的时候,这种服务可以通过分享给几个用户群体来提供,而且成本会继续下降,质量会继续提高。

(8) 现有设施和新设施之间资源配置的改善。随着 AMS 更广泛的应用,它将成为一个机构在维护现有设施和建设新设施过程中配置资源的有效工具。目前,这通常是一项临时活动,政治力量经常推动具有强大政治影响力的新设施建设,而不是急需的但不那么吸引人的设施建设。

(9) 不同类型基础设施之间资源配置的改善。经过改进的 AMS 也可以较好地在各种类型的基础设施间进行资源配置,如道路、下水道、供水,等等。而目前,这种分配绝大部分是受政治因素影响的。

(10) 考虑效益的改进。AMS 的广泛应用,结合对不同资产类型和跨资产类型进行评估的愿望,将促使人们更好地考虑用户的效益,从而将其作为资源配置过程的一部分。这将使得各个机构越来越向着其资金最佳利用的方向迈进,进而为纳税人和利益相关者提供更好的生活质量,他们才是基础设施真正的业主。

(11) 可持续性和环境因素。2000—2013 年,针对这两个因素的讨论很多。通过多年的资产管理,多因素优化为有效整合外部因素提供了必要的框架。

(12) 公私合作伙伴关系。由于公共资金减少,创新的资金方法将继续蓬勃发展。AMS 提供了评估的理想框架,用来评估和分配私人团体、公共机构和用户之间的成本和收益。

(13) 风险管理。2012 年 10 月,飓风"桑迪"破坏美国大西洋中部海岸和新英格兰海岸。这需要进行风险管理。2012 年 12 月,一些 AMS 软件受到追捧。但是,这些 AMS 软件缺乏有效的风险考虑,因为如今考虑风险时,其分析和管理目标的数量相对于软件编制时已增加了 10 倍。然而,接下来,AMS 在量化、预测和处理风险方面的能力将大大提高。

(14) 小型机构更广泛地使用 AMS。在过去 30 年中,资产管理主要用于国家和省级 DOT 等较大机构。AMS 将在城市、县和较小的私人机构中被使用,因为 COTS 软件变得更加普遍、便宜,数据收集功能不断提高,使用良好 AMS 的知识将会得到传播。

21.5 针对 AMS 技术的良好教育、实施和应用

AMS 技术的应用滞后于潜在客户完全知晓其利益。目前,大学里很少或根本没有给大学生讲授关于设计、养护、修复一体化的内容,只是教给他们如何设计或者控制施工质量等内容,几乎很少有关于设施全寿命周期的课程。通过短训、开设大学课程、开展研究生课题研究等形式对 AMS 技术进行讲授,将促使工程师和经理们对 AMS 进行改善和广泛应用。教育工作室和短训课程可以促进同行间的信息交流,而且鼓励 AMS 在机构间推广。

在行政管理层,通过为期一两天的课程,向官员和行政人员展示 AMS 作为决策工具的好处,将扩展 AMS 的可接收性和应用范围。在大学本科土木工程课程计划中引入 AMS 课程更具有特殊价值。通过设置这种课程,让那些年轻的土木工程师们了解改进维护和修复工程的重要性。目前,重点放在设计上,但是至少 90% 的土木工程系毕业生,在他们的工作中是按照某种方式来处理维护和修复任务的,而他们没有接受相关的教育。

21.6 技术进步

AMS 的实施质量不断提高,并将继续提高。20 世纪末,大多数 AMS 都是自制的,只能对一种资产进行简单的优先级排序。到 2010 年,这种情况正在改变,基于修复最差路段裂缝的简单路面管理系统,现在已成为功能完善的 PMS,并正向桥梁管理等应用拓展。商业公司,如 Deighton、AgileAssets、Exor 等,从研发简单的 PMS 系统开始,现在正在添加桥梁和拥堵管理等功能。许多国家机构在 20 世纪 90 年代开始了路面管理,现在已经在其 AMS 中集成了两个、三个、四个或更多的子系统。这种一体化的好处正在蔓延并将继续发展。同样,国家级和省级的 AMS 应用也是如此,应用的好处能传播到与它们合作或接触过的大城市地区和较小的机构。

21.7　本章小结

归根结底，AMS 的未来取决于它的用户和潜在用户，如像你这样的本书读者。任何读了这本书，或者读了大部分甚至已经读到本节的读者，显然都是 AMS 技术的潜在用户。希望你可以应用这项技术，并将其告知你的同行或者其他潜在用户。文献中有许多来自供应商以及用户大会和会议的其他 AMS 信息。这些信息可能是零散的，但是读者们可以利用这些信息，在其机构自身和全世界范围内，继续提高基础设施资产管理的质量。应用这些知识，并与他人分享。

首字母缩略语

3D	三维	BART	海湾地区快速交通系统
4GL	第四代语言	B/C	效益成本比
4R	回收、再利用、再循环、减少浪费	BIM	建筑信息模型
		BLCC	建筑寿命周期成本
AADT	年平均日交通量	BMDB	建筑维护、维修和更换数据库
AAPA	澳大利亚沥青路面协会	BMS	桥梁管理系统
AASHO	美国国有公路管理员协会	BMWi	德国联邦经济技术部
AASHTO	美国国有公路运输管理员协会	BRB	建筑研究委员会
ACRP	机场合作研究计划	BS	英国工业标准
ADA	美国残疾人法案	BTS	交通统计局
AGCA	美国联合总承包商	C-SHRP	加拿大战略公路研究计划
AI	沥青协会	CADD	计算机辅助制图与设计
AISC	美国钢结构学会	CAF	复合总量因素
AISI	美国钢铁协会	CAFR	综合年度财务报告
AMS	资产管理系统	Caltrans	加利福尼亚州交通厅
ANNs	人工神经网络	CBI	英国工商业联合会
ANOVA	方差分析	CBR	加州承载比
APWA	美国公共工程协会	C/E	成本效益
ARIMA	自回归累积移动平均	CE	可施工性增强
ARRA	2009年《美国复苏和再投资法案》	CEC	环境合作委员会
		CEO	首席执行官
ASCE	美国土木工程师协会	CERL	建筑工程研究实验室
ASQC	美国质量控制学会	CFC	腐蚀疲劳裂纹
ASTM	美国材料与试验协会	CCI	综合条件指数
ATC	应用技术委员会	CIA	美国中央情报局
ATOA	资产权衡分析师	CII	美国建筑工业学会
AWTTS	先进水技术试验场	CNN	美国有线新闻网(美国利用卫

	星的有线电视网)	FRP	纤维强化塑料
CO	一氧化碳	FWD	落锤式弯沉仪
CO_2	二氧化碳	GAO	审计总署
CO_{2e}	二氧化碳当量	GASB	美国政府会计准则委员会
Cobb DOT	科布县交通部	GASB 34	GASB 34 声明
COTS	商用现货	GB	千兆字节
CPAR	建筑生产力提升研究	GDP	国内生产总值
CPU	中央处理器	GHG	温室气体
CQI	质量持续改进	GIS	地理信息系统
CRCP	连续配筋混凝土路面	GML	地理标记语言
CRF	资本回收系数	GNP	国民生产总值
CSA	加拿大标准协会	GPI	绿色路面倡议
CSP	波纹钢管	GPR	探地雷达
DBMS	数据库管理系统	GPS	全球定位系统
DCP	动力圆锥触探仪	GPU	图形处理单元
DHS	美国国土安全部	GUI	图形用户界面
DOD	国防部(美国)	HBRRP	公路桥梁更换和修复计划
DOE	能源部(美国)	HOV	高载客量车辆
DOT	美国交通运输部	HRB	公路研究委员会
DSS	决策支持系统	HTML	超文本标记语言
DWT	总载重吨位(指船舶)	HTR	定期更换
EAPA	欧洲沥青路面协会	IAMS	基础设施资产管理系统
ECMS	电气/通信管理系统	IATA	国际航空运输协会
EFMS	工程设施管理系统	IE	冲击回波
EIA	美国能源信息署	IEA	国际能源署
EIS	主管信息系统	IfSAR	干涉合成孔径雷达
EM	电磁	IIAMS	集成基础设施资产管理系统
EPA	环境保护局	IMS	基础设施管理系统
ERS	最终产品规范	IP	网际协议
ESAL	等效单轴载荷	IQLs	信息质量水平
EU	欧盟	IR	(桥接)库存评级
FAA	美国联邦航空管理局	IR	红外线
FCC	美国联邦通信委员会	IRI	国际粗糙度指标
FEMA	美国联邦应急管理局	ISO	国际标准化组织
FHWA	美国联邦公路管理局	ISTEA	联运地面运输效率法
FMEA	失效模式与影响分析	IT	信息技术
FOD	异物损坏	ITS	智能交通系统
FRA	美国联邦铁路管理局	JRP	接缝刚性路面

KBES	基于知识的专家系统	NBI	国家桥梁检测系统
KBS	知识库系统	NBIS	国家桥梁检测标准
LAN	局域网	NCAT	国家沥青技术中心
LCA	全寿命周期评估	NCHRP	国家公路合作研究计划
LED	发光二极管	NDE	无损评估
LEED	能源与环境设计领导力	NDT	无损检测
LiDAR	激光雷达光探测和测距	NEPA	国家环境保护法
LNG	液化天然气	NFESC	海军设施工程服务中心
LOS	服务水平	NGA	美国全国州长协会
LP	线性规划	NHPP	国家公路绩效计划
LPR	铺筑道路的长度	NHS	国家公路系统
LTPP	长期路面性能	NIST	美国国家标准与技术研究院
Maglev	磁悬浮	NLA	新型大型飞机
MAP-21	21世纪进步法	NLCD	美国国土覆盖数据库
MAU	多属性实用程序	NO_2	二氧化氮
MCE	边际成本效益	NOAA	国家海洋和大气管理局
MDI	任务依赖索引	NPIAS	国家综合机场系统规划
MDT	平均停机时间	NPV	净现值
MIAMS	市政基础设施资产管理系统	NRA	国家复兴法
MLRS	多线性参考系统	NSF	国家科学基金会
MMA	甲基丙烯酸甲酯	NTAD-95	国家交通地图集数据库:1995年
MMS	维护管理系统	NYC	纽约市
MMSS	养护管理子系统	NYSDOT	纽约州交通厅
MPO	都市规划组织	O_3	臭氧
M&R	维护和修复	OCM	状态养护
MRR	养护、修复和重建	OECD	经济合作与发展组织
MRR	维护、修复和更新、更换,以及重建	OMMS	运营和养护管理子系统
		OODBMS	面向对象数据库管理系统
MTBF	平均无故障工作时间	OOP	面向对象编程语言
MTC	都市交通委员会	OPI	综合优先指数
MTO	安大略省交通部	OR	(桥)运营评级
MTTR	平均修理时间	ORE	荷兰研究与实验办公室
NAFTA	北美自由贸易协定	OS	操作系统
NAPA	国家沥青路面协会	OSHA	职业安全和卫生局
NASA	国家航空航天局	P-wave	压缩波
NAT	国家航空运输	pc	人均
NAVFAC	海军设施工程司令部	PC	个人计算机
NAVSEA	海军海上系统司令部	PCA	波特兰水泥协会

PCI	路面状况指数	SCI	结构条件指数
PCR	路面状况等级	SDHPT	国家公路和公共交通部
PGNP	人均国民生产总值	SDM	空间数据管理
PI	性能指标	SF	旧金山
PIARC	国际道路会议常设协会	SHOALS	扫描水文机载激光雷达测量
PM	颗粒物	SHRP	战略公路研究计划
PMS	路面管理系统	SIA	结构库存与状态评估
PPB	计划-编制-预算	SICA	桥梁结构技术档案和状况审查
PPPs	公私合营	SMS	安全管理体系
PRT	个人快速运输系统	SN	结构编号
PS	平行地震	SQL	结构化查询语言
PSAB 3150	加拿大公共部门会计委员会手册第 3150 节	SR	适应性评级
		STMS	雨水管网管理系统
PSI	现时服务能力指数	STR	增值税收入
PSP	问题解决过程	TB	兆字节
PSR	现时可服务性等级	TDR	时域反射法
PTAP	路面技术援助计划	TEA-21	21 世纪交通权益法案
QA	质量保证	TIGER	拓扑综合地理编码和坐标文件
QC	质量控制	TIN	不规则三角网
QI	质量指标	TMS	运输管理系统
RAM	随机存取存储器	TNA	田纳西河流域管理局
RAP	再生沥青路面	TQI	轨道质量指数
RCM	以可靠性为中心的维修	TQM	全面质量管理
RCP	钢筋混凝土管	TRB	运输研究委员会
RDBMS	关系数据库管理软件	TRDF	得克萨斯研究与发展基金会
RFMS	路权特征管理系统	TSCI	轨道结构状况指数
ROW	用地权	TVA	田纳西河谷管理局
RP	刚性路面	TxDOT	得克萨斯州交通厅
RQI	行驶质量指数	UAMS	统一资产管理系统
RTA	道路运输管理局	U.S.	美国
S-wave	剪切波	UPR	不饱和聚酯树脂
SAFETEA-LU	安全、负责、灵活、高效的交通运输权益法	UPV	超声波脉冲速度
		URMS	城市道路管理系统
SAM	应力吸收膜	USACE	美国陆军工程兵团
SANS	生活污水管网管理系统	USDOT	美国交通部
SASW	表面波谱分析	USGBC	美国绿色建筑委员会
SAU	单属性效用	USGS	美国地质调查局
SCC	应力腐蚀裂纹	VA	退伍军人事务部

VE	价值工程	WMS	工作管理系统
VECP	建设项目价值工程	WNS	总水管网管理系统
VGA	视频图形适配器	WRMs	废料和再生材料
VNIR	近距红外线	WSSC	华盛顿郊区卫生委员会
VOC	车辆运营成本	WTC	世界贸易中心
WAN	广域网	www	万维网
WASHO	美国各州公路工作者西部协会	XML	可扩展标记语言
WIM	动态地磅		

交通科技译丛
Gonggong Jichu Sheshi Zichan Guanli

书　　名：	公共基础设施资产管理（第2版）
著 作 者：	Waheed Uddin　W. Ronald Hudson　Ralph Haas
译　　者：	陈　斌　何天涛
责任编辑：	卢俊丽
责任校对：	席少楠
责任印制：	张　凯
出版发行：	人民交通出版社股份有限公司
地　　址：	(100011)北京市朝阳区安定门外外馆斜街3号
网　　址：	http://www.ccpcl.com.cn
销售电话：	(010)59757973
总 经 销：	人民交通出版社股份有限公司发行部
经　　销：	各地新华书店
印　　刷：	北京印匠彩色印刷有限公司
开　　本：	787×1092　1/16
印　　张：	23.25
字　　数：	580千
版　　次：	2022年1月　第2版
印　　次：	2022年1月　第1次印刷
书　　号：	ISBN 978-7-114-18580-9
定　　价：	200.00元

（有印刷、装订质量问题的图书，由本公司负责调换）